美国汉学家海陶玮对陶渊明的研究和接受

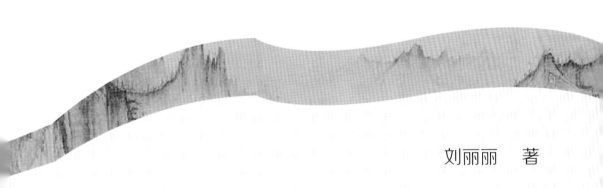

刘丽丽　著

中国社会科学出版社

图书在版编目(CIP)数据

美国汉学家海陶玮对陶渊明的研究和接受/刘丽丽著. —北京：
中国社会科学出版社，2020.8
ISBN 978 - 7 - 5203 - 6788 - 2

Ⅰ.①美… Ⅱ.①刘… Ⅲ.①海陶玮—生平事迹②陶渊明(365 -
427)—人物研究 Ⅳ.①K837.125.81②K825.6

中国版本图书馆 CIP 数据核字(2020)第 119313 号

出 版 人	赵剑英
责任编辑	陈肖静
责任校对	刘 娟
责任印制	戴 宽

出 版	中国社会科学出版社
社 址	北京鼓楼西大街甲 158 号
邮 编	100720
网 址	http://www.csspw.cn
发 行 部	010 - 84083685
门 市 部	010 - 84029450
经 销	新华书店及其他书店

印 刷	北京明恒达印务有限公司
装 订	廊坊市广阳区广增装订厂
版 次	2020 年 8 月第 1 版
印 次	2020 年 8 月第 1 次印刷

开 本	710×1000 1/16
印 张	24.75
插 页	2
字 数	320 千字
定 价	138.00 元

序

已故哈佛大学教授海陶玮（James Robert Hightower，1915—2006）是美国最早从事中国文学研究的专业学者，当代美国汉学界名声赫赫的康达维（David R. Knechtges）、梅维恒（Victor H. Mair）、艾朗诺（Ronald Egan）等都是他的学生。对于这样一位举足轻重的人物，国内外学界此前还没有系统深入的研究，刘丽丽博士的专著具有填补空白的重要意义。

美国人对于中国文学的研究始于 19 世纪的来华传教士，如娄理华（Walter M. Lowrie，1819—1847）率先将《关雎》《卷耳》翻译成英文，卫三畏（Samuel W. Williams，1812—1884）也最早向西方读者介绍了《聊斋志异》。① 但总体而言，传教士的关注焦点在中国的历史、社会、宗教以及汉语学习，文学只是偶一为之，而且无论翻译还是研究，均处于业余水平，难免有这样或那样的错误。

海陶玮的出现，使美国的中国文学研究进入了专业阶段。面对这位先驱和奠基人留下的丰厚遗产，丽丽选择陶渊明作为切入点，是非常明

---

① 参阅拙文《也说〈聊斋志异〉在西方的最早译介》，《明清小说研究》2012 年第 3 期；《美国人最早的〈关雎〉英译》，《中华读书报》2014 年 7 月 16 日；《漫谈〈卷耳〉英译》，《书屋》2014 年第 10 期。

智的。海陶玮的陶诗翻译和研究开始早、起点高，在西方学界影响巨大，集中体现了他的学术成就。更为难得的是，他个人的生活方式和处事态度受到了陶渊明的深刻影响，学术研究内化为自身血脉，构成了西方汉学界一道独特的风景。本书关于这一问题的论述，是一大亮点。

丽丽出身中国古典文献学，攻读比较文学专业博士有优势，但也存在外语方面的劣势。入学后她花大气力提升语言能力，进步很快。2018年上半年她顺利获得国家留学基金委访问学者资助，赴美国访学和收集资料，为本书的写作打下了坚实的基础。她在哈佛大学等地收集了有关海陶玮的几乎所有文献，但限于内容和篇幅，本书以陶诗的翻译和研究为中心，其他方面，如海陶玮对宋词的研究、在哈佛的教学、与叶嘉莹先生的交往等，今后都可以单独写成论文乃至另一本专著。期待丽丽在成功转型后取得更大更好的成绩。

顾　钧

2019 年 9 月 30 日

（哈佛大学官网海陶玮照片）

目　　录

绪　　论

海陶玮（James Robert Hightower，1915—2006，又译为海陶华、海陶儿、海陶韦、海涛尔）[①] 生前长期担任美国哈佛大学教授，主要著作有《中国文学论题：大纲和书目》（*Topics in Chinese Literature：Outlines and Bibliographies*，1950，1953，1966，以下简称《中国文学论题》）、《韩诗外传：韩婴对〈诗经〉教化作用的诠释》（*Han Shih Wai Chuan：Han Ying's Illustrations of the Didactic Application of the Classic of Songs*，1952，以下简称《韩诗外传》）、《陶潜诗集》（*The Poetry of T'ao Ch'ien*，1970）和《中国诗词研究》（*Studies in Chinese Poetry*，1998，与叶嘉莹合著）等，此外发表学术论文十几篇，各类译作 200 多篇，书评 20

---

① 海陶玮 2006 年 1 月 8 日去世后，3 月 2 日哈佛大学举办了追悼会，在《哈佛大学公报》上发表了名为《海陶玮去世，享年 90 岁》的纪念文章，该文介绍了海陶玮的生平简历和主要著述等。2006 年 10 月 14 日再次举办了悼念会，并于 2009 年 2 月印制了纪念活动演讲集。2007 年 5 月 1 日，哈佛大学文理学院举办追思会，总结了海陶玮的生平履历、主要著述、学术成就和重要贡献，6 月 14 日由韩南（Patrick Hanan）等 5 位学者共同签名提交了悼文。20 世纪三四十年代与海陶玮同时期到北京留学的美国汉学家、原加州大学伯克利分校东亚图书馆馆长伊丽莎白·赫芙（Elizabeth Huff，1912—1988）所著口述史《教师、东亚图书馆创馆馆长，从厄巴纳经北京到伯克利》回忆了她与方志彤、海陶玮等交往、治学的细节和故事。海陶玮的大学同学、美国小说家吉恩·斯塔福德（Jean Stafford）的传记描写了两人交往的过程和在欧洲游学的情况。海陶玮的学生如木令耆、康达维、梅维恒、艾朗诺等也都有一些回忆文章，哈佛大学东亚语言文明系官网载有海陶玮的生平著述简介，以上是了解海陶玮生平阅历最基本的资料。

多篇。

经笔者初步研究,《中国文学论题》是哈佛大学中国语言文学课程的教材,也是美国首部中国文学史;译著《韩诗外传》是英语世界最早的注译本,也是迄今为止唯一的一部英译本,如果把《韩诗外传》纳入《诗经》研究范畴,这部译著也是《诗经》学史上的代表作品之一①;《陶潜诗集》是英语世界第二部陶渊明集全译本,也是英语世界第一部真正意义的注译本;《中国诗词研究》是海陶玮与叶嘉莹的论文合集,也是两人几十年合作的成果呈现,其中收录的《词人柳永》和《周邦彦的词》两篇论文,集中代表了海陶玮在中国古典词译介和研究方面的成就②,为中国文学在世界范围的传播做出了贡献。海陶玮是美国本土"第一位研究中国文学的学者"③,是"美国汉学界的泰斗"和"研究中国文学著名的权威",培养了康达维(David R. Knechtges,1942—)、梅维恒(Victor H. Mair,1943—)、艾朗诺(Ronald Egan,1948—)等著名汉学家,是美国汉学特别是美国中国文学研究的奠基者、先驱者。

海陶玮的汉学实践和学术成果,是美国中国文学研究的基础和起点,对这位重要汉学家及其代表性汉学作品展开个案研究,对美国中国文学研究史、美国汉学史的研究具有重要价值。但是,国外虽把海陶玮的汉学作品奉为权威参考,却鲜有研究;国内对海陶玮还缺少关注,仅在陶学、诗经学等研究领域偶有提及介绍,尚无展开基础性、专题性的

---

① 参见吴结评《英语世界里的〈诗经〉研究》,四川大学出版社 2008 年版,第 189—198 页。

② 论文《词人柳永》以唐圭璋编《全宋词》为底本,详细译注分析了柳永词 129 首(柳永存词大概 212 首),后附词汇索引和查询目录,注释详尽,体例完整,相当于一部柳永词译著,是至今英语世界译介柳永词最多的作品。论文《周邦彦的词》对周邦彦 17 首词进行专题翻译和研究,也是当时英语世界译介数量最多的。

③ [美]康达维:《二十世纪的欧美"文选学"研究》,《郑州大学学报》(哲学社会科学版)1994 年第 1 期,下同。

研究①，与其地位极不相称。

　　海陶玮的汉学研究自 20 世纪 30 年代开始一直延续到 20 世纪 90 年代，研究范围始终集中在中国文学特别是中国古典文学，"从公元前 3 世纪屈原引人注目的著述，到公元 12 世纪周邦彦（1056—1121）的词"②，他的研究方法汇集众家之长又独具特色，既有作品译介又有文献考证，既"西论中用"又鉴承中国传统治学方法。如何展开对海陶玮这一人物的研究？笔者无意于全盘介绍、泛泛而谈，而一直在思考和试图抓住一个主要问题展开深入研究。什么是贯穿海陶玮汉学研究的主要问题？笔者在全面排查国内外档案资料、综合研读海陶玮全部作品、深入了解其个人阅历的基础上发现，陶渊明研究是贯穿海陶玮汉学研究的脉络主线，既与海陶玮汉学研究起源相关，又是海陶玮汉学研究高峰，同时也切实影响到海陶玮的思想世界和个人生活，海陶玮对陶渊明及其作品的关注、学习、翻译、研究和接受，形成了海陶玮汉学研究的起源动因、学术成果、接受传播的完整链条，体现了一位中国古代诗人及其作品进入西方汉学家个人学术生涯的全过程。海陶玮是如何走上汉学研究道路的？他贡献了什么陶学著述？对陶渊明作品的解读和阐释有哪些特点，为国内陶学提供了哪些可供借鉴的方法和结论？他的研究成果在英语世界陶学史上具有什么影响和地位？所从事的陶学对他个人思想和生活具体产生了什么样的影响？种种问题吸引笔者进行探究。

---

　　①　关于海陶玮及其陶渊明研究的国内外研究综述，见笔者博士论文《美国汉学家海陶玮对陶渊明的研究和接受》，本著作省略了这部分内容。

　　②　Donald Holzman，"speech"，in Eva Moseley ed.，*James Robert Hightower*，7 *May* 1915—8 *January* 2006，*Victor S. Thomas Professor of Chinese Literature*，*Emeritus Harvard University*：*speeches at a memorial gathering at 2 Divinity Avenue*，*Cambridge Massachusetts*，*Saturday*，14 *October* 2006，February 2009，p. 38. Original text："Hightower's books and articles concern literature written from the third century B. C. to the twelfth century A. D.，from a remarkable bibliographical essay on the third-century B. C. poet Qu Yuan to an article on the songs of the twelfth-century A. D. poet Zhou Bangyan（1056—1121）." 本书所有英文引文，除另有说明外，都为笔者所译。

陶渊明是中国文学史上的伟大诗人，也是世界文学史上颇受关注而又独具特色的诗人之一。陶学，"是关于陶渊明及其诗文的学问，是历代陶学家的感受、理解和评价的总汇"①。如果以六朝颜延之《陶徵士诔》算起，陶学在国内至今已有 1500 多年的历史，如果从隋唐时期陶渊明作品流传日韩算起，陶学在国外至今已有 1200 多年的历史，中西陶学不绝如缕而又交融互鉴，共同推动着世界陶学的不断深入发展。海陶玮的陶渊明研究就是在这种中西陶学的互融互鉴中展开的。

一　研究内容

本著作以"美国汉学家海陶玮对陶渊明的研究和接受"为研究对象，基于原始档案和文献，对海陶玮的陶渊明研究做一个基础性、系统性的研究，揭示海陶玮陶渊明研究的历史过程，全面深入地分析海陶玮在陶渊明诗文研究方面的贡献以及对陶渊明思想和生活方式的接受，考察和评价海陶玮的陶渊明研究在西方陶学和美国汉学中的地位、价值、意义和影响，同时揭示海陶玮陶渊明研究对国内陶学的借鉴启示意义。

首先，因国内外尚无对海陶玮及其作品展开专题研究，笔者首先对海陶玮生平、作品和私人藏书状况的资料进行了全面地搜集整理，为海陶玮研究奠定扎实的文献基础。在全面掌握哈佛大学馆藏海陶玮档案和国内外能见资料基础上，初步整理形成《海陶玮年谱》，以时间为序全面梳理海陶玮的生活阅历、作品发表、研究兴趣、社会任职等平生事迹，展现海陶玮的学术人生。在国内外能见资料基础上全面摸清海陶玮

----

① 出自李华《钟优民〈陶学史话〉述评》，《江西社会科学》1996 年第 8 期。另外，钟优民 1985 年在全国首届陶渊明学术研讨会上提出建构"陶学"的设想，把陶学定义为"关于陶渊明及其诗文的阅读、鉴赏与评估的研究之学"，见钟优民《世纪回眸，陶坛百年》，《社会科学战线》2001 年第 2 期。

的作品状况，并从两个方面对海陶玮作品进行了梳理，一方面列出了
《海陶玮作品分类年表》，从著作、论文、译著、书评、序跋、文书六
个类别全面整理海陶玮的著述；另一方面是在《海陶玮年谱》中以时
间为序保留了海陶玮发表作品的条目，以展现作者的学术成果与生平阅
历的关系。两个方面一横一纵，分别从共时和历时角度对海陶玮的作品
进行了汇总。关于私人藏书，笔者从海陶玮私人藏书赠卖的原始档案入
手，把哈佛大学馆藏原始档案与加拿大阿尔伯塔大学馆藏原始档案相互
比照，还原了海陶玮 1985 年离美赴德之前，把自己全部 3000 余种近
1.1 万册图书赠卖给阿尔伯塔大学东亚系的历史史实，再现了海陶玮私
人藏书的数量、种类以及在海陶玮汉学道路上所起的作用。这些都是关
于海陶玮研究的基础性资料。

　　本著作在扎实文献的基础上，聚焦"海陶玮对陶渊明的研究和接
受"这一主要问题，以问题意识为主线，分三章构建内容主体：

　　第一章主要讨论海陶玮的三篇陶学论文：《陶潜的赋》（1954）、
《陶潜的饮酒诗》（1968）和《陶潜诗歌中的典故》（1971），从中西两
个维度探究海陶玮陶渊明研究的视角、观点、方法、结论和"误读"，
评析其成果的价值和对英语世界陶渊明研究的贡献。从这三篇论文可以
看出海陶玮陶渊明研究的基本脉络和逐步深入的过程，其重要意义不仅
在于奠定了英语世界解读陶渊明的基调，也开启了英语学界的中文辞赋
研究和典故研究。

　　第二章是对海陶玮《陶潜诗集》的专门研究。海陶玮翻译陶集采
用了"译—注—评"的方式，在译文方面体现出"笺注翻译、忠实达
意"的特色，在注释方面体现出"语文分析、修辞阐释、互文比照"
的特色，在评论方面体现出"中西比较、独特评析、谨慎存疑"的特
色。本章对这些特色做了详细的研究。海陶玮的译注体现了中西兼容的
理念，实现了英语世界陶学从翻译到研究的转变，但也存在缺乏整体评

介和美学赏析不足等问题。

第三章借鉴中国传统"知音说",以海陶玮亲友、师生的纪念和回忆文章为主要依据,揭示他对陶渊明思想和生活方式的接受。通过研究他晚年崇尚并践行的"陶渊明式"生活,探究他归隐田园的心理动因、简朴本真的处世方式和书酒会友的人际交往,分析他最初走上汉学研究道路的缘由以及此后克服多种艰难的动力,从而认为:海陶玮是陶渊明跨越时空的"美国知音"。

最后得出结论:海陶玮的陶学成果奠定了西方学界专业陶学的基础,推动了美国的中国文学研究,在英语世界传播了中国文学和文化;海陶玮的陶学是生命之学、精神之学,他对陶渊明的研究和接受显示了中国文学与文化在世界范围内强大的吸引力、感染力和影响力;海陶玮的陶学研究离不开与中国学者的合作和中美学术互动的大背景。

二 研究价值

1. 对海陶玮展开专题研究,弥补美国传统汉学研究的不足。目前国内学界对美国汉学的研究焦点主要集中在第二次世界大战之后的美国当代"中国学",对美国传统汉学研究关注不够,对美国中国文学研究整体上还比较缺乏。"汉学家研究是汉学研究的根本和重点"①,是展开汉学史研究的支点和关键所在,因为汉学家是人物,抓住了人物,就会有文献、有著作,有历史活动。海陶玮是美国本土培养的第一位专业从事中国文学研究的汉学家,人生跨度几乎涵盖整个 20 世纪,以这位重要而典型的汉学家为研究对象,从原始档案和一手文献资料入手展开基础性、专题性研究,可以探究作为美国汉学的早期知识生产者的实际情

---

① 张西平:《汉学家研究是汉学研究的根本和重点》,《国际汉学》2018 年第 3 期,编后记。

况，有助于了解 20 世纪美国对中国文学研究的基本状况，从源头上理清美国专业研究中国文学的学术起点，弥补美国传统汉学研究的不足。

2. 拓展我们关于中国文学在世界范围内研究状况的认识。中国文学在自身学术体系内的研究已经广博精深，然而我们必须认识到，从传教士汉学时期特别是进入 20 世纪之后，中国的学术就是在全球范围内进行的，我们必须把海外中国文学研究纳入我们的知识之中，才能真正重建我们自身的学术体系，使中国文学研究不断向纵深发展。西方汉学家是在西方学术体系和视野下对中国文学进行的研究，会产生不同于本土传统研究的成果和有价值的观点、方法。通过对汉学家海陶玮的研究，特别是对其代表性的汉学成果——陶渊明研究为重点进行研究，将会加深国内学界对英语世界陶学史的认识和理解。同时，海陶玮的研究涉及中国、美国、英国、法国、德国、日本等世界范围内中国文学的研究成果，通过他的陶渊明研究，我们还可以一定程度地了解陶学在世界范围的基本研究状况。

3. 对探究中国文学在国外传播的理念、路径、方法提供有益的启示。海陶玮在求学时代由于受到庞德英译汉诗的影响弃医从文，走上了中国文学研究道路，庞德英译汉诗是从一位美国东亚学者在日本学习汉诗的笔记基础上翻译而成的，海陶玮退休之后把自己全部私人藏书赠卖给了加拿大阿尔伯塔大学，这批私人藏书成为阿尔伯塔大学东亚系汉学藏书的基础。从海陶玮的汉学研究过程，我们可以清晰地看到中国文学从中国到日本，从日本到美国，从美国到加拿大的传播过程，看到"中学西传"复杂的历史过程和影响状况。对海陶玮汉学展开研究，将会对探究中国文学在国外传播的理念、路径、方法提供有益的启示。

4. 弥补陶渊明国外接受史研究的不足。2018 年召开的全国陶渊明学术研讨会强调，应该在"陶学发展史"基础上，更加关注"陶学接受史"，因为国内学界"对于'接受史'的综合性研究仍显关注不足，对于文学以外的各种接受，也仍然很少关注"①。海陶玮因纯粹热爱中国诗歌而进入汉学领域，集中几十年人生时光投入到陶渊明作品的翻译和研究，以严谨的治学和扎实的作品建立了自己在西方陶学史上的地位。同时，海陶玮本人长期阅读陶诗并从事陶渊明研究，陶渊明的哲学理念、生活方式对这位哈佛大学教授乃至周围师生朋友的人生态度产生了重要影响，这也从一个侧面有力地证明了中国文学、中国文化具有强大的吸引力和恒久的影响力。海陶玮对陶渊明的研究和接受是西方世界关于中国文学认知接受的难得案例，本著作将弥补陶渊明国外接受史研究，特别是文学以外接受研究的不足。

5. 从一个侧面展现 20 世纪美国中国文学研究的外在学术环境和文化交流背景。海陶玮一生几乎贯穿整个 20 世纪，他生长于美国，游学法德，两次访华，求学台湾，充分关注了世界范围内的学术成果，所以他的汉学研究不是孤立的，而是在世界汉学的视阈中致力于中国文学研究，其人生历程映照了中美关系的变化和世界环境的变革，他的学术生涯经历了中国学术的现代化转型和美国汉学从传统汉学到"中国学"的转型。海陶玮学术视野和学术交往非常广泛，特别是与西方华裔汉学家的交往非常密切，这说明美国对中国文学研究的起源、发展和学术成果，不仅是美国学术自身发展的结果，也是中国学术传统的辐射和中美学术交流的结果。

三　研究资料

笔者对国内外海陶玮的档案资料进行了长期的搜集和整理，主要研究资料有：

1. 哈佛大学档案馆藏原始档案（Accession Number：15036，*Papers*

---

① 吴国富：《2018 年全国陶渊明学术研讨会综述》，《九江学院学报》（社会科学版）2018年第 4 期。

of James R. Hightower，1940—2003），共 3 箱 1 盒，主要内容有通信档案、教学资料、作品原稿、生平资料等，馆藏海陶玮照片档案（Harvard Photos Collection），馆藏海陶玮博士学位论文（*The Han Shih Wai Chuan*，Harvard University，1946）。

2. 哈佛大学馆藏海陶玮相关人物档案。包括叶嘉莹与海陶玮的通信档案（Accession Number：15036，*Papers of James R. Hightower*，1940—2003，Box 2，4 Files）；方志彤档案（Accession Number：13505、13540、14850、17143，*Papers of Achilles Fang*）；《杨联陞日记》手稿影印版（哈佛燕京学社图书馆特藏，44 本）；费正清档案（HUGFP 12.8，Box 2，*Papers of John K. Fairbank*，1933—1991）等。

3. 哈佛大学馆藏海陶玮悼文纪念册和相关历史档案等。哈佛大学在海陶玮去世之后至少举办过 3 次追悼会，2006 年 3 月 2 日、2007 年 5 月 1 日举办的追悼会已形成官方悼文并发表。2006 年 10 月 14 日举办的悼念会汇集了海陶玮亲友、师生等对他的回忆和悼念，所印制的演讲集并未公开发表，收藏在哈佛大学燕京学社图书馆[1]，笔者查到并利用了这一演讲纪念册，作为描述海陶玮"陶渊明式"生活细节的第一手真实资料。笔者在哈佛大学图书馆查到海陶玮夫人、儿童作家弗洛伦萨（Florence Cole，1916—1981）的几部作品；在哈佛大学维德纳图书馆发现的伊丽莎白·赫芙（Elizabeth Huff，1912—1988）所著口述史《教师、东亚图书馆创馆馆长，从厄巴纳经北京到伯克利》[2]，弥补了研究海

---

[1]　Eva Moseley ed., *James Robert Hightower*, *7 May 1915—8 January 2006*, *Victor S. Thomas Professor of Chinese Literature*, *Emeritus Harvard University*：*Speeches at a memorial gathering at 2 Divinity Avenue*, *Cambridge Massachusetts*, *Saturday 14 October*, *2006*, February 2009. 以下简称"*speeches at a memorial gathering.*"

[2]　Rosemary Levenson and Elizabeth Huff, *Teacher and Founding Curator of the East Asian Library from Urbana to Berkeley by Way of Peking*, Harvard University Library, 1980. Copy by the Regents of University of California. 赫芙（Elizabeth Huff，1912—1988），美国汉学家，哈佛大学远东系第一位获得博士学位的女性。

陶玮在华留学时期资料的匮乏；美国小说家吉恩·斯塔福德（Jean Staf-
ford）的传记，弥补了研究海陶玮在青年时期欧洲游学资料的匮乏①。

4. 加拿大阿尔伯塔大学所藏有关海陶玮私人藏书档案

经过邮件辗转联系，加拿大阿尔伯塔大学图书馆给笔者提供了海陶
玮 20 世纪 80 年代离美赴德之前，把全部私人藏书赠卖给阿尔伯塔大学
东亚系的历史档案，这批档案主要包括：阿尔伯塔大学就购书事宜给海
陶玮的公务通讯信件 3 封，内部人员公务沟通信件 1 封；阿尔伯塔大学
邀请哈佛大学燕京学社图书馆馆长吴文津（Eugene W. Wu）对海陶玮
藏书作出评估的公务信件 1 封，吴文津做出的海陶玮藏书价值评估报告
1 份；阿尔伯塔大学校内刊物 *FOLIO* 题为《获得珍稀中国藏书》（Rare
Collection of Chinese Books Acquired）的新闻通信 1 份。

5. 国内外关于海陶玮相关的研究资料。

四　研究方法

比较文学与比较文化法。在具体研究过程中，从比较文学与跨文化
的角度来分析和评价海陶玮的陶学成果。一是关注到西方学者在"他
者"视角下得出结论的价值，发掘海陶玮对中国文学研究的新视角和新
方法，对他在异质文化背景下的"误读"和局限给予合理解释；二是
在具体的著述分析中，注重把海陶玮前后作品进行比较，同时与国内外
陶学著述进行比较，从陶学史发展演变角度给予海陶玮作品以合理定位
和公正评价；三是采用批评方法对海陶玮研究成果作如实评价，对他在
学理和观点上的不足和局限展开批评，比如对他在《陶潜的赋》中提
出的观点"《归去来兮辞》开创了个人表达传统"表示质疑。

---

① David Roberts, *Jean Stafford: A Biography*, Boston: Little Brown & Company, 1988.

历史学方法。汉学研究"不仅要掌握西方汉学的知识体系，还要掌握这些知识产生的过程，了解这些知识的生产者的实际情况"①。基于国内外学界对海陶玮及其作品尚无展开专题研究，理清基本史实就是一个根本任务，所以笔者将历史学方法作为根本性方法，通过各种手段全面搜集整理海内外关于海陶玮的原始档案和研究资料。通过整理哈佛大学档案馆等海陶玮档案、手稿样图和作品书影，初步形成《海陶玮年谱》，为海陶玮做一个简要人物专史，形成《海陶玮作品分类年表》，展现海陶玮汉学作品概貌。通过加拿大阿尔伯特大学原始档案和哈佛大学档案馆藏资料的对照互参，揭示海陶玮藏书基本状况和赠卖图书的历史过程。

学术史方法。从英语世界陶学历史来把握海陶玮这一人物的个案研究，从而认定海陶玮在英语世界陶学学术谱系上的地位，判断海陶玮陶渊明研究的学术成就和重要贡献，同时从世界汉学发展史和英语世界陶学史中审视海陶玮陶渊明研究的贡献和不足，定位该人物的成就和局限。

访问调查法。关于海陶玮对陶渊明的接受研究，笔者始终警惕和避免凭空捏造、夸大虚构而造成失实，实地访问了海陶玮生前所在的哈佛大学，并在哈佛大学档案馆查阅搜集了海陶玮及其相关人物的档案，访问了哈佛大学东亚系和哈佛燕京学社等海陶玮生前学习工作的地方；访问了海陶玮位于波士顿牛顿（Newton）地区奥本戴尔（Auburndale）的故居，并参照档案中的《花园日志》（Garden Log, 1977—1988）实地察看了他仿照陶渊明归园田居生活模式所建造的花园；到波士顿奥本山公墓（Mount Auburn Cemetery）祭奠了海陶玮的学术导师、美国汉学家方志彤及其夫人；到美国爱达荷州基特初姆市公墓祭奠了海陶玮青年时

---

① 张西平：《西方汉学十六讲》，外语教学与研究出版社 2011 年版，第 11 页。

期的文学偶像、美国著名文学家海明威。利用各种资源条件与加拿大阿尔伯塔大学等联系获取一手档案、资料和信息，对海陶玮的生活阅历、性格特征等做全面了解，深刻剖析他毕生从事中国文学研究的缘由、兴趣、后世评价和陶渊明研究对海陶玮自身的影响。

五　创新之处

1. 在研究领域方面，本著作是国内外首次对美国汉学家海陶玮的陶学和汉学成果作基础性、专题性、系统性研究。本研究将在扎实文献的基础上，勾勒出海陶玮从事陶渊明研究的历史过程，评价海陶玮的陶学及汉学成就。从陶学角度来讲，本研究将弥补陶渊明国外接受史研究，特别是文学以外接受研究史研究的不足。从汉学角度来讲，本研究将弥补国内外对海陶玮研究这一重要课题研究的不足。

2. 在资料运用方面，本著作将在全面搜集整理国内外海陶玮作品和研究资料基础上，首次对美国哈佛大学、加拿大阿尔伯塔大学原始档案进行利用和研究。国内目前仅有国家图书馆和北京大学图书馆特藏室等收有海陶玮少量著作，国外哈佛大学档案馆藏有海陶玮的个人原始档案，加拿大阿尔伯塔大学图书馆藏有他的全部私人藏书和他与阿尔伯塔大学联系买卖图书的信件档案。笔者力求对这些档案资料进行初步利用和研究，并搜集购置了海陶玮所有不同版本的代表性作品，通过各种方式搜集了海陶玮的国内外文献资料，为研究奠定扎实的文献基础。

3. 在论文观点方面，本著作将在扎实文献和对作品展开深入研究的基础上，审慎地提出一些个人观点。比如，关于陶渊明作品的英译状况，国内外学者已有研究，但大多是从英译历史的纵向角度进行宏观考察，对于海陶玮陶渊明研究的著述掌握不够全面，对其贡献和定位还存在不同意见。笔者再次全面细致梳理英语世界的陶学历史，然后在陶学史中明确定位海陶玮及其陶学著述的贡献，从而认定海陶玮是英语世界最早的陶渊明研究专家，《陶潜诗集》是英语世界首部陶渊明全集注译本。另外，笔者对海陶玮陶学之外的其他汉学作品也进行了初步研究，除了指出这些作品在海陶玮陶学中所起的学术铺垫作用外，也对这些作品的自身学术价值进行初步评价，比如《中国文学论题》是美国首部中国文学史，《韩诗外传》是英语世界首部也是至今唯一的英译本等等。以上观点的提出，旨在指出海陶玮研究可以继续深入的空间和潜力，也期望引起学界对这些问题的关注、重视、质疑和深入。

4. 在研究方法方面，以中国传统"知音说"来论述汉学家对中国文学的接受，突出中国文论对西方的阐释能力。从刘勰《文心雕龙》提出的中国传统"知音说"为理论观照，论证中国文学研究对西方汉学家自身思想和生活的影响。陶渊明研究是贯穿海陶玮几十年学术生涯的主要课题，笔者在哈佛大学燕京学社所藏悼文纪念册等第一手文献档案基础上，从亲朋好友对海陶玮的真实回忆出发，从生活细节揭示了海陶玮归隐田园的心理动因，简朴本真的处世方式和书酒会友的人际交往，揭示海陶玮的陶渊明研究对其个人思想世界和生活方式的影响，以及海陶玮的"陶式"理念对周围亲友的影响，反映出中国文学对西方世界的吸引力、感染力、影响力和西方世界对中国文学文化的寄托。

第一章　海陶玮三篇陶学论文的贡献

海陶玮 1954 年发表的《陶潜的赋》（The Fu of T'ao Ch'ien）、1968 年发表的《陶潜的饮酒诗》（T'ao Ch'ien's Drinking Wine）和 1971 年发表的《陶潜诗歌中的典故》（Allusion in the Poetry of T'ao Ch'ien）三篇论文，显示了海陶玮在辞赋、饮酒组诗和典故等陶学专题方面的主要思考和观点。

作为一位西方陶渊明研究学者，海陶玮对陶渊明及其诗文的解读与中国传统治陶理念和方法有什么不同？是否贡献了具有借鉴意义的思路和方法？又有哪些不尽合理的观点和结论？海陶玮的陶渊明研究在英语世界陶学史上具有什么地位，又对西方陶学产生了什么影响？本章以海陶玮的三篇陶学论文为研究对象，从中西陶学两个历史维度来探究海陶玮陶渊明研究的视角、观点、方法、结论和"误读"，在国内外陶学历程背景下客观评价海陶玮的陶学成果以及在英语世界陶学中的贡献。

第一节　20 世纪 50 年代《陶潜的赋》

1954 年 6 月，海陶玮在《哈佛亚洲学报》第 17 卷发表了自己第一篇陶学论文——《陶潜的赋》①，这是他对陶渊明辞赋的专题研究，也是英语世界第一篇比较重要的陶学论文。

一　陶渊明辞赋的"因袭"和"开创"

关于《陶潜的赋》的观点和结论，海陶玮在论文首段解释得非常明确：

> 我翻译陶潜三篇辞赋的目的，是想表明：他的每一篇辞赋是如何用一种业已成熟的传统去写作的，同时指出《归去来兮辞》所取得的成就。在这部作品中，他通过颠覆传统而建立起自己的写作形式，并把这种写作形式作为表达个人强烈感情的载体。②

上文提及的三篇辞赋是陶渊明《闲情赋》《感士不遇赋》和《归去来兮辞》。海陶玮认为《闲情赋》和《感士不遇赋》是陶渊明对先前作品主题和方式的沿袭和重复，而《归去来兮辞》却与这两首辞赋有很大差异，"《归去来兮辞》与陶潜其他辞赋有所区别的一个线索就是，这篇辞赋的语词多与他自己的诗歌相呼应，而不是那些可以参考照搬的辞赋。"③，建立了陶渊明的个人表达。

---

① James Robert Hightower, "The Fu of T'ao Ch'ien", *Harvard Journal of Asiatic Studies*, Vol. 17, No. 1/2, June 1954, pp. 169 – 230.

② James Robert Hightower, "The Fu of T'ao Ch'ien", *Harvard Journal of Asiatic Studies*, Vol. 17, No. 1/2, June 1954, p. 169. Original text: "My purpose in offering new translations of T'ao Ch'ien three *fu* is to show how in each of them he was writing in a well-established tradition, and to point out the nature of his achievement in 'The Return', where, by subverting the tradition to his own ends, he made a conventional form the vehicle for intensely personal expression."

③ James Robert Hightower, "The Fu of T'ao Ch'ien", *Harvard Journal of Asiatic Studies*, Vol. 17, No. 1/2, June 1954, p. 224. Original text: "One clue to the difference between 'The Return' and T'ao Ch'ien's other *fu* is that in it his phraseology echoes his own poetry much more than those *fu* which might have been his models."

海陶玮是如何得出上述结论的？他认为现在存在或者说应该存在一种普遍的批评原则，就是"对一首诗歌的充分解读，必须基于对诗人写作意图的理解"①，了解诗人的写作意图有很多线索可循，一是序言的提示；二是语词、结构和主题的仿照。

首先，海陶玮指出诗歌序言在解释诗人写作意图中的提示作用，他认为序言是中国诗歌常见的一种形式，通过诗歌提供的序言，"诗人非常明确地指出他要表达的观点"。②

《闲情赋》和《感士不遇赋》的序言皆明确表明了所沿袭的辞赋作品：

初，张衡作《定情赋》，蔡邕作《静情赋》，检逸辞而宗澹泊，始则荡以思虑，而终归闲正。将以抑流宕之邪心，谅有助于讽谏。缀文之士，奕代继作，并固触类，广其辞义。余园间多暇，复染翰为之。虽文妙不足，庶不谬作者之意乎。

——陶渊明《闲情赋·序》

昔董仲舒作《士不遇赋》，司马子长又为之。余尝以三余之日，讲习之暇，读其文，慨然惆怅。……此古人所以染翰慷慨，屡伸而不得已者也。夫导达意气，其惟文乎？抚卷踌躇，遂感而赋之。

——陶渊明《感士不遇赋·序》

---

① James Robert Hightower, "The Fu of Tʻao Chʻien", *Harvard Journal of Asiatic Studies*, Vol. 17, No. 1/2, June 1954, p. 189. Original text: "an adequate reading of a poem must be based on an understanding of the poet's intent in writing the poem."

② James Robert Hightower, "The Fu of Tʻao Chʻien", *Harvard Journal of Asiatic Studies*, Vol. 17, No. 1/2, June 1954, p. 189. Original text: "the poet provides a preface to his poem in which he state quite explicitly what he is proposing to do."

从这些自序可以看出，《闲情赋》沿袭了张衡《定情赋》和蔡邕《静情赋》；《感士不遇赋》沿袭了董仲舒《士不遇赋》和司马迁《悲士不遇赋》，而陶渊明开始写《归去来兮辞》时，没有在序言中提及任何仿照作品，"而是描述了促使其写作的个人经历"。① 海陶玮进一步指出，陶渊明在序言中未提及可以仿照的作品，并不意味着这种范文不存在，而是表明他自己根本不关心摹仿和变换②。海陶玮据此认为，在《闲情赋》和《悲士不遇赋》中，陶渊明在已有主题上进行了常规辞赋的写作，赋序很好地说明了这一点③。这两篇陶赋在古代辞赋作品体系中并无特别的地位和价值，而《归去来兮辞》则具有自身独特的价值。

其次，为了证明这两篇陶赋对先前文学传统的沿袭和重复，海陶玮用了很大篇幅，逐句逐段地详述分析了两赋的语句、结构和主题对传统诗歌的仿照。

关于《闲情赋》，海陶玮梳理了以"美女"（feminine charms）为主题的赋作，最早是宋玉《神女赋》，曹植仿此而作《洛神赋》，后又有宋玉《登徒子好色赋》和司马相如《美人赋》等等，以此证明这种"闲情""神女"主题已经形成了固定的模式，陶渊明《闲情赋》是这个主题序列作品的摹仿和延续，大量重复和套用了已有的主题和表达方式。

关于《感士不遇赋》，海陶玮认为"士不遇"主题是封建文人永

---

① James Robert Hightower, "The Fu of T'ao Ch'ien", *Harvard Journal of Asiatic Studies*, Vol. 17, No. 1/2, June 1954, p. 214. Original text: "（When he came to write 'The Return'）… described instead the personal experience which moved him to write."

② James Robert Hightower, "The Fu of T'ao Ch'ien", *Harvard Journal of Asiatic Studies*, Vol. 17, No. 1/2, June 1954, p. 214. Original text: "His failure to mention any models for this *fu* does not of course mean that there were none, but it does suggest that he was not primarily concerned with imitation and elegant variation."

③ James Robert Hightower, "The Fu of T'ao Ch'ien", *Harvard Journal of Asiatic Studies*, Vol. 17, No. 1/2, June 1954, p. 213. Original text: "In 'Stilling the Passions' and 'Lament for Gentlemen Born out of their Time', T'ao Ch'ien was writing conventional *fu* on established themes. His prefaces said as much."

远无法消解的"情结",这种主题在陶诗创作中较为常见,但也有所沿袭,《感士不遇赋》摹仿沿袭了司马迁《悲士不遇赋》的主题——美德既不能作为看待世界的方式,也不能作为上天应该奖励个人的方式。司马迁"自发自觉"(the spontaneous)的思想被陶渊明《归去来兮辞》中"隐居田园"(return to the quiet life)的生活方式所融合。同时,《感士不遇赋》摹仿沿袭了董仲舒《士不遇赋》对历史事例的详细阐述。

通过对《闲情赋》和《感士不遇赋》这两首辞赋主题传统、语词摹仿等方面的详细分析,海陶玮确信:陶渊明在序言中已经表明这两篇辞赋为沿袭之作,他对这两首辞赋所模仿作品的检验充分证实了他的论断。①

这两首辞赋难以摆脱传统窠臼的原因,海陶玮认为主要是辞赋自身文体特点和历史演变决定的。他认为皇甫谧对辞赋文类特点的概括最为精确,即"赋也者,所以因物造端,敷弘体理,欲人不能加也"②,这种特点决定了辞赋惯于表达同一主题,随着六朝时期辞赋创作的普遍流行,各种主题和物类都已被书写,诗人们很难再找到一个新的主题来表达,"每一篇辞赋都是诗人在前辈们已经写过的主题基础上,经过深思熟虑后再加以组合的尝试"③。经过这种不断地组合尝试,赋体这种文学表达的主题和格式被不断强化,一个结果就是,"陈腔滥调的产生"④。因为我们不能把诗人"将已有的元素有机地组成一个和谐整体"

---

① James Robert Hightower, "The Fu of T'ao Ch'ien", *Harvard Journal of Asiatic Studies*, Vol. 17, No. 1/2, June 1954, p. 213. Original text: "In 'Stilling the Passions' and 'Lament for Gentlemen Born out of their Time', T'ao Ch'ien was writing conventional *fu* on established themes. His prefaces said as much, and an examination of his models amply confirms his statement."

② 皇甫谧为左思《三都赋》所写的序言,载曾枣庄《中国古代文体学》,上海人民出版社 2012 年版,第 70 页。

③ James Robert Hightower, "The Fu of T'ao Ch'ien", *Harvard Journal of Asiatic Studies*, Vol. 17, No. 1/2, June 1954, p. 190. Original text: "each member of a series representing a poet's deliberate attempt to incorporate everything his predecessors had written on the subject."

④ James Robert Hightower, "The Fu of T'ao Ch'ien", *Harvard Journal of Asiatic Studies*, Vol. 17, No. 1/2, June 1954, p. 190. Original text: "One result was the production of stereotypes."

的能力作为评判一个作品成功与否的标准，因为这样的作品没有任何独创精神。

指出《闲情赋》和《感士不遇赋》的沿袭之后，海陶玮又分析了《归去来兮辞》的开创性。为什么《归去来兮辞》具有开创性而不是沿袭之作？他认为，虽然陶渊明创作《归去来兮辞》时也有一些主题类似的作品可以仿照，比如张衡《归田赋》、仲长统《乐志论》和张华《归田赋》等，而且诗人很可能已经注意到这些作品，完全可以和其他两篇辞赋一样进行模仿，但是通过分析《归去来兮辞》具体的语词选用和表达方式，海陶玮认为诗人并没有对这些作品进行因袭模仿，而是在艺术手法和哲学思想方面与陶诗一脉相承。

为了证明这一点，海陶玮以诗证赋，认为陶渊明辞赋中所使用的象征意象，在《闲情赋》《感士不遇赋》与《归去来兮辞》中的表现完全不同，在前两篇辞赋中，"这种象征大部分都是刻板僵化的，而且大部分已经在早期诗歌中出现过，陶潜使用的也是相同的象征涵义"[1]。而在《归去来兮辞》中，"陶潜的象征很大程度上都是自己的创造"[2]，即使有重复，也大多是对自己诗歌的重复，比如归鸟、菊花、松柏、琴书、孤云、酒等等，这些陶诗中常见的象征意象，顺其自然地出现在了《归去来兮辞》中。除了艺术手法上的一致外，《归去来兮辞》主题内容也与其他陶诗保持了一致，比如《归去来兮辞》结尾部分所反映的诗人哲学思想与陶渊明《形影神》一脉相承，而又与其他诗歌思想构成一种复杂的矛盾统一心理。在《归去来兮辞》和《形影神》中，死

---

① James Robert Hightower, "The Fu of T'ao Ch'ien", *Harvard Journal of Asiatic Studies*, Vol. 17, No. 1/2, June 1954, p. 225. Original text: "(in his other two *fu*) the symbols are mostly stereotyped and appear in much of the earlier poetry with the same value given them by T'ao Ch'ien."

② James Robert Hightower, "The Fu of T'ao Ch'ien", *Harvard Journal of Asiatic Studies*, Vol. 17, No. 1/2, June 1954, p. 225. Original text: "T'ao Ch'ien's symbolism is in large part his own creation."

亡已经变成另外一种自发的表现，生活中的自然成为诗人的乐趣所在，因此死亡也就可以欣然接受了。诗人不再有疑惑，并不是因为对可能发生的事情不再关心，而是无论发生什么事情，他都可以坦然地把生死看作是幸福的来源。

总之，海陶玮认为《归去来兮辞》没有对张衡《归田赋》等辞赋进行因袭模仿，反而在艺术手法上与陶诗自身象征意象一脉相承，而且《归去来兮辞》结尾所表达的生死观念与《形影神》深为相契。因此他认为，《归去来兮辞》在陶渊明辞赋作品中独树一帜，因为在这篇作品中，"陶渊明把传统形式转化为一种独特自我表达载体，这种成就应该得到最高的赞赏"①。

二 "《归去来兮辞》开创个人表达传统"之辨析

海陶玮通过具体语词选用和表达方式的细致考察，认为《归去来兮辞》完全开创了一种自我表达的方式，这种结论如何评价呢？

笔者认为，海陶玮主张从诗人写作意图和写作目的来探究作品创作动因，并把陶赋序言的提示和辞赋语词结构或主题的仿照作为推测诗人对传统作品的因袭，这种思路是合理的，但据此认为"《闲情赋》和《感士不遇赋》乃陶渊明因袭模仿前人作品的练习之作、《归去来兮辞》开创了个人表达传统"的结论，似乎有失偏颇。

首先，序言作为了解作者创作背景和写作意图的提示，符合陶渊明诗文乃至中国古代诗文的一般规律，但序言侧重表达的内容，不能作为是否有创作因袭的主要依据。序，即"叙""绪"，也称"引""跋"

---

① James Robert Hightower, "The Fu of T'ao Ch'ien", *Harvard Journal of Asiatic Studies*, Vol. 17, No. 1/2, June 1954, p. 230. Original text: "His achievement in making a conventional form the vehicle for a uniquely personal expression deserves the highest praise."

（后序），是介绍评述一部著作或一篇文章的文字，通常用来说明作者的创作意图和写作过程，是文章不可分割的一个部分。汉儒为《诗经》所作大、小序，晋代之后，文多有序，长短不均，陶渊明现存三篇辞赋，篇篇有序，且都属自序，具有较强的真实性，所以常常作为推断作者创作背景与写作动机的主要依据和解读诗文主旨的主要线索。华裔学者吴伏生对此深有体会，他说"在中国诗歌发展史上，陶渊明首次大量运用诗中的标题和序文来为读者提供其写作的背景与动机。为此，他被认为是中国诗歌史上第一位刻意通过诗歌来记录自己生平的诗人，即所谓'自传诗人'"。① 海陶玮在梳理陶渊明辞赋创作传统时，抓住陶赋序言这一诗人精心结撰、满载诗人之意的部分纳入陶赋的研究范围，显示了他对陶赋和中国古代文学的熟悉，正如他所说，当时的辞赋创作确实存在"缀文之士，奕代继作"的拟作风气，但是海陶玮忽视了序言创作的多样性，徐师曾说序文"其为体有二，一曰议论，二曰叙事"（《文体明辨》），类型各有偏重，陶渊明诗文序言也大抵如此，或叙述创作缘由，或表明创作心迹，或阐发诗文主旨②，根据作者创作序言的实际需要而不一而足。《闲情赋》和《感士不遇赋》序文都选择了开宗明义地追溯与该赋主题相关的作品源流，标明承传书写传统，"以触类广义的书写姿态，体现出其辞赋创作背后深刻的历史意识及其赋学系谱意涵"③，偏重议论；《归去来兮辞》序文则从辞职归田缘起的自述中阐明辞赋创作的写作缘由，偏重叙事，两种序言属于不同的内容侧重和写

① 吴伏生：《信任与怀疑：中西对陶渊明诗歌的不同阐释》，《中国比较文学》2016 年第 1 期（总第 102 期）。

② 李小成把陶渊明诗文序从内容上分为三类：一类概括诗文之意，二类叙述作诗为文之原委，三类于诗之外以感慨系之。第一类如《停云》序、《时运》序、《形影神三首》序等；第二类是赠序，如《赠羊长史》序、《赠长沙公》序、《答庞参军》二首序、《与殷晋安别》序；第三类如《九日闲居》序、《饮酒二十首》序、《游斜川》序、《桃花源记》、《有会而作》序、《感士不遇赋》序等，见李小成《论陶渊明的诗赋序文》，《名作欣赏》2011 年第 26 期。

③ （台）许东海：《系谱·地图·谏书——陶渊明辞赋的归田论述及其文化构图》，《湖北大学学报》（哲学社会科学版）2013 年第 40 卷第 2 期。

作风格。《闲情赋》和《感士不遇赋》沿用了同类作品的表达方式和主题，同时也蕴涵渗透着诗人重温过去、参合现在、幻化未来的生命体验和充满想象的虚拟表达，而《归去来兮辞》序言选择不再标榜该主题迭代传承的辞赋书写系谱，而是从"余家贫，耕植不足以自给"来直抒"归田"主题，成为一篇自叙性、真实性和个性化较强的辞赋。在《归去来兮辞》中，"序"是对过往人生的深刻省思，"辞"是对摆脱官场窠臼、投入新生活的向往，共同构成陶渊明完整的心灵旅程，在这里，序言虽未提及对传统同类主题的因袭，但并不表明该辞赋完全没有因袭传统，而只是诗人写作和行文需要强调的重点不同而已。

其次，从表达语词、结构方式、作品主题等方面的创作传承来看，三篇辞赋都有因袭传统的因素。《闲情赋》和《感士不遇赋》在主题和表达方式上的因袭模仿，海陶玮在文中已经分析得较为充分，以下笔者着重分析，《归去来兮辞》其实也有明显的主题和表达的书写传承，并非是一篇开创了个人表达传统而独树一帜的作品。

《归去来兮辞》与海陶玮所列举的同类作品如张衡《归田赋》、仲长统《乐志论》、张华《归田赋》等共同构成"归田"主题的书写谱系，同时受"归田"主题的领衔之作——张衡《归田赋》主题思想和创作旨趣的影响非常深刻。《归田赋》是张衡在汉顺帝永和三年（公元138年）创作的一篇辞赋，马积高《赋史》评价这篇辞赋"是中国文学史上第一篇描写田园隐居乐趣的作品……它既是现存东汉第一篇完整的抒情小赋；它又是现存的第一篇比较成熟的骈体赋。这三点对以后赋的发展都有深远的影响"①。《归田赋》等"归田"类作品是陶渊明创作《归去来兮辞》的前文本，陶渊明虽未在序中有意提及，但作品在主

---

① 马积高：《赋史》，上海古籍出版社 1987 年版，第 120—121 页。

题、构思、命意、手法上都直接受《归田赋》的启发①，充分发展了
《归田赋》抒情小赋的艺术特色，并进一步加强了作品的主观抒情性和
托寓的象征性，两者具有承接发展的清晰脉络，《归去来兮辞》是后世
作品中所受《归田赋》影响最大、也最直接的作品，但比《归田赋》
在思想艺术上更成熟、更深刻，也更富有个性化和文学色彩。所以无论
是"归田"主题、自叙方式还是艺术手法，《归去来兮辞》都不能被称
为推翻传统而开启个人表达的独创性作品。

　　海陶玮对《归去来兮辞》情有独钟的原因，大概是因为《归去来
兮辞》的主题更切合陶渊明人生抉择的心理状态和追求生命意义的独特
价值。梁启超称这篇辞赋是"渊明全人格最忠实的表现"②，与其他两
赋特别是《闲情赋》评价褒贬不一形成对比的是，《归去来兮辞》得到
历代学者极高的评价，在辞赋作品中享有独特的地位，特别是北宋欧阳
修评价"晋无文章，惟陶渊明《归去来兮辞》一篇而已"③。海陶玮在
传统评论和个人偏爱的影响下，发现《归去来兮辞》与其他两赋在序
言提示和语辞表达上的差异而得出的结论，忽视了文学传统对诗人创作
影响的多样性，特别是诗人创作序言的复杂性。

　　海陶玮还谈道，《归去来兮辞》能够在艺术表达上独树一帜、比其
他两赋更加成熟的原因，是因为该赋的写作时间是诗人 30 岁左右（海
陶玮此处采用逯钦立说法），诗歌创作能力已经完全成熟，而另外两赋

---

① 关于《归去来兮辞》和《归田赋》的比较研究，可参见马亚平《张衡抒情小赋对陶
渊明辞赋的影响》，《西南民族大学学报》（人文社科版）1998 年第 19 卷；蔡德莉《张衡和陶
渊明归隐心态探析——以〈归田赋〉和〈归去来兮辞〉为中心》，《闽南师范大学学报》（哲
学社会科学版）2012 年第 1 期；高国藩《陶渊明〈归去来兮辞〉与张衡〈归田赋〉之比较》，
《九江学院学报》（社会科学版）1993 年第 4 期；（台）许东海《系谱·地图·谏书——陶渊
明辞赋的归田论述及其文化构图》，《湖北大学学报》（哲学社会科学版）2013 年第 40 卷第 2
期等论文。
② 梁启超：《梁启超论中国文学》，商务印书馆 2012 年版，第 287 页。
③ （元）李公焕：《笺注陶渊明集》卷五，载北京大学、北京师范大学编《陶渊明资料
汇编》（下册），中华书局 2004 年版，第 327 页。

几乎都是 30 岁之前完成的，属于陶渊明青年时代的诗歌练习之作。这种观点在笔者看来也是难以成立的。关于这三篇辞赋的创作时间，《归去来兮辞》序已明确指出是义熙元年十一月，一般认为是陶渊明 40 岁由彭泽归田后不久创作并于次年写成的，可以说是诗人成熟时期的作品，但《感士不遇赋》和《闲情赋》的创作时间，迄今尚未定论，且分歧较大，关于《闲情赋》创作年代就有"早年说""中年说"和"晚年说"①，所以不能简单地把两赋归为诗人青年时代模仿前辈的诗歌学习之作。

　　同时笔者认为，海陶玮认定《闲情赋》和《感士不遇赋》是诗人年轻时代因袭模仿习作，这样的结论在一定程度上会误导西方学者和读者忽视这两篇辞赋的内在文学价值。陶渊明作为中国古代伟大作家，虽深受文学传承的启发影响，但体现了较强的独创革新，这不但体现在《归去来兮辞》中，也体现在《闲情赋》和《感士不遇赋》中。《闲情赋》虽被作者自评为"缀文之士"的"文妙不足"之作，实乃自谦之辞，其在思想内容和艺术表达上都具有不可忽视的价值，这篇辞赋突破了古典辞赋中人神相恋的模式，塑造了内外兼备、富有操守的美女形象来寄托情思，艺术想象的张力、感情的充沛、辞采的丰富等方面都已超越他所模仿的同类赋篇，特别是赋中四十句、占到全赋三分之一的"十愿十悲"，虽也是渊源有自，但如慕、如怨、如诉地抒发了作者内心不可遏止的情感，感情发挥之淋漓尽致、铺陈排比之空前绝妙，使这篇辞赋的文学价值大为彰显，并对后世创作产生了直接影响。钱钟书评价该赋说，"张、蔡之作，仅具端倪，（陶）潜乃笔墨酣饱矣"②。"十愿"式的情感表达方式更引起后世文人争相效仿，但无一能够超

---

　　① 参见赵婧、史国强《陶渊明〈闲情赋〉系年考辨》，《衡阳师范学院学报》2009 年第 30 卷第 1 期。

　　② 钱锺书：《管锥编》（第四册），中华书局 1979 年版，第 1223 页，下同。

越，"顾无论少至一愿或多至六变，要皆未下转语，尚不足为陶潜继响也"。

《感士不遇赋》虽然沿袭了董仲舒《士不遇赋》和司马迁《悲士不遇赋》"士不遇"这个常见主题，但正如海陶玮指出的那样，这些辞赋所摹写的中国文人志士的心境以及所采取的应对社会遭遇的方式大不相同。司马迁虽然较好地表达了痛苦和失望的情绪，陶渊明则更为精细地表达了富有抱负而在入仕道路上进退两难的真实心境，这种复杂性更切合人物面对人生重要选择的真实心境，对艺术创作来讲也更具有丰富性和层次感，"强调自身利益的描写，有助于使诗歌超越那种平淡无味和毫无变化的层次"①。"尽管有人可能更喜欢司马迁对该主题的处理方法，但陶潜辞赋显示了艺术手法的多样性，对复杂思想的表达也令人信服。"② 海陶玮的这种分析是合理的，从屈原的"蹈死自救"到司马迁的"抒发愤懑"，再到"高蹈独善"的陶渊明，构成了中国古代各阶段文人在处理人生与社会矛盾过程中不断觉醒和进步的自救策略和心态转变轨迹。

海陶玮对《闲情赋》和《感士不遇赋》的认识影响了他对此二赋文学价值的判断，他认为因袭模仿痕迹更为明显的《闲情赋》和《感士不遇赋》是从属的、后起的，从而忽视了这两篇辞赋的文学价值。其实，这两篇辞赋不是简单的模拟游戏之作，也不是陶渊明在既有主题上因袭而心理上竞胜的作品，而是一篇饱含作者内心情愫，渗透着作者生活经验和充满艺术想象的具有独立价值的作品。关于这一点，另一位西

---

① James Robert Hightower, "The Fu of T'ao Ch'ien", *Harvard Journal of Asiatic Studies*, Vol. 17, No. 1/2, June 1954, p. 213. Original text: "The appeal to self-interest helps keep the poem above the level of banality and downright pose."

② James Robert Hightower, "The Fu of T'ao Ch'ien", *Harvard Journal of Asiatic Studies*, Vol. 17, No. 1/2, June 1954, p. 213. Original text: "Although one may prefer Ssu-ma Ch'ien's treatment of the theme, T'ao Ch'ien in this *fu* shows technical versatility and achieves a convincing statement of a complex idea."

方陶学专家戴维斯有着更深刻的理解，他在对陶渊明辞赋进行翻译时，加入了自己的评注，这些评注显然是针对海陶玮观点的。戴维斯认为，陶渊明在创作《闲情赋》时：

> 即使有竞胜的成分，却也不应被过分地强调，理由是很充分的——重要作家之所以采用反复使用过的题目，是为了满足他们的创作欲望，以显示自己卓越的才华而不只是把它当作文学上的摹拟之作。中国传统诗文作品中，有许多诗文在表面上都多少带点陈词滥调。因此，努力去发现一个作家在使用传统惯用题目时的个人兴寄，便成了主要的关键任务。①

其实，从主题思想和艺术风格方面来看，陶渊明三篇辞赋具有统一性。三篇辞赋虽然主题各异，但思想内容和感情脉络和谐统一，共同构成陶渊明一生中最重要的思想发展历程。《闲情赋》是诗人用形象化写真来表达复杂心态的人生思辨，《感士不遇赋》是用自古有之、于时不遇的历史悲境来揭示诗人辞官归田的心理动因，《归去来兮辞》则真实直白地宣布了诗人脱离仕途的最终抉择，三篇辞赋共同呈示出诗人丰富复杂而渐次深化的心理历程，完整构成了陶渊明一生的情志动态和心灵旨归。海陶玮的结论容易使人忽视这三篇辞赋在主题思想等方面的连贯性和统一性。

同时，陶渊明三篇辞赋也体现了辞赋的不同风格种类。《闲情赋》所体现的是铺陈赋，《感士不遇赋》所体现的是哀体赋，《归去来兮辞》则体现的是抒情赋。辞赋发展到两晋，以主观抒情为主的抒情赋已逐步代替了客观"体物"的铺陈赋和哀悼古代名士为主的

---

① A. R. 戴维斯：《陶渊明赋辞评注》，包涵译，刘禹宪校，《九江师专学报》（哲学社会科学版）1987 年第 1、2 期合刊。

哀体赋，陶渊明便是在这种文学氛围中创作了《归去来兮辞》这篇抒情小赋。

三　对陶学公案《闲情赋》的回应

《闲情赋》是陶渊明唯一一篇以爱情闲情为主题的辞赋，因其丰富而复杂的思想和艺术而深受争议，袁行霈评价这种争议说，"盖陶渊明之文学因萧统而显，其《闲情赋》遂亦因萧氏而成为一段争论不休的公案"①。

萧统对陶渊明其人其文十分推崇，"爱嗜其文，不能释手；尚想其德，恨不同时"。（梁代萧统《陶渊明集序》），却独把《闲情赋》一篇视为陶集中的败笔，认为该赋蹈袭扬雄所指出的汉赋"劝百讽一""卒无讽谏"的窠臼而为之憾叹，"白璧微瑕，唯在《闲情》一赋"②。宋代苏轼强烈为此赋正名，说此赋"正所谓《国风》好色而不淫"③，把此赋与屈原、宋玉作品并列，并对萧统给予尖锐讽刺。自此以后论家蜂起，众说纷纭，褒贬各异，遂成千古讼案④。后继论家内容基本按照"寄托说"和"言情说"两个方面来解读⑤，态度基本沿袭萧统和苏轼，一直存在着肯定和否定两种截然不同的声音。

"寄托说"认为此赋承继了屈原借香草美人抒写政治理想的传统

---

① 袁行霈：《陶渊明的〈闲情赋〉与辞赋中的爱情闲情主题》，《北京大学学报》（哲学社会科学版）1992 年第 5 期。

② （梁）萧统：《陶渊明集序》，《昭明太子集》卷第四，《四部备要·集部》线装铅印本，河南大学图书馆古籍室藏。

③ （宋）苏轼：《题〈文选〉》，《东坡题跋》卷二，白石点校，浙江人民美术出版社 2016 年版，第 49 页。

④ 可参见李剑锋《陶渊明〈闲情赋〉历代接受史论》，《2019 年"陶渊明与吴文化暨园林文化研究"学术研讨会论文集》（上册），2019 年。

⑤ 袁行霈认为，苏轼既是"守礼说"的开山，又是"寄托说"的鼻祖，见袁行霈《陶渊明的〈闲情赋〉与辞赋中的爱情闲情主题》，《北京大学学报》（哲学社会科学版）1992 年第 5 期。

笔法，托寄遥深，持此观点的学者有明代张自烈①，清代邱嘉穗②、孙
人龙③、刘光蕡④、陈沆⑤等，逯钦立是近代"寄托说"的代表人物，
他认为《闲情赋》是"假托追求女子爱情的失败比喻追求功名理想的
失败"⑥。

"言情说"则认为此赋乃抒情之赋，又因对情赋的不同态度而分持
两派，肯定派如宋人俞文豹⑦等，近人把此赋作为情赋予以肯定的首推
鲁迅⑧，他认为《闲情赋》描写了陶渊明浪漫真实的一面，是一部"坚

---

① （明）张自烈辑：《笺注陶渊明集》卷五，载北京大学、北京师范大学编《陶渊明资料汇编》（下册），中华书局 2004 年版，第 323 页。"此赋托寄深远，合渊明首尾诗文思之，自得其旨。如东坡所云，尚未脱梁昭明窠臼。或云此赋为眷怀故主作，或又云续之辈虽居庐山，每从州将游，渊明思同调之人而不可得，故托此以送怀。"

② （清）邱嘉穗：《东山草堂陶诗笺》卷五，载北京大学、北京师范大学编《陶渊明资料汇编》（下册），中华书局 2004 年版，第 323—324 页。"《诗》曰：'云谁之思，西方美人。'朱子谓'托言以指西周之盛王'，如《离骚》'怨美人之迟暮'，亦以美人目其君也。此赋正用此体。昭明太子指为白璧微瑕，固为不知公者；即东坡以为《国风》好色而不淫，亦不知其比托之深远也。"

③ （清）孙人龙纂辑：《陶公诗评注初学读本》卷二，载北京大学、北京师范大学编《陶渊明资料汇编》（下册），中华书局 2004 年版，第 324 页。"古以美人比君子，公亦犹此旨耳。"

④ （清）刘光蕡：《陶渊明闲情赋注》，载北京大学、北京师范大学编《陶渊明资料汇编》（下册），中华书局 2004 年版，第 325 页。"此篇乃陶渊明悟道之言……身处乱世，甘于贫贱，宗国之覆即不忍见，而又无如之何，故托为闲情。其所赋之词以为学人求道也可，以为忠臣之恋主也可，即以为自悲身世思圣帝明王也亦无不可。"

⑤ （清）陈沆：《陶渊明诗笺》，《诗比兴笺》（上）卷二，清光绪九年线装重刻本，第四十四页，河南大学图书馆古籍室藏。"《闲情赋》，渊明之拟骚。从来拟骚之作，见于《楚辞集注》者，无非灵均之重台。独渊明此赋，比兴虽同，而无一语之似，真得拟古之神！……且以《闲情》为好色，则《离骚》美人香草，湘灵二姚，鸩鸟之媒，亦将斥为绮词乎·《国风·关雎》，亦将删汰乎？"

⑥ 逯钦立校注：《陶渊明集》，中华书局 2011 年版，前言。

⑦ （宋）俞文豹：《吹剑四录》，载北京大学、北京师范大学编《陶渊明资料汇编》（下册），中华书局 2004 年版，第 321 页。"渊明作《闲情赋》，盖尤物能移人，情荡则难反，故防闲之。"

⑧ 鲁迅评价"又如被选家录取了《归去来辞》和《桃花源记》，被论客赞赏着'采菊东篱下，悠然见南山'的陶潜先生，在后人的心目中，实在飘逸得太久了，但在全集里，他却有时很摩登，'愿在丝而为履，附素足以周旋；悲行止之有节，空委弃于床前'，竟想摇身一变，化为'阿呀呀，我的爱人呀'的鞋子，虽然后来自说因为'止于礼义'，未能进攻到底，但那些胡思乱想的自白，究竟是大胆的。"见鲁迅《题未定草（六）》，载《且介亭杂文二集》，人民文学出版社 1973 年版，第 203 页。

实而有趣"① 的作品，朱光潜②、梁启超③等也持肯定态度。否定派主要是从正统观念和陶渊明高洁人格形象出发，认为这篇包含"邪心"的情赋有污陶渊明名声，如清代方东树④、王闿运⑤等。

由此可见，1954 年《陶潜的赋》发表之前，关于《闲情赋》的历史公案业已形成，海陶玮注意到中国学者争持不下的这个问题并有意识地通过自己的文章参与和回应学术争议，显示了他对中国学术问题的敏锐关注，体现了中西学者在陶学方面的交流互鉴。海陶玮分析《闲情赋》时明确提出：

> 研究这些形式和主题传统的原因，就像我已经指出的那样，是用它们来回答一些基本的问题，不这样做便无法给出清晰明确的答案。⑥

海陶玮指出萧统对该赋"白璧微瑕"的评价并给予回应，同时也充

---

① 鲁迅：《鲁迅书信集》，人民文学出版社 1976 年版，第 1100 页。

② 朱光潜：《诗论》，北京出版社 2014 年版，第 313—314 页，"第十三章陶渊明"，原文："渊明的伟大处就在他有至性深情，而且不怕坦白地把它表现出来，趁便我们也可略谈一般人所诉讼的《闲情赋》……在这篇赋里渊明对于男女眷恋的情绪确实体会得细腻之极，给他的冲淡朴素的风格渲染了一点异样的鲜艳的色彩；但是也正在这一点上我们可以看出渊明是一个有血有肉的人，富于人所应有的人情。"

③ 梁启超认为"陶渊明集中写男女情爱的诗，一首也没有，因为他实在没有这种事实。但他却不能不写。《闲情赋》里头，'愿在衣而为领……'底下一连叠十句'愿在……而为……'熨帖深刻，恐古今言情的艳句，也很少比得上。因他心苗上本来有极温润的情绪，所以要说便说得出"。见梁启超《陶渊明之文艺及其品格》，载梁启超《陶渊明》，商务印书馆，中华民国十二年九月，第十一页，河南大学图书馆民国文献阅览室。

④ （清）方东树：《续昭昧詹言》卷八，清光绪十七年二月线装刻本，河南大学图书馆古籍室藏。

⑤ （清）王闿运：《湘绮楼日记》，"《闲情赋》十愿，有伤大雅，不止'微瑕'"，见龚斌《陶渊明传论》，华东师范大学出版社 2001 年版，第 230 页。

⑥ James Robert Hightower, "The Fu of T'ao Ch'ien", *Harvard Journal of Asiatic Studies*, Vol. 17, No. 1/2, June 1954, p. 191. Original text："The reason for studying these traditions of form and subject is, as if I have already suggested, to use them in answering certain fundamental questions about T'ao Ch'ien's poem which must otherwise be obscure."

分注意到中国学者的意见，他引用陶学专家逯钦立的论文《洛神赋与闲情赋》（1948）①，对其"政治寓意说"持坚决反对态度，对他把《闲情赋》视为屈原《离骚》香草美人君臣寄托的观点表示完全不可思议：

      我非常同意逯先生的观点，即这首诗歌应该通过研究文学传统来探讨，但在我看来，他选择了错误的传统。②

由此看来，海陶玮并不认为《闲情赋》是中国文学自屈原以来形成的比兴寄托传统的继承和运用。

海陶玮《陶潜的赋》发表之后，关于《闲情赋》题旨的阐释仍议论纷纭，且大有蔓延之势。国内学者从 20 世纪 80 年代一直讨论到 21 世纪的今天，各种研究论文层出不穷③，对《闲情赋》主旨的争论越来

---

① 逯钦立：《洛神赋与闲情赋》，《学原》，2.8（1948），第 87—91 页，见 James Robert Hightower，"The Fu of T'ao Ch'ien"，*Harvard Journal of Asiatic Studies*，Vol. 17，No. 1/2，June 1954，p. 192.

② James Robert Hightower，"The Fu of T'ao Ch'ien"，*Harvard Journal of Asiatic Studies*，Vol. 17，No. 1/2，June 1954，p. 192. Original text："I quite agree with Mr. Lu that the poem should be approached through a study of literary tradition，but it seems to me that he has chosen the wrong tradition."

③ 关于陶渊明《闲情赋》的研究论文，主要有吴云：《陶渊明〈闲情赋〉散论》，《山东师院学报》（哲学社会科学版）1980 年第 3 期；振甫：《发乎情止乎礼义——读陶渊明〈闲情赋〉》，《名作欣赏》1984 年第 2 期；李文初：《陶渊明〈闲情赋〉的评价问题》，《暨南学报》（哲学社会科学版）1986 年第 2 期；范炯：《人生思辨的形象写真——陶潜〈闲情赋〉新探》，《中州学刊》1987 年第 3 期；郭象：《取熔〈骚〉意自铸伟辞——陶渊明〈闲情赋〉主旨试探》，《天津师范大学报》1989 年第 1 期；顾竺：《关于陶渊明的〈闲情赋〉》，《西北师范大学学报》1990 年第 6 期；袁行霈：《陶渊明的闲情赋与辞赋中的爱情闲情主题》，《北京大学学报》1992 年第 5 期；徐国荣：《〈闲情赋〉，陶渊明的游戏之笔》，《九江师专学报》（哲学社会科学版）1994 年第 3—4 期合刊；王能胜：《胡思乱想的自白——陶渊明〈闲情赋〉主旨之我见》，《九江师专学报》（哲学社会科学版）1999 年第 4 期；［日］今场正美：《论陶渊明的〈闲情赋〉》，《九江师专学报》2001 年增刊；李世萍：《〈闲情赋〉的情蕴和主旨探析》，《贵州社会科学》2006 年第 6 期；杨满仁：《模拟与寄托：陶渊明〈闲情赋〉述评》，《九江学院学报》2010 年第 2 期；宋雪玲：《〈闲情赋〉的主题和陶渊明诗文的理想化倾向》，《九江学院学报》2011 年第 2 期；霍建波、吴晓梦：《从陶渊明〈闲情赋〉探析赋体的审美特质》，《安康学院学报》2014 年第 26 卷第 6 期；张琼文：《心上无弦：陶渊明〈闲情赋〉浅释》，《黑河学刊》2016 年第 2 期。

越细，但意见还是在赞许和责难的两端上阵营分明、大相径庭。在"寄托说"和"言情说"基础上，又把"寄托说"分为"忠臣之恋主说""思圣帝明王说"，把"言情说"分为"邪情说""守礼说""纯情说""纵情说""正情说"等，还有"卒章显志说""劝百讽一说""香草美人说""内心矛盾说""旗号幌子说""衷君恋主说""字句误释说"等等，不少陶学专家如袁行霈、吴云、龚斌、杜景华等都参与讨论。笔者无意在此梳理海陶玮之后的公案历史，只是想说明，在这场从古至今的历史公案中，海陶玮作为一个海外学者，于20世纪50年代就积极参与讨论这个富有争议的话题并贡献了自己的答案，站在"言情说"一派并梳理了该主题辞赋的历史传承，但是由于各种原因，国内学者并未充分留意这些海外同行们的声音。

今天我们把海外汉学研究成果纳入中国文学研究的范围，可以看出西方学者所具有的不同视角和方法。在《陶潜的赋》中，海陶玮作为西方学术体系中的海外学者，提出了令国内学者值得深思的结论，即"《闲情赋》和《感士不遇赋》乃陶渊明因袭模仿前人作品的练习之作、《归去来兮辞》开创了个人表达传统"，这种结论笔者已在上文提出质疑，但是他显示出的完全不同于传统陶学的视野角度和思考方式是值得我们重视和借鉴的，主要有以下几个方面：

一是重视文体历史和同类主题作品脉络的历史梳理，从而窥见作品的传承与变革。海陶玮认为，"在所有外在因素中最易于掌握的，便是对诗人诗歌写作传统的了解，他所运用的文类和诗歌主题都应该依据这个传统来看待"①。从赋的历史发展来看，到了六朝时期，各类辞赋的语词、结构和韵律几乎都形成了模式化表达，后人很难再有发

---

① James Robert Hightower, "The Fu of T'ao Ch'ien", *Harvard Journal of Asiatic Studies*, Vol. 17, No. 1/2, June 1954, p. 189. Original text: "(But) the most generally available of all these adventitious aid is a knowledge of the poetic tradition in which the poet is writing, and both the genre he is using and subject of his poem should be viewed in the light of the tradition."

挥的余地，海陶玮形容这种状况说，"这些不同的因素结合在一起，使辞赋不再仅是一种韵律实践，而是诗人是否博学的一种衡量，也成为诗人是否能够按照既有规则写就一篇辞赋的技能指标"①。在对《闲情赋》《感士不遇赋》和《归去来兮辞》三篇辞赋进行分析时，海陶玮梳理了之前同类主题的所有辞赋作品，在谈及《归去来兮辞》在陶渊明整体诗文作品中的地位时，又逐一分析解读了与《归去来兮辞》相关的陶渊明诗歌作品，以理清这些作品的文学传承和历史定位。

二是善于通过诗文具体语言文本的细致分析得出自己的结论。海陶玮运用语言文献分析的传统汉学研究方法，在梳理同类辞赋历史时，不仅列出同类作品以说明陶渊明辞赋创作的主题沿袭，而且深入到这些作品的具体语句和结构，归纳出词语表达重复和语法结构类似等特点。比如在分析《闲情赋》时，海陶玮认为张衡《定情赋》是一个模版和标准，之后同类作品大都是模仿之作，他以第一句为例，列出了模仿和重复的诗句（横线部分是重复语词）：

夫何妖女之淑丽　　（张衡《定情赋》）

――神――姣――　　（宋玉《神女赋》）

――姝妖―媛女　　（蔡邕《静情赋》）

――淑　 ―佳――　　（阮瑀《止欲赋》）

――英媛―丽女　　（王粲《闲邪赋》）

――媛――殊――　　（应瑒《正情赋》）

――美――　―嫺妖　　（曹植《静思赋》）

---

① James Robert Hightower, "The Fu of T'ao Ch'ien", *Harvard Journal of Asiatic Studies*, Vol. 17, No. 1/2, June 1954, p. 190. Original text: "These various factors combine to make *fu* a little more than an exercise in versification. It was at once a measure of a poet's erudition and an index of his skill if he could write a *fu* to order."

—　—环逸—令姿　　　（陶潜《闲情赋》）

惟玄媛—逸女　　　（杨修《神女赋》）

美淑人—妖—　　　（张华《永怀赋》）①

通过重复语词的具体分析，可以看出《闲情赋》对先前作品的沿袭和套用是非常明显的。

海陶玮指出：

> 那些被奉为原型的辞赋已因年代久远而残缺不全、面目全非，如果认为（《闲情赋》）每一行在其最初的完整版中都有原型，可能有点离谱，但可以肯定的是，在自己的作品中，陶潜并没有刻意去建立自己的独创性。②

通过诸如上文的细致分析，海陶玮强化了自己的观点和结论。

三是善于在中西对比的广阔视野中看待和研究中国文学问题，开拓了陶渊明研究的视野和思路。在谈到《闲情赋》主旨与诗人个人阅历的关系时，海陶玮确信《闲情赋》的创作源于诗人真实的情感经历，明确支持"言情说"，驳斥"寄托说"，对逯钦立"政治寓意说"更持反对意见。为了支持自己的观点，他引用美国学者费尔朴（Dryden Linsley Phelps，1896—1978）的话说：

---

① James Robert Hightower, "The Fu of T'ao Ch'ien", *Harvard Journal of Asiatic Studies*, Vol. 17, No. 1/2, June 1954, p. 170.

② James Robert Hightower, "The Fu of T'ao Ch'ien", *Harvard Journal of Asiatic Studies*, Vol. 17, No. 1/2, June 1954, p. 181. Original text: "It is perhaps going too far to imagine that every line had its prototype in the original complete texts of those *fu* which time has mercifully destroyed or left in hackneyed fragments, but surely T'ao Ch'ien was not striving for originality in his version."

对这篇特别的辞赋，有一种解释是：诗人的政治抱负遭遇挫折，因此最终他所能做的就是"把他深远的情感寄托文中"！因此，在研究讽喻的学者看来——他所爱的女孩——只是他无法实现的政治野心，这真是枯燥无味的解释，我真的不相信！这首诗太令人信服了、太直接了！真挚的感情表露无遗，我确信，陶潜一定是与一位魅力难挡的女子在恋爱中，你自己读读这首诗！①

从海陶玮及费尔朴的观点可知，对"言情说"和"寄托说"这两种长期对峙的观点，西方学者似乎都毫不犹豫地选择了前者。中国文学含蓄内敛，意蕴深厚，寄托深远，使得诗文表达主旨相对隐晦难定。"言情说"是《闲情赋》所呈现的文学意象的直观意旨，"寄托说"是"言情"直观意旨基础上生发的更为深邃、更为曲折的抽象意旨，对于后者，海外学者往往缺乏认同。

同时海陶玮也指出，中西诗歌在诗歌内容与诗人感情关系方面也具有共性特征，即诗歌不一定是诗人生活阅历和真实情感的反映，他举出苏格兰诗人德拉蒙德（William Drummond of Hawthornden，1585—1649）的例子，德拉蒙德十四行诗第 35 首描写了一位女郎，字里行间充满着希腊罗马神话故事，海陶玮说"没有人会期望从德拉蒙德的十四行诗中去发现坎宁安小姐（Miss Cunningham，音译）不幸遭遇的忠实写照，

---

① Dryden Linsley Phelps and Mary Katherine Willmott, "Ode to Restrain the Passions by T'ao Ch'ien", *Stadia Serica*, Vol. 7, 1948, p. 61. Original text: "As for this particular ode, one scholastic interpretation has it that the poet's political ambitions met only with frustration, so that finally all he could do was to 'lay his far-reaching feeling to rest in the Eight Horizon'! Thus, the girl his beloved— to these allegorizing scholars is only the goal of unattainable political ambitions. I do not believe it! The poem is too convicing, too immediate, too direct in sincerity of feeling, for such a dry-as-dust interpretation. I am sure that T'ao Ch'ien was in love, desperately in love, with an irresistible woman! But read the poem for yourself."

他仅仅是用表达恋爱主题的十四行诗来表达的"①，所以理解诗歌不能孤立，而是要结合具体的情况。对于《闲情赋》，海陶玮则话锋一转，仍然"对该诗做出了严格的自传式的解读，坚称陶潜的辞赋是内心深处个人体验的记录"②。

另外，中国传统陶赋研究大多是关于单篇辞赋题材溯源与主旨意趣、诗人阅历与赋作系连、审美特质与艺术手法等方面的讨论，虽有个别学者把三篇辞赋作为一个整体来研究，也更倾向于寻找三赋所体现的共性特征和作者的思想流变。在《陶潜的赋》中，海陶玮对三篇辞赋进行了总结和比较研究，进而发掘了《归去来兮辞》的独创性，显示了与国内学者完全不同的研究路径与结论，有一定的借鉴意义。

第二节　20 世纪 60 年代《陶潜的饮酒诗》

20 世纪 60 年代，海陶玮在陶赋研究的基础上，开始转向陶诗研究，比较集中的是 1965 年至 1966 年在台北"中央研究院"翻译《陶潜诗集》。在译注陶诗过程中，他于 1968 年发表论文《陶潜的饮酒诗》(T'ao Ch'ien's "Drinking Wine" Poems)③，对《饮酒》诗二十首进行了逐首翻译和专题研究。这篇论文以一位西方学者的视角，提出了不同于本土学者的观点，分析了陶渊明辞官归田后面对贫苦艰难生活的复杂心

---

①　James Robert Hightower, "The Fu of T'ao Ch'ien", *Harvard Journal of Asiatic Studies*, Vol. 17, No. 1/2, June 1954, p. 193. Original text: "No one expects to find in this sonnet of Drummond's a faithful characterization of the unfortunate Miss Cunningham; He is merely using the established Petrarchian convention of the amatory sonnet."

②　James Robert Hightower, "The Fu of T'ao Ch'ien", *Harvard Journal of Asiatic Studies*, Vol. 17, No. 1/2, June 1954, pp. 192 – 193. Original text: "There is the strictly biographical reading of the poem which insists on taking T'ao Ch'ien *fu* as the record of a deeply felt personal experience."

③　James Robert Hightower, "T'ao Ch'ien's 'Drinking Wine' poems", in Chow Tse-tsung ed., *Wen-lin*: *Studies in the Chinese Humanities*, Madison: University of Wisconsin Press, 1968, pp. 3 – 44.

理，揭示了陶渊明形象的复杂性和丰富性。

一 还原"寄酒为迹"之"迹"

南朝梁代萧统文集中说："有疑陶渊明之诗篇篇有酒，吾观其意不在酒，亦寄为迹焉。"① 此评价颇得陶诗深旨和酒诗深心，是后世学者讨论陶与酒关系的滥觞，也是海陶玮此篇论文的立论前提。

所谓"篇篇有酒"，是对陶诗高频涉酒的评价。陶渊明是中国文人中与饮酒有着密切关联并首次把饮酒、咏酒确立为一个重要文学题材的诗人②，对后世文人的饮酒生活和咏酒诗创作产生了极为深远的影响。他自叙"性嗜酒"③，在好友眼中"性乐酒德"④，流传着"葛巾漉酒""我醉欲眠，卿可去"等不少饮酒趣闻。他以酒大量入诗，以酒点题的就有《饮酒》《止酒》《述酒》等系列诗文，唐代白居易《效陶潜体十六首》说陶诗"篇篇劝我饮，此外无所云"。据逯钦立统计，现存142篇陶渊明诗文中，关于饮酒题材的高达56篇，占其全部作品的40%，其中有年代可考的有40余篇⑤；据汪榕培统计，今存120首陶诗中写到酒的有48首，把吟酒诗全算在内则多达60余首⑥；据蔡华统计，120首陶诗中以酒入题者占五分之一，与酒相关的内容达90余处，"酒"

---

① （梁）萧统：《陶渊明集序》，《昭明太子集》卷四，《四部备要·集部》线装铅印本，河南大学图书馆古籍室藏。

② 参见王瑶《中古文学史论》，北京大学出版社1986年版，第193页，原文："以酒大量地写入诗，使诗中几乎篇篇有酒的，确以渊明为第一人"；袁行霈《陶渊明研究》，北京大学出版社1997年版，第113页，原文"以致形成一种文学的主题，应当说还是自陶渊明始。"

③ 出自陶渊明《五柳先生传》，全句"性嗜酒，家贫不能常得。亲旧知其如此，或置酒而招之。造饮辄尽，期在必醉；既醉而退，曾不吝情去留"。

④ （东晋）颜延之：《陶征士诔》，载北京大学、北京师范大学编《陶渊明资料汇编》（上册），中华书局1962年版，第1页。

⑤ 逯钦立：《陶渊明集》，中华书局1979年版，第238页。

⑥ 汪榕培：《一语天然万古新（上）——陶渊明其人其诗》，《外语与外语教学》1998年第10期（总第113期）。

字单次直接出现在诗文中累达 62 次①，这个比例甚至大于"酒仙"李白的酒诗比例，上述古代诗人的宏观评论和现代学者的数据统计都表明，饮酒诗在陶渊明诗文中的数量蔚为可观，比重不可忽视。海陶玮以饮酒组诗切入陶诗研究，反映了他对陶诗主要题材的把握。值得指出的是，《陶潜的饮酒诗》并没有把研究视角和题材范围扩大到陶渊明所有的酒诗，只是对陶集中 20 篇以"饮酒"命名的组诗作品做了详细分析和探讨。

所谓"寄酒为迹"，是对陶氏酒诗咏怀主旨的概括。酒诗发展到陶渊明时代已经相对成熟，突破了先秦时期作为祭祀公宴应承之作的束缚，也不再是魏晋名士"饮酒放诞"式的享乐纵欲与宣泄，而是诗人心路历程和人生轨迹的承载表达，是映射时代背景、蕴涵人生思考、抒发自我情怀、表达人生诉求的寄意造怀。明代钟惺曾说，"观其寄兴托旨，觉一部陶诗皆可用饮酒作题，其妙在此。"② 陶渊明在诗中赋予酒以独特的象征意义，从而构成一种典型的诗酒文化形态，缔结了中国文学史上诗与酒的不解之缘。酒在陶渊明生命历程和诗文创作中占据的重要位置，使得海陶玮可以采用"知人论世"等传统方法，通过陶氏酒诗这个连接诗人精神灵魂和悲欢哀乐的秘密通道，来透视和把握陶渊明丰富复杂的精神世界，这是海陶玮以酒诗研读陶氏、解析陶氏的合理性。

饮酒组诗是"寄酒为迹"的咏怀诗，海陶玮和国内学者关于这一点的认识是一致的。然而"寄酒为迹"究竟反映了诗人"何迹"？海

---

① 蔡华：《陶渊明饮酒诗英译比读》，《外语与外语教学》，2008 年第 2 期（总第 227 期）。另据王伟康统计，以酒为篇名的有《饮酒》（组诗）《止酒》《述酒》等 22 首。陶渊明诗文 137 篇（诗 125 首，含《联句》），写到酒的达 58 篇（《饮酒》20 首中未明言酒者 10 首尚不在之数），约占 42%；若计文 12 篇（含《桃花源记》）则有 7 篇，约占 58%，见王伟康《诗文与醇酒的完美结合——陶渊明咏酒之作赏论》，《南京广播电视大学学报》2002 年第 3 期。

② （明）钟伯敬、谭元春评选：《古诗归》卷九，载北京大学中文系编《陶渊明诗文汇评》（一），中华书局 1961 年版，第 197 页。

陶玮在解读还原的过程中，采取了与中国传统学者完全不同的视角和路径。

　　中国传统学者对饮酒组诗的总体评论，有对诗歌写作缘由的论述，如宋代叶梦得"惧祸说"①，元代刘履"自娱说"②，明代谭元春、钟伯敬"感遇说"③，清代王士祯、吴菘则主张"属不经意之笔"④"偶得辄题耳，不可太执着也"⑤。有对饮酒诗内容的解析，如清代邱嘉穗认为"其着题者固自言其饮酒之适，其不着题者亦可想见其当筵高论、停杯浩叹之趣，无一非自道其本色语也"⑥。蒋熏把陶氏与"竹林七贤"等进行比较。⑦ 有对酒诗章法布置的赏析，如清代方东树认为"悲愉辛苦，杂然而陈，各有性情，各有本色，各有天怀学识才力，要必各自有其千古而后为至者也"⑧，明代黄文焕认为组诗"诠次之功，莫工於此"⑨。还有对艺术风格的赏析，如清代薛雪评价组诗"前无古人，后

---

　　①　叶梦得认为"晋人多言饮酒有至於沉醉者，此未必意真在於酒。盖时方艰难，人各惧祸，惟托与醉，可以粗远世故"。见（宋）叶梦得撰《石林诗话》，逯铭昕校注，人民文学出版社 2011 年版，第 192 页。

　　②　（元）刘履：《选诗补注》卷五，"每每得酒，饮必尽醉，赋诗以自娱，此昌黎氏所谓'有讬而逃'者也"。载北京大学、北京师范大学编《陶渊明资料汇编》（下册），中华书局 2004 年版，第 154 页。

　　③　明代谭元春、钟伯敬认为，虽题为饮酒，实为寄托含吐，"感遇诗、杂事"，明"感遇实胜咏怀"。见（明）钟伯敬、谭元春评选《古诗归》卷九，载北京大学中文系编《陶渊明诗文汇评》（一），中华书局 1961 年版，第 154 页。

　　④　（清）王士祯：《古学千金谱》卷十八，载北京大学、北京师范大学编《陶渊明资料汇编》（下册），中华书局 2004 年版，第 157 页。

　　⑤　（清）吴菘：《论陶》，载北京大学、北京师范大学编《陶渊明资料汇编》（下册），中华书局 2004 年版，第 157 页。

　　⑥　（清）邱嘉穗：《东山草堂陶诗笺》卷三，载北京大学、北京师范大学编《陶渊明资料汇编》（下册），中华书局 2004 年版，第 157 页。

　　⑦　（清）蒋熏评：《陶渊明诗集》卷三，载北京大学、北京师范大学编《陶渊明资料汇编》（下册），中华书局 2004 年版，第 156 页。

　　⑧　（清）方东树：《昭昧詹言》卷四，第十三、十四页，民国七年线装刻本，河南大学图书馆古籍室藏。

　　⑨　（明）黄文焕：《陶诗析义》卷三，清光绪丙子孟夏线装重刊本，第二十五页，河南大学图书馆古籍室藏。"诠次之功，莫工与此。而题序乃曰无诠次，盖藏诠次于若无诠次之中，使人茫然难寻，合汉、魏与三唐，未见如此大章法。"

无来者，真有'绛云在霄，舒卷自如'之致"①。可以看出，中国古人对这组饮酒陶诗基本持欣赏的态度。

现代学者对饮酒组诗的研究承袭了传统品评思路，对饮酒诗的寄托涵义做了各式各样的赏析、解读和阐发，研究蔚为壮观：有学者从哲学和信仰出发讨论酒诗中反映的哲学思想②，有学者从文本出发探析诗歌寄托涵义、从诗人与酒的关系阐发作品的价值影响③，有学者从艺术审美出发赏析其艺术特色、修辞典故和语言风格④，有学者从比较文学和翻译角度阐释陶渊明形象，评价其文学价值和译介质量等⑤，还有学者对个别篇目和诗文词句进行赏析阐发，对整组诗歌旨趣妙处进行品评等等⑥。这些研究不乏真知灼见，但是都没有脱离传统学者正面评析的窠臼，研

---

① （清）薛雪：《一瓢诗话》，载北京大学、北京师范大学编《陶渊明资料汇编》（下册），中华书局 2004 年版，第 158 页。

② 骆玉明：《悠然酒中趣，邈远世外情——读陶渊明〈饮酒诗〉》，《初中生阅读》，第 34—36 页；戴建业：《个体存在的本体论——论陶渊明饮酒》，《华中师范大学学报》（哲学社会科学版）1994 年第 4 期；臧要科：《酒诗思——对陶渊明〈饮酒〉诗的哲学诠释》，《中州学刊》2015 年第 7 期（总第 223 期）；徐珍、彭公亮：《"沉醉"与"心远"——陶渊明〈饮酒〉诗的哲学解读》，《理论月刊》2002 年第 9 期。

③ 吴云：《陶渊明〈饮酒〉诗初探》，《山东师范大学学报》（人文社会科学版）1978 年第 6 期；杜景华：《陶渊明诗歌作品中的"酒道"》，《学习与探索》1990 年第 5 期；高建新：《从陶诗看陶渊明与酒之关系》，《内蒙古社会科学》（汉文版）2003 年第 24 卷第 2 期；黄立一：《从陶渊明对酒的态度看其心路历程》，《九江学院学报》（社会科学版）2006 年第 2 期（总第 135 期）；万伟成：《悠悠迷所留，酒中有深味——陶渊明诗化了的酒及其酒化了的诗》，《九江学院学报》2007 年第 1 期（总第 138 期）；杨立群：《陶渊明咏酒诗探讨》，《广西社会科学》2011 年第 2 期（总第 188 期）；王传军：《陶渊明饮酒诗研究》，硕士学位论文（导师：陈传武），山东大学，2012 年。

④ 洪林钟：《鸟·菊·酒——略论陶渊明诗歌意象建构及其人格凸现》，《湖北大学学报》（哲学社会科学版）1993 年第 4 期；唐汉娟：《陶渊明诗歌中的概念隐喻》，硕士学位论文（导师：刘正光），湖南大学，2008 年；任江维：《陶渊明诗歌典型意象研究》，硕士学位论文（导师：张文利），西北大学，2011 年；张芋：《静穆下的冲淡之美——浅析陶渊明饮酒诗中的美学倾向》，《文学界》2012 年第 9 期；闫艳敏：《陶渊明饮酒诗的修辞意象连贯解析》，《哲学文史研究》2014 年第 8 期（总第 141 期）。

⑤ 蔡华：《陶渊明饮酒诗英译比读》，《外语与外语教学》2008 年第 2 期（总第 227 期）；刘伟安：《生命的沉醉——论陶渊明诗歌中的酒神精神》，《九江学院学报》2008 年第 5 期（总第 148 期）。

⑥ 王龙飞：《酒中有真意：在困境中升华个体——再论陶渊明〈饮酒〉之五》，《湖北广播电视大学学报》2007 年第 27 卷第 2 期；汤佩赟：《从"望南山"到"见南山"——文学接受视域下的陶渊明〈饮酒（其五）〉传播》，《美与时代》（下）2017 年第 10 期。

究者在赏陶、慕陶、敬陶的阅读心理基础上，以诗人已经"索解大悟"① 而超脱升华达到"澄明之境"的陶渊明定性形象为基本认知，认为组诗总体反映了陶氏固穷立节的高尚人格和天然任真的自然本性，所以就乐此不疲、源源不断地从宽度、细度和深度上不断探寻和强化陶渊明本人及其作品的价值。

作为一位西方学者，海陶玮显然与国内学者具有不同的心理前提，所以他并没有完全接受中国传统主流观点和结论，而是从诗歌文本出发，结合诗人具体生活状态，探讨了陶渊明在这组饮酒诗中反映出的经历人生重大选择时的复杂心理。他认为，这组诗歌透露出诗人丰富复杂的内心世界和塑造自我形象的主观创作意识：

> 显然，即使诗人已经找到解决问题的方案，他也感到这种方案令人难以将就。②

正是由于诗人在自己主动选择的生活方式过程中偶尔出现的这种软弱、懊悔、失望和对生活不满情绪的困扰，造成这组诗歌晦涩模糊、复杂难懂，也使这组诗歌不再单调地重复，尽管他一次又一次地因同样原因而困惑焦虑。③

---

① （清）温汝能撰：《陶诗合笺》卷三，温汝能：《陶诗汇评》，清光绪十八年上海五彩公司线装石印本，河南大学图书馆古籍室藏。"一饮酒耳，非索解大悟之后，不足以语此。"

② James Robert Hightower, "T'ao Ch'ien's 'Drinking Wine' poems", in James Robert Hightower and Florence Chia-ying Yeh, *Studies in Chinese Poetry*, Cambridge Massachusetts and London: Harvard University Press, 1998, p. 36. Original text: "Certainly it is the work of a man who, if he found a solution to his problems, did not find it an easy one to live with."

③ James Robert Hightower, "T'ao Ch'ien's 'Drinking Wine' poems", in James Robert Hightower and Florence Chia-ying Yeh, *Studies in Chinese Poetry*, Cambridge Massachusetts and London: Harvard University Press, 1998, p. 36. Original text: "It is the intrusion of these brief moments of weakness, of regret, of dissatisfaction with the life he deliberately chose, that introduces the ambiguity and complexity into these poems, keeping them from monotony in spite of his compulsive worrying the same theme over and over."

可以看出，海陶玮的这种分析，更多地关注到了诗人微妙动态的心理过程，倾向于把饮酒组诗表面呈现的形象作为诗人有意塑造的艺术形象，而非诗人本身的真实形象，挖掘了诗人在创作组诗时所具有的常人情感和负面情绪，更多地是从理性角度来审视这位中国古代诗人，从而得出了与国内主流陶学不同的结论。

二 解读陶渊明饮酒诗的路径

对陶渊明思想和形象的思考，从开始就伴随着海陶玮的治陶过程。在海陶玮第一篇陶学论文《陶潜的赋》中，他就认为陶赋深刻体现了诗人复杂变化的心理，《感士不遇赋》和《归去来兮辞》"最为精细地表达了诗人富有抱负而在入仕道路上进退两难的心境，如果入仕就必须对自身理想进行妥协的纠结心理。"① 论文《陶潜的饮酒诗》是海陶玮在此基础上思考和研究的继续深入，是以陶诗为例对陶渊明思想复杂性进行的专题研究。笔者将在此节中着重分析，海陶玮是如何解读陶渊明形象的？他的结论是什么？他的结论是否令人信服？

首先，海陶玮认为饮酒组诗是陶渊明塑造自我形象而有意为之的作品，而不是诗人直抒胸臆的真实写照。他发现，《饮酒》诗二十首尽管关涉诗人对社会、命运和自身进行思考和感慨等各种主题，但有一点是共同的，那就是"他（陶渊明）几乎在这 20 首诗歌的每一首中，总会对在这组诗歌序言已经表达过的内容有所暗示，那就是他的

---

① James Robert Hightower, "The Fu of T'ao Ch'ien", *Harvard Journal of Asiatic Studies*, Vol. 17, No. 1/2, June 1954, p. 212. Original text: "T'ao Ch'ien has achieved the most subtle presentation of the dilemma confronting the man of good will, torn between his desire to serve, his dedication to ideal of conduct which require him to serve, and the unhappy state of the world where service involves the compromise of those very ideals."

隐居状态"①，另一个发现是，"在隐居矛盾心理之中隐含着一个不变的观点——他（陶渊明）离开的世界是一个本质上很糟糕的地方。"②为了印证自己的这两个发现，海陶玮用饮酒组诗中具体的诗句文本进行了详细的解释说明，并认为这些都是诗人精心设置饮酒组诗内容的结果。

紧接着，海陶玮从细处着眼，深入挖掘和分析诗歌文本来力证自己的观点。因为陶渊明在这组诗歌以及其他诗文中经常提及伯夷、叔齐两位古代人物并把他们塑造为道德楷模，所以海陶玮就追根溯源，找到这两位人物事迹的出处——司马迁《史记·伯夷列传》，并不吝笔墨，翻译了"或曰：'天道无亲，常与善人。'若伯夷、叔齐，可谓善人者非邪？"到列传结尾部分。他认为，陶渊明在引用这篇列传人物典故时，肯定会留意并吸纳司马迁在此文所传达的主要思想和观点③，换句话说，司马迁在这篇传记中表达的观点是陶渊明创作饮酒组诗的心理向导，可以作为我们解读饮酒组诗的关键，和司马迁一样，陶渊明也非常关心他身后给世人留下的名望，这组诗歌是陶渊明为了美化自身而有意为之的作品。

海陶玮从文本细节和微观剖析出发的研究有理有据，得出的结论

---

① James Robert Hightower, "T'ao Ch'ien's 'Drinking Wine' poems", in James Robert Hightower and Florence Chia-ying Yeh, *Studies in Chinese Poetry*, Cambridge Massachusetts and London: Harvard University Press, 1998, p. 33. Original text: "But in nearly every poem there is some reminder of what he was already said in his preface, that he is living in retirement."

② James Robert Hightower, "T'ao Ch'ien's 'Drinking Wine' poems", in James Robert Hightower and Florence Chia-ying Yeh, *Studies in Chinese Poetry*, Cambridge Massachusetts and London: Harvard University Press, 1998, p. 33. Original text: "The one constant underlying all these conflicting attitudes toward retirement is the view of the world from which he retires as an essentially bad place."

③ James Robert Hightower, "T'ao Ch'ien's 'Drinking Wine' poems", in James Robert Hightower and Florence Chia-ying Yeh, *Studies in Chinese Poetry*, Cambridge Massachusetts and London: Harvard University Press, 1998, p. 33. Original text: "There is no doubt that his suspicion of the world was based on his own experience, but he was not unaware of literary and historical precedents to which he could appeal."

令人信服。《史记·伯夷列传》是伯夷和叔齐的合传，位于《史记》列传之首，细读该传可以发现，这篇传记名为传记，实则传论，全篇满是司马迁的赞论咏叹，他对天道赏善罚恶的报应论提出了质疑和挑战，对《老子》"天道无亲，常与善人"的说法进行了驳斥和抨击，列举了一组天道与人事相违背的典型事例，伯夷叔齐品高而饿死，颜回好学而夭亡与盗跖残暴而高龄的事例共同构成了司马迁立论的正反事例，伯夷叔齐的事迹叙述只是一顿即过，无任何细描扩展。在这篇文章的结尾部分，司马迁提出的解决之道是要树立孔子"身后立名"的观念，以免"君子疾没世而名不称焉"。有了这种认识，我们再读陶渊明的饮酒组诗，会发现组诗中此类主题诗句，如其二（积善云有报，夷叔在西山。善恶苟不应，何事立空言）、其十一（颜生称为仁，荣公言有道。屡空不获年，长饥至于老）等，其论述方式与《史记·伯夷列传》极其类似。如何解决这种天无人道的冲突和矛盾，海陶玮认为，陶渊明肯定不只是停留在参透人生的自我选择，而是从司马迁思想中吸取了处世智慧并自觉践行，在官场"立功"无望之后，更迫切地希望自己能够通过立言树德而"身后立名"，只不过他无法像司马迁文中所讲的那样，采取"附青云之士"或者"以史为传"的方式，而是通过笔下的诗文为自己树碑立传。"他（陶渊明）一直在准备着留下一部关于自己生活的书面记录，这种书面记录更多的是他的诗歌，而不是历史作品。"[1] 揭示出陶渊明立言扬名、以文传世的写作目的后，海陶玮认为"这组饮酒诗的主题，就成了一个坚守原则的知识分子自愿从毫无原则的社会中退隐并且放弃体面工作和美好前途的

---

[1]　James Robert Hightower, "T'ao Ch'ien's 'Drinking Wine' poems", in James Robert Hightower and Florence Chia-ying Yeh, *Studies in Chinese Poetry*, Cambridge Massachusetts and London: Harvard University Press, 1998, p. 35. Original text: "T'ao Ch'ien was very much concerned with the name he was going to leave behind him, and he was just as ready to leave a written record of his life, though his medium was poetry rather than history."

描述"①。

其次，海陶玮认为，饮酒组诗并没有反映出诗人一成不变的处世态度，只是某首诗歌或几首诗歌表达了诗人相似的某种心境、愿望或看待世界的方式，这就说明，陶渊明由于对自己选择的生活方式难以适应而引起复杂的内心变化。他注意到，在陶渊明辞官隐居之后创作的作品中，颂扬隐居生活的主题也夹杂着对这种隐居生活的抱怨和不满，这反映了诗人在辞官归田的人生选择过程中，并不是果敢坚定的，而是充满着迷茫、犹豫、软弱、懊悔、不满和失望等种种情绪。

海陶玮指出，饮酒组诗就是在这种背景和心境下的作品，题为"饮酒"而所涉广泛，序言似为一个"免责声明"，组诗结句"但恨多谬误，君当恕醉人"作为藉口的意味也非常明显，"他（陶渊明）似乎意识到自己这组诗歌有些颠覆性，害怕惹上麻烦"②。这种认识和中国学者如陈寅恪、王瑶的观点是一致的。陶渊明辞官归隐，在中国传统文化中并不只是离经叛道、不合常理的举止和趣味，"他（陶渊明）存在本身，如果不是一种威胁的话，至少是对当权者的一种谴责"③。在自己的诗文中，陶渊明作为一位既有学识又有经验的人，感到官场腐败后自

---

① James Robert Hightower, "T'ao Ch'ien's 'Drinking Wine' poems", in James Robert Hightower and Florence Chia-ying Yeh, *Studies in Chinese Poetry*, Cambridge Massachusetts and London: Harvard University Press, 1998, p. 35. Original text: "The theme of the 'Drinking Wine' poems, then, is the situation of a man of principle who voluntarily retires from an unprincipled world, renouncing the chance for a distinguished career."

② James Robert Hightower, "T'ao Ch'ien's 'Drinking Wine' poems", in James Robert Hightower and Florence Chia-ying Yeh, *Studies in Chinese Poetry*, Cambridge Massachusetts and London: Harvard University Press, 1998, p. 35. Original text: "It look as though he felt that here he had written something subversive and was afraid of getting into trouble."

③ James Robert Hightower, "T'ao Ch'ien's 'Drinking Wine' poems", in James Robert Hightower and Florence Chia-ying Yeh, *Studies in Chinese Poetry*, Cambridge Massachusetts and London: Harvard University Press, 1998, p. 35. Original text: "His very existence, if not actually a threat, is a rebuke to those in power."

己主动请辞，"拒绝本身就是一种正面的批评"①，通过这种方式，陶渊明把自己塑造成一位抗衡浊世，求得人格清高与独立自为的道德典型。

接着，海陶玮详细分析了饮酒组诗其九（清晨闻叩门，倒裳往自开。问子为谁与？田父有好怀。……），认为诗人在这首诗歌中有意塑造渲染了受劝为官的诱惑和自己拒绝的坚定，增加了故事情节的冲突性和艺术性，"使诗中遮遮掩掩、刻意模糊之处充满了意义，也使我们得以窥视其传记和诗歌作品中看似平淡的内容背后隐藏着的内心冲突与大起大落。"②

海陶玮还试图从诗人内心世界和思想信仰来说明这一点，他认为陶渊明内心深处并没有像道、佛高士那样获得真正的安宁和平静，也没有通过自辞官职、远离官场获得多少内心的快乐，因为他仍旧需要谋生，和伯夷叔齐、商山四皓等历史人物一样无法适应社会，于是"经常彰显自己作为一个传统儒家隐士的形象"③。所以"他（陶渊明）的辞职本质上仍然是儒家，一个在道德上不能与社会相融的人物，变成一个彻底远离官场的隐士"④。

海陶玮的这个分析和结论是有见地的。他关注到了诗人面临复杂社

---

① James Robert Hightower, "T'ao Ch'ien's 'Drinking Wine' poems", in James Robert Hightower and Florence Chia-ying Yeh, *Studies in Chinese Poetry*, Cambridge Massachusetts and London: Harvard University Press, 1998, p. 36. Original text: "refuse was a positive act of criticism."

② James Robert Hightower, "T'ao Ch'ien's 'Drinking Wine' poems", in James Robert Hightower and Florence Chia-ying Yeh, *Studies in Chinese Poetry*, Cambridge Massachusetts and London: Harvard University Press, 1998, p. 36. Original text: "It makes all the coy ambiguity with which he has surrounded the poems meaningful. It also gives us some idea of the drama and inner conflict hidden behind the innocent entry in his (and so many other) biographies."

③ James Robert Hightower, "T'ao Ch'ien's 'Drinking Wine' poems", in James Robert Hightower and Florence Chia-ying Yeh, *Studies in Chinese Poetry*, Cambridge Massachusetts and London: Harvard University Press, 1998, p. 35. Original text: "In these poems T'ao Ch'ien most often presents himself as a Confucian recluse in the classical tradition."

④ James Robert Hightower, "T'ao Ch'ien's 'Drinking Wine' poems", in James Robert Hightower and Florence Chia-ying Yeh, *Studies in Chinese Poetry*, Cambridge Massachusetts and London: Harvard University Press, 1998, p. 35. Original text: "His retirement is essentially Confucian, the gesture of a man who, on ethical grounds, cannot come to terms with the world, and so becomes a recluse who renounces all further dealings with officialdom."

会进行自我心理调适而具有的微妙变化的过程，剥离了诗句表面呈现的诗人有意创造的艺术形象，挖掘了诗人在和谐安宁下隐藏的内心挣扎和矛盾，从而得出与国内主流陶学不同的结论。这种结论放在诗人所处的时代背景和人生遭遇中，我们可以找到许多支撑依据。陶渊明生活在"中国政治上最混乱、社会上最苦痛的时代"①，一生都没有彻底摆脱壮志未酬、功业无成的痛苦遗憾和苦闷煎熬，辞官归隐时期创作的饮酒组诗以饱含忧愤的笔触，勾勒出诗人出仕选择与归隐生活之间艰难复杂的心路轨迹：官场仕途的险恶与壮志未酬的苦闷，时局多变的惶惑与岁月虚掷的感慨，怡然陶醉的田园生活与贫瘠痛苦的煎熬，生死的幻灭与荣枯的悲凉，是非的叩问与仕隐的矛盾，"最根本的一点就是他心中纠结着一种未能免俗的情结"②，种种这些都时刻萦绕在诗人心头并反映在这组饮酒诗句中。

笔者认为，从一般意义上来讲，陶渊明这个历史真实人物也一定是在苦苦探寻和深度思考之后才找到生命的根基，海陶玮挖掘和指出的陶渊明的这种复杂性、矛盾性和丰富性，应该更符合诗人真实的处境和心理。当然，海陶玮对陶渊明的这种看法，并不影响他对这位中国诗人的热爱，甚至是对陶渊明生活方式的模仿。

三 建构陶渊明研究的认知和范例

《陶潜的饮酒诗》是海陶玮多年翻译和研究陶诗的思考，通过这篇论文，我们可以看出，海陶玮已经确立了自己解陶的思路，形成对陶渊明形象的基本认知，并确定了研究陶渊明的方法范例。

---

① 宗白华：《美学散步》，上海人民出版社1981年版，第208页。
② 罗宗强：《玄学与魏晋士人心态》，天津教育出版社2007年版，第348页。

（一）基本认知

海陶玮从文本细节出发，深刻剖析了陶渊明在创作组诗时的心理状态，揭示出一个与中国传统认知完全不同的另类陶渊明形象。

在中国传统认知中，"隐逸诗人之宗"陶渊明因其诗文所反映的人格高洁不屈而备受推崇，国内陶学无论从哪个角度进行研究，始终呈现出正面积极的取向。这种解读往往以"论人"为前提，先阐述陶渊明生活的时代背景，再分析他在这种环境下坚守的道德品质是如何卓尔不群，然后结合具体诗文分析这种卓尔不群的人格在诗文中的表露和体现。

作为西方学者，海陶玮抽离了这种对陶渊明的天然崇敬之情，他更注重从作品文本来解读和还原诗人的自身形象和创作动机，在他的解读下，陶渊明单纯作为诗人的特性逐渐被掩盖，其真率淳朴的个性也遭遇了解构的危机。海陶玮认为，陶渊明诗歌主题的选择是有意为之而非直抒胸臆，"陶潜总是小心翼翼地选择他的形象，并把它们组合成一个连贯的整体"[1]。陶渊明作品反复出现的主题是他对世俗名利的唾弃，辞官归田之后一直过着农民式的田园生活，还要面对贫困等生活的艰难和火灾等意外的打击。在海陶玮看来：

> 他（陶渊明）并不仅仅是一个天真的乡村诗人，因为他生活的时代需要艰难的抉择和坚毅的勇气。在一个腐败的世界里挣扎求生的经历贯穿了陶渊明的诗歌，构成了诗人内心对话的基础。[2]

---

[1]　Hans H. Frankel, "Review on *The Poetry of T'ao Ch'ien*", *Harvard Journal of Asiatic Studies*, Vol. 31, 1971, p. 316. Original text："T'ao Ch'ien always chooses his images with great care, and fits them together into a coherent whole. "

[2]　Lois M. Fusek, "Review on *The Poetry of T'ao Ch'ien*", *Journal of the American Oriental Society*, Vol. 93, No. 1, Jan. – Mar. 1971, p. 82. Original text："T' ao is not merely a naive poet of rustic joy, for the times in which he lived required difficult choices and the fortitude to live accordingly. The struggle to endure in a corrupt world runs through T'ao's poems forming the basis of an inner dialogue. "

　　于是，"人们能够在陶潜诗歌中发现两种不同层次的情感：一方面是对世俗生活的关注，另一方面是对静默主义理想的信奉"①。这两种看似矛盾的心理共存在诗人心中并不断交织交战，"世俗和精神的情感交织在陶潜诗文中，比例恰到好处，极大地增加了我们对他复杂性情的欣赏"②。在海陶玮眼中，陶渊明不再只是一个诗人，一个伟人，而是一个人，一个具有人性弱点和复杂性情的人。可以看出，海陶玮从人性角度阐释出的是一个"另类的陶渊明"，这种崭新的切入角度和解读方式，是把诗人放入一种不同于中国传统文化的价值体系和文化背景中审视的结果，对国内陶学具有一定的启发意义。

　　海陶玮关于"另类陶渊明"的基本认知与解读，除了他本人作为西方学者自身的视角与立场之外，与华裔学者叶嘉莹的影响以及两人长期研读陶诗形成的观点密切相关③。

　　海陶玮与叶嘉莹因偶然机缘相识于台湾，之后开始了长达 30 多年的学术交往，两人的交往对双方的学术研究都产生了深刻的影响④。哈佛大学档案馆藏海陶玮与叶嘉莹通信等原始档案真实地反映了两位学者共同商讨中国学问、研读中国诗词的面貌，显示出两人密切的学术交流

---

① Ronald C. Miao，"Review on *The Poetry of T'ao Ch'ien*"，*The Journal of Asian Studies*，Vol. 30，No. 3，May 1971，p. 627. Original text："One finds in T'ao Ch'ien's poetry two distinct levels of sensibility：a concern over pragmatic issues on the one hand，and the espousal of quietist ideals on the other. "

② Ronald C. Miao，"Review on *The Poetry of T'ao Ch'ien*"，*The Journal of Asian Studies*，Vol. 30，No. 3，May 1971，p. 627. Original text："Mundane and spiritual sentiments are found in attractive proportion in T'ao Ch'ien's verse and add immeasurably to our appreciation of the complex temperament of the man. "

③ 叶嘉莹（1924— ），号伽陵，华裔加拿大籍汉学家，中国古典诗词研究专家。她幼承家学，成长受教在中国大陆传统文化氛围中，后举家迁居台湾，担任教职。20 世纪 60 年代远赴美国、加拿大，长期担任加拿大不列颠哥伦比亚大学（University of British Columbia，简称 U. B. C.）亚洲系教授。改革开放后多次回国访问、讲学，现居住在南开大学。

④ 关于两人的交往，可参见笔者论文《论学曾同辩古今——叶嘉莹与海陶玮的中国古典诗词合作研究》，载陈戎女主编《当代比较文学》（第二辑），华夏出版社 2018 年版，第 76—98 页。

和真诚的私人友谊①。海陶玮去世之后，《哈佛大学公报》和各种悼念文章频频提及海陶玮和叶嘉莹的学术合作，对两人的合作给予了很高的评价，"在 20 世纪 70 年代……他（海陶玮）和台湾大学中国文学教授叶嘉莹开始合作，叶教授是著名的中国诗词研究专家，他们的密切合作，是两位杰出学者之间难能可贵的合作范例"②，两人合作的研究成果是 1998 年出版的合著《中国诗词研究》。

叶嘉莹对海陶玮的陶渊明研究及汉学研究起到了学术教导、纠正释疑的作用。1965 年海陶玮到台湾搜集资料，翻译陶集，机缘巧合结识了叶嘉莹，之后他一直在叶嘉莹的指导帮助下研读和翻译陶诗，直到 1970 年《陶潜诗集》的出版，叶嘉莹全程指导、全文审校了该译著，并及时纠正了海陶玮因文化和语言隔膜而对陶诗产生的误读和不恰当的注释评论，从而保证了这本译著以较高质量面世。在《陶潜诗集》序言中，海陶玮表达了对叶嘉莹诗词造诣的赞赏和热心帮助的感激，他说，"我还获得一份不可多得的好运，得到了一个朋友——'国立'台湾大学叶嘉莹教授的批评和建议，她是我所认识的对中国诗词最敏感、最有学识的学者之一。我一次又一次地被她说服，修订自己因对陶诗理解偏见而形成的观点"。③ 由此

---

① 这批档案时间从 1966 年两人认识到 1996 年左右，主要是往来通信、明信片、文章手稿、学术档案等，共有 400 多份，是海陶玮通讯档案中保存最多的资料，档案大体按时间和类型分放在 4 个文件夹，分别标着"Yeh Chiaying""葉 YEH""葉嘉瑩Ⅲ"和"Florence Chao-Yeh"。叶嘉莹的信件多为手写，海陶玮的信件多为打印稿。

② Patrick Hanan, et al., "Memorial Minute——James Robert Hightower（1915—2006）", *Minutes of Meeting of the Faculty of Arts and Sciences*, Harvard University, 1 May 2007. Original text："In the 1970s…he was joined by Yeh Chia-ying, professor of Chinese Literature at the National Taiwan University, a distinguished specialist in Chinese poetry. The work they did together is a rare instance of close collaboration between two senior scholars. Their articles on individual writers and distinctive styles may be said to have opened up a new field in Chinese literary studies. A number of such articles were collected and published in their *Studies in Chinese Poetry*（1998）."

③ James Robert Hightower, *The Poetry of Tʻao Chʻien*, Oxford: Clarendon Press, 1970, Preface. Original text："I had an undeserved piece of good fortune in getting the criticism and suggestions of another friend, Professor Yeh Chia-ying, of National Taiwan University, one of the most sensitive and informed readers of Chinese poetry I have ever known. Time and time I have been persuaded to revise critical comments based on preconceptions about what Tʻao Chʻien should be saying."

可见,《陶潜诗集》的注释和评论包含着叶嘉莹大量的指导意见。

《中国诗词研究》收录有海陶玮陶学论文两篇,分别是"诗论"中的《陶潜的饮酒诗》和《陶潜诗歌中的典故》,也都是在与叶嘉莹研读陶诗过程中写就的。海陶玮在对陶诗进行研读和翻译的过程中,经常求教叶嘉莹,两人共同读陶、研陶,逐步形成了相同或相似的观点和看法。他们都认为,陶诗某种程度上反映了诗人在当时动乱社会现实中完善自我人格而无力改变社会现实的复杂心理。海陶玮的观点在上文已有阐述,叶嘉莹对陶诗的解析也始终贯穿着与海陶玮类似的思路,她认为:

> 陶诗之所以好,就正是因为他(陶渊明)经历了这样的矛盾、选择和挣扎。他终于回到田园去种地,那是他经过了多少艰难的选择、付出了多少内心痛苦的代价才做出的决定。[1]

> 陶渊明的自我完善是消极的、内向的,真正是只完成了自我……付出了多少饥寒劳苦的代价,用身体力行的实践完成了他自己,这种坚毅的品格和持守当然是我们的一种宝贵传统……以陶渊明这样伟大的人格,却只能完成个人的自我实现,在政治理想方面他只能走消极的道路,不能积极地自我完成。[2]

> 陶渊明在那种官僚腐败的社会之中经过怎样的痛苦挣扎,如何完成了他自己……他是一个实现自己的能力强而改造社会的勇气少的一位诗人……能退不能进,这是陶渊明的缺点,也是时代给他的限制——既然已经无法"兼善天下",他就只能"独善其身",走他自己所选择的路了——"量力守故辙"。[3]

---

① 叶嘉莹:《叶嘉莹说陶渊明饮酒及拟古诗》,中华书局 2015 年版,第 136 页。

② 叶嘉莹:《好诗共欣赏——陶渊明、杜甫、李商隐三家诗讲录》,台北三民书局 1998 年版,第 47—48 页。

③ 叶嘉莹:《叶嘉莹说陶渊明饮酒及拟古诗》,中华书局 2015 年版,第 49、58、87 页。

叶嘉莹还专门写过一篇《陶渊明的矛盾与感慨》，集中表达陶渊明选择归耕田园人生道路之后的内心痛苦，她说：

> 陶渊明是很矛盾的，他是无可奈何，反复思量、挣扎了很久才回来归耕……陶渊明表面上虽然是躬耕了，而他要付出这么劳苦的代价，就因为有比挨饿受冻更痛苦的东西在他的内心，所以他才做了挨饿受冻的选择……陶渊明是一个内心充满矛盾和痛苦挣扎的人。①

叶嘉莹认为，饮酒组诗在 120 多首传世陶诗中，突出体现了诗人的复杂心理，她说：

> 陶渊明其实有很多矛盾，我们讲他的饮酒诗，他说"托身已得所，千载不相违"，好像他已经这样决定了，其实他内心之中有很多不能够平静的地方。②
>
> 他是在不得已的情况下借酒说出了自己内心对仕隐选择的看法和对自己生平出处的反省，这些话倘若明说肯定会招来祸患。③

可以看出，叶嘉莹关于陶诗的观点与海陶玮基本一致。我们可以想见，这种观点是两人通过长期研读陶诗、相互交流而达成的一致看法。叶嘉莹具有深厚的中国诗词学养和陶学功底，她上大学时就开始阅读陶诗，对陶渊明诗文有独到的解读、深入的研究和长期的喜爱，并发表了关于陶渊明的系列演讲和著述。1987 年至 1988 年，应北京辅仁大学校

---

① 叶嘉莹：《叶嘉莹说陶渊明饮酒及拟古诗》，中华书局 2015 年版，第 192 页。
② 同上书，第 190 页。
③ 同上书，第 158—159 页。

友会、北师大校友会、中华诗词学会、中国国际文化交流中心和教委老干部协会五个文化团体联合邀请，叶嘉莹在北京进行了系列讲座，以陶渊明等诗例讲述中国旧诗传统中兴发感动的美学特质，后由台北三民书局 1998 年收录整理为《好诗共欣赏——陶渊明、杜甫、李商隐三家诗讲录》。1984 年和 1993 年，叶嘉莹在加拿大温哥华的金佛寺与美国加州的万佛城陆续所做的两次演讲，题目都是陶渊明的饮酒诗，后根据录音整理为《陶渊明〈饮酒〉诗讲录》，2000 年被桂冠图书公司收入《叶嘉莹作品集》的《诗词讲录》一辑之中。2015 年中华书局出版了《叶嘉莹说陶渊明饮酒及拟古诗》，从中可以看出叶嘉莹对陶渊明饮酒诗的关注，这与海陶玮也是一致的。

值得指出的是，国内也有一些学者在读陶、研陶过程中，在中国传统陶学人格解读主流观点的基础上，关注到了陶渊明诗文中所反映出的诗人内心，不再把陶渊明视为近乎完美无瑕、无懈可击的形象，而是注意到他自身存在的复杂矛盾心理，并试图从多角度来解释这一现象。清代陈祚明似为最先，他说"题云《饮酒》也，而反复言出处，公宁未能忘情者耶？忘情者必不言，何缕缕也。'千载不相逢''聊复得此生''吾驾不可回''志意多所耻'，此饮酒之原也"①。朱光潜认为"渊明并不是一个很简单的人。他和我们一般人一样，有许多矛盾和冲突……都欣赏他的'冲澹'，不知道这'冲澹'是从几许辛酸、苦闷得来的……他的诗集满纸都是忧生之嗟"②。顾农认为陶渊明在彻底归隐之前，他的人格是分裂的，即"双重人格"。原因是，陶渊明性格特点除了"真"与"拙"之外，"同时还有不真不拙的一面，是一个充满矛盾的人"③。此类文章还有李华《陶渊明人格论》、范子烨《无依的孤云：

---

① （清）陈祚明评选：《采菽堂古诗选》卷十三，清康熙年间线装刻本，河南大学图书馆古籍室藏。

② 朱光潜：《诗论》，北京出版社 2014 年版，第 304—305 页，"第十三章陶渊明"。

③ 顾农：《前期陶渊明的双重人格》，《社会科学辑刊》1996 年第 3 期。

陶渊明与晋宋政局》、孙东临《万物各有托，孤云独无依——陶渊明内
心世界管窥》、李月《焦虑与孤独的绝唱：陶渊明诗歌另一种情感表
达》、蔡阿聪《论陶渊明的二重人格》、赵婿《陶渊明的人格结构》等
文，都试图揭示陶渊明内在矛盾的心理和人格。但这些学者论述的前
提，都承袭了清代方东树的观点，认为陶渊明诗文是"直书即目，直书
胸臆"①的作品，而海陶玮则把陶渊明诗文完全看作是"树碑立传、以
文传世"而有意为之的作品，这是中西学者的不同。

　　海陶玮认为，"如果以这种方式来理解陶潜的所有诗歌将大有裨益"②。
他在这篇论文中对陶渊明形象的基本认知，影响着他此后的研究，在对
陶渊明其他诗文进行系统翻译的过程中，他的阐释也都围绕这一解陶思
路展开。在《陶潜诗集》序言中，海陶玮这样介绍陶渊明：

　　　　陶潜是他本人最好的传记作家。他对自己在社会中的地位很有
　　自知之明：他不断地把年龄写进他的诗文中，并为他的名声和生死
　　而担忧。③

　　在对陶渊明具体诗文进行解读和译注时，他也更多地观照了诗人在
各种社会生活情形下的内心冲突，比如他认为《形影神·神释》"反映
了诗人世界观的冲突……该诗的主题是他一生中大部分时间都在经历的

---

　　① （清）方东树：《昭昧詹言》卷四，第一页，民国七年线装刻本，河南大学图书馆古
籍室藏。
　　② James Robert Hightower, "T'ao Ch'ien's 'Drinking Wine' poems", in James Robert Hight-
ower and Florence Chia-ying Yeh, *Studies in Chinese Poetry*, Cambridge Massachusetts and London:
Harvard University Press, 1998, p. 36. Original text: "I believe that practically the whole body of T'ao
Ch'ien's poetry can profitably be regarded in this light."
　　③ James Robert Hightower, *The Poetry of T'ao Ch'ien*, Oxford: Clarendon Press, 1970, In-
troduction. Original text: "T'ao Ch'ien is his own best biographer. He is very self-conscious about his
place in his world; he was continually writing his age into his poems, and worrying about fame and
mortality."

内心冲突"①，并进一步认为，"只有在这首诗和《归去来兮辞》中，他（陶渊明）升华到超然而乐的境界，坦然接受了人生的局限"②。海陶玮的另类解陶思路，与国内学者因推崇诗人伟大品格进而倾向正面解读诗人作品具有明显的区别，呈现出西方从"他者"视角研究中国文学的路径和基调，这种研究使陶渊明形象更加丰富、复杂，也把陶学逐步推向深入。

（二）方法范例

《陶潜的饮酒诗》是海陶玮在译注陶集过程中，把特定专题组诗摘录出来研究而形成的一篇论文，体现了他对陶渊明思想世界与诗文表达之间关系进行的思考。从这篇论文我们可以明显看出，海陶玮已经在陶渊明研究方面形成和确立了自己的学术范例。

一是广泛参考和吸收世界范围内的陶学成果，具有广阔的研究视角。为了译好饮酒组诗，他既参考了《全宋词》《汉书补注》《陶渊明诗文汇评》《四部备要》《四部丛刊》《唐五代词》和《昭明文选》等传统文献，也参考了《哈佛亚洲学报》《亚洲研究》等西方期刊中的最新陶学成果，既有对古直、逯钦立等中国陶学专家经典阐释的介绍，也有对德国、日本等国学者治陶思路的借鉴，并在此基础上大胆提出了自己的观点和结论。另外他充分注意并吸收了已出版的其他外文陶学著述，主要有德国安娜·伯恩哈蒂（Anna Bernhardi）《陶渊明的生平及其诗歌》（1912），安娜·伯恩哈蒂和奥地利艾尔文·冯·赞克（Übersetzt von Erwin Zach，1872—1942）《陶渊明》（1915）、日本铃木虎雄《陶渊

---

① James Robert Hightower, *The Poetry of T'ao Ch'ien*, Oxford: Clarendon Press, 1970, p. 45. Original text: "There is more to the poem that a presentation of conflicting world views. ⋯The subject of the poem is the internal conflict which went on most of his life."

② James Robert Hightower, *The Poetry of T'ao Ch'ien*, Oxford: Clarendon Press, 1970, p. 45. Original text: "it is only in this poem and in 'The Return' that he reached such an exalted mood of acceptance of the limitations of human life."

明诗解》（1948）、斯波六郎《陶渊明诗译注》（1951）和一海知义《陶渊明》（1958）等，有意识地回避参考英语世界已有的陶诗译本，着力打造属于自己的英文译本，"我（海陶玮）没有尝试去关注我与其他已出版译本的不同"①。

二是奠定了笺注型译诗的严谨学术风格。海陶玮在此文中提出自己翻译诗歌的原则：

> 每一首诗歌后都有我的注释——我所理解或者不理解的诗歌涵义。其次是逐行评论，说明不同的释义、重要的变体、翻译中与汉语文本的偏离、其他的翻译方法、典故和陶诗中其他的相关诗句等。②

按照这种"翻译—注释—评论"体例，海陶玮分析了饮酒组诗的序言并逐首译注了这20首诗歌，这部分占据论文的绝大篇幅。他的注释是逐行逐段进行的，包含版本异文、词句解释、文化典故、各种译法，自行评论等，内容十分考究，论证十分严密，评论富有创见，这种"译—注—评"式的文学翻译，对英语世界读者和学者深入了解中国诗人和诗歌大有裨益，也受到西方学者的好评：

---

① James Robert Hightower, "T'ao Ch'ien's 'Drinking Wine' poems", in James Robert Hightower and Florence Chia-ying Yeh, *Studies in Chinese Poetry*, Cambridge Massachusetts and London: Harvard University Press, 1998, p. 526. Note 12. Original text: "I have not made any attempt to note every deviation in my version from other published translation."

② James Robert Hightower, "T'ao Ch'ien's 'Drinking Wine' poems", in James Robert Hightower and Florence Chia-ying Yeh, *Studies in Chinese Poetry*, Cambridge Massachusetts and London: Harvard University Press, 1998, p. 4. Original text: "After each poem comes an interpretation, in which I try to make clear my own understanding——or lack of understanding——of the tenor of the poem. It is followed by a line by line commentary, dealing with alternative interpretations, significant variants, deviations in my translation from the Chinese text, other translations, allusions, and other passage in T'ao's poetry that seem relevant."

论文提供了 20 首题为"饮酒"诗的完整翻译,这些诗歌于公元 415 年或公元 417 年间写成,每首诗的翻译都是中英对照,接着是对诗歌的总体解释,然后是一行一行的评论。作者具有的扎实专业知识和研究功底也在本文充分体现。他的翻译一如既往地精益求精,逐行评论和 113 个脚注包含大量史实资料;与此同时,作者本人恰当的、富有启发性的评论比比皆是。①

三是善用互文阐发,从整体视角宏观把握陶诗涵义。海陶玮在译注陶诗过程中,并非孤立地解释字词涵义,而是从古代典籍本源和陶渊明自身诗文体系出发,勾连映照地解释具体诗句的特定含义,这种做法在该论文中的例子俯拾皆是,使得整个译注前后贯通、融为一体,非常符合陶学应有之义。

如在阐释《饮酒·其十一》(颜生称为仁,荣公言有道。屡空不获年,长饥至于老……)时,海陶玮首先说,这首歌就像《饮酒·其二》一样,举出了世间善恶无报的事例,这种联想阐发是敏锐的,事实上,《饮酒·其二》开头"积善云有报,夷叔在西山""九十行带索,饥寒况当年"就是通过伯夷叔齐饿死西山、荣启期年高九十行而带索的事例,来质疑积善有报之说,《饮酒·其十一》的开头也是借用颜回贫苦早卒、荣启期忍饥终老的事例来说明他们一生枯槁而身后留名的经历,

---

① D. R. Jonker, "Review on 'T'ao Ch'ien's 'Drinking Wine' poems'", *T'oung Pao*, Vol. 59, Livr. 1/5, 1973, p. 273. Original text: "For these reasons the article fully repays reading. It provides a complete translation of the cycle of twenty poems entitled 'On drinking wine', written in 415 or 417 A. D. The translation of each separate poem is accompanied by the Chinese text; it is followed by an interpretation of its general tenor and by a line by line commentary. The easy and pleasant expertness without an oppressive excess of factual data, and the solid common sense shown by the author's previous publications are also characteristic for the present article. His translations are, as always, capable and well thought-out. The line by line commentaries together with the 113 footnotes contain an impressive amount of factual information gained from earlier studies; at the same time they abound in apt and illuminating remarks from the author himself."

这种联想对读者理解诗文主题非常有益。

四是此文论述中提及并翻译了《史记·伯夷传》和《古诗十九首》等作品或段落，在中国古代典籍和诗文外译史进程中，较早地贡献了高质量的英文译本。

纵观整篇论文可以看出，海陶玮并非是对现有陶集或译本的简单翻译，而是有着详尽的注释和严密的考证，使他的翻译具有了学术研究的鲜明特征。《陶潜的饮酒诗》是译注《陶潜诗集》的前期成果，在这篇论文基础上形成的《陶潜诗集》译著是海陶玮集大成的代表性作品，但是翻译进行了一些微调变化，并大大缩减或省略了陶诗翻译之后的注释和评论部分，所以要想全面深入了解饮酒组诗，"这篇论文完全值得一读"①。

第三节　20世纪70年代《陶潜诗歌中的典故》

海陶玮1971年在《哈佛亚洲学报》发表《陶潜诗歌中的典故》（Allusion in the Poetry of T'ao Ch'ien）一文②。这篇以陶诗典故为研究对象的论文，是海陶玮唯一一篇讨论陶诗艺术技巧和修辞效果的专题论文。与其他两篇陶学论文一样，该文也是海陶玮在译注《陶潜诗集》过程中产生的。其实，海陶玮对象征、典故等陶诗修辞技巧和艺术手法的关注和研究，从1954年《陶潜的赋》就开始了，他在文中着重讲述了象征修辞在中国古典诗歌使用的普遍性和倾向性，并注意到了象征与典故的结合，他说"象征的使用在中国诗歌中并不罕见，但大多数诗人愿意使用现成的象征内容，以便这样可以与那些无处不

---

① D. R. Jonker, "Review on 'T'ao Ch'ien's 'Drinking Wine' poems'", *T'oung Pao*, Vol. 59, Livr. 1/5, 1973, p. 273, Original text: "For these reasons the article fully repays reading."

② James Robert Hightower, "Allusion in the Poetry of T'ao Ch'ien", *Harvard Journal of Asiatic Studies*, Vol. 31, 1971, pp. 5 - 27.

在的种种典故结合在一起"①。《陶潜诗歌中的典故》一文是海陶玮对中国诗歌典故文化内涵和陶诗艺术修辞的进一步思考、深化和总结，也是他常年解读翻译陶诗并顺利克服典故翻译难点的成果。

一　典故解读中的古今中外

用典是中国古典诗歌的特征之一。古代诗人出于尊古、比照、炫博乃至避祸等心理，经常"引书以助文"②，增强表达效果。在诗歌中引经据典早已成为一种风尚和习惯，胡适曾感慨"自中古到近代，中国诗文简直是典故的天下。"③

这种特征使后人解读典故必须具备一定的文化素养，才能成为一名合格的读者。葛兆光认为典故本身具有"二律背反"式的矛盾统一：

> 一方面作为艺术感染力的典故是一个个具有哲理或美感内涵故事的凝聚形态，并在运用到诗歌后，使诗歌在简练的形式中包容丰富的、多层次的内涵，显得精致、富赡而含蓄；……同时，也因为它是一种没有艺术感染力的符号，在诗歌中的镶嵌，造成了诗句不顺畅，不自然，难以理解，因而造成了诗歌的生硬晦涩、雕琢造作。④

---

① James Robert Hightower, "The Fu of T'ao Ch'ien", *Harvard Journal of Asiatic Studies*, Vol. 17, No. 1/2, June 1954, p. 224. Original text: "The use of symbolism is not at all uncommon in Chinese poetry, but most poets are content to take their symbols ready-made, so that the device merges with that of the ubiquitous allusion."

② 周振甫：《文心雕龙今译》，中华书局 1986 年版，第 426 页。

③ 胡适：《胡适口述自传·第七章文学革命的结胎时期》，安徽教育出版社 2005 年版，转引自贾齐华《典故研究三题》，《郑州大学学报》（哲学科学版）2008 年第 41 卷第 5 期。

④ 葛兆光：《论典故——中国古典诗歌中的一种特殊意象的分析》，《文学评论》1989 年第 5 期，下同。

　　因此他认为"典故作为一种艺术符号，它的通畅与晦涩、平易与艰深，仅仅取决于作者与读者的文化对应关系"，"合格的读者"必须熟悉典故来源，把握作者的典故使用动机，理解典故的深层涵义。

　　以葛兆光的以上立论为基础继续深入，我们把作者与读者的文化对应关系继续推导，可以得出：由近及远、从中到外，读者与作者的文化对应关系逐步衰减，读者解读典故的难度也逐步增大。

　　中国古典诗歌虽然用典颇多，但同时代人在理解典故涵义方面似乎并无大碍，主要是因为读者与作者的时代背景、文化素养和审美趣味等基本类似，而年代久远的读者，即便与作者具有同源语言和同质文化背景，但由于时代变迁、语言演化、文化嬗变等因素，在理解典故特别是那些尚未进入日常交流体系的典故方面，也会觉得晦涩难懂，有诸多障碍。

　　相比中国读者，处于异质文化背景下的西方读者对典故解读难度只会更大。正如翁显良所说，"即使本族读者，由于历史文化知识的限制，也不是都能一望而知其意或稍加思索就懂的，外国读者就更不用说了"①。这种难度一方面是文化的原因，典故蕴涵大量具有鲜明特征的深厚民族历史和文化底蕴，文化差异无疑会增加西方读者解读中国典故内涵的难度；另一方面是语言的原因，典故词语比其他汉语词汇具有更强的隐喻性、密码性，对典故的理解必须透过字面意思去洞幽察微，揭示包藏细密的委婉含义，语言差异无疑又增加了西方读者解读中国典故内涵的难度。总之，文化的历史渊源和语言的极度凝练，使典故成为西方读者理解中国诗歌的一个障碍和难点，甚至会因此丧失对中国诗歌的阅读兴趣。

---

　　① 翁显良：《意态由来画不成——文学翻译丛谈》，中国对外翻译出版公司1983年版，第10页；转引自李瑞凌《出神入化了无痕——汪榕培翻译诗歌典故策略管窥》，《大连海事大学学报》（社会科学版）2016年第15卷第1期。

　　以上就是由近及远、从中到外，读者对中国诗歌典故认知难度逐级增大的一般规律。海陶玮在翻译陶集过程中，是处在"又远又外"的难度层级，同时，他不是普通西方读者对陶诗的阅读赏析，而是专业的翻译和注释，还必须完成从"合格的读者"到"合格的译者"的转变，这又是一道必须跨越的语言文化鸿沟，因为从理解典故到翻译典故难度倍增，对诗歌及其典故的合格译者，不能仅限于肤浅的认知和笼统的欣赏，还要熟悉典故的历史背景和运用的具体语境，深层理解并驾驭英汉两种语言，才能用英语较为准确地传达中国诗歌典故的含义。可以说，典故是古诗中最难译的地方，甚至一些学者认为典故是不可译的，用典越多，越不可译。关于这一点，中西学者都深有体会，中国语言学家吕叔湘曾说"（典故）不仅不得其解者无从下手，即得其真解亦不易达其义"①。对海陶玮汉学影响颇深的西方学者方志彤谈及诗歌翻译时，引用凯莱特（E. E. Kellett）的话说"我听说中国教育里最美的花根植于中国古典文学中，对于投缘的读者而言，引经据典，只需三页纸便可将这一精髓述说完毕，而对于普通读者而言，则需要三十页纸才能说明白"②。他曾这样断言"不知是否出于所谓的中国人思想与西方人思维之间深不可测的鸿沟，或者出于其他原因，汉学翻译家似乎在引用和典故方面屡栽跟头"③。

　　海陶玮在长期研读和译注陶诗过程中，典故是他必须克服的障碍和难点。他始终在思考陶诗中具体典故设置与整体诗文含义的关系，并做出自己的解答，这也是此文的写作背景与意图。

　　或许是由于在译注典故过程中遭遇的种种困难，海陶玮虽然对诗歌典故提出了自己的思考和分析，但他本人对典故这种修辞手法

---

① 吕叔湘：《中诗英译比录》，中华书局 2002 年版，第 4 页。
② ［美］方志彤：《翻译困境之反思》，王晓丹译，《国际汉学》2016 年第 2 期。
③ 同上。

并不十分认可，甚至认为典故在诗歌创作中并不具有多大的必要性和艺术性：

　　语言艺术家手法众多，我并不认为典故是唯一一个。它并不是不可或缺的，比起其他大多数手法来说，典故更容易被滥用。事实上，那些对典故等手法依赖较强的诗歌，如今（至少在中国）被怀疑是不自然乃至矫揉造作和颓废的。①

　　海陶玮把诗歌典故进行了分类，对于那些仅为炫耀才学而不能成为诗歌有机组成部分的典故，他这样描述：

　　典故的用法经常带有游戏性，作者卖弄才学的同时，也为读者提供一个与他比拼才智的机会，这种典故是诗歌的装饰品。②

　　海陶玮对待典故的态度，与另外一位陶诗译者阿瑟·韦利（Arthur Waley，1888—1966）颇为类似。阿瑟·韦利在《一百七十首中国诗》（*A Hundred and Seventy Chinese Poems*）中也尽量避免翻译这类蕴涵典故的诗歌，因为他认为"当读者不得不借助注释时，很可能已

---

　　① James Robert Hightower, "Allusion in the Poetry of T'ao Ch'ien", *Harvard Journal of Asiatic Studies*, Vol. 31, 1971, p. 5. Original text: "I have made no attempt to treat allusion in perspective as only one of the many resources of an artist in language. It is certainly not an indispensable one, and it is more subject than most to abuse. In fact, poetry that relies heavily on allusion and allied devices is suspect nowadays——in China at least——of being mannered and decadent, if not merely affected. "

　　② James Robert Hightower, "Allusion in the Poetry of T'ao Ch'ien", *Harvard Journal of Asiatic Studies*, Vol. 31, 1971, p. 27. Original text: "There is often an element of play involved in the use of allusion; the writer at once showing off and giving his reader a chance to match wits with him. This is the allusion as ornament. "

经失去了读诗的心情，因为他想读的是诗而不是文献"①。但与韦利不同的是，海陶玮在潜心研讨诗歌典故之后，还是译注了陶渊明的全部诗文。

其实，典故尽管与中国古典诗歌关系密切，但学者对诗歌典故的评价也褒贬不一。一方面，有的学者极力抨击诗歌用典的不良习气，因为典故运用通常与绚丽奢靡的形式主义文风创作有关，有时候会出现过度拟古、"不可用而强用之"等滥用倾向，在一定程度上反而会影响诗歌思想内容的表达，南朝钟嵘就对"文章殆同书抄"的不良风气提出过明确批评，南宋严羽《沧浪诗话》对"做诗要求无一字无出处"的现象也有所针砭，近人王力也曾批评过六朝文人堆砌典故的作文通病。②另一方面，更多学者对典故还是持肯定意见，认为典故是语言的精华、民族智慧的结晶和高水平文化的具体体现。

当然，中国传统对诗歌典故的褒贬评价，是从用典、解典和保护传承中国文化的角度来谈的；海陶玮对中国诗歌典故的评价，更多是从西方读者和译者解典、译典角度来认识的。

二　从"作者用典"到"读者解典"

作为陶诗的一位西方读者和译者，海陶玮在《陶潜诗歌中的典故》中始终带有一种"读者认知"意识。在整篇论文中，他把所有注意力都集中在典故这种修辞方式在解读陶诗中的作用上，他"主要想探究典故

---

① Arthur Waley, *Yuan Mei*: *Eighteenth Century Chinese Poet*, Redwood City: Stanford University Press, 1956, p. 105. Original text: "by the time the reader has coped with the necessary explanations he is likely to have lost the mood in which one reads a poem as a poem, rather than as a document."

② 王力:《汉语史稿》，中华书局 1980 年版，第 584 页。王力指出"在汉语文学语言史上也曾经有过反动的潮流，就是尽量脱离人民口语而句句用典"。

在诗歌中是怎样起作用的，它是怎样加强了诗歌的丰富性和复杂性的"①。这个写作动机贯穿着海陶玮的研究，他对典故在陶诗中的功用进行了具体详细的考察，对典故所涉及的其他问题，比如典故的定义、陶诗中具体的典故数量等都无意涉及。他认为，陶诗典故的精确数字和分布状况都是难以统计的，不仅因为典故的识别并非易事，而且构成典故的要素也是不确定的。同时他确信，他的研究能够对认识典故的内涵、范围等基本问题起到推动作用，"我无意给典故下一定义，但却希望通过对陶诗的这一探究，能使问题范围更加明晰"②。

对典故的探讨，海陶玮主张从三个方面进行：一是"典故材料的性质"（典故应有易于识辨的文字出处）；二是"作者使用这些材料的技巧"（典故应使诗歌内容易于理解）；三是"读者对典故出现所做出的反应"（读者即便不能确知诗中的典故之所在，至少应能够意识到诗中用了典故）③。中国学者对典故的研究多从前两方面进行：一是典故的典源考据；二是作者在使用典故时所运用的各种策略和技巧，很少关注到读者在面对这些典故时的接受和认知。

根据以上写作目的和研究思路，海陶玮的设计方案和分类方法是"始终以典故在诗中所起作用之大小为依据，同时也考虑到读者是否容易觉察到诗句中用了典故"④。把对诗歌解读作用最大且读者又最易觉

---

① James Robert Hightower, "Allusion in the Poetry of T'ao Ch'ien", *Harvard Journal of Asiatic Studies*, Vol. 31, 1971, p. 5. Original text: "Ultimately I am interested in how the device functions in poetry, what it contributes to the density and complexity of the poem."

② James Robert Hightower, "Allusion in the Poetry of T'ao Ch'ien", *Harvard Journal of Asiatic Studies*, Vol. 31, 1971, p. 5. Original text: "I shall not attempt a formal definition of allusion, but I hope that the dimensions of the problem will be clearer after this investigation of T'ao Ch'ien."

③ 海陶玮：《陶潜诗歌中的典故》，张宏生译，《九江师专学报》（哲学社会科学版）1990年第2期。

④ James Robert Hightower, "Allusion in the Poetry of T'ao Ch'ien", *Harvard Journal of Asiatic Studies*, Vol. 31, 1971, p. 6. Original text: "To be consistent, each should be described in terms of its quantitative contribution to the sense of a passage, and the series should be in ascending order of difficulty of noticing that an allusion is involved."

察到其存在的典故作为第一类，余皆类推，把对诗歌解读根本不起任何作用且读者最不易觉察其存在的典故放在最后一类。当典故贡献度和读者辨识度这两个标准不能协调一致的时候，比如起作用较大的典故反而不易使读者觉察到其存在的情况，或者衡量这两个标准偶然带有主观因素的情况，就以第一个标准——典故对诗歌解读所起作用大小来作为分类的主要依据。根据这两个标准划分确定出第一类典故和最后一类典故之后，在这两类典故的中间地带又加以细分，共分出七种典故类型：

1. 典故为诗的主题。倘若不分辨出典故，那么便无从理解这首诗。

2. 典故为打开一行诗的钥匙。倘若不知道典故，便无法理解这一行。

3. 某一行诗的意思清楚，但是在语境中却不如此；典故提供了另一种阅读方法，使得这行诗作为全诗的一部分而有意义。

4. 某一行诗的意思完全清楚，但典故一经分辨出来便增添了言外之意，并进而强调其字面意义。

5. 某一词语曾出现在另一文本，并且诗人肯定也了解这一文本，但它对诗行的了解不起作用，很难说诗人是否有意使用它。

6. 某一个字的使用意义与某一经典文本相同，但读者（或诗人）是通过字典还是经典文本理解到它的意义关系不大。

7. 某种相似完全是偶然的，一旦强调便会产生误导作用。①

---

① 关于这七种典故类型的翻译，主要有吴伏生、张宏生和田晋芳，分别见吴伏生《英语世界的陶渊明研究》，学苑出版社 2013 年版，第 82—83 页；海陶玮《陶潜诗歌中的典故》，张宏生译，《九江师专学报》（哲学社会科学版）1990 年第 2 期 "陶渊明研究" 专栏；田晋芳《中外现代陶渊明接受之研究》，博士学位论文（导师：徐志啸），复旦大学，2010 年。此处采用吴伏生翻译。

从以上分类可以看出，尽管海陶玮在典故贡献度和读者辨识度两个标准不能统一时更多遵从了前者，但他所指的典故在诗歌中所起作用的大小，更多地是指这个典故在读者解读诗歌中所具有的贡献度，从第一类典故到第七类典故，典故在读者解读诗歌方面所起的作用越来越小。所以整体来看，海陶玮对典故分类是以读者解读典故的身份为立足点，是一种典型的"读者视角"。

关于这七类典故在诗歌中的艺术价值，海陶玮在文末简单给予了点评。他认为，只有当典故是诗歌有机组成部分时，它的含蓄特征才具有艺术价值，因为这些典故"能够使作者用一句诗表现出一层以上的意思，包括表面的讽刺评论"[1]。首先他认为，第三、第四种类型的典故艺术性最高，是最能体现语言文化内涵的典故形式；其次是第二种类型的典故，这种典故能用一两个字表达较为丰富的含义，但艺术价值随之降低，"它的作用顶多是一种方便的缩写"[2]；然后是第五种类型，这种典故能给诗意带来微妙和细小的变化，它对诗歌的作用"不那么明显，也不易评价，但依然能感觉到"[3]；在第一种类型中，典故主宰着全诗主题，"这样运用典故通常产生不出重要的作品"[4]；第七种典故，"充其量不过能起点反面作用"[5]。海陶玮用典故分类同时表明，在陶诗中"这

---

① James Robert Hightower, "Allusion in the Poetry of T'ao Ch'ien", *Harvard Journal of Asiatic Studies*, Vol. 31, 1971, p. 27. Original text: "It enables the poet to say more than one thing at once. It can include an ironical comment on the overt statement."

② James Robert Hightower, "Allusion in the Poetry of T'ao Ch'ien", *Harvard Journal of Asiatic Studies*, Vol. 31, 1971, p. 27. Original text: "The second type is at best a convenient shorthand."

③ James Robert Hightower, "Allusion in the Poetry of T'ao Ch'ien", *Harvard Journal of Asiatic Studies*, Vol. 31, 1971, p. 27. Original text: "Its contribution to the poem is less obvious and hard to assess, but still appreciable."

④ James Robert Hightower, "Allusion in the Poetry of T'ao Ch'ien", *Harvard Journal of Asiatic Studies*, Vol. 31, 1971, p. 11. Original text: "In general this use of allusion does not produce important poetry."

⑤ James Robert Hightower, "Allusion in the Poetry of T'ao Ch'ien", *Harvard Journal of Asiatic Studies*, Vol. 31, 1971, p. 27. Original text: "The seventh type makes at best a negative contribution."

种近似游戏的装饰性典故与那些加深作品意义的有机典故同时存在"①。

海陶玮用主要篇幅逐项论述了蕴涵每一类典故的陶诗具体诗句,重点考察了某一类典故在读者解读陶诗中究竟起到了什么样的作用。所以,"海陶玮的贡献,在此详细描述了此处的典故如何塑造了我们的阅读过程,并进而影响到我们对这一联乃至全诗的认识和理解"②。

第一类典故类型的入选标准,"其必要条件在于它是全诗的基础,它的出处可以追溯到一处书面材料,也借用了这一材料的某些现成词句"③。在这个标准中,除了典故自身要求的典源、典面外,还要求典故是整首诗的主要题材,读者一旦熟知了故事情节和典故语辞,就完全能够理解整首诗歌的主题和涵义。海陶玮认为这类典故主要体现在陶渊明的八首咏史诗上,即《咏二疏》《咏三良》《咏荆轲》和《咏贫士》五首组诗,比如,读者若熟悉"荆轲刺秦王"的历史典故,便会完全理解《咏荆轲》这首借史咏怀、托古言志的咏史诗的主旨和涵义,体会到诗人对黑暗势力的憎恶情绪和铲强除暴的强烈愿望。当然,在这里读者不仅要理解"荆轲刺秦王"的典源故事,还要熟悉其中的典故语辞,当读到"图穷事自至"时,应能立刻想起司马迁"秦王发图,图穷而匕首见"的诗句。再比如《咏二疏》这首诗,读者如果熟悉《汉书》中"二疏"的历史典故,那么对每一行诗句以及整首诗歌的意义就会完全了解。为了强调这类典故在理解主题中的重要性,海陶玮举了一个反例,那就是《山海经》其五,这首诗尽管也运用了大量典故,但若手头没有一本典故索引,则很难读懂这首诗。在他看来,这首诗并

---

① 吴伏生:《英语世界的陶渊明研究》,学苑出版社 2013 年版,第 86 页。

② 同上书,第 84 页。

③ James Robert Hightower, "Allusion in the Poetry of T'ao Ch'ien", *Harvard Journal of Asiatic Studies*, Vol. 31, 1971, pp. 11 – 12. Original text: "The necessary conditions for an allusion of the first type is that it underlies the whole poem and that it refers back to a written text from which it makes verbal borrowings."

不属于第一类典故，因为典故所描写的神话人物并不是这首诗的题材，这首诗完全可以脱离该典故而独立存在，读者熟悉典故内容后对理解整首诗歌的含义并无直接的帮助。

第二类典故，不在全诗而在每一行诗歌中起作用，这类典故"是每行诗歌的关键，如果不了解这个典故，就不能理解这句诗歌"①。海陶玮认为这类典故主要指各种专名（proper name），包括地名、书名或历史事件等，大多情况下与人物有关，与儒家经典或传说有关，读者可以通过字典查到其含义，"它被用作一种便利的缩写，用一个或两个音节便可以表达可能用好几页或几卷书才能表达的信息"②。他举了《饮酒·其十一》、《拟古·其八》和《咏贫士·其七》等诗句来说明这类典故在理解诗句中的具体作用，并且讨论了读者在解读这类典故中需要注意的问题：一是要有灵活性，因为诗人在典故运用过程中的情形是复杂的，有的只提取选用了典故中符合主观需要的部分，需要读者仔细揣摩体会诗人使用该典故时侧重和强调的含义，如《乞食》"感子漂母惠，愧我非韩才"句出自《史记·淮阴侯列传》中的"漂母之惠"，陶渊明在使用该典故的时候，只是用来抒发自己饥饿出门借贷并获人遗赠留饮的感慨，突出自己受人恩惠的情形并表达对不求报答的恩人充满感激的心情，在这里，诗人在恩主地位、性别等方面，都与典源故事中的人物和情形完全不同了。二是在解读还原这类典故时，要特别注意典故的辨识难度，因为有的典故会出现典源素材不足、典面模糊等情况，如《咏贫士·之七》"在昔黄子廉，弹冠佐名州"中的"黄子廉"事迹材

---

① James Robert Hightower, "Allusion in the Poetry of T'ao Ch'ien", *Harvard Journal of Asiatic Studies*, Vol. 31, 1971, pp. 12 – 13. Original text："The allusion is the key to the line, which one cannot understand without knowing the allusion."

② James Robert Hightower, "Allusion in the Poetry of T'ao Ch'ien", *Harvard Journal of Asiatic Studies*, Vol. 31, 1971, p. 13. Original text："It is used as a convenient shorthand to make one or two syllables carry information that it may take pages or volumes to spell out."

料稀少，影响了读者对该诗的理解；《饮酒·之十六》"孟公不在兹，终以翳吾情"中的"孟公"究竟所指何人，后人李公焕和古直分别给出了不同的答案（李公焕认为指陈遵；古直认为指刘龚），不同答案对诗意的理解差别很大。

第三类典故，海陶玮称之为"最棘手的典故"（most troublesome allusions），这类典故隐藏在表面意思完全讲得通的诗句之中，但读者经过细心揣摩就会发现，这类典故诗句与上下文的意思脱节，如果识别了典故，就会为诗句提供另一种解释，重新使典故诗句成为全诗合理的组成部分。他举了《责子》《辛丑岁七月赴假还江陵夜行塗口》《杂诗·之四》和《连雨独饮》等来具体说明这一点。如《杂诗·之四》开头两句"丈夫志四海，我愿不知老"，从字面理解很容易将"我"与"丈夫"等同起来，将诗歌理解为诗人建功立业的决心和对岁月流逝的感慨，但若了解"不知老"三字出自《论语》"发愤忘食，乐以忘忧，不知老之将至云尔"的典故，就会对诗歌重新做出解读，诗人在此处主要想表达"我要像孔子一样，沉醉在快乐之中，忘掉一切"，这样理解的话，"我"就不再是"丈夫"，反而成为与"丈夫"具有对比意义的一个称谓了，于是诗句应该解读为"大丈夫志在四海，而我却愿意沉醉于自己的所爱"，这样解读之后，诗句含义与全文也就统一起来了，因为该联之下"亲戚共一处，子孙还相保。觞弦肆朝日，樽中酒不燥。缓带尽欢娱，起晚眠常早"等诗句，都是"我愿不知老"所强调的那种自由生活中欢欣情趣的具体描写。

第四类典故与第五类典故有一定的相同之处，即典故的识别与否，不影响读者对诗歌的理解，且两者相互渗透。但是海陶玮还是把它们分为两个部类而不是合并为一个，他认为，从读者角度分析，这两类典故区别很大：读者如若将典故认出，则会联想到诗句的言外之意，于是典故会使诗句的字面意义得到加强和扩展，这是第四类典故；读者如若将典故认出并熟悉了典故出处，对理解和欣赏诗句没有任何帮助，这便是第五种典故。当然，他也承认，"这种划分很可能是主观的，在某种程度上甚至是专断的。"① 这两种典故类型的细分，再次显示了海陶玮以读者认知为立足点的研究思路。第四种典故，他举出了《酬刘柴桑》《停云》《移居·之一》等诗句来说明，典故识别对理解这些诗句意义和韵味起到了加强作用，如"今我不为乐，知有来岁不？"（《酬刘柴桑》），读者若不知其中典故也能理解此诗，但若能够识别出这其中隐藏着"今我不乐，日月其除"（《诗经·唐风·蟋蟀》）典故，便会对《诗经》"好乐无荒"、节制享乐的告诫含义有所联想，同时参照该诗尾联"命室挈童弱，良日登远游"的分寸尺度，就不会认为这首诗歌是一首宣扬享乐不知节制的轻浮作品了。

第五类典故，海陶玮举了《于王抚军座送客》《己酉岁九月九日》等诗句来说明，读者即便识别了典故出处，也不影响对诗歌的理解。比如"靡靡秋已夕，凄凄风露交"（《己酉岁九月九日》）句，《诗经》中有"风雨凄凄"，还有"秋日凄凄"，究竟这句陶诗语出何处很难判定，即使确定了典故出处对理解该诗也没太大帮助。另外，海陶玮还试图在第四、第五种典故之间细分出一种典故类型，这种典故在诗句中只是一些现成的词语或诗句排列，他说"这是诗人对读者博学的一种额外奖赏，但也仅此而已，因为知道这个典故对他理解所读的诗歌没有任何用处"②。从此论述可以看出，海陶玮对在读者认知理解诗意方面不起实际

---

① James Robert Hightower, "Allusion in the Poetry of T'ao Ch'ien", *Harvard Journal of Asiatic Studies*, Vol. 31, 1971, p. 21. Original text: "There is a large area where the division is subjective and to a certain extent arbitrary. "

② James Robert Hightower, "Allusion in the Poetry of T'ao Ch'ien", *Harvard Journal of Asiatic Studies*, Vol. 31, 1971, p. 23. Original text: "It is a compliment to the reader's erudition, which must be its own reward, for he gains nothing in understanding of the poem he is reading. "

作用的典故，基本上持否定态度。经过分析，他还是把这种过渡类型的典故归入了第五种，原因还是这种典故对读者理解诗意所起的作用不大。

第六类典故，海陶玮主要指的是"词语借用"（lexical borrowings），诗人借用了经典著作中的典故词语，但是读者是否根据典源含义来领会，对整首诗歌的理解无关紧要。这种典故似乎可以当作第五种类型的特例，与第二种类型也有相似之处：典故词语若不详加解释，则诗句涵义便会含混不清。然而，这些词语在典故使用过程中已经不再拘泥于典故出处的意思了，而是根据具体的诗文语境被赋予特定的含义，这些典故词语不能当作一般的词素仅作字面的理解，而应根据特定的使用条件理解其特定的含义。他举了《饮酒·之十四》《庚子岁五月中从都还阻风于规林二首》来说明，比如"故人赏我趣，挈壶相与至。班荆坐松下，数斟已复醉"（《饮酒·之十四》）中的"班荆"，丁福保引《左传》作注，"班荆相与食，而言复故（归楚）"；杜注"布荆坐地"。在这里，"班荆"是从《左传》还是杜注的意思来理解，都不能使读者对诗意理解得更加清晰。

第七类典故，海陶玮非常肯定地说"实际上不是典故"[1]。把这类典故也纳入研究，他认为，一是它看起来像典故，二是陶学注家都认定是典故，并且非常喜欢引用。海陶玮否定这种典故的原因，仍是以读者认知角度来考虑的，他认为，在这种典故中，读者若把某些内容当作典故并根据典源含义来解释诗句，就会对诗句理解起到相反作用，所以他说"我如此确定它不是典故的原因在于，它使得原本可以理解的诗句变得不知所云"[2]，诗句语词在字面上与某个典故相似纯系偶合。比如

---

① James Robert Hightower, "Allusion in the Poetry of T'ao Ch'ien", *Harvard Journal of Asiatic Studies*, Vol. 31, 1971, p. 25. Original text: "The seventh category is the real non-allusion."

② James Robert Hightower, "Allusion in the Poetry of T'ao Ch'ien", *Harvard Journal of Asiatic Studies*, Vol. 31, 1971, p. 23. Original text: "The reason I am so confident it is not an allusion is that it makes nonsense of an otherwise intelligible line to refer it to the passage quoted."

"缓带尽欢娱，起晚眠常早"《杂诗·之四》中的"缓带"，丁福保注释认为"缓带"出自《古诗十九首》"相去日已远，衣带日已缓"，古直在解读时认为"缓带"出自曹植《箜篌引》（《野田黄雀行》）"乐饮过三爵，缓带倾庶羞"。第一种理解，"缓带"就是忧愁思念之人的衣带渐宽，与该诗那种为求舒适而松开腰带的"缓带"含义完全不同，要以此典故来理解该诗就会闹出笑话；第二种理解虽然词意更加接近陶诗，但这种接近更多是出于偶然。第七类典故在中国传统诗歌中较为常见，国内学界也通常认定这种典故属于典故的一种，但在海陶玮的分类体系中，如果一个典故对读者理解诗歌作用不大或者根本不起作用，甚至起到干扰或相反作用，他就认为这种典故是没有必要甚至是多余的。

从以上典故分类方法可以看出，海陶玮对陶诗典故的分类，着眼于读者解读用典动机的程度，以典故在读者认知理解诗歌主旨中的作用大小为分类依据，这种探讨思路与中国学者研究典故相比，明显增加了读者因素，反映了西方学者不同的视角和思路。在中国传统文学研究中，典故概念的形成确立主要以创作者为基点，对典故的研究主要考察它在文学创作表达实践中的特征和运用，对典故的认识主要是在修辞学的框架中进行的，重点是对典故运用方法、策略、效果等方面的经验型总结，对典故的分类往往是根据典故本身的特点或典源来进行的。《中国典故大辞典》（2005）将典故分为事典和语典两类，这与海陶玮所构建的七类典故中的第一类典故"咏历史人物"（celebrating historical persons）和第二类典故"专名"（proper name）是类似的。《中外典故引用辞典》（1993）① 把研究扩大到中外典故，分为人篇、事篇、物篇、理篇4个部分，把典故分为34大类239小类。《实用分类典故辞典》

---

① 范培松、李晋荃、廖大国：《中外典故引用辞典》，江苏教育出版社1993年版。

（1993）① 把汉语典故分为 14 门 126 类。其他典故分类辞典如《实用分类典故辞典》（徐君慈）、《多形式典故词典》（方福仁）、《万条典故分类词典》（夏禹甸）等分类名目尽管各有差异，但分类依据都未脱离"作者用典"的基本思路。根据现有典故研究情况，国内对典故的研究多从典故自身特征和作者用典角度出发，对国外的典故研究涉及较少②，以读者接受角度讨论典故的更是少之又少③，从这个角度来说，20 世纪 70 年代海陶玮以西方读者接受角度对中国文学典故做出的研究成果值得我们充分关注，他直接从文本出发来归纳，而不是从概念或定义出发来进行演绎和推理，研究角度是从读者认知和接受而不是作者用典动机和策略，这样更加贴近文学创作的现实，显示了西方文学批评视角下的学术探究精神。所以，这套典故分类体系本身是否科学已经不再重要，重要的是提出了一种崭新的典故分类方法，这种分类方法让我们从"作者用典"转而关注"读者解典"，开拓了对典故的认识和研究。

三 七类典故的翻译策略

在这部分，笔者将继续深入，着重考察海陶玮在《陶潜诗歌中的典故》一文中得出的结论，对他翻译陶诗究竟起到了什么作用。正如上文所述，海陶玮对陶诗典故研究的动因和缘由，完全是在翻译《陶潜诗集》过程中形成的，是他对陶诗翻译难点的克服和经验的总结，那么在《陶潜诗集》中，海陶玮对陶诗典故是如何处理的？都采取了哪些翻译

---

① 徐君慧主编：《实用分类典故辞典》，广西人民出版社 1993 年版。

② 可参见武恩义博士学位论文的文献综述部分，武恩义：《英汉典故对比研究》，博士学位论文（导师：季永海），中央民族大学，2005 年。

③ 可参见丁建川《汉语典故词语研究》，硕士学位论文（导师：唐雪凝），曲阜师范大学，2004 年。

策略来解决这一翻译中的难点呢？他对这七类典故的翻译策略是否有所区别，这种区别是什么？

一般来讲，译者对诗歌典故的翻译，或知难而退，淡化、回避或舍弃典故，或知难而上，保留、补偿或强化典故，海陶玮对陶诗典故翻译属于后者。具体翻译策略主要有：

第一，采取注释翻译，弥补译典难尽的缺憾。因为典故富含历史文化信息，所以要想在篇幅有限的译文中，准确传神地传达诗歌典故含义，使异国读者在较短时间理解典故意蕴和诗歌主旨，是一件非常困难的事情，所以海陶玮采取了注释翻译，这种翻译方法在典故翻译中的优势非常明显：在译诗中先简要译出典故之面，以符合诗歌翻译体例和韵律，然后在注释中详细解释典故的来源和涵义，传达典故蕴涵的文化历史信息和在诗文中的具体指向，这样一方面可以保持读者阅读诗文的连贯性和整体性，另一方面又能弥补译文不能展开阐释的缺憾，充分扫除读者理解典故的障碍，译注互参，相互生发，相得益彰。比如《咏二疏》，这是被称为"咏历史人物"的第一类典故，典故内涵对读者理解诗文主旨非常重要，海陶玮在题目中首先把《咏二疏》简单直译为"In Praise of the Two Tutors Surnamed Shu"，然后在译文后附的注释中，详细解释了疏广、疏受的事迹，他在注释中说，诗人在创作这首诗时，期望读者不仅熟知"二疏"的典故，而且也熟悉《汉书》中记载两人传记的典故语辞。另外他还翻译了张协《咏史诗》，以说明咏史类诗歌由来已久，使读者更好地理解这类诗歌的创作传统和主旨表达方式，对"二疏"典故的注释占据了整个诗文注释的一半，在把典故详细注释清晰之后，海陶玮才对诗歌进行逐行解释。

海陶玮注译典故的方式很有可能深受方志彤的影响，方志彤博士学位论文也是研究庞德《比萨诗章》（1958）的典故。海陶玮对此评价说，"他（庞德）找出了诗章中所有用典的出处，这个课题真是非常适合像他这种在多种语言领域内都博览群书且有着敏感探究本能的学者"①，举出了具体语例来说明方志彤在典故析出方面的博学和扎实的文献功底，极尽钦佩之意。方志彤谈及诗歌翻译时也说，"考查这些典故和引文的直接来源和本源总会有所收获，因为这些引文和典故在那些材料中往往没有注释或者注解；因此，一个译者要是不追根溯源的话，翻译起来便会困难重重"②。

第二，采取多种译法，进行译注互参。采用注释翻译扩大翻译容量后，典故的各类翻译技巧在海陶玮看来就不再成为主要障碍，他以自己的典故分类为依据，对各类典故采取了完全不同的翻译技巧和注释方式。

第一类典故，海陶玮先用意译或音译来译出诗文，然后在注释中不惜笔墨，详细阐释典故的典源、典意、各家评说和在诗文中的具体含义，在这里，注释就成了读者理解诗文主旨的主要渠道，人物群体类史诗如《咏二疏》"In Praise of the Two Tutors Surnamed Shu"、《咏三良》"In Praise of the Three Good Men" 题目采取意译，人物个体类史诗如《咏荆轲》"In Praise of Ching K'o" 题目采取音译，然后在注释中详细论述这些人物事迹和典故含义，读者通过注释便能准确抓住诗歌主题。

第二类"专名"典故，海陶玮的翻译策略与第一种基本类似，也是采取"简译详释"的方法，如《饮酒·其十六》尾句"孟公不在兹，终以翳吾情"，他直接译为 "There is no Meng-kung here to understand, And so I keep my feelings to myself"，在注释中详细分析了各位注家对"孟公"的理解差异，然后用陶诗互文的方法来证明古直理解较为合

---

① Hightower James Robert, "Achilles Fang: In Memoriam", *Monumenta Serica*, Vol. 45, 1997, p. 402. Original text: "He tracked down all the allusions in the Cantos, a work admirably suited to his vast reading in many languages and acute detective instincts."

② ［美］方志彤：《翻译困境之反思》，王晓丹译，《国际汉学》2016 年第 2 期。

理，即此处的"孟公"指刘龚，认为诗人运用该典故，是以张仲蔚自喻，感慨未遇到刘龚那样的知音。

对于第三类典故，海陶玮往往直接用译文表达典故的深层寓意，然后在注释中详细阐释典故来源以及自己对诗句的理解和译法。比如"丈夫志四海，我愿不知老"（《杂诗·之四》）译为"A hero makes the world his goal, But I just want not to feel old"，在注释中，他首先指出了首句与曹植《赠白马王彪》"丈夫志四海，万里犹比邻"看似基本一致，但从整首诗歌来看，两者却毫不相关，也并非仿作，然后指出对句"我愿不知老"出自《论语》"发愤忘食，乐以忘忧，不知老之将至云尔"的典故。海陶玮认为，这句诗字面上理解是"我希望忘却自己上了年纪"（I wish not to know old age），实际的含义是"我希望自己沉醉于所钟爱的事情中"（I wish to lose myself completely in my preferred activities）。

第四类典故的识别与否对理解和翻译诗文影响较小，所以海陶玮有时就省略了这类典故的注释，比如"今我不为乐，知有来岁不?"（《酬刘柴桑》），其中蕴涵着《诗经》"今我不乐，日月其除"（《唐风·蟋蟀》）的典故，他译为"Must I not enjoy myself today? How do I know there will be another year?"在注释中，他并未提及《诗经》典故。

对于第五类典故，海陶玮采用同样方法，在注释中省却了蕴涵在诗歌中、与诗歌含义理解无关的典故阐释，比如《己酉岁九月九日》"靡靡秋已夕，凄凄风露交"句中的"凄凄"究竟是出自《诗经》的"风雨凄凄"（丁福保），还是《诗经》"秋日凄凄"（古直），确实很难判定，对诗文理解和翻译影响也不大，所以他直接把诗文翻译为"Little by little autumn has come to an end, Chill, chill the wind and dew combine"，在注释中也并未提及典故出处。

第六类典故，比如"班荆坐松下，数斟已复醉"（《饮酒·之十四》）中的"班荆"出自《左传》典故，海陶玮直接采取省译方法，译作"Sitting on the ground beneath the pine tree, A few cups of wine make us drunk"，然后在注释中指出，诗句中有一个文学性表达"班荆"（on the ground）出自《左传》，对典故细节和各家评说一概不论。

被称为"并不能成为典故"的第七类典故，海陶玮也颇费笔墨，在注释中特意指出那些对诗意理解有干扰作用的典故含义，用来提醒读者特别留意，避免误解和误译，对读者理清典故辞意和理解诗句给予警示。比如"缓带尽欢娱，起晚眠常早"（《杂诗·之四》），译为"With loosened belt relax in joy, Get up and go early to sleep"，然后在注释中特别说明，"缓带"在《古诗十九首》"相去日已远，衣带日已缓"中的意思是"身体瘦弱的结果和长期忧虑的表现"（the result of unwonted thinness and a sign of prolonged worry），但这并不是在该诗中的意思，结合下句"起晚眠常早"，应该是松开腰带以求舒适，"诗人想起的是一种愉快懒散的生活，而不是剧烈的狂欢"。（The poet is thinking of a life of pleasant sloth and idleness, not strenuous carousing.）

从以上分析可以看出，海陶玮对各类典故的翻译策略和方法完全不同，这种翻译策略与他始终坚持的原则和标准是一致的，即典故在整首诗歌含义中的作用大小和读者识别典故对解读诗歌含义的作用大小。对于理解诗意非常重要的典故，海陶玮在注释中详加阐释，对理解诗意作用不大的典故，他在注释中加以省略，而对理解诗意有干扰甚至反作用的典故，他在注释中加以辨析纠正。

综上，海陶玮在陶诗典故解读和翻译过程中，建构了一套不以"作者用典"而从"读者解典"出发的典故分类体系，并在陶诗典故翻译中形成了一套行之有效的策略和方法。

第四节　三篇陶学论文的贡献

海陶玮从 20 世纪 50 年代至 70 年代陆续发表的《陶潜的赋》《陶潜的饮酒诗》和《陶潜诗歌中的典故》三篇论文，在英语世界陶渊明研究史上具有重要贡献和影响。

一　开启英语学界的中文辞赋和陶学研究

英语世界最早翻译辞赋的大概是美国传教士丁韪良（William Alexander Parsons Martin，1827—1916），他将贾谊《鵩鸟赋》译成英文并于 1912 年收录到《中国传说与诗歌》中①，其后英国学者阿瑟·韦利《汉诗一百七十首》选译了宋玉《登徒子好色赋》等赋②，《神庙与诗》选译了扬雄《逐贫赋》等，1926 年德国汉学家何可思（Eduard Erkes，1891—1958）发表了宋玉《风赋》等译文③。

《陶潜的赋》是海陶玮在陶学方面发表的第一篇论文，这篇论文考察了陶渊明三赋的地位和影响，指出了陶赋在整个赋体文学和陶渊明自身作品体系中的重要价值，旁涉了赋体演变历史、赋体特点、赋学的主题传统与模拟风气的批评、具体赋家赋作的评价等内容，显示了海陶玮对赋体的系统学习和深入研究。德国汉学家柯马丁认为，海陶玮关于贾谊赋和陶潜赋的研究（包括对董仲舒赋和司马迁赋的讨论）是汉赋研究方面具有开创性、根本性意义的早期

---

① W. A. P. Martin, *Chinese Legends and Lyrics*, Shanghai：Kelly& Walsh. Limited, pp. 63 – 68.

② Arthur Waley, *One Hundred & Seventy Chinese Poems*, London：Constable and Company Ltd. , 1918, pp. 13 – 14.

③ Eduard Erkes, "The Feng-Fu〔Song of the Wind〕by Song Yu", *Asia Major*, 1926（3）, pp. 526 – 533.

论文。①

　　海陶玮是第一位以学术标准确立并实践辞赋英译规范的，他在《陶潜的赋》中旁涉提及了很多同类主题的相关辞赋作品并进行翻译和注释。分析《闲情赋》时，翻译了张衡《定情赋》、张邕《静情赋》（《检逸赋》）、阮瑀《止欲赋》、王粲《闲邪赋》、应场《正情赋》、陈琳《止欲赋》、曹植《静思赋》等作品；分析《感士不遇赋》时，翻译了司马迁《悲士不遇赋》和董仲舒《士不遇赋》；分析《归去来兮辞》时，翻译了张衡《归田赋》、仲长统《乐志论》、张华《归田赋》和陶渊明《和郭主簿·其二》《饮酒诗·其四》《饮酒诗·其八》和《形影神》（部分）等诗文作品。这些辞赋译作"不但忠实，而且可诵，更难得的是提供了大量详细的注解，确立了学者译赋的典范"②。在辞赋翻译史上具有重要地位，为中国古代辞赋在世界范围内的传播做出了贡献。德国汉学家柯马丁高度评价：

　　　　（海陶玮对辞赋的翻译和研究）系赋之历史学、语文学探究的杰作，经受了时间的考验，从这个意义上说，它们可以与理雅各和高本汉的《诗经》著述相提并论。③

　　1965 年汉学家毕晓普《中国文学研究》收录了《陶潜的赋》④，美国汉学家白芝（Cyril Birch）主编的《中国文学选集》（*Anthology of*

---

　　① ［德］柯马丁：《学术领域的界定——北美中国早期文学（先秦两汉）研究概况》，何剑叶译，载张海惠编《北美中国学——研究概述与文献资源》，中华书局 2010 年版，第 577 页。

　　② Knechtges David R. , "Problems of Translating the Han Rhapsody", in Chan Sin-wai and David E. Pollard, eds. , *An Encyclopaedia of Translation*, Hong Kong：The Chinese University Press, 2001, p. 805.

　　③ ［德］柯马丁：《学术领域的界定——北美中国早期文学（先秦两汉）研究概况》，何剑叶译，载张海惠编《北美中国学——研究概述与文献资源》，中华书局 2010 年版。

　　④ Bishop John Lyman, *Studies in Chinese Literature*, Cambridge：Harvard University Press, 1965, pp. 45 – 106.

Chinese Literature）第一卷（1965 年）不但收录了此文，还收录了海陶玮的其他 6 篇译作：司马迁《报任少卿书》[①]、贾谊《鵩鸟赋》[②]、嵇康《与山巨源绝交书》[③]、孔稚珪《北山移文》[④]、李白《与韩荆州书》[⑤]、元稹《莺莺传》[⑥]；第二卷（1972 年）收录了海陶玮的 1 篇译作——马中锡《中山狼》[⑦]。除元稹《莺莺传》外，这些收录作品都是"士不遇"主题的延伸。

辞赋是中国古代文学特有的一种文体，起源于战国时代，汉代把屈原等所作的辞赋称为楚辞，后人泛称赋体文学为辞赋。由于辞赋语句上追求骈偶，语音上主张声律谐协，文辞上讲究藻饰用典，内容上侧重景借抒情，所以"汉赋的艰深晦涩将会使注释者步履维艰，没有深厚的国学功底与无私的献身精神而不敢动手"[⑧]。即使是中国本土的学者，如果不是专门研究，通常也只能借助注释来了解辞赋涵义，母语非汉语的西方学者对辞赋研究更是望而却步。那么，为什么海陶玮会从辞赋开始

---

① "Letter to Jen An", in Cyril Birch and Donald Keene, eds., *Anthology of Chinese literature：From Early Times to the Fourteenth Century*, trans. James Robert Hightower, New York：Grove Press, 1965, pp. 95 – 102.

② "The Owl", in Cyril Birch and Donald Keene, eds., *Anthology of Chinese literature：From Early Times to the Fourteenth Century*, trans. James Robert Hightower, New York：Grove Press, 1965, pp. 138 – 140.

③ "Letter to Shan T'ao", in Cyril Birch and Donald Keene, eds., *Anthology of Chinese literature：From Early Times to the Fourteenth Century*, trans. James Robert Hightower, New York：Grove Press, 1965, pp. 162 – 166.

④ "Proclamation on North Mountain (pei shan yi wen)", in Cyril Birch and Donald Keene, eds., *Anthology of Chinese literature：From Early Times to the Fourteenth Century*, trans. James Robert Hightower, New York：Grove Press, 1965, pp. 165 – 173.

⑤ "Letter to Han Ching-chou" in Cyril Birch and Donald Keene, eds., *Anthology of Chinese literature：From Early Times to the Fourteenth Century*, trans. James Robert Hightower, New York：Grove Press, 1965, pp. 233 – 234.

⑥ "Yüan Chen and *The Story of Ts'ui Ying-ying*", in Cyril Birch and Donald Keene, eds., *Anthology of Chinese literature：From Early Times to the Fourteenth Century*, trans. James Robert Hightower, New York：Grove Press, 1965, pp. 290 – 299.

⑦ "The Wolf of Chung-Shan ［Chung-shan Lang］", in Cyril Birch, *Anthology of Chinese Literature*, trans. James R. Hightower, Volume 2, New York：Grove Press, 1972, pp. 46 – 52.

⑧ 踪凡：《龚克昌先生汉赋研究述评》，《阴山学刊》2006 年第 3 期。

自己的陶渊明研究呢？

这大概与海陶玮20世纪50年代写作《中国文学论题》时产生的兴趣有关。《中国文学论题》不仅是英语世界关于中国文学史的研究著作，也是某一类文体史最早的专题研究，直到今天梳理西方对中国文学某一文体研究的历史，仍然需要追溯到这本著作。在这本著作中，海陶玮对辞赋这种言辞和结构充满美感的中国文学独有文体非常关注，用较大篇幅叙述了中国辞赋发展的历史，从《楚辞》一直到宋朝的赋学史，并对陶渊明的辞赋作品尤其关注，在第四章后附书目中，推荐了陶渊明《闲情赋》《感士不遇赋》和《归去来兮辞》三篇辞赋。由此看出，海陶玮接受了中国传统诗论中把辞、赋并论的观念，是把《归去来兮辞》和另外两篇赋放在一起讨论的。他认为，陶渊明一直被认为唐代以前伟大的抒情诗人，作品也经常被翻译，但除了《归去来兮辞》，他的"赋"体类文章却不如诗歌作品那么为人所知。为了改变这种现状，他开始陆续翻译陶渊明的辞赋作品，并于1954年发表了《陶潜的赋》，集中阐述自己翻译和研究陶赋过程中的思考和观点。如果说《中国文学论题》是海陶玮从文体角度对中国文学史展开的研究，《陶潜的赋》则意味着他把辞赋这种特定文体作为研究对象的深化。

在《陶潜的赋》发表的前一年（1953），当海陶玮通过《中国文学在世界文学中的地位》论文发表对中国文学的总体评价时，用一定篇幅特别介绍了"赋"这种文体：

> 有些中国诗歌与散文形式是西方文学中找不到的体裁，尤其令人瞩目的是赋，这种形式把文字的节奏变化发挥得淋漓尽致，而无须遵守一行多少字，一段多少行的限制。赋有点像罗威尔（Amy Lowell）的"复音体散文"，而罗威尔女士也有可能曾把赋作为她

的写作参考。在中国，赋是自成一体的独立文体，短的只有几行，长的达数百行。此外，赋还有一个有趣的特点，就是写赋的人喜欢尝试利用中国文字的图像性，故意将文字排列产生出一种纯视觉上的美感，而这是中国文字所特有的。①

海陶玮对中国文学各种文体的关注，还集中体现在 1957 年发表的《〈文选〉与文体理论》（The *Wen Hsüan* and Genre Theory）中，这篇论文梳理了中国文学中文体论发展的简要历史，然后具体讨论了涉及文体分类的著作如《汉书·艺文志》、曹丕《典论·论文》、陆机《文赋》、挚虞《文章流别集》等，并重点对梁代萧统《文选序》进行了翻译和注解。1994 年康达维《二十世纪的欧美"文选学"研究》认为，《〈文选〉与文体理论》"为中国文学的翻译树立了一个典范"②。

在研究陶赋过程中，海陶玮不但关注逯钦立等中国学者的研究，也注意到了欧洲学界的辞赋研究。1954 年他与哈佛同事杨联陞就经常谈及德国汉学家卫德明③的赋译稿，并"略谈 Wilhelm 译赋之笑话"④，1957 年他还为卫德明《文人的无奈：一种赋的笔记》写了简要书评⑤，1959 年翻译了贾谊《鵩鸟赋》⑥。

1970 年海陶玮《陶潜诗集》收录了《闲情赋》《感士不遇赋》和

---

①　James R. Hightower：《中国文学在世界文学中的地位》，宋淇译，载《英美学人论中国古典文学》，香港中文大学出版社 1973 年版，第 261 页。

②　［美］康达维：《二十世纪的欧美"文选学"研究》，《郑州大学学报》（哲学社会科学版）1994 年第 1 期。

③　卫德明（Hellmut Wilhelm，1905—1990），德国汉学家，主要研究中国文学和历史，其父卫礼贤（Richard Wilhelm 1873—1930）也是著名汉学家。

④　［美］杨联陞：《杨联陞日记》手稿影印版，1954 年 9 月 20 日星期一，哈佛大学哈佛燕京学社图书馆藏，又见 1954 年 10 月 6 日星期三。

⑤　James Robert Hightower, "Review on 'The scholar's frustration: Notes on a type of *fu*'", *Revue Bibliographique de Sinologie*, Vol. 3, 1957, pp. 256 – 257.

⑥　Chia I's Owl Fu, trans. James Robert Hightower, *Asia Major*, Vol. 7, Dec. 1959, pp. 125 – 130.

《归去来兮辞》译文，但这三首辞赋的注释和分析只保留在《陶潜的赋》中。1983 年他与学生葛蓝（William T. Graham，Jr.）合作发表《庾信的〈哀江南赋〉》① 一文，是对赋学研究的继续。

继承海陶玮辞赋研究的是他的学生、著名汉学家康达维，他沿着中国古代辞赋研究道路不断深入，继续耕耘，取得了更高的成就。康达维翻译了《昭明文选》所收的赋篇，对西汉扬雄的辞赋以及汉魏六朝的其他赋篇做了精深的研究，代表了目前西方学者辞赋研究的最高成就，已经成为西方汉赋及汉魏六朝文学专家和当代著名汉学家。康达维对恩师及其汉学成就评价颇高，认为海陶玮是美国"第一位研究中国文学的学者"②，是"美国汉学界的泰斗"和"研究中国文学著名的权威"。关于海陶玮在文学翻译、文选学、辞赋学方面的贡献和对自己的学术影响，康达维在多种场合、多篇论文中都有所论及。1994 年他在《二十世纪的欧美"文选学"研究》一文中，介绍了海陶玮在文选学以及西方汉学方面的主要成就和重要贡献。2014 年他在《欧美赋学研究概观》一文中，介绍了自己受教海陶玮的机缘和恩师的生平阅历、主要著作等，对《中国文学论题》《韩诗外传》和《陶潜诗集》等著作都给予很高的评价，认为 1950 年《中国文学论题》关于辞赋的章节是早期记载赋体历史演变的重要文献，"直到今天（2014），这本书仍然是中国简短赋学史的最佳英文著作……当我开始学习的时候，这本书我至少读了十几遍"③。他称赞《陶潜的赋》是"严谨学术论文的典范"④，所以"很值得翻译成中文"。德国汉学家柯

① William T. Graham Jr. and James R. Hightower, "Yü Hsin's Songs of Sorrow", *Harvard Journal of Asiatic Studies*, Vol. 43, No. 1, June 1983, pp. 5–55.

② ［美］康达维:《二十世纪的欧美"文选学"研究》,《郑州大学学报》（哲学社会科学版）1994 年第 1 期，下同。

③ ［美］康达维:《欧美赋学研究概观》,《文史哲》2014 年第 6 期（总第 345 期）。

④ 同上。

马丁评价，海陶玮的辞赋研究"为康达维及其广泛的研究和翻译主体奠定了基调"①。

　　若把这篇论文放在英语世界的陶学历史中考察，更显其价值。海陶玮《陶潜的赋》"是英语世界的第一篇重要的陶学论文"②，它开启了英语世界的陶渊明研究，以翔实的资料、细致的分析、独创的观点和高水平的研究，奠定了西方陶学一个较高的起点。之后的陶学都在此基础上继续拓展、细化、深入和延伸，形成了与中国传统和现代陶学面貌迥异而又互联互鉴的海外陶学，这部分将在下文继续展开。

二　奠定英语世界解读陶渊明的基调

　　《陶潜的饮酒诗》是 1967 年 1 月海陶玮参加美国学术团体理事会中国文明研究委员会在北大西洋百慕大岛（Bermuda Island）举办的以"中国文类研究"（Studies in Chinese Literary Genres）为主题的学术会议上提交的论文，随后发表在会议论文集《中国文学体裁研究》（*Studies in Chinese Literary Genres*）中③，被现代语言协会推荐④。1968 年该论文又收录在《文林》，这是华裔学者周策纵主编并致力于推动西方学者多角度多方法进行中国人文研究的期刊，共收录 12 篇英语世界较早专题研究中国诗歌的论文⑤，1969 年《通报》推介了该刊⑥，学者 G. Weys⑦、

---

　　① ［德］柯马丁：《学术领域的界定——北美中国早期文学（先秦两汉）研究概况》，何剑叶译，载张海惠编《北美中国学——研究概述与文献资源》，中华书局 2010 年版，第 577 页。

　　② 吴伏生：《英语世界的陶渊明研究》，学苑出版社 2013 年版，第 75 页。

　　③ 王晓路：《北美汉学界的中国文学思想研究》，巴蜀书社 2008 年版，第 30 页。

　　④ Harrison T. Meserole, "1968 MLA International Bibliography of Books and Articles on the Modern Languages and Literatures", *PMLA*, Vol. 84, No. 4, June 1969, p. 391.

　　⑤ James Robert Hightower, "T'ao Ch'ien's ' Drinking Wine' poems", in chow Tse-tsung, ed., *Wen-lin*: *Studies in the Chinese Humanities*, Madison: University of Wisconsin Press, 1968, pp. 3 – 44.

　　⑥ Livres Reçus Source, *T'oung Pao*, Vol. 55, Livr. 4/5, 1969, p. 351.

　　⑦ G. Weys, "Review on *Wen-lin*: *Studies in the Chinese Humanities*", *Bulletin of the School of Oriental and African Studies*, Vol. 32, No. 2, 1969, pp. 427 – 428.

C. N. Tay 和 D. R. Jonker① 对包括《陶潜的饮酒诗》在内的《文林》给予了很高评价，希望这些论文能够真正"为中国人文精神的复兴和研究奠定基础"②。1998 年这篇论文又被收录到海陶玮与叶嘉莹合著《中国诗词研究》中，位于"诗论"（Shih Poetry）首篇。通过以上的发表、收录、书评等，这篇论文在西方受到了广泛关注，不少学者都提及过这篇论文，也有不少学者如詹姆斯·惠普尔米勒（James Whipple Miller）等在自己的研究中直接引用了海陶玮的译文③。

作为一位西方学者，海陶玮没有像中国传统学者那样对陶渊明伟大人格的天然接受，而是从诗文文本出发进行分析，揭示出陶渊明在做出辞官归田这一人生重大选择并面临窘迫生活期间复杂的内心世界和"树碑立传、以文传世"的诗文创作目的，建构了"另类陶渊明"形象，对中国传统意义上的陶渊明认知提出了质疑，这种质疑所体现的解陶思路对西方学者具有很强的启发意义，为英语世界陶学奠定了基调。正如汉学家勃雷尔（Anne Birrell）所说，"海陶玮、戴维斯对陶集的翻译、注释和研究，为其他学者进一步探讨陶学中的各种专题奠定了基础"④。

勃雷尔提及的另外一位西方陶学专家戴维斯，对中国传统"知人论世""文如其人"的陶学思路提出了质疑和批评，他认为，陶渊明人格受到后世中国文人赞誉的原因，是因为他的形象是一个极为成功的文学

---

① D. R. Jonker, "Review on *Wen-lin*: *Studies in the Chinese Humanities*", *T'oung Pao*, Vol. 59, Livr. 1/5, 1973, pp. 273 – 284.

② C. N. Tay Source, "Review on *Wen-lin*: *Studies in the Chinese Humanities*", *Journal of the American Oriental Society*, Vol. 92, No. 2, Apr. – Jun. 1972, p. 333. Original text: "Set the pace for the revival of Chinese humanism and the ennobling study of humanities."

③ James Whipple Miller, "English Romanticism and Chinese Nature Poetry", *Comparative Literature*, Vol. 24, No. 3, Summer 1972, p. 223. 引用海陶玮《陶潜的饮酒诗》中的第五首诗歌译文, "Twenty Poems After Drinking Wine" (No. 5), in J. R. Hightower, ed., *The Poetry of T'ao Ch'ien*, Oxford: Clarendon Press, 1970, p. 130.

④ Anne Birrell, "Review on *T'ao Yuan-ming* (AD 365 – 427): *His Works and Their Meaning*", *Bullet of the School of Oriental and African Studies*, Vol. 49, No. 2, 1986, pp. 413 – 414.

创作，其他人很容易将诗人自己和这个形象等同起来。事实上，"陶渊明成功地实现了他归隐的愿望，同时也为世人创造出一个易被人接受的个人形象"①，且是一位在世时就成功塑造自身传奇的诗人。诗文中塑造的易被人接受的形象是一个经过美化的完美艺术形象，虽然这个经过"戏剧表现"（dramatic representation）的完美形象与陶渊明本人并不一样，但还是从一定程度上反映或折射出他人格与精神的特质。诗人在作品中努力塑造的自我形象使他成为一位备受推崇的中国诗人，令中国、日本等东亚人多少世纪以来为之倾倒，所以对陶渊明形象的任何指责仿佛都是一种亵渎，但事实上，这种形象只存在于他作品的艺术真实中。

海陶玮退休之后，他在哈佛大学中国语言文学教授席位的继任者——宇文所安（Stephen Owen，1946—　），在解陶道路上比他更为彻底。宇文所安用西方文学理论如解构主义的研究方法来阐释中国文学和中国诗歌，对陶诗及其本人进行了全面的解构。1986 年发表的《自我的完美之境：作为自传的诗》（The Self's Perfect Mirror：Poetry as Autobiography）把陶渊明称为"第一位伟大的自传诗人"②，认为诗文体现了陶渊明双重分裂的人格特征：

陶潜并不是他所声称的那样一位天真直率的诗人。陶潜是唐、宋以及后代中国古代众多古典诗人的鼻祖——自我意识极重，常为自己的价值与行为辩护，竭尽全力要从内心价值冲突中

---

① A. R. Davis, *Tao Yuan-ming* （AD365 - 427）: *His Works and Their Meaning*, Cambridge: Cambridge University Press, 1983, pp. 2 - 3. Original text: "Tao Yuan-ming succeed in his desire to withdraw from the world, while projecting for the world a readily accepted image of himself."

② Stephen Owen, "The Self's Perfect Mirror: Poetry as Autobiography", in Shuen-fu Lin and Stephen Owen, eds., *The Vitality of Lyric Voice*: *Shi Poetry from the Late Han to the T'ang*, Princeton: Princeton University Press, 1986, p. 78. Original text: "T'ao Ch'ien, the first great poetic antobiographer."

赢得一分纯真。①

　　同年，耶鲁大学孙康宜《六朝诗》（*Six Dynasties Poetry*）专章讨论了陶渊明，认为"他在诗歌中对本人的自我进行了迫切寻求；通过其真实的历史意识和自然净化，（这一寻求）结晶成为更为宽广的个人表现，为完全成熟的抒情方式铺平了道路。"② 二十年后，该书中文版《抒情与描写——六朝诗歌概论》出版之际，孙康宜在该书加了一篇附录《为陶潜卸下面具与阐释的不确定性》（The Unmasking of Tao Qian and the Indeterminacy of Interpretation）③，似乎是对之前发表的观点进行了反思，她从接受史的角度，梳理了中国对陶渊明及其作品的不同认识和解读，也就是她在文章中所指的陶渊明被戴上和卸下的不同面具，从而说明同一文本被主观解读和阐释的不确定性。比如她发现，与常规传记所描绘的简单化的陶渊明形象有所不同，诗人自己却有意向他的读者传递大量有关他自己的信息，他一生中重要事件的具体日期，他朋友的名字，他辞官归田的动机，他个人的忧惧与困扰，他自嘲的性情等等。孙康宜的分析是想证明，偶像化、理想化的陶渊明形象其实是由读者发

　　① Stephen Owen, "The Self's Perfect Mirror: Poetry as Autobiography", in Shuen-fu Lin and Stephen Owen, eds., *The Vitality of Lyric Voice: Shi Poetry from the Late Han to the T'ang*, Princeton: Princeton University Press, 1986, p. 81. Original text: "T'ao Ch'ien is not the naive and straight forward poet he claims to be. T' ao is the patron-ancestor of hundreds of poets of T'ang, Sung, and late classical poets——obsessively self-conscious, defensive about his values and acts, trying desperately to win a naivete out of a conflict of inner values." 该段采用了吴伏生译文，见吴伏生《英语世界的陶渊明研究》，学苑出版社 2013 年版，第 91 页。

　　② Kang-I Sun Chang, *Six Dynasties Poetry*, Princeton: Princeton University Press, 1986, p. XIII. Original text: "T'ao Ch'ien's pressing search for his own selfhood, through a genuine concern with historical consciousness and natural sublimation, crystallizes into an enlarged expression of individuality that paves the way for full-grown lyricism." 此段翻译采用了吴伏生译文，见吴伏生《英语世界的陶渊明研究》，学苑出版社 2013 年版，第 91 页。

　　③ Kang-I Sun Chang, "The Unmasking of T ' ao Qian and the Indeterminacy of Interpretation", in Zong-qi Cai, ed., *Chinese Aesthetics: The Ordering of Literature, Arts, And the Universe in the Six Dynasties*, Honolulu: University of Hawaii Press, 2004, pp. 169 – 190.

明创造出来的。

张隆溪 1992 年《道与逻各斯：中西文学阐释学》（*The Tao and Logos*：*Literacy Hermeneutics*，*East and West*）从中西诗歌阐释学的比较视野对陶诗的言意关系作了专章论述，认为言简意赅的语言和文体风格是诗人深思熟虑后主动采取的"沉默诗学"（Poetics of Silence）。

田晓菲《尘几录：陶渊明与手抄本文化研究》（*Tao Yuanming and Manuscript Culture*：*The Record of a Dusty Table*），把陶渊明研究置于中古时期手抄本文化的参照框架中，对历代不同版本陶集中的异文进行了考证和分析，以说明中国传统诗学中的陶渊明形象是如何在苏轼等历代文人依靠选择"正确"异文来控制陶诗文本样貌，并如何在不断重新加工、编辑修改中建构出来的。田晓菲采用异文研究和文本细读，"勾勒出手抄本文化中的陶渊明被逐渐构筑与塑造的轨迹"①。田晓菲在这部著作中传达出的对陶渊明形象的认知基调，与前辈海陶玮、戴维斯是一脉相承的，因此有学者评价，田晓菲通过该著作其实"证明了自己是海陶玮和戴维斯的接班人"②。

2008 年拉特格斯大学田菱（Wendy Swartz）《阅读陶渊明——陶渊明接受史之范式转变（427—1900）》［*Reading Tao Yuanming*：*Shifting Paradigms of Historical Reception*（427—1900）］③ 和 2010 年加州大学伯克利分校罗秉恕（Robert Ashmore）《阅读的迁移：陶潜世界中的文本与理解》［*The Transport of Reading*：*Text and Understanding in the World of Tao Qian*（365—427）］分别从历史和读者角度，对中国传统陶渊明形

① 田晓菲：《尘几录：陶渊明与手抄本文化研究》，中华书局 2007 年版，引言。

② T. H. Barrett，"Review on *Tao Yuanming and Manuscript Culture*：*The Record of a Dusty Table*"，*Bulletin of the School of Oriental and African Studies*，Vol. 69，No. 2，2006，p. 333. Original text："as well as having proved herself a worthy successor to Hightower and Davis."

③ Wendy Swartz，*Reading Tao Yuanming*：*Shifting Paradigms of Historical Reception*（427—1900），Cambridge Mass：Harvard University Press，2008.

象提出了更加复杂丰富的解读方式。

以上简要梳理可以看出，西方陶学从一开始就具有完全不同的面貌，与传统陶学形成一种质疑、挑战和碰撞之势。究其原因，一是西方学者由于自身文化背景，对陶渊明并不具有天然的崇敬亲近的心理基因，所以他们不会以"著作以人品为先，文章次之"①观念先入为主，受爱陶、慕陶、咏陶、颂陶的中国传统陶学观念约束，而是保持一定的学术距离，以更加客观理性的态度来审视和研究这位中国诗人；二是西方学者脱胎于西方学术传统，西方陶学兼具传统与现代，既有社会学、美学、心理学、宗教学相结合的传统路数，也有阐释学、解构主义等崭新的视角和方法，在解读中国传统诗人形象过程中，价值观上坚持反英雄的非崇高化，在认知观上坚持反真理的不确定化，在艺术观上则坚持反审美的泛生活化，他们以诗文作品文本为研究对象，从作品中发现诗人强烈的自我表现意识和主动创作的艺术痕迹，从而提出了一个内心更加复杂丰富、双重甚至分裂的陶渊明形象。

综上，海陶玮20世纪60年代发表的《陶潜的饮酒诗》一文奠定了英语世界陶学的基调，使得陶渊明形象发生了"他乡的流变"，在浩如烟海的世界陶学中，形成了不可忽视的西方陶学支流力量。

三 启发英语世界的典故研究

如果把海陶玮《陶潜诗歌中的典故》一文放在英语世界陶诗典故乃至中国诗歌典故研究中可以看出，这篇论文具有明显的继承传统，并在英语世界中国文学典故研究中具有创始性的地位和启发性

---

① （清）薛雪：《一瓢诗话》，载北京大学、北京师范大学编《陶渊明资料汇编》（下册），中华书局2004年版，第158页。

的影响。

海陶玮对陶诗典故的翻译和研究显然是在前人基础上的继续深入。陶学专家戴维斯《陶渊明的用典》（Allusion in T' ao Yuan-ming）（1956）是对海陶玮典故研究产生很大影响的一篇论文，这篇论文最早是戴维斯参加剑桥大学举办的第 23 届东方学家会议（Congress of Orientalists）提交的论文，后经修改发表在《泰东》（Asia major）期刊上①，"这篇论文旨在表达我（戴维斯）在译注陶潜作品中遵循的主要原则"②，为海陶玮研究陶诗典故做了很好的铺垫和启发。

海陶玮《陶潜诗歌中的典故》在《哈佛亚洲学报》发表后，受到西方学界的关注和重视，这篇论文和戴维斯《陶渊明的用典》是较早专门探讨陶诗典故的学术论文，奠定了西方学者对中国诗歌典故这种修辞手法和艺术技巧的认识，他们在研究中国诗词时论及典故，都会提及和引用海陶玮的典故研究③，说明受此文影响之深，但专题进行典故研究的论文则非常少。

1973 年大卫·拉铁摩尔（David Lattimore，1900—1989）发表了论文《典故和唐诗》（Allusion and T' ang Poetry）④，把文学典故分为主题典故（topical allusion）和文本典故（textual allusion）两类，"主题典故"是对诗歌主题的间接表达，"文本典故"是对评论、谚语和文学作品的引用。如果说海陶玮的论文是从陶诗典故中试图探讨归纳中国诗歌典故的类型，并用以指导诗歌翻译实践，拉铁摩尔的论文则从唐诗的角

---

① A. R. Davis, "Allusion in T' ao Yüan-ming", *Asia major*, N. S. 5, 1956.

② A. R. Davis, "Allusion in T' ao Yüan-ming", *Asia major*, N. S. 5, 1956, p. 37. Original text："It is intended to give general expression to the principles which I have followed in a new translation with commentary of T' ao Yüan-ming's works. "

③ Shan Chou, "Allusion and Periphrasis as Modes of Poetry in Tu Fu's ' Eight Laments ' ", *Harvard Journal of Asiatic Studies*, Vol. 45, No. 1, June 1985, p. 77.

④ David Lattimore, "Allusion and T'ang Poetry", in Arthur F. Wright and Denis Twitchett, eds. , *Perspectives on the T'ang*, New Haven：Yale University Press, 1973, pp. 405 – 439.

度思考和总结了典故的分类。1975 年薛爱华在评论《唐代面面观》一书时提到拉铁摩尔的这篇论文①，并专门在注释中提及海陶玮《陶潜诗歌中的典故》，他说"海陶玮的论文是很有价值的，我不想用历史、神话和其他典故研究来掩盖它"②。

1974 年美国汉学家白芝《中国文类研究》（*Studies in Chinese Literary Genres*）收录了《陶潜诗歌中的典故》③，扩大了这篇论文的知名度和影响力。1977 年王靖献（C. H. Wang）在对白芝著作进行评论时，对收录其中的海陶玮论文给予了高度评价④，充分肯定了该文的学术价值，译录如下：

> 海陶玮《陶潜诗歌中的典故》是一篇很有分量和启发性的文章。他考察了陶潜对于典故的运用，从中发现了七种典故类型。他通过一些诗歌来说明这些类型，并提出了不同的处理方法。由于运用典故几乎是所有中国诗人普遍的一种做法，海陶玮的研究把陶诗作为一个案例，成功地超越了陶诗本身的问题，概括了中国诗歌普遍存在的特点。因此，这种对陶潜诗歌详尽细致的分析，可以作为中国文学研究者面对类似问题时的方法论指导。此外，在识别典故的能力上，海陶玮几乎完全和传统的中国学者不相上下；在判断典故在特定诗歌中的含义方面，他的分析方法将会对文学研究者具有启发

---

① Edward H. Schafer, "Review on *Perspectives on the T'ang*", *Journal of the American Oriental Society*, Vol. 95, No. 3, July-September 1975, pp. 466 – 476.

② Edward H. Schafer, "Review on *Perspectives on the T'ang*", *Journal of the American Oriental Society*, Vol. 95, No. 3, July-September 1975, p. 474. Note 7. Original text: "Hightower's article is valuable, and I would not want to black it out with other studies of historical, mythological and other kinds of allusion."

③ James Robert Hightower, "Allusion in the Poetry of T'ao Ch'ien", in Birch Cyril, *Studies in Chinese literary genres*, Berkeley: University of California Press, 1974, pp. 108 – 132.

④ C. H. Wang, "Review on *Studies in Chinese literary genres*", *Comparative Literature*, Vol. 29, No. 4, Autumn 1977, pp. 355 – 359.

作用。这是英语世界中国文学研究方面最令人钦佩的文章之一。①

　　1978 年高友工、梅祖麟《唐诗的意义、隐喻与典故》继续探讨了唐代诗歌中的典故等修辞艺术②。1985 年海陶玮的博士周杉（Eva Shan Chou，音译）根据博士学位论文修改而成的《杜甫〈八哀诗〉中的典故与婉曲修辞的诗歌样式》③，多次引用海陶玮关于典故的分类和观点，对《八哀诗》中的典故与婉曲修辞进行了阐释。她认为，"事实上，我们对典故的认识主要是实用性的"④，在这一论断之后，她专门做了注释，指出海陶玮《陶潜诗歌中的典故》等论文是"例外"⑤。

　　1986 年孙康宜《乐府补题中的象征与托喻》是从修辞角度研究中国文学的代表性论文，在这篇论文中，她多次提及海陶玮的研究，当她分析南宋词人王沂孙《水龙吟·翠云遥拥环妃》中存在的典故时，特别指出：

---

　　①　C. H. Wang，"Review on *Studies in Chinese literary genres*"，*Comparative Literature*，Vol. 29，No. 4，Autumn 1977，p. 357. Original text："James R. Hightower's 'Allusion in the Poetry of T'ao Ch'ien' is weighty and inspiring. Hightower inspects T'ao Ch'ien's use of allusion, of which he finds seven varieties. He analyzes some poems to show the varieties and proposes different approaches to them. Since the use of allusion is a practice shared by virtually all Chinese poets, Hightower's study, taking T'ao Ch'ien as an example, successfully reaches beyond the problems found in his poet and characterizes Chinese poetry in general. The detailed, careful analyses of T'ao Ch'ien, therefore, can be regarded as a methodological guide for other students of Chinese literature who confront similar problems. In his ability to identify allusion, moreover, Hightower is almost equal to traditional Chinese scholars; in his ability to judge and relate the allusion to the given poetic signification, his analytical method will prove inspiring to students of any literature. This is one of the most admirable essays ever written in English about Chinese literature. "

　　②　Yu-Kung Kao and Tsu-Lin Mei，"Meaning, Metaphor, and Allusion in T'ang Poetry"，*Harvard Journal of Asiatic Studies*，Vol. 38，No. 2，December 1978，pp. 281 – 356.

　　③　Shan Chou，"Allusion and Periphrasis as Modes of Poetry in Tu Fu's 'Eight Laments'"，*Harvard Journal of Asiatic Studies*，Vol. 45，No. 1，June 1985，p. 77.，Note 1.

　　④　Shan Chou，"Allusion and Periphrasis as Modes of Poetry in Tu Fu's 'Eight Laments'"，*Harvard Journal of Asiatic Studies*，Vol. 45，No. 1，June 1985，p. 77. Original text："in fact our knowledge of the figure is chiefly practical. "

　　⑤　Shan Chou，"Allusion and Periphrasis as Modes of Poetry in Tu Fu's 'Eight Laments'"，*Harvard Journal of Asiatic Studies*，Vol. 45，No. 1，June 1985，p. 77.，Note 1.

这种典故让人想起海陶玮指出的第四种典故："这句话意义完全成立，但当其中的典故被识别出来后，就会增加一些言外之意，从而强调其字面意义。"①

当她提及典故在中国诗歌中的修辞作用时，专门注释列出了英语世界研究中国诗歌典故的几篇论文，海陶玮《陶潜诗歌中的典故》是第一篇②，可以看出，孙康宜也是把海陶玮的典故研究当作该领域最早的范文。

随着西方学者对中国诗歌典故的关注，出现了对这一问题较为详细系统的讨论。1994 年彭安华（Peng Enhua Edward，音译）的博士学位论文《典故在中国古典诗歌中的作用》运用西方理论方法对中国诗歌典故进行了较为系统地考察，作者在这篇论文中认为，中国诗歌典故存在两个有趣的方面：

其一，典故的定义从来就不精确。因此，典故的概念在中国诗学中是一个相当广泛的概念。其二，由于典故使用的普遍性，它可能被历朝历代的批评家所忽视，这是自相矛盾的。典故似乎没有受到与其中心地位成正比的关注。③

---

① Kang-I Sun Chang, "Symbolic and Allegorical Meanings in the Yüeh-fu pu-t'i Poem Series", *Harvard Journal of Asiatic Studies*, Vol. 46, No. 2, December 1986, p. 366., Note 29. Original text: "This kind of allusion recalls the fourth type of allusion identified by James R. Hightower (p. 110): 'the line makes perfect sense; the allusion, when identified, adds overtones that rein-force the literal meaning. '"

② Kang-I Sun Chang, "Symbolic and Allegorical Meanings in the Yüeh-fu pu-t'i Poem Series", *Harvard Journal of Asiatic Studies*, Vol. 46, No. 2, December 1986, p. 363, Note 23.

③ Peng Enhua Edward, *The role of allusion in classical Chinese poetry*, Ph. D. Dissertation, University of California, Irvine, 1994, Abstract. Original text: "There are, however, two interesting aspects of the use of allusion in Chinese poetry. One is that the definition of allusion has never been precise. Therefore the concept of allusion is a quite broad one in Chinese versification. The other point is that allusion might have been, paradoxically, neglected by critics of many generations because of its commonplaceness. It does not seem to have received attention proportional to its centrality. "

作者试图从西方文学理论的角度来探讨典故的这两个问题，这篇论文的参考文献也列出了《陶潜诗歌中的典故》①。

同时，《陶潜诗歌中的典故》是最早引起国内关注的海陶玮陶学论文。1990 年南京大学张宏生翻译了该文，发表在《九江师专学报》（哲学社会科学版）第 2 期"陶渊明研究"专栏②，他的翻译来自 1974 年白芝《中国文类研究》（*Studies in Chinese Literary Genres*）的收录论文，但为了节省版面，把 1.5 万字的原文进行了例句方面的删减。这篇论文对海陶玮及其研究成果在国内的推介起到了一定的作用。南京大学莫砺锋 1994 年把张宏生译文收录在《神女之探寻——英美学者论中国古典诗歌》中③。2013 年美国犹他大学吴伏生的中文专著《英语世界的陶渊明研究》也对海陶玮的这篇论文进行了简要介绍。

这些学者的翻译和介绍，让国内学者开始注意到海陶玮的典故研究。2003 年吴直熊《界定典故多歧义，〈辞海〉定义应遵循——论典故的定义》一文，就参考了张宏生的译文，把海陶玮及其陶诗典故研究作为外国人对中国典故研究的唯一案例④。

从海陶玮的典故研究，我们可以看出西方学者在对待国内陶学成果时"以我为主、理性审慎"的学术态度和标准。中国传统诗歌非常重视典故的注释考据，历代学者都致力于对诗词的典故进行追索、考订和补充，并颇以这种烦琐详尽的征引而自豪，使得诗文后附的注释越来越细致，也越来越复杂，这些注释究竟对读者解读诗歌能起多大作用？对

---

① Peng Enhua Edward, *The role of allusion in classical Chinese poetry*, Ph. D. dissertation, University of California, Irvine, 1994, p. 323.
② 海陶玮：《陶潜诗歌中的典故》，张宏生译，《九江师专学报》（哲学社会科学版）1990 年第 2 期。
③ 海陶玮：《陶潜诗歌中的典故》，张宏生译，载莫砺锋编《神女之探寻——英美学者论中国古典诗歌》，上海古籍出版社 1994 年版，第 53—74 页。
④ 吴直熊：《界定典故多歧义，〈辞海〉定义应遵循——论典故的定义》，《南昌大学学报》（人文社会科学版）2003 年第 31 卷第 3 期。

西方读者阅读中国古诗又起到多大作用？海陶玮以一位西方读者和专业译者的"他者"身份，在研读这些成果的同时，理性地审视了陶集长篇累牍的典故注释究竟对读者理解诗文含义所起的实际作用，从而提出了一套以西方读者认知为视角的典故分类方法，然后用来指导自己的典故翻译实践，这是具有价值的。

当然，海陶玮在文末也指出，他在文中所探讨的，只是陶诗用典的情况，这套典故分类方法也未必完全合理，如果将研究的范围扩大，研究的材料增加，或许会总结出一套更为合理适用的典故分类方法。同时，如果对其他时代作家作品中的典故用法进行分类，可以检验这种分类方法的科学性和有效性，这将会是一件非常有意义的事情。海陶玮从接受和认知角度所开辟的中国诗歌典故研究，让我们看到了西方文学批评理论与中国传统注释融会贯通的前景，值得中外学者继续探讨和深入研究。

以上《陶潜的赋》《陶潜的饮酒诗》和《陶潜诗歌中的典故》三篇论文反映了海陶玮在陶渊明研究方面的逐步深入和不断成熟。从论文面貌来看，《陶潜的赋》和《陶潜的饮酒诗》篇幅都很大，分别达到 62 页和 42 页，《陶潜的赋》在旁涉其他诗文时，进行了大量的诗文翻译，这部分占据论文很大篇幅；《陶潜的饮酒诗》则先用大部分篇幅来逐一注译二十首饮酒诗，然后在结尾指出了自己所要表达的观点，观点论述都未成为这两篇论文的主体。这主要是因为，两篇论文都是在翻译《陶潜诗集》过程中产生的，是海陶玮在翻译陶渊明诗文过程中的思考和总结，译文都被吸收到 1970 年发表的《陶潜诗集》中了，但并没有保持原貌，而是进行了大幅度删减，所以"这两篇论文并没有被现在的书（《陶潜诗集》）所取代"①。同时，作为较早从事中国文学研究的学者，海陶玮也必须担负译介和普及文学常识的任务，还未脱离翻译的窠臼，

---

① Hans H. Frankel, "Review on *The Poetry of T'ao Ch'ien*", *Harvard Journal of Asiatic Studies*, Vol. 31, 1971, p. 313. Original text: "Those articles are therefore not superseded by the present book."

但从文学作品外译的角度，这些译文也是有价值的。《陶潜诗歌中的典故》则完全脱离了前两篇论文的写法，直接阐述了自己的研究思路和主要观点，陶诗在论文中都是以具体语例出现的，这反映了海陶玮在陶学方面的不断深化和成熟。

从中西陶学对比的角度，可以看出海陶玮这三篇陶学论文的可贵之处。19 世纪末 20 世纪初，国内陶学发展逐渐走出了中国传统文学研究的道路，迈入了近代化学术体系。近代陶学的发展历程尽管有不同的分类标准①，但概述和观点基本一致。在海陶玮发表这三篇陶学论文的 20 世纪 50 年代到 70 年代，大陆陶学受到政治风气的影响，强调唯物史观的思想，具有"学科统一"的倾向，以 1954 年对李长之《陶渊明传论》批判为标志，出现了 1954 年到 1957 年第一次陶渊明大讨论，1958 年到 1960 年的第二次陶渊明大讨论，这些讨论大多集中在陶渊明思想的研究而非作品内容和艺术的研究，具有学术政治化、阶级分析庸俗化等倾向。与此形成对比的是，此时从事陶渊明研究的海陶玮由于受中美关系对峙的影响，无法到大陆近距离从事陶学，就在 20 世纪 60 年代赴台湾从事陶集的翻译和研究，也与大陆陶学有了一定的距离，这种距离一方面使海陶玮对大陆此时期产生的陶学论辩进行了理智的观察，过滤了非正常学术风气的干扰，进行独立的思考和学术的研究。另一方面，使海陶玮以学术的眼光来审视大陆产生的学术成果，对数量众多的应景之作都采取了回避态度，对此时期真正具有学术价值的陶学成果如《陶渊明研究汇评》《陶渊明研究资料汇编》和王瑶《陶渊明集》以及逯钦立、古直等人的研究都给予了充分的重视和参考。适当的学术距离，真正的学术互鉴和"他者"视角下的学术角度和方法，使海陶玮在此期间发表的三篇论文提出了对国内陶学具有借鉴意义的观点，为陶学发展做出了贡献。

---

①　参见钟优民《世纪回眸，陶坛百年》，《社会科学战线》2001 年第 2 期；吴云《陶学一百年》，《九江师专学报》1998 年增刊《首届中日陶渊明学术研讨会文集》。

第二章　海陶玮《陶潜诗集》译注的特色

　　1970 年海陶玮《陶潜诗集》（*The Poetry of T'ao Ch'ien*）作为大型"牛津东亚文学丛书"之一，由英国牛津大学出版社出版，这是海陶玮历经多年的陶学结晶和最重要的代表作品，也是英语世界第一部陶集注译本。

　　作为西方学者，海陶玮是如何对中国诗人陶渊明及其作品展开研究的？《陶潜诗集》的注译具有什么特色？所遵循的译介理念是什么？如果把《陶潜诗集》放到英语世界的陶学史中，又该如何评价其贡献和局限？本章以《陶潜诗集》为重点，结合具体的文本案例，从翻译、注释和评论等方面总结其特色，并在英语世界陶学史进程中定位和评价其地位、价值、贡献和局限。

　　笔者未见到海陶玮专门阐述过自己的翻译理念与策略，但通过他在《陶潜诗集》中展现的译文、对他人著述的书评等可以看出，他始终坚持以"严谨的学术翻译"为主要目标，并把学术翻译作为有效翻译的一个核心要素和重要考量。比如他在评价陶集艾克译本不如韦利译本成功时，承认自己"是以一个很高的标准来评判的"①，这个很高的标准

---

　　① James Robert Hightower, "Review on *T'ao the Hermit*, *Sixty Poems by T'ao Ch'ien* (365 – 427)", *Harvard Journal of Asiatic Studies*, Vol. 16, No. 1/2, June 1953, p. 265. Original text: "(They are considerably less successful as English verse than WALEY's translations), but that is judging them by a very high standard."

就是学术的标准，在详细指出艾克本的种种翻译细节问题时，他解释说，"在对艾克译著进行详细批评时，我只从学术的角度来看待它，虽然我知道学术只是有效翻译的一个要素而已"①。在学术翻译标准之下，他甚至认为"中国诗歌英译多不合格"②，对张郢南、沃姆斯利的著作《王维的诗》几乎完全否定，认为他们的译文是"一场看似有趣的翻译技术实验，却因对专业学术标准的漠视而遭到破坏"③。

海陶玮坚持的"严谨的学术翻译"究竟包含哪些方面，有哪些具体要求？我们首先可以从他的学术导师方志彤的翻译观念有所体会，因为他长期受教方志彤，深受其翻译观念的影响。方志彤在长期从事中国文化经典外译过程中，提出了解决文学翻译中各种困境的思路④，他主张文学翻译要坚持严谨的学术标准，认为"严谨的译文是所有中国学研究的必要条件"。如何能够达到严谨的翻译？方志彤提出了一些解决之道，并成为海陶玮翻译陶诗的主要遵循。

首先要对原文进行充分理解。方志彤认为"从我们在这方面的苦涩经历可知，理解原文并不是一件简单的事情"，理解汉语尤其如此。其次要对现有所有注释进行全面研究，并且对其中有价值的注释进行评估和使用，"倘若他不能理解训诂学者的批注，那么他最好不要急于动手

---

① James Robert Hightower, "Review on *Poems by Wang Wei*", *Ars Orientalis*, Vol. 4, 1961, p. 446. Original text: "In criticizing Mr. ACKER's book in detail I shall be treating it solely from the point of view of scholarship, recognizing that scholarship is only one ingredient of effective translation."

② James Robert Hightower, "Review on *T'ao the Hermit*, *Sixty Poems by T'ao Ch'ien* (365 – 427)", *Harvard Journal of Asiatic Studies*, Vol. 16, No. 1/2, June 1953, p. 265. Original text: "too few competent English language translations of Chinese poetry."

③ James Robert Hightower, "Review on *Poems by Wang Wei*", *Ars Orientalis*, Vol. 4, 1961, p. 446. Original text: "What looked to be an interesting experiment in translation technique is vitiated by an unfortunate disregard of professional standards of scholarship."

④ 方志彤翻译理念主要体现在论文《翻译困境之反思》中。此篇论文最先收录于芮沃寿（Arthur Wright, 1913—1976）所编论文集《中国思想研究》（*Studies in Chinese Thought*, 1953）中，后又收录于布劳尔（Reuben A. Brower）所编论文集《论翻译》（*On Translation*, 1959）中。2016 年北京外国语大学王晓丹把此文译为中文，笔者此处引用和论述多参考此译文，见［美］方志彤：《翻译困境之反思》，王晓丹译，《国际汉学》2016 年第 2 期。

翻译，直到弄清楚这些内容后再下笔"。他还认为，应该搞清楚文本中每一个语词的含义，并且查阅对照其他版本，充分理解并确定文本内容，"译者在还没完全弄清文本的意思以及可以解释文本中每个字的含义之前便贸然下笔翻译，是愚蠢之举"，"一个译者要将手头的文本与其他著作中相同文本进行比对，如此才有资格称得上对文本的理解"。他还主张，译者要本着批评的态度来对待其手头的文本。

总体来看，海陶玮是方志彤翻译理念的完美诠释者，他通过《陶潜诗集》的译注对"严谨的学术翻译"进行了很好的实践。《陶潜诗集》呈现的译著面貌是"译—注—评"的模式，这是他在《陶潜的饮酒诗》（1968）中就使用的陶诗注译方法，除了译出全部诗文，还详细进行了诗文注释和评论，使这部译著成为一部翻译精准、注释详尽、考证严密、严谨规范的学术典范，从翻译、注释和评论三个方面呈现出自己的特色。

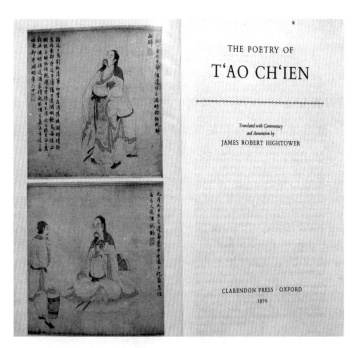

（海陶玮《陶潜诗集》书影）

第一节　翻译的特色

与之前的陶学译著相比，《陶潜诗集》最重要的面貌特征就是译文之后还有注释和评论，笺注翻译构成了《陶潜诗集》最鲜明的特色。同时，海陶玮在具体诗文翻译中始终坚持忠实达意的原则。

一　笺注翻译

所谓笺注翻译①，是指在深入了解和总结前人研究成果基础上，侧重对原文词语、典故进行考证，对前人注释进行补充订正、分辨剖析和研究述评的翻译方式。笺注翻译是海陶玮主张遵循的非常具有学术特征的翻译形式，他对艾克本总体上持肯定评价，其中一个原因就是艾克在陶诗英译历史上第一次加入了注释，但同时又认为他的"注释太少，解释不够充分"②，所以就在自己的陶集翻译中加大了注释容量。

在笺注翻译中，翻译不再是唯一的重点，注释评论也显得非常重要。汉学家侯思孟对海陶玮的这一译诗特征进行过描述：

（《陶潜诗集》）这些诗是按照传统的顺序呈现的，就像它们在19 世纪中期陶澍版本中的顺序一样。首先给出一个没有注释的译

---

① "笺注翻译"名称借用哈佛大学田晓菲的说法。她在《关于北美中国中古文学研究之现状的总结和反思》一文中说"附有详细注释的翻译也即笺注性翻译（Annotated translation），或者作为单独出版发行的译著，或者出现在博士论文、论文或者专著之内，是海外中国古典文学研究的一个特色，这不仅因为海外学界的研究语言不是汉语，故此译文成为必需，也因为早期汉学语文学重视文本研究的指导思想"。见田晓菲《关于北美中国中古文学研究之现状的总结和反思》，载张海惠编《北美中国学——研究概述与文献资源》，中华书局 2010 年版，第 607 页。

② James Robert Hightower, "Review on *T' ao the Hermit*, *Sixty Poems by T'ao Ch'ien* (365 – 427)", *Harvard Journal of Asiatic Studies*, Vol. 16, No. 1/2, June 1953, p. 268. Original text: "I am going to complain that his notes are too few and do not explain enough."

文，接下来是一两段对于理解诗歌非常必要的诗歌背景的论述，最后逐行对诗句进行意义的注释。①

换句话说，每首诗文先列出标题，然后是英文译文；接着是注释，采用脚注的形式，多说明语源出处、参考文献等；最后是注释性评论，在译文之后对整首诗歌进行阐释和评论，通常是先概括大意，说明诗歌的历史背景、作者阅历或诗歌主旨，最后逐行逐句地进行注释和评论。

可以说，海陶玮通过注释和评论的方式，增加了翻译的厚度和深度，也体现了翻译中的"研究"性质。

一是翻译和注释相互补充，帮助读者深刻理解诗意。1953 年美国夏威夷大学的两位学者张葆瑚（Lily Pao-Hu Chang）和马乔里·辛克莱尔（Marjorie Sinclair）合作翻译的《陶潜的诗》（*The Poems of T'ao Ch'ien*）（简称张辛本）② 是陶渊明全集的第一部英译本。与张辛本相比，海陶玮译本的诗文翻译和注释常常相互关联，相互补充，在正文中简译，在注释中详释，突破了那些限于篇幅不能充分传情达意的译文局限。

如《与殷晋安别》中的"语默自殊势，亦知当乖分"句，张辛译为"By nature one of us is silent and one is eloquent; From the very beginning we set our divergent paths."海氏译为"But committed as we are to different roles, we knew that we would someday have to part."张辛译文基本上是对原诗的字面对应翻译，所以直接翻译出了"语默"这个词，

---

① Donald Holzman, "Review on *The Poetry of T'ao Ch'ien*", *T'ong Pao*, Second Series, Vol. 57, livr. 1/4, 1971, pp. 178 – 182. Original text: "The poems are presented in the traditional order, as they appear in T'ao Shu's mid-nineteenth century edition and are numbered in that order. A bare translation, without notes, is given first. This is followed by a paragraph or two of general commentary and background necessary for the understanding of the poem, followed finally by detailed explanation of difficult lines or stanzas."

② *The Poems of T'ao Ch'ien*, trans. Lily Pao-hu Chang and Marjorie Sinclair, Honolulu: University of Hawaii Press, 1953.

而海陶玮很显然在正文中省译了"语默",而只强调了"different roles",进而在注释中补充解释道:"语默",从字面上讲就是"说话或者沉默",也就是说,"承担活跃的政治角色,或者过闲退生活"。

再如《饮酒·其七》"泛此忘忧物"一句,张辛本译为"Lost in this beauty, I forget my sorrow."再结合上一句的翻译"The autumn chrysanthemum has a perfect color! Standing on her leafy branch, holding the dew, she displays her beauty"(秋菊有佳色,裛露掇其英),很显然,张辛是把"忘忧物"理解为"忘掉我的忧愁",当作一个动宾词语,这与原文的意思是不一致的,原文"忘忧物"是一个偏正结构的名词,且已演化为一个固定用语。海陶玮在翻译时把"忘忧物"译作"Care Dispelling Thing",在注释中补充解释说,饮菊花酒是秋季祈祷长寿的风俗习惯,陶诗中的"忘忧物"通常是指漂浮着菊花瓣的酒。

由此可见,在注释和评论中,海陶玮可以不受诗歌翻译体例限制,大大扩充和延伸了诗歌的信息含量,"几乎揭示出诗歌意象的全部意义"①,具有了研究的性质;对读者来讲,可以更深层次地来解读诗歌,海陶玮"把陶诗的巨大信息量交到我们手中"②,尤其对专业读者来讲,他"研究了对同一首诗歌的不同解释并评估了这些解释的可能性,讨论了其中的文本错误和不一致之处。他还研究了语法和词汇问题,以加深对诗歌范围和意义的理解。这些精读不禁使人增加了对陶渊明诗歌的欣赏"③。

---

① Hans H. Frankel, "Review on The Poetry of T'ao Ch'ien", Harvard Journal of Asiatic Studies, Vol. 31, 1971, pp. 313 – 314. Original text: "the commentary could profitably have been extended to bring out the full significance of the imagery."

② Peter M. Bear, "Review on The Poetry of T'ao Ch'ien", Bulletin of the School of Oriental and African Studies, Vol. 31, 1971, p. 636. Original text: "Professor Hightower has put into our hands an enormous amount of information for reading T'ao Ch'ien poetry."

③ Lois M. Fusek, "Review on The Poetry of T'ao Ch'ien", Journal of the American Oriental Society, Vol. 93, No. 1, Jan. – Mar. 1971, p. 82. Original text: "He examines different interpretations of the same poem and evaluates their possibilities. He discusses textual errors and inconsistencies. He investigates problems of grammar and vocabulary for a deeper comprehension of range and meaning. These close readings cannot help but heighten an appreciation of T'ao's poetry."

二是补充提供不同译文，展示对诗文不同理解。海陶玮的翻译建立在深刻研读和充分理解诗文含义基础上，诗文理解不同也会造成译文的不同。《陶潜诗集》注评部分给他提供了一个阐释诗文、展示不同译文的机会，这一点是之前的韦利本、艾克本和张辛本所不具备的。

如《和胡西曹示顾贼曹》第 11 句到第 16 句的译文如下：

和胡西曹示顾贼曹	Reply to a Poem by Clerk Hu
……	To be Shown to Sheriff Ku
11 感物愿及时，	By flowers warned to use the time,
每恨靡所挥。	Alas, I have no cup to raise.
悠悠待秋稼，	To await the far-off autumn harvest,
寥落将赊迟。	Is a long time to stretch a thirst.
15 逸想不可淹，	I can't control this keyed-up mood,
猖狂独长悲。	And hence my unabashed complaint. ①

在注释中，海陶玮解释说，因为这首诗中所涉及的人物胡西曹、顾贼曹缺乏文献背景，难以深入了解他们的身份和诗人的写作目的，所以就只好按照日本斯波六郎的解释进行翻译，即："作为一首季节性诗歌，它巧妙地提醒诗人，酒用完了，要过很长一段时间才能收获新的用来制酒的稻谷。"② 这种理解很大程度上是因为第 12 行诗句的"挥"字，并把最后 4 行诗歌以一种温和自嘲的语气来解释和

① James Robert Hightower, *The Poetry of T'ao Ch'ien*, Oxford: Clarendon Press, 1970, p. 91.

② James Robert Hightower, *The Poetry of T'ao Ch'ien*, Oxford: Clarendon Press, 1970, p. 91. Original text: "As a seasonal poem with a tactful reminder that the poet was out of wine and that it would be a long time until the rice harvest, when he could start making himself a new supply."

翻译的。

海陶玮指出，很多评论者也都不约而同地把"秋稼"作为一种象征用法，就像这首诗第2行至第6行中的气候描写一样，那么这首诗歌的理解就是：

> 宋取代了晋，就像乌云遮住了太阳或是大雨倾盆而下。诗人热情之心就像紫葵向阳一般令人钦佩。但是随着年龄的增长，他不能及时收割，逐渐衰颓——这就是他为什么被自然感动并沉缅于悲伤之中。①

同时他认为，按照这种理解，诗歌翻译就会发生变化，所以他又在注释中提供了另一个版本的译文：

> Warned by nature to make the most of time
>
> I must regret that I have nothing to show.
>
> It is a long long time to autumn's harvest
>
> And I feel empty and forlorn as I wait.
>
> This persistent thought I cannot control
>
> And wildly indulge my enduring grief. ②

译诗过程中，海陶玮并没有拒绝后一种译文的理解，"这种理解不

---

① James Robert Hightower, *The Poetry of T'ao Ch'ien*, Oxford：Clarendon Press, 1970, p. 91. Original text："Sung supplanted Chin like thick clouds covering the sun, or a drenching rain that pours down. The master's ardent heart was like the purple k'uei flower that faces the sun, so very admirable; but old age came on him and he could not garner in the harvest in time but must gradually decline——this is why the master was moved by nature and indulged in enduring grief."

② James Robert Hightower, *The Poetry of T'ao Ch'ien*, Oxford：Clarendon Press, 1970, p. 91.

是没有可能"①，甚至他说，"我真希望这不是陶潜写的诗"。② 汉学家侯思孟对《陶潜诗集》中由于诗文理解不同而造成的多译现象表示充分理解，他说"人们可能在很多地方都更倾向于不同的翻译，有时候在各种模棱两可的理解中出现一些不同的译文，有时候又在注释中呈现出一些不同译文，但是大部分情况下，不同译文的出现都是由于观点的差异而不是翻译错误，这在任何诗歌翻译中都是不可避免的"③。

三是挖掘陶诗深度，帮助读者深入了解陶诗风格。中国历代文人对陶渊明诗文风格有着不同的评价和认识，中国古代诗学多推崇其平淡冲和的艺术风格，也有一些学者指出陶诗语近旨远、言浅意深的特点，海陶玮显然注意到了这些评论，他通过译注陶集，对陶诗风格有了自己的体会和判断：

> 通常认为，陶潜诗歌不同于谢灵运及其他六朝时代诗人作品，完全摆脱了这种瑕疵（注重典故排偶等雕琢技巧）：这位倡导自然诗歌的田园诗人所写的诗歌简单、自发和直白，他是从自然中获得素材和灵感，而无须用书本中的成言来修饰自己的诗歌。他不是说过"好读书，不求甚解吗？"（他显然是用《五柳先生传》作为自己的写照）
>
> 然而，人们不需要读完《陶渊明集》第一卷就会发现，他的

---

① James Robert Hightower, *The Poetry of T'ao Ch'ien*, Oxford: Clarendon Press, 1970, p. 91. Original text: "Such a reading is not impossible."

② James Robert Hightower, *The Poetry of T'ao Ch'ien*, Oxford: Clarendon Press, 1970, p. 91. Original text: "I can only hope that this was not the poem T'ao Ch'ien wrote."

③ Donald Holzman, "Review on *The Poetry of T'ao Ch'ien*", *T'ong Pao*, Second Series, Vol. 57, livr. 1/4, 1971, p. 179. Original text: "There are many places where one would prefer a different rendering, sometimes a rendering not alluded to in the many ambiguities and possible translations brought out in the notes, but most of these are matters of opinion rather than mistakes and are surely unavoidable in any translation of poetry."

诗歌和其他六朝诗人一样，语言也矫饰雕琢……①

可见，海陶玮认为，陶渊明不可能完全不受六朝文学创作风气的影响。他还认为，陶诗产生的大量注释和评论也充分表明，陶诗本身并非是自然清新、语出天然的，而是语近旨远、言浅意深的，会造成不同读者的理解差异：

它（陶诗）所激发的大量评论也表明了陶诗的重要性，但是评论者（翻译者也如此）之间的分歧也显示了在阅读过程中确实会有一些不确定性。②

在这种认识前提下，海陶玮致力于通过注评来阐释陶诗中蕴涵的丰富含义和复杂技巧，扭转西方读者对陶诗风格的认识。事实上，不少西方学者也正是通过《陶潜诗集》才认识到陶诗的复杂性和丰富性：

陶潜诗歌表面上的简单和自然往往具有欺骗性，海陶玮透过诗歌表面，成功地对这些诗歌进行了探析，揭示了很多作品

---

① James Robert Hightower, "Allusion in the Poetry of T'ao Ch'ien", *Harvard Journal of Asiatic Studies*, Vol. 31, 1971, pp. 5 – 6. Original text："It is often assumed that T'ao Ch'ien's poetry, unlike that of Hsieh Ling-yün and other Six-Dynasties contemporaries, is fairly free from blemishes of this sort: the Prophet of the Natural wrote poetry which is simple, spontaneous, plain. The Farmer Poet got his materials as well as his inspiration from nature and did not need to deck out his poems with learned phrases from books. Didn't he say of himself (in the transparent disguise of *the Gentleman of the Five Willows*), 'He liked to read, but did not care about an exact understanding of what he read'? One does not have to read beyond the first chapter of T'ao Ch'ien's Collected Works to discover that his poetry can be as mannered as that of any Six-Dynasties poet. "

② James Robert Hightower, "Review on *T'ao the Hermit*, Sixty Poems by T'ao Ch'ien (365 – 427)", *Harvard Journal of Asiatic Studies*, Vol. 16, No. 1/2, June 1953, p. 265. Original text:"The considerable volume of commentary it has inspired can be explained by the importance of the poetry, but the gross divergencies between the commentators (and translators for that matter) suggest that there is frequently a real uncertainty about the reading. "

的深层含义。①

他（海陶玮）的研究还显示，与已经定型的关于陶潜作品的观点完全相反，陶潜有很多诗句甚至是几首整诗，都不再是像竹筒倒豆子般的简单、直白。②

陶潜因其语言和风格简洁而受人赞赏，这导致译者忽视了特殊的短语或意象，而用熟悉的词语或意象来代替。海陶玮先生的翻译更加准确……这种具象性翻译使陶诗不会被认为是单调乏味的，并让人们开始对陶诗意想不到的复杂性有了一定的关注。③

同时，《陶潜诗集》的目标读者不只是西方普通读者，而是兼顾大众与学者。目标读者和翻译目的不同，也直接造成陶集译本面貌完全不同。关于这一点，海陶玮解释说：

我主要想利用这个机会来探讨能够利用什么技巧来更好地翻译中国诗歌。人们通常认为：一种异质文化的诗歌只有译为优雅的英语才能够直接被英语读者所接受。当然，我们给读者提供一些理解诗歌相关的信息，或者提供一些第一次读中文诗歌期望得到的信

---

① Hans H. Frankel, "Review on *The Poetry of T'ao Ch'ien*", *Harvard Journal of Asiatic Studies*, Vol. 31, 1971, pp. 313 – 314. Original text："The apparent simplicity and naturalness of T'ao Ch'ien's poetry are often deceptive, and Hightower succeeds in probing beneath the surface and laying bare the deeper meaning of many poems."

② Peter M. Bear, "Review on *The Poetry of T'ao Ch'ien*", *Bulletin of the School of Oriental and African Studies*, Vol. 34, 1971, p. 636. Original text："He is also shown that, contrary to the stereotyped view of T'ao Ch'ien's work, there are many lines and several whole poems which are by no reckoning the simple, straightforward outpourings of a bottomless jug."

③ Lois M. Fusek, "Review on *The Poetry of T'ao Ch'ien*", *Journal of the American Oriental Society*, Vol. 93, No. 1, Jan. – Mar. 1971, p. 82. Original text："T'ao is rightly admired for simplicity of language and style; this has prompted translators to ignore the unusual phrase or image, and to substitute the familiar. Mr. Hightower is more precise. Thus chiao-tsuia is 'decrepitude' rather than 'old-age', and yao-yao is 'fulgent' rather than 'bright'. This concreteness saves T'ao's poems from unjustified monotony and calls attention to an unexpected sophistication."

息，并不是侮辱他的智商。我们发表译作，难道仅仅是为了给我们专业同行提供一个施展批评创造力的机会吗？①

《陶潜诗集》的注释和评论，集中体现了海陶玮对陶渊明作品进行思考后形成的观点，是他长期从事陶学的综合反映，集结了中国历代学者和国外同行关于陶诗的注解和诠释，深度阐释了原诗的深刻含义和文化背景，是《陶潜诗集》中最值得关注和最有价值的部分，也把陶渊明诗文翻译从简单译介推向了翻译研究、从展现陶诗原貌推向了追求学理严谨，扩展了译本的学术容量。

同时，这种翻译也会引起英语世界陶渊明诗文读者群体发生一定的变化。《陶潜诗集》既有陶渊明诗文的翻译，供一般读者阅读和了解陶诗全貌，又有大量严谨的注释和评论，构成了考证研究的学术风格，供那些对中国文学文化有一定基础的专家参考。不管如何，这部译著在陶学普及化、专业化两方面都做出了贡献，对西方读者而言，"第一次能够从这部学术化和可读性共存的著作中，领略这位早期诗人所有作品的整体意义"。②

海陶玮学生康达维的学术方法受到恩师影响，他的汉魏六朝文学研究以注释严谨、考证详尽而著称，这与海陶玮所提倡的专业严谨的学术研究方法完全一致。康达维在评价海陶玮的赋学翻译时说，"他能在翻

① James Robert Hightower, "Review on T'ao the Hermit, Sixty Poems by T'ao Ch'ien (365—427)", *Harvard Journal of Asiatic Studies*, Vol. 16, No. 1/2, June 1953, p. 270. Original text: "I want to take this occasion to argue for a better technique of translation Chinese poetry. It has been too often assumed that the poetry of an alien culture has only to be put into elegant English to be directly accessible to the English reader. Surely we are not insulting that reader's intelligence in providing him with information relevant to an understanding of a poem, information which he could be expected to have only if he were in a position to read the poem in Chinese in the first place. Or do we publish our translations solely to give our colleagues a chance to exercise their critical ingenuity?"

② John L. Bishop, *Books Abroad*, Vol. 45, No. 2, Spring 1971, p. 361. Original text: "Now, for the first time, we may be able to grasp the full significance of the work of this early poet in a scholarly and eminently readable volume."

译的同时，也提供以训诂学为基础的详细注解，他在注解中不但能说明每个典故、特殊词语的正确出处和来源，而且也翻译了他所引述的相关词句"①。在谈到翻译《文选》原则时说，"我在翻译《文选》时，不怕被指责作斤斤计较的翻译，同时我也选择原文作大量的注解，我的翻译方法是'绝对的准确'加上'充分的注解'。当然理想是这样的，我也知道'绝对的准确'是有限的，所以大量的注解是很好的补充，而且这也是最基本的，要不然别人会看不懂"②。学生艾朗诺回忆③，自己的学术研究也深受海陶玮的影响，特别是用注释方法来研究中国文学，会给中国文学研究提供一种崭新的视角④。

二　忠实达意

海陶玮严谨的学术翻译体现在翻译实践上，就是以忠实达意为主要目标。他认为，透彻理解语词的原文含义、把握作者的用词本意，体现诗歌的原貌，是翻译诗歌的一个关键因素，他对施友忠英译《文心雕龙》⑤ 提出批评，就在于他认为"施友忠开篇第一段并没有翻译出刘勰

---

① ［美］康达维：《欧美赋学研究概观》，《文史哲》2014 年第 6 期。

② 姜文燕：《研穷省细微，精神入画图——汉学家康达维访谈录》，《国际汉学》2010 年第 2 期。

③ 艾朗诺 1971 年至 1976 年是海陶玮的博士生和课程助教，以研究宋代文学和钱钟书《管锥编》见长，后任教于斯坦福大学。艾朗诺多次提及海陶玮的著作和贡献，如中文论文《北美学者眼中的唐宋文学》《散失与累积：明清时期〈漱玉词〉篇数增多问题》等。2010 年艾朗诺在接受苏州大学季进访谈时，表达了对导师海陶玮提携自己走上中国文学研究道路的感激之情，见季进《面向西方的中国文学研究——艾朗诺访谈录》，《上海文化》2010 年第 5 期。还有一些学者论文提到了艾朗诺对海陶玮的潜心师从和学术继承，如潘晟《美国汉学家梅维恒的变文研究》，硕士学位论文，华东师范大学，2007 年，第 3 页；李珍《论海外汉学家的欧阳修研究——以"理"为中心的考察》，硕士学位论文，华东师范大学，2012 年，第 2 页；许磊《英语世界中的苏轼研究》，硕士学位论文，苏州大学，2014 年，第 6 页。

④ Ronald Egan, "speech", in Eva S. Moseley, ed., *Speeches at a memorial gathering*, pp. 23 – 24.

⑤ *The Literary Mind and the Carving of Dragons by Liu Hsieh*, *A Study of Thought and Pattern in Chinese Literature*, trans. Vincent Yu-chung Shih, New York：Columbia University Press, 1959.

的本意，或者根本就没有翻译出任何可阐释的意义"①，而对《中国诗词研究》（与叶嘉莹合著）非常自信的原因，也是因为这部著作的翻译更贴近原文，他说：

> 虽不能说我们把中国的诗词用另外一种语言完全表达出来了，但可以说，在一定水准上，我们的翻译是与原诗词非常接近的。我们希望所提供的这些译文是恰当的，可以让英语读者更容易接近中国诗词。②

如何才能通过准确的翻译忠实传达原诗含义？通过《陶潜诗集》的翻译，我们可以总结以下几点：

一是在语词翻译上，讲求深刻领会语词内涵，完整传达诗文本意。在《陶潜诗集》中，海陶玮力求尊重原文，准确遣词，完整地译出诗句含义和诗歌内涵。通观全部译文，陶诗的每一个词语、意象都较为完整地在译文中有所对应，很少笼统地概括大意，或出现漏译、缺省现象。

首先，我们把《陶潜诗集》与张辛译本对陶诗题目的翻译进行对比，来体会海陶玮翻译的严谨。诗文题目是读者解读诗歌主旨、感情基调、表达方式和写作意图的重要窗口，是全诗题旨的高度概括。张辛翻译陶诗题目时，多采用简译、省译的方法，丢失了大量的原文信息，而

---

① James Robert Hightower, "Review on '*The Literary Mind and the Carving of Dragons by Liu Hsieh, A Study of Thought and Pattern in Chinese Literature*'", *Harvard Journal of Asiatic Studies*, Vol. 22, December 1959, p. 284. Original text: "It seems to me that Mr. Shih's version of this opening paragraph fails to convey Liu Hsieh's sense, or indeed any paraphrasable sense at all."

② James Robert Hightower and Florence Chia-ying Yeh, *Studies in Chinese Poetry*, Cambridge Massachusetts and London: Harvard University Press, 1998, Preface vi. Original text: "though we cannot pretend to recreate Chinese poetry in another language, we do claim that our translations are——on one level——accurate, and we hope that what we supply in the way of exegesis will make it more accessible to English language readers."

海陶玮则在理解原诗的基础上，对张辛未翻译的内容进行了补全，使得译文完整性大为增强。

有的翻译补全了题目中的时间，更加明确。如《九日闲居》，张辛本译为"Idle living"，海氏本译为"The Double Ninth, In Retirement"。与此类似，《庚子岁五月中从都还阻风于规林》《辛丑岁七月赴假还江陵夜行塗口》《癸卯岁十二月中作与从弟敬远》《癸卯岁始春怀古田舍》等具有日期编年的诗歌题目，张辛都采取了省译的办法，而海陶玮都把这些干支纪年翻译为公元纪年，如辛丑岁七月，译作"During the Seventh Moon of the Year 401"，最大程度保留了陶诗的时间原貌，也考虑到了西方读者的接受。

有的翻译补全了题目中的人名或官职，更加丰富。《示周续之祖企谢景夷三郎》，张辛本译为"To My Three Friends Chou, Tsu, and Hsieh"，海氏本译作"To be shown to Chou Hsü, Tsu Ch'i, and Hsieh Ching-i"；《答庞参军》，张辛本译为"In Answer to My Friend P'ang"，海氏本译为"A reply to Adviser P'ang"；《岁暮和张常侍》，张辛本译为"To Harmonize with the Poem of My Friend Chang"，海氏本译为"At the Year's End: A Reply to the Attendant Chang"，充分显示了海陶玮对原诗的尊重和对中国官职礼仪文化的熟稔。

有的翻译补全了题目中的事务和事件，更加具体。《诸人共游周家墓柏下》，张辛本译为"With Friends"，海氏本译为"An Outing under the Cypress Trees at the Chou Family Graves"。《丙辰岁八月中于下潠田舍获》，张辛本译为"On My Farm"，海氏译为"The Eighth Month of 416: Harvest in the Field Hut at Hsia-sun."

其次，我们通过《杂诗·其一》的全文翻译，来看一下海陶玮对诗文语词的整体翻译特征：

1 人生无根蒂，A human being has no roots,

　　飘如陌上尘。We are light as dust on the path.

　　分散逐风转，Scattered and carried by a gust of wind—

　　此已非常身。In this body is no permanency.

5 落地为兄弟，Born into the world makes us brothers,

　　何必骨肉亲！No need of flesh-and-blood relations.

　　得欢当作乐，When happy you should have your fun,

　　斗酒聚比邻。Call in the neighbors to share the wine.

9 盛年不重来，The time of youth will not come again

　　一日难再晨。No one day will dawn twice over.

　　及时当勉励，Do your best when you get the chance,

　　岁月不待人。The years and months will wait for no man.

　　这首歌表达了诗人生命无常、人生短暂的感慨，语言质朴无华，蕴涵丰富，海陶玮基本采取了直译，按照原诗的词句含义和表达方式来进行翻译，表达出陶诗的基本风格和特色，如"人生无根蒂"（A human being has no roots），"一日难再晨"（No one day will dawn twice over），"岁月不待人"（The years and months will wait for no man）等许多诗句的翻译，还有个别诗句按照英语表达的要求，对诗句进行了主语补全、人称补全等，如"飘如陌上尘"（We are light as dust on the path），"得欢当作乐"（When happy you should have your fun），"及时当勉励"（Do your best when you get the chance）等诗句的翻译。总体来讲，海陶玮注重诗人在原文所要传达的本义，并且在语词翻译上尽可能贴近原文，体现出严谨扎实、完整周密的学术翻译特征。

　　二是在翻译方法上，以达意为主要目标，以直译为主，意译为辅，交替使用，相互协调，互相渗透，尽量准确传递诗人想要表达的含义与语气。

如《癸卯岁始春怀古田舍·其一》，海陶玮是这样翻译的：

癸卯岁始春怀古田舍　In Early Spring of the Year 403 Two Poems
in Praise of Ancient Farmers

1 在昔闻南亩，I had read of farmers in the past

当年竟未践。But young, had not the least experience.

屡空既有人，There was the man who went often empty,

春兴岂自免。And so I cannot escape spring's proddings.

5 凤晨装吾驾，At early dawn I hitch my wagon

启涂情已缅。And start along the road, my mind detached;

鸟弄欢新节，The birds sing of their joy in the new season

泠风送馀善。A gentle breeze brings abundant good,

9 寒竹被荒蹊，Hardy bamboo covers the overgrown path

地为罕人远；The passerby so few one feels alone.

是以植杖翁，This is why the Old Man with the Staff

悠然不复返。Was content never to return to the world.

13 即理愧通识，In truth I scorn the role of opportunist

所保讵乃浅。What I am doing is not wholly worthless.

可以看出，海陶玮的译文大部分是直译，比如"屡空既有人"出自《论语·先进》的典故，"屡空"就是食用常缺，"既有人"指颜回，这些内在含义都在评注中详细给予了解释，但在译文中，他还是尽量遵从了原文的表达，把"屡空既有人"直译为"There was the man who went often empty"。也有变通的意译，比如"当年"译为"young"，他说，按照字面理解，"当年"应该译为"at that time"，但在陶诗中，它的意思多为"年轻时代"，所以海陶玮就采用了意译的方法。

当然，海陶玮对《癸卯岁始春怀古田舍·其一》的翻译也有不恰当之处，比如题目的"田舍"译为"Ancient Farmers"，"缅"译为"detached"，都不是太妥切，"屡空"译为"often empty"，在没有参考注释的情况下，很难联想到"贫穷"类含义，这些都是他过于强调忠实传达原诗含义的结果。与他不同的是，艾克本把"怀古田舍"翻译为"longing of an Old Family Estate"，用比较句来翻译"启涂情已缅"句："No sooner had I started than my thoughts were there before me"，"屡空"译作"often hungry"，相比而言，艾克的翻译更为合理。

又如《和郭主簿·其一》，这首诗歌描写了仲夏时节诗人归隐田园之后闲适自足的日常生活状态，以下是海译全文：

《和郭主簿·其一》　A Reply to Secretary Kuo

1 蔼蔼堂前林，The trees before the house grow thick, thick
　中夏贮清阴。In midsummer they store refreshing shade.
　凯风因时来，The gentle southern breeze arrives on time,
　回飚开我襟。It soothes my heart as it blows and whirls my gown.
5 息交游闲业，I have renounced the world to have my leisure
　卧起弄书琴。And occupy myself with lute and books.
　园蔬有馀滋，Then garden produce is more than plentiful—
　旧谷犹储今。Of last year's grain some is left today.
9 营己良有极，What one can do oneself has its limits;
　过足非所钦。More than enough is not what I desire.
　春秫作美酒，I crush the grain to brew a first-rate wine
　酒熟吾自斟。And when it is ripe I pour myself a cup.
13 弱子戏我侧，My little son, who is playing by my side,

学语未成音。Has begun to talk，but cannot yet pronounce.

此事真复乐，Here is truly something to rejoice in

聊用忘华簪。It helps me to forget the badge of rank.

17 遥遥望白云，The white clouds I watch are ever so far away—

怀古一何深！How deep my yearning is for ages past. ①

从以上译文我们可以看出，海陶玮非常强调对原文的理解和表达，对他来说，采用直译或意译的翻译方法似乎并不重要，重要的是能够表达出诗歌原文所要表达的含义。这首诗歌大部分诗句采用直译，但又不拘泥于语词的完全对应，如果他觉得难以用原有句式和语词表达出原文内涵，就大胆地改变句式，调整语词，采用意译来表达。

比如"息交游闲业，卧起弄书琴"句描写了诗人停止世人交游而赋闲居家、以书琴为乐的生活，几位译者分别翻译如下：

I am free from ties and can live a life of retirement.

When I rise from sleep，I play with books and harp. （韦利本）

Parting from company I go and rest at leisure，

Or getting up again I play with books and lute. （艾克本）

I give up my social life and retire.

Oh，to sleep and then get up and play with lute and books! （张辛本）

I have renounced the world to have my leisure

---

① James Robert Hightower, *The Poetry of T'ao Ch'ien*, Oxford: Clarendon Press, 1970, p. 79.

And occupy myself with lute and books.（海氏本）

可以看出，韦利、艾克和张辛都采用不同的语词尽量翻译出原文"息交""卧起""弄"的意思，而海陶玮则用"have renounced the world"来表达"息交"，采用"occupy myself with"结构表达诗人以书琴完全占满生活的意思，从字面上并没有翻译"卧起"和"弄"这两个词，而是采取了意译的方法。在注释中，海陶玮指出，"息交游闲业"虽有几种异文，比如"卧起"又作"坐起"，但都不影响意思的表达，他承认自己用"have renounced the world"来表达"息交"，从语词上来讲并不是十分精确，因为"息交"的意思应该是"I have broken off my contacts（or friendships）"。笔者认为，海陶玮其实非常清楚和认真研究过诗歌语词的具体含义，只是在这里他更想表达出诗人"与世隔绝、归隐田园"的个人愿望和生活状态。海陶玮解释说，"卧起"的含义已经被他包含在"occupy myself with"的表达中了，就是指诗人日夜之中醒着的时间，这一认识也是符合诗人原文含义的，陶澍注《汉书·苏武传》"卧起操持"的意思就是时刻不离手，海陶玮用"occupy my-self with"非常有力地强化了诗人书琴弄乐、终日相伴的含义，只是损失了"弄"字所表达的摆弄、把玩之含义和随性、玩乐之情态。

再比如"此事真复乐，聊用忘华簪"句，是诗人在描写田园、美酒、琴书、儿女等各种生活闲乐之后的一句总结，表达了自己沉浸在"闲业"而忘却仕宦富贵"主业"的心理状态。以下是几位译者的译文：

These things have made me happy again
And I forget my lost cap of office.　　　　　（韦利本）

With all these things I have regained happiness

And with their help forget the flowered hairpin. （艾克本）

This is really my happiness,

And with this I forget official glory.　　　（张辛本）

Here is truly something to rejoice in

It helps me to forget the badge of rank.　　（海氏本）

　　韦利和艾克把"复"当作了"再次、又一次、重新"的含义，事实上，"复"在这里只是一个助词，没有什么明确的意思，只是起到补充或调节音节的作用，在这一点上，张辛本、海氏本理解更为到位。

　　"华簪"指华贵的发簪，是官场达官贵人的冠饰。艾克从字面翻译为"the flowered hairpin"，这对中国古代礼仪不了解的西方读者来讲，是很难理解原诗本意的，韦利本、张辛本和海氏本则都注意到了这一点，翻译出了官场的含义，只是用词不一，韦利译为"cap of office"（官帽），并没有翻译出"华簪"的意思，"帽"与"簪"在古代服饰礼仪上有很大区别。张辛本译为"official glory"（官场的荣耀），采用了抽象化的翻译。海氏本译为"the badge of rank"（官衔的徽章），采取了意译的方法，并在文后注释："华簪"的词义是指"a flowery（i. e.，ornamented）hairpin"，这一点与艾克是一致的，接着，他说"华簪"是"官帽的转喻表达，官帽上往往戴着华簪"①，由此可以看出，海陶玮对"华簪"一词的理解和思考更加深入和到位，并且在译文中用"Rank"一词阐释出"华簪"在标识官衔高低方面的作用。

　　可以看出，海陶玮的意译也是建立在对诗意的深刻理解和对诗歌主

---

① James Robert Hightower, *The Poetry of T'ao Ch'ien*, Oxford: Clarendon Press, 1970, p. 81. Original text: "metonymy for the official's cap which it would hold in place."

旨的总体把握基础上的，而不是天马行空的任意发挥，对诗歌翻译的忠实也兼顾了语言和文化两个方面的忠实。对此，汉学家缪文杰评价说：

> 海陶玮的诗歌翻译是文学翻译和文本控制的典范。采用过于字面化的释义方法会给英语措辞带来不必要的负担，破坏陶潜诗句浅易轻松的风格，于是海陶玮选择审慎地释义。最后呈现的翻译有一些自由，但是捕捉住了诗歌的基调和主线。[1]

三是在翻译风格上，内容为主，韵律为辅。中国古典诗歌语言简约凝练，意味深长，包含着丰富的文化内涵，同时遣词造句精炼优美，讲究韵律，是一种超越常规且往往蕴涵丰富修辞的艺术语言。海陶玮在具体的语言价值取向方面，更加注重内容，"我已经尽可能去按照原文的意思去翻译了，只是稍微照顾了一些韵律规则"[2]，最大限度地保持了原诗的语言风格，传达诗歌原文意义和意境，并适当对诗句的句法和节奏进行调整和变换，以适应英语读者的阅读习惯。

在诗歌韵律方面，他主张无韵翻译，同时在文化语境的价值取向方面，努力使译文在接近作者和接近读者之间找到融会点，既照顾到原文的意境和风格，也尽量使译文通顺易懂，便于接受，相互补充，相辅相成。

---

① Ronald C. Miao, "Review on *The Poetry of T'ao Ch'ien*", *The Journal of Asian Studies*, Vol. 30, No. 3, May 1971, p. 631. Original text: "Dr. Hightower's translations of the poems are models of literary taste and textual control. Where an overly literal approach would have unnecessarily burdened the diction of the English, destroying the relaxed informality of T'ao Ch'ien's verses, Hightower has chosen instead to paraphrase judiciously. The resulting translations are a bit free, but capture the essential tone and tenor of the lines."

② James Robert Hightower, "T'ao Ch'ien's 'Drinking Wine' poems", in James Robert Hightower and Florence Chia-ying Yeh, *Studies in Chinese Poetry*, Cambridge Massachusetts and London: Harvard University Press, 1998, p. 4. Original text: "I have made the translations as close to the original as I could, compatible with a modicum of metrical regularity."

如《酬刘柴桑一首》，艾克的译文为：

1 穷居寡人用， Dwelling in poverty

I have few human contacts

时忘四运周。 And at times forget

The turning of the seasons.

门庭多落叶， In the empty court

Are many fallen leaves –

慨然知已秋。 With pain at my heart

I know that Fall has come.

5 新葵郁北牖， New sunflowers

Shade the north window,

嘉穟养南畴。 Fine ripe grain

Enriches the southern acres.

今我不为乐， If I do not take

This chance to be happy

知有来岁不？ How do I know that I

Shall see another harvest?

9 命室携童弱， Calling the children to me

I take them by the hand

良日登远游。 On this fine day

Let us climb and roam afar. ①

从译文格式面貌就可以看出，艾克非常讲究格式韵律，每句诗文采

---

① Acker William, *T'ao the Hermit*, *Sixty Poems by T'ao Ch'ien* （365—427）, London: Thames and Hudson, 1952, p. 94.

取两行列出译文，尽可能追求押韵和节奏。海陶玮的译文如下：

酬刘柴桑一首　　To Liu, Prefect of Ch'ai-sang

1 穷居寡人用，To this out-of-the-way place few people come

　时忘四运周。And sometimes I forget the season's passage.

　门庭多落叶，Fallen leaves cover the empty courtyard

　慨然知已秋。And with a pang I see that all is come.

5 新葵郁北牖，The new hibiscus blooms by the north window

　嘉穟养南畴。Excellent grain grows in the southern field.

　今我不为乐，Must I not enjoy myself today?

　知有来岁不？How do I know there will be another year?

9 命室携童弱，I tell my wife to bring along the children—

　良日登远游。This is a perfect day to make an outing. ①

　　这是陶诗中常见的对"人生无常、盛年难在"的感慨。海陶玮在整首诗歌翻译过程中，十分追求个别诗句译文的切当，力求准确地翻译出每一个字词及其涵义，同时也最大限度地保留和再现原诗的节奏，力求形似和神似相结合，诗行工整，节奏明快，但韵律还是以服从译文的严谨为主。

　　所以，福瑟克认为：

　　　海陶玮"克制住了改进或者修改某些较弱作品的冲动，把陶诗最好和最坏的面貌都呈现了出来。陶潜大部分作品是用当时流行的五言写就的，也模仿了一些四言。海陶玮试图传达这些不同诗歌类

---

① James Robert Hightower, *The Poetry of T'ao Ch'ien*, Oxford: Clarendon Press, 1970, p. 78.

型的节奏感，因此，他对这些原诗结构进行了适度的修改。"①

这种适度修改也较为常见，比如上文提到的《和郭主簿·其一》，诗中有"蔼蔼堂前林"和"遥遥望白云"两个含有叠音词的句子，韦利和艾克的译文都充分注意到叠音词的位置，分别译为：

SHADE, shade the wood in front of the Hall

Distant, distant I gaze at the white clouds. （韦利本）

Shady, shady, the woods before the hall

Afar, afar, I gaze at the white clouds. （艾克本）

两人的翻译都充分照顾到了诗歌的格式和韵律。与他们不同的是，海陶玮并没有把这种描写状态的叠音词提到句首，而是按照英语惯用的表达方法来翻译，分别译为：

The trees before the house grow thick, thick

The white clouds I watch are ever so far away— （海氏本）

可以看出，对海陶玮来讲，格式和韵律并不是最重要的，他更看重忠实地传达原文的内容，他对陶诗翻译"采用了一种低调节制、简单韵

---

① Lois M. Fusek, "Review on *The Poetry of T'ao Ch'ien*", *Journal of the American Oriental Society*, Vol. 93, No. 1, Jan. – Mar. 1971, p. 82. Original text: "Resisting the impulse to improve or modify certain of the weaker selections, he presents T' ao's poetry at its best and at its worst. T' ao wrote most of his works in the popular five-word meter, and he also imitated the archaic four-word meter. Mr. Hightower attempts to convey a sense of these different rhythms and, as a consequence, he imparts a modest suggestion of the original structure. "

文的风格，这种风格使得诗人的思想能够被清晰地传达"①。

　　总之，海陶玮通过准确有效的译文将陶渊明诗文的内容、风格等完美再现，"译文流畅优美"②，"显示了他典型的一丝不苟的治学风范和优雅的翻译功底"。③汉学家福瑟克说"陶潜真正的吸引力主要在于其诗意具有不可磨灭的魅力，海陶玮通过准确而有效的翻译，再现了陶潜卓越的学术水准"④。

第二节　注释的特色

　　"译—注—评"翻译模式使《陶潜诗集》诗文注解篇幅大大超过了诗文译文本身，这种注释翻译在当时是不多见的。在诗文注释中，海陶玮体现出重视语文分析、修辞阐释和互文比照等特色。

一　语文分析

　　叶嘉莹在回忆合作多年的老友海陶玮的文学研究理念时，认为他非常重视语文分析方法：

---

　　① John L. Bishop, *Books Abroad*, Vol. 45, No. 2, Spring 1971, p. 361. Original text："His translations are in a low-keyed, simple verse style that allows the poet's thought to come through clearly. "

　　② ［德］柯马丁（Martin Kern）：《学术领域的界定——北美中国早期文学（先秦两汉）研究概况》，何剑叶译，载张海惠编《北美中国学——研究概述与文献资源》，中华书局 2010 年版，第 606 页。

　　③ Eva S. Moseley, "James Robert Hightower Dies at 90", *Harvard Gazette Archives*, 2 March, 2006. Original text："（a book, *The Poetry of T'ao Ch'ien*, 1970）that displays his characteristically meticulous scholarship and graceful renderings. "

　　④ Lois M. Fusek, "Review on *The Poetry of T'ao Ch'ien*", *Journal of the American Oriental Society*, Vol. 93, No. 1, Jan. - Mar. 1971, p. 82. Original text："The real appeal of T'ao Ch'ien lies principally in the irresistible charm of his poetry. Mr. Hightower matches scholarly excellence with generally accurate and effective translations. "

（海陶玮认为）一些最令人心折的文学批评是出自批评家对文学作品所作的语文分析，把语文分析用到文学研究上，使我们领悟语文和文学的基本问题，语文是如何发挥作用产生文学效果的。①

这里所指的语文分析，应该是从语言文献角度比如文字学、训诂学、音韵学、校勘学等来分析研究中国文学，这种研究方法一贯为海陶玮所青睐，在论文《〈文选〉与文体理论》（The *Wen Hsüan* and Genre Theory）中，他就对《文选序》做了以语文学为特征的注释性翻译，康达维高度评价了这种翻译方法：

海氏这篇论文为中国文学翻译树立了一个典范，他也是第一位研究中国文学的学者，能在翻译的同时也提供以训诂学为基础的详细注解。他在注解中不但能说明每个典故、特殊词语的正确出处和来源，而且也翻译了他所引述的相关词句，此外他对萧统《文选序》提到的各种文体名称都能提供详细的资料和来源。②

陶诗文字凝练简约，词义内涵丰富，版本异文较多，用语文分析的方法切入，才能更加深刻地挖掘和阐释诗歌的内涵。《陶潜诗集》的注释评论处处充满着训诂式的释词，版本异文对照等。

如在注释中，海陶玮常常参照多种版本来翻译和阐明诗文涵义。《庚子岁五月中从都还阻风于规林·其一》"一欣侍温颜，再喜见友于"，海陶玮解释说，大部分学者都把"温颜"解释为"友好的面容"，

---

① 叶嘉莹：《中英参照本〈迦陵诗词论稿〉序言——谈成书之经过及当年哈佛大学海陶玮教授与我合作研译中国诗词之理念》，《文学与文化》2012 年第 4 期。

② ［美］康达维：《二十世纪的欧美"文选学"研究》，《郑州大学学报》（哲学社会科学版）1994 年第 1 期。

但这种解释和下一句的"友于"搭配不甚合理，经过思考和比较，他最后采纳了异文"温清"来代替"温颜"，并指出"选择'清'来代替'颜'，这个用法是《礼记》中对'父母'的代称。"① 这一认识是符合史实的，"温颜"确实又作"温清"，王书珉《笺证稿》曰"'清'当作'清'，《说文》：'清，寒也。'《礼记·曲礼》'凡为人子之礼，东温而夏清。'谓冬保其温暖，夏致其清凉也。就一日言，亦可谓温清"，所以"温颜"可以理解为"父母"，译为"my parents' faces"，然后，海陶玮又结合陶渊明的身世，认为陶渊明 8 岁丧父，当时只有母亲，因此把"温颜"译为"my mother's face"。艾克本则没有对陶渊明身世的具体考证，直接就把"温颜"翻译为"my parents' faces"。以上可以看出，海陶玮以版本为依据，进而结合陶渊明的身世，把"温清"理解并翻译为"my mother's face"应该是合理恰当的。

又如，《有会而作》"如何辛苦悲"又作"如何足新悲"，张辛本把这句话当作"如何辛苦悲"来理解，译作"Oh, How hard the work is and how sad I am!"，海陶玮译为"why should I have these new sorrows?"很显然，他更倾向于"如何足新悲"的理解。海陶玮在注释中说，这句话通常的版本"如何辛苦悲"满载着自怜的意味，应该理解为另一种相似的意义——"既然今年就要过完了（我的生命接近尾声），我为什么还要为饥饿而感到难过呢？"② 这样理解，就明显把陶渊明的心境理解得更加豁达。为了证明这种理解，海陶玮还推测，当时陶渊明"很有可能将要收获新的谷物来维持生计，或者将要彻底以死亡

---

① James Robert Hightower, *The Poetry of T'ao Ch'ien*, Oxford：Clarendon Press, 1970, p. 100. Original text："I have assumed the variant ching 'cool' for yen, which yields a well-known euphuism for 'parents', by way of a *Book of Ritual* passage."

② James Robert Hightower, *The Poetry of T'ao Ch'ien*, Oxford：Clarendon Press, 1970, p. 166. Original text："Since the year is nearly over（since my life is near its end）, why should I be so unhappy about being hungry, presumably because either the new crop will provide food or his death will bring relief."

来解脱困惑"①。

对于一些富含文化知识的语词，海陶玮也进行了重点阐释，《怨诗楚调示庞主簿邓治中》中对"结发""弱冠""始室"的解释，《答庞参军》对"倾盖"的解释，《饮酒·其十一》对"裸葬"的解释，《读山海经·其二》专咏西王母，他详细阐释并翻译了《穆天子传》等，都说明了这一点。此外，还有具有中国文化特征的"檐石"等量词的阐释，"辛丑"等编年的阐释，"悲泉"等名物的阐释，"抚军"等官职的阐释等，也体现了他对诗歌语词的重视。

这种语文分析，显示了海陶玮一丝不苟的严谨态度和扎实的学术功底，给人以深刻的印象。在哈佛大学馆藏学术档案中，笔者看到海陶玮在研读陶诗以及其他中国文学作品过程中留下的各种词表（vocabularies）和注释（notes），词表按照词语在诗文中顺序，先用汉字写出词条名，再标示读音，然后用英语解释词语的意思，个别时候也用汉语标出近义词、近义字等，这些文稿应该是先手写，后打印，也有一些存档的词表同时存有手写稿和打印稿。海陶玮的学生们回忆说，"海陶玮这些（作品原文）复印稿常常伴着他自己编制的枯燥的词汇表，这些词汇表会给学生们提供他们可能不认识的词句的英文解释"②。

这些词表和注释，为海陶玮的诗歌翻译打下了坚实的基础，也是他在哈佛大学从事中国语言文学教学的需要，因为文本细读和逐句英译，正是当时哈佛大学中国古典文学的主要教学方法，据哈佛大学田晓菲回忆：

---

① James Robert Hightower, *The Poetry of T'ao Ch'ien*, Oxford: Clarendon Press, 1970, p. 166. Original text: "presumably because either the new crop will provide food or his death will bring relief."

② Eva S. Moseley, "James Robert Hightower Dies at 90", *Harvard Gazette Archives*, 2 March 2006. Original text: "These were accompanied by lengthy glossaries that he had compiled, giving brief English equivalents for the phrases that students were unlikely to recognize."

　　把文本逐字逐句译成英语，则是在美国大学里学习中国古典文学的研究生必经之路。这一点，对学术研究造成的影响是很深刻的：它一方面提供语文学的基本训练，另一方面迫使学生对文本发生密切的关注，而文本细读正是一切文学研究的基础。①

　　据海陶玮的学生、美国华人作家木令耆回忆②，海陶玮在中国文学授课和研究中认真严谨，非常注重训诂方法，而不是掺杂心理分析、政治动机与历史分析等因素，他常常警告学生不要"过度解读"（over-read），不能添油加醋地去解读中国文学，他不能接受节外生枝的解说，不能忍受伪证、缪证以及浅俗的分析。木令耆称赞海陶玮是一个精细的研究者，从不忽略细节，从不放过自己。

　　汉学家熊彼得对海陶玮的语文分析方法非常钦佩，他说："正如所有人预见的那样，海陶玮教授极其严谨细致地完成了翻译工作，他始终关注着各种文本变体和不同解释，并通常会给出他选择某个含义而不是其他含义的理由。"③ 汉学家傅汉思也说："中国文学专业的所有学生都应该感谢海陶玮教授，因为他对陶潜诗歌的解释是如此透彻和优异。"④

---

　　① 田晓菲：《关于北美中国中古文学研究之现状的总结和反思》，载张海惠编《北美中国学——研究概述与文献资源》，中华书局 2010 年版，第 607 页。

　　② 木令耆，原名刘年玲，曾创办海外中文文艺刊物《秋水杂志》，哈佛亚洲研究中心研究员。

　　③ Peter M. Bear, "Review on *The Poetry of T'ao Ch'ien*", *Bulletin of the School of Oriental and African Studies*, Vol. 34, 1971, p. 636. Original text: "As anyone could have predicted, Professor Hightower has done his work with remarkable care. He consistently notes textual variants and varying interpretations, and regularly gives his reasons for choosing one meaning over others."

　　④ Hans H. Frankel, "Review on *The Poetry of T'ao Ch'ien*", *Harvard Journal of Asiatic Studies*, Vol. 31, 1971, p. 319. Original text: "All students of Chinese literature are indebted to Professor Hightower for having explicated T'ao Ch'ien's poetry so thoroughly and so well."

二 修辞阐释

如前文所述，在主张陶诗"自然派"的学者印象里，"因为陶诗是个人化的表达，所以几乎不依赖任何文学或历史典故"①，而海陶玮认为陶诗和当时的文学传统是一脉相承的，语言上也存在晦涩难懂、矫揉造作的特征，艺术上也存在典故、象征等修辞手法的运用。他在论文《陶潜的赋》中已经注意到象征手法在陶渊明《归去来兮辞》开创个人表达传统中的作用，《陶潜诗歌中的典故》则是海陶玮对陶诗典故修辞的专题研究，在《陶潜诗集》中，海陶玮也非常重视陶诗中象征、典故等修辞方式的运用，并充分利用译文之后的注评空间，揭示这些修辞手法在塑造陶诗丰富内涵特质方面的作用。

在此，笔者主要想表达以下几个观点：

一是海陶玮虽对不同类型的典故采取了不同的翻译策略，但客观上无疑还是向西方读者传达了中国传统文化。

典故阐释是海陶玮注译陶诗非常关注的内容，他力求将诗歌典故中蕴含的思想和文化因子传递给西方读者，使读者更好地了解诗文的历史背景和诗人的情感寄托，把握诗歌主旨和具体的诗句含义，同时呈现和阐释出中国传统文化中的"异质性"和"共通性"，让读者了解中西文化的异同，对陶渊明思想中的人类共通情感产生心理共鸣。

以典故阐释来牵引诗歌阐释的例子，在海陶玮的注释中很常见。如《饮酒·其九》（清晨闻叩门），这首诗仿照《楚辞·渔夫》问答的形式，表达了诗人坚持隐居避世，拒绝仕宦的决心和对"仕"与"隐"

① Lois M. Fusek, "Review on *The Poetry of T'ao Ch'ien*", *Journal of the American Oriental Society*, Vol. 93, No. 1, Jan. – Mar. 1971, p. 82. Original text: "because his poems are such personal expressions, they have been understood as having little recourse to literary or historic allusion."

的思索，能否识别并阐明这首诗与《楚辞·渔夫》的仿照暗合关系就很重要。海陶玮从典故入手，在注释开头就点明，"两个非常具体的典故构成了这首诗歌的基础"①，一个是"田父"，另一个是"倒裳"。接着解释了这两个典故，"田父"源于《楚辞·渔夫》，他认为《饮酒·其九》从对话形式上仿照了《楚辞·渔夫》，而且从意义上能让我们想起屈原的那句话——"举世皆浊我独清，众人皆醉我独醒"，然后，海陶玮又参照古直的意见，认为这首诗是以史实为依据的，只不过陶渊明和屈原拒绝的态度不同，陶渊明内心是充满矛盾的，这从"清晨闻叩门，倒裳往自开"所描写的具体细节就可以反映出来，"倒裳"源于《诗经·齐风·东方未明》，在这里形象风趣地刻画出诗人早晨匆忙迎客、连衣服都没有穿好的情形。这种以典故切入分析诗文的方法，让西方读者对诗歌的内涵特征和艺术构思有了更加深刻的理解。

另外，《癸卯岁始春怀古田舍·其一》"是以植杖翁，悠然不复返"中"荷蓧丈人"（《论语·微子》）的典故，《癸卯岁始春怀古田舍·其二》"耕种有时息，行者无问津"中"长沮、桀溺偶而耕"（《论语·微子》）的典故；《乞食》"感子漂母惠，愧我非韩才"中《史记·淮阴侯列传》中韩信报答漂母的典故；"衔戢知何谢，冥报以相贻"中《左传》结草以亢杜回意的典故；《有会而作》"嗟来何足吝，徒没空自遗"中"嗟来之食"（《礼记》）的典故等等，这些典故都被熟稔中国传统文化的海陶玮"细致地识别出来，并解释其在特定诗歌中的含义"②。汪榕培曾指出，陶诗是"西方读者了解古代中国的一面镜子，

---

① James Robert Hightower, *The Poetry of T'ao Ch'ien*, Oxford: Clarendon Press, 1970, p. 137. Original text: "Two specific allusions underline this poem."

② Peter M. Bear, "Review on *The Poetry of T'ao Ch'ien*", *Bulletin of the School of Oriental and African Studies*, Vol. 34, 1971, p. 636. Original text: "Allusions are conscientiously identified and their significance in a particular poem is explained."

缩短东西方距离的一座桥梁"①，海陶玮通过注译典故，向西方读者呈现了浓缩着中华民族文化的语言精华。

二是通过典故的注释分析，海陶玮对陶诗风格有了更深入的理解和阐释。

海陶玮在《陶潜诗歌中的典故》中也对陶诗风格进行过讨论，他说，一般认为，与谢灵运及其同时代的其他六朝作家的诗歌不同，陶诗大致摆脱了矫揉造作的缺点；作为首倡用诗歌赞颂大自然的田园诗人，陶渊明从大自然中获得灵感，从实际生活中获取素材，而无须用书本上的成言来修饰自己的诗歌。但是如果仔细阅读陶集，不必读完第一卷便会发现，陶诗与任何一位六朝诗人的诗歌一样，也具有语言雕琢的技巧和风格。当然，这种印象通常是因为第一卷是四言诗，这种古体诗通常含有大量的典故，陶赋也是另外一种运用典故较多的文体，因此海陶玮专门指出，他在论文中所采用的陶诗语例，基本上不使用四言诗，也没有考虑赋体文，而是从更具普遍性的五言诗中来选择。

关于陶诗艺术风格，国内学界长期也存在着不同的看法。有学者强调陶诗的冲澹自然、清新质朴，如南朝钟嵘《诗品》称陶诗"文体省净""笃意真古"②，宋代严羽称陶诗"质而自然"③，宋代秦观认为"陶潜、阮籍之诗长于冲澹"④，宋金时期元好问在评陶诗时说"一语天然万古新，豪华落尽见真淳"⑤；有学者强调陶诗的沉郁豪放、深刻厚

---

① 汪榕培：《让陶渊明走向世界——第二届中日陶渊明学术研讨会文集》，《九江师专学报》2001 年增刊。

② （南朝）钟嵘：《诗品一则》，载北京大学、北京师范大学编《陶渊明研究资料汇编》（上册），中华书局 1962 年版，第 9 页。

③ （宋）严羽：《沧浪诗话二则》，载北京大学、北京师范大学编《陶渊明研究资料汇编》（上册），中华书局 1962 年版，第 107 页。

④ （宋）秦观：《韩愈论》，载《宋本淮海集》（第三册，共五册），国家图书馆出版社 2018 年版，第 43 页。

⑤ （金）元好问：《论诗绝句》，（清）施国祁注，《元遗山诗笺注》第五册卷十一，《四部备要·集部》，上海中华书局线装铅印本，河南大学图书馆古籍室藏。

重，如宋代苏轼认为陶诗"质而实绮，癯而实腴"①，宋代朱熹说"陶渊明诗，人皆说是平淡，据某看他自豪放，但豪放得不觉耳"②。宋代曾纮说"陶公诗语造平淡而寓意深远，外若枯槁，中实敷腴，真诗人之冠冕也"③，近人胡适说："他的意境是哲学家的意境，而他的语言却又是民间的语言，所以他尽管做田家语，而处处有高远的意境。"④ 与海陶玮合作多年的叶嘉莹认为，"在我国诗人中，陶渊明是词语表现得最为简净，而含蕴却最为丰美的一位诗人"⑤。两种观点都对陶诗风格持肯定态度，当然，历史上也有攻击陶诗朴实风格、贬低陶渊明艺术成就的倾向，如宋代陈师道说"陶渊明之诗，切于事情，但不文耳"⑥，明代胡应麟说陶渊明等人"其源浅，其流狭，其调弱，其格偏"，后来论者纷纷辩驳，大多都倾向陶诗未尝不文的意见。⑦

　　同样的争论也在国外展开。艾克认为陶渊明是一位简单、自然、平易的诗人，诗歌绝少用典，陶诗"非常容易翻译，因为他用典甚少，偶有用时，也显而易见，平白易懂"⑧。戴维斯则针对艾克对陶诗典故的看法提出了质疑，他在《陶渊明的用典》（Allusion in Tʻao Yuan-ming，1956）论文中认为，"中国学者对这位诗人（陶渊明）的生平和作品做

---

①　（宋）苏轼：《与苏辙书》，《东坡续集》卷三，载北京大学、北京师范大学编《陶渊明研究资料汇编》（上册），中华书局 1962 年版，第 35 页。

②　（宋）朱熹：《朱子语类五则》，载北京大学、北京师范大学编《陶渊明研究资料汇编》（上册），中华书局 1962 年版，第 74 页。

③　（宋）曾纮：《论陶一则》，（宋）李公焕《笺注陶渊明集》卷四，载北京大学、北京师范大学编《陶渊明研究资料汇编》（上册），中华书局 1962 年版，第 50 页。

④　胡适：《胡适白话文学史》，上海古籍出版社 1999 年版，第 81 页。

⑤　叶嘉莹：《迦陵论诗丛稿》，中华书局 1984 年版，第 39 页。

⑥　（宋）陈师道：《后山诗话三则》，载北京大学、北京师范大学编《陶渊明研究资料汇编》（上册），中华书局 1962 年版，第 42 页。

⑦　（明）胡应麟：《诗薮内外编》内编卷二，上海广雅书局线装刻本，河南大学图书馆古籍室藏。

⑧　William Acker, *Tʻao The Hermit*, *Sixty Poems by Tʻao Chʻien* （365 – 427），London：Thames and Hudson，1952，p. 157. Original text："is exceptionally easy to translate because he is very sparing in his allusions, and those he does employ can all be detected and explained without difficulty. "

了大量的评论和争论，任何对此有所了解的学者，都一定会反对上述观点”①。在他心目中，陶渊明是一位“智者诗人”（intellectual poet），或称为“学究诗人”（bookish poet），“他的诗歌与他那个时代的哲学和社会问题密切相关”②，并通过列举《停云》《饮酒二十首》和《止酒》等作品，证明陶诗中明用或暗用典故之处甚多。

在国内外对陶诗风格的不同评价中，海陶玮显然更赞同戴维斯的看法。他认为，陶渊明生活在“俪采百字之偶，争价一字之奇，情必极貌以写物，辞必穷力而追新”的文学背景下，无论他多么扭转文风、自出机杼，诗文中仍然有不少典故的使用。这种看法是符合陶诗文本特征的，陶诗典故中的总体数量，笔者未见中外学者研究中有整体统计数据，只有一些专题性研究可窥见一斑，今人杜治伟认为陶渊明诗文中的《论语》典故，共有 35 首（篇）诗文中出现 51 处，在 134 篇诗文（122 首诗和 12 篇文）中分别占比 26.12% 和 38.06%③，如此高的比例也印证了清代刘熙载所说的一句话“陶渊明则大要出于《论语》”。马俊芬认为陶诗文所引的古圣先贤的典故人物个体共计 21 位④。

在《陶潜诗集》注释中，海陶玮通过把这些典故的文化含义一一加以阐释，更加印证了自己的看法，也使西方学者和读者对陶渊明诗歌风格有了更深入的理解。

三是海陶玮通过阐释陶诗中象征、典故等修辞手法，揭示和证明了他在《陶潜诗集》序言中提出的“陶潜是他自己最好的传记作者”的

---

① A. R. Davis, "Allusion in T'ao Yüan-ming", *Asia major*, N. S. 5, 1956, p. 37. Original text: "anyone who has studied the copious commentary and disputation which Chinese scholars have contributed on the life and works of this poet, must dissent from the opinion quoted above."

② A. R. Davis, "Allusion in T'ao Yüan-ming", *Asia major*, N. S. 5, 1956, p. 37. Original text: "his verse is intimately involved with the philosophical and social questions of his day."

③ 杜治伟：《从陶渊明诗文中的典故看〈论语〉对陶渊明的影响》，《琼州学院学报》2015 年 12 月第 22 卷第 6 期。

④ 马俊芬：《对古圣贤的追齐与超越——解读陶渊明诗文中的圣贤典故》，《时代文学》2011 年 2 月上半月。

观点，认为陶渊明在诗文中通过各种修辞手法在不断塑造和强化陶渊明自我形象的塑造。

海陶玮关于诗文典故的翻译和阐释，揭示了陶渊明有意识地用古圣先贤安贫乐道的事迹为榜样，标榜自己归隐固穷的人生选择。他认为，陶渊明在诗歌中不断提及古代先贤的人物典型，反复用他们的事迹给自己的人生选择提供一种心灵慰藉和精神榜样，从而使自己也无形中被归为固穷守节的道德模范。近人马俊芬曾把陶诗中引用的圣贤典故做了统计①，按涉及的人物个体分，共计 21 位（其中有两人或多人作为一个整体出现的作一人计），分别是颜回、商山四皓、荷蓧丈人（植杖翁）、菹溺（长菹和桀溺）、伯夷叔齐、荣启期、邵生、扬雄、张挚、杨伦、蒙袂拒食者、子思、黔娄、袁安、阮公、张仲蔚、黄子廉、于陵仲子、丙曼容、郑次都、薛孟尝等，这些人物虽人生迥异，但都是安贫乐道、坚守道义的人物典型。汉学家缪文杰看完海陶玮《陶潜诗集》发现，"典故，尤其是历史典故，在许多陶诗中出现的频率令人惊讶……这些典故揭示了陶潜性情中理智的一面，对经典书籍的嗜好和对杰出先贤的崇敬"②。

同时，海陶玮认为，陶渊明在自己诗文中还创造了不少象征，比如归鸟、菊花、松柏、琴书、孤云、酒等等。海陶玮以"松柏"为例，揭示了陶渊明不断赋予其新的象征意义的特点，他说，《和郭主簿·其二》"芳菊开林耀，青松冠岩列"中的松柏和菊花象征在恶劣环境中不屈的隐士，《饮酒·其四》"因值孤生松，敛翮遥来归"、《饮酒·其八》"青松在东园，众草没其姿"中的"松柏"象征着坚定不移的品质，在

---

① 马俊芬：《追求自然适情的诗意人生——解读陶渊明诗文中的圣贤典故》，《楚雄师范学院学报》2011 年 1 月。

② Ronald C. Miao，"Review on *The Poetry of T'ao Ch'ien*"，*The Journal of Asian Studies*，Vol. 30，No. 3，May 1971，p. 631. Original text："Allusions，especially historical ones，appear with surprising frequency in a number of poems…These allusions reveal the intellectual side of T'ao Ch'ien's temperament，his penchant for the Classic books and veneration of the worthies of the past."

《归去来兮辞》中"松柏"出现了两次，第 18 行"松菊犹存"表达的是诗人高洁品行犹存，第 32 行"抚孤松而盘桓"表现了一个能够理解诗人孤独境遇的可靠朋友。但是无论"松柏"一词在具体语境中有什么含义，总是围绕着诗人需要表达的主题来阐释的，那就是诗人在逆境中坚定的意志，这种松柏意象在同一主题下的不断使用，形成了陶渊明诗歌重要的特征，并与菊花、归鸟等象征意象相互配合，共同构成了陶渊明以松柏为坚守己志的决心和以诗酒为寄托、以菊花为挚友的自然适情的隐居生活和精神家园，汉学家缪文杰也非常认可海陶玮的这种阐释，认为松柏象征"陶潜特有的气质"①。

通过阐释陶诗中典故、象征等修辞手法的内涵，海陶玮进一步明确和支撑了自己的观点，即：陶渊明在创作中有明显的自我形象塑造的意图。在诗文中，陶渊明不断重提那些被奉为道德模范的历史人物典故，不断探索和创新一些象征意象的具体含义，并以修辞手段不断解释、证明和强化自己所塑造的形象，以及这些形象所具有的精神价值。正是对陶诗中典故、象征等修辞技巧的阐释，使读者对陶渊明诗文的艺术特征有了更深刻的了解，也使读者更加体会到陶渊明塑造自我形象的写作意图以及面临人生重大抉择时期的矛盾复杂心理。

三　互文比照

海陶玮强调，"陶潜的赋不能够孤立地去解读"②，诗歌也一样，必须从整体上给予关照和考虑，从整个作品体系和相互关系的串联、比照中看待和分析某首诗歌的溯源和主旨。

---

① Ronald C. Miao, "Review on *The Poetry of T'ao Ch'ien*", *The Journal of Asian Studies*, Vol. 30, No. 3, May 1971, p. 631. Original text："a characteristic T'ao Ch'ien's quality."

② James Robert Hightower, "The Fu of T'ao Ch'ien", *Harvard Journal of Asiatic Studies*, Vol. 17, No. 1/2, June 1954, p. 194. Original text："T'ao Ch'ien's *fu* cannot be read in isolation."

　　《陶潜诗集》译注经常对陶诗进行互文比照：或者解释词语时前后相互对照阐释，或者把同一主题的诗歌进行归类，或者从诗歌艺术手法、思想感情等方面进行归类，以达到对陶渊明诗文全面、系统的阐释。汉学家熊彼得对这种注释方法印象深刻，认为这种方法对加深诗歌理解大有裨益：

　　　　（海陶玮）更常见也更重要的是对陶潜或之前诗人诗歌的引用，这些诗歌看似与特定诗歌没有任何关联，也不知道它们的用法有何不同，甚至在诗歌中没有提及任何相似或不同的用法。虽然这些可拿来比较的诗句自身也能说明一些问题，但若把这种基本的类比发展到对整首诗歌的比较，那我们对诗歌的理解就会加强。[1]

　　比如在注释著名的"采菊东篱下，悠然见南山"句时，海陶玮在解释上句"采菊"时说，陶渊明采菊不是为了放在花瓶中装饰，而是把菊花作为制酒的药材，他在认定这种理解的时候，采用互文手法，举出《九日闲居》来印证，这首诗中的"酒能祛百虑，菊解制颓龄"句，明确介绍了菊花作为药酒在延年益寿方面的功效；在解释下句"南山"时，海陶玮说，在采集菊瓣时映入眼帘的南山不是一个无关主题的景色描写，而是诗人脑海中的一种象征，源于《诗经》的"如南山之寿"，这也是陶渊明非常喜欢使用的意象之一。接着，海陶玮评价说"这里有一份确信，也有一份讽刺，即使是药剂和健身的笃信者，也很难那样地

―――――――――

① Peter M. Bear, "Review on *The Poetry of T'ao Ch'ien*", *Bulletin of the School of Oriental and African Studies*, Vol. 34, 1971, p. 636. Original text: "More common and important are the references to another poem by T'ao Ch'ien or an earlier poet, where the relevance is not specified, we are not told how the uses differ, and most serious there is no mention of what similar or very different uses may signify in the poems (p. 20, n. 3; p. 80, n. 1; p. 110, n. 20; p. 235, n. 13) . Comparable lines are often suggestive by themselves, but our understanding of the poetry would have been increased had such basic similarities been developed into comparisons of whole poems."

长寿"①，他认为，在这首诗中，"南山"似为庐山，对于陶渊明个人来讲似乎还有一层意思，"这座长寿之山也是自己的墓宅"②，因为"寿"经常作为"死"的隐喻说法，比如"寿材"往往表示"寿穴"。接着海陶玮仍然采用互文的手法来印证自己的解释，他引用《杂诗·其七》的尾句"家为逆旅舍，我如当去客。去去欲何之？南山有旧宅"，在这首诗中，"旧宅"往往被注释者们理解为"墓宅"的意思，另外他又联想到陶渊明《自祭文》"陶子将辞逆旅之馆，永归于本宅"句。

通过互文联想，海陶玮对这两句诗的理解都加深了——诗人采菊本为延寿，但不自觉地就遇见了自己生命终点之地。他认为，这两句诗中带有一种自我嘲讽的意味，"悠然见南山"是对采菊徒劳行为的自我暗示，"悠然"一词在关注之物（preoccupation）和感知之物（perception）之间建立了一个模糊的桥梁。以"采菊"和"南山"的互文式解释为基础，海陶玮对后继诗行和整首诗歌都有了自己的理解：

> 一旦远处的南山抓住了他的注意力，就可以带他脱离人世，南山成为长寿和自然之美的象征，成为关注的中心，自然是"鸟儿日夕而还"的地方，也是生命的归宿——这就是诗人领悟的真意，无法用语言来表达，或者说，领会了其中的真意，但是"已忘言"。③

---

① James Robert Hightower, *The Poetry of T'ao Ch'ien*, Oxford: Clarendon Press, 1970, p. 131. Original text: "It provides a touch of irony as much as of reassurance, however, for even a confirmed believer in potions and exercises could hardly hope for Long Life of such dimensions."

② James Robert Hightower, *The Poetry of T'ao Ch'ien*, Oxford: Clarendon Press, 1970, p. 131. Original text: "Which made the Mountain of Long Life the prospective site for his grave."

③ James Robert Hightower, *The Poetry of T'ao Ch'ien*, Oxford: Clarendon Press, 1970, p. 131. Original text: "Once it has engaged his attention, Southern Mountain off in the distance continues to carry him outside the world of men, and the symbol for long life comes into focus as an example of the enduring loveliness of nature into which the birds return at night and in which man is reabsorbed at the close of his life——this is part of the truth which the poet grasps and which he has no words to express, or rather, having grasped it, he can forget words."

海陶玮认为，尽管《陶渊明诗文汇评》中关于这首诗的各种评论达
七页之多，但是这些评论对这首看似简单实则异常复杂的诗歌解读并不充
分，真正理解这首诗内在含义的关键线索就是"采菊东篱下，悠然见南山"
这句。他从文本对照的角度对这两句诗的分析，比一些国内学者纯粹从美
学角度赏析显得更加深刻，进而也对整首诗有了更深刻的理解，他说：

> 很容易理解这首诗为什么是陶诗中最著名的诗歌之一，它高超
> 地传达了伟大隐士的超然和安宁。他归隐于市，却超然世外，与自
> 然的交流是通过东篱菊花、远方山景进行的，虽不着一词，但其中
> 的基本道理已被传达，就像诗人所表达的那样。①

诗人通过一些意象传达了诗歌含义，真正传达的道理就蕴涵其中，
"此中有真意，欲辨已忘言"。

除了用陶渊明自身诗文互相比照来解释诗歌意旨外，海陶玮还经常
提及其他作家作品的相关诗句。比如《咏三良》，海陶玮花了很大篇幅
汇总了之前所有关于"三良"的诗歌，并逐一进行翻译和分析，主要
有《诗经·秦风·黄鸟》、阮瑀《咏史诗·其一》（误哉秦穆公）、曹植
《三良诗》、王粲《咏史》等，他通过大段翻译和分析，试图说明，这
种诗歌的主题并不是陶渊明自创的，他的概括也未必完全，因为"这是
一个非常普遍的主题"②。

---

① James Robert Hightower, *The Poetry of T'ao Ch'ien*, Oxford：Clarendon Press, 1970, p. 130. Original text："It is easy to understand why this is one of T'ao Ch'ien's most famous poems. It conveys admirably the detachment and repose of the Great Recluse who makes his home among men yet remains uncontaminated by the world, whose communion with nature occurs as readily through the chrysanthemums by the eastern hedge as through the distant mountain scenery. A fundamental truth seems to have been communicated, even as the poet suggests, without having been formulated in words."

② James Robert Hightower, *The Poetry of T'ao Ch'ien*, Oxford：Clarendon Press, 1970, p. 223. Original text："(There may have been other poems on the subject,) for it was clearly a popular one."

译注《咏荆轲》时，海陶玮先选摘了汉学家卜德（Derk Bodde）《古代中国的政治家、爱国者及将军》（1940）中《史记》"荆轲刺秦王"的片段，让读者了解荆轲这个人物及其事迹，然后介绍翻译了阮瑀《咏史诗·其二》（燕丹善勇士）、《文选·左思〈咏史〉·其六》，这些诗歌都是对荆轲进行赞颂的诗歌。海陶玮说，"虽然他（陶渊明）的诗歌并没有脱离这种类型，但对这些素材进行了更加有效的利用"①。

海陶玮在解释《归园田居·其三》"种豆南山下，草盛豆苗稀"时说，"南山"是否为庐山、豆苗是否种在南山脚下不是一个紧要问题，因为这种用法早已有之，他在注释中提及并翻译了《汉书·杨恽传》"天彼南山，芜秽不治。种一顷豆，落而作萁"②；在解释《归园田居》其五"日入空中闇，荆薪代明烛"时，联想并翻译了《古诗十九首》"欢来苦夕短，已复至天旭"。

海陶玮比照串联的诗歌阐释方式，客观上产生一个结果，就是贡献了陶诗文之外的其他诗歌翻译，这在早期诗歌翻译史上也具有重要意义，主要有：《诗经·齐风·东方未明》（第一节，第138页），《论语·微子》（"长沮、桀溺耦而耕"，第110页），《礼记·檀弓下》（"嗟来之食"，第166页），《穆天子传·卷三》（"白云在天……将复而野"，第232页），《商山四皓歌》（"莫莫高山"，第88页），《古诗十九首》（之十五两句"昼短苦夜长，何不秉烛游"，第56、144页），《古诗十九首》（之十二后半段"燕赵有佳人"，第180—181页），《古诗十九首》（之四两句"人生寄一世，奄忽若飙尘"，第186页），曹植《杂诗》（"仆夫早严驾"，第172—173页），阮瑀《咏史诗·其一》

---

① James Robert Hightower, *The Poetry of T'ao Ch'ien*, Oxford: Clarendon Press, 1970, p. 251. Original text: "Though his poem is hardly a new departure in poetry of this sort, T'ao Ch'ien has made a more effective use of his material."

② James Robert Hightower, *The Poetry of T'ao Ch'ien*, Oxford: Clarendon Press, 1970, p. 52.

（"误哉秦穆公"，第 221—222 页），阮瑀《咏史诗·其二》（"燕丹善勇士"，第 227 页）、杜甫《遣兴》（"陶潜避俗翁"，第 163 页）、李白《月下独酌》（"举杯邀明月，对影成三人"，第 188 页）等。

总之，海陶玮"非常清楚把陶渊明与更早诗人进行比较来理解一个短语涵义的真正价值"①。朱光潜曾说陶渊明为人和为诗都"是一个大交响曲而不是一管一弦的清妙的声响"②，范子烨以西方互文理论切入到陶渊明的诗文研究，强调在文际关系中发觉和解读作品的意义，在互文视域下对陶渊明的《拟古》和《止酒》进行了详细分析和研究，范子烨也注意到海陶玮《陶潜诗集》中关于《止酒》的题旨和"止"在这首诗中的解释，认为海陶玮的研究是"准确、精到的"③。

除了在诗文阐释时重视整体意旨外，海陶玮在《陶潜诗集》译注的各个环节也都非常重视整体观照，汉学家福瑟克特别指出，"海陶玮记录了每一个参考文献，并解释了它对整首诗意义的重要性"④。

第三节　评论的特色

在《陶潜诗集》中，海陶玮或者进行中西比附，促进西方受众理解诗文，或者自发评论，表达自己独特的观点，或者出于谨慎，坦诚地承认自己在某个问题上的疑惑不解，这些评论也体现了海陶玮严谨的学术理念。

---

① Peter M. Bear, "Review on The Poetry of Tʻao Chʻien", Bulletin of the School of Oriental and African Studies, Vol. 34, 1971, p. 636. Original text："He knows well the value of concordance work for understanding a phrase by comparing it to similar phrases in other poems by Tʻao Chʻien and earlier poets."

② 朱光潜：《诗论》，北京出版社 2014 年版，第 310 页，"第十三章陶渊明"。

③ 范子烨：《春蚕与止酒——互文性视域下的陶渊明诗》，社会科学文献出版社 2012 年版，第 223—224 页。

④ Lois M. Fusek, "Review on The Poetry of Tʻao Chʻien", Journal of the American Oriental Society, Vol. 93, No. 1, Jan. – Mar. 1971, p. 82. Original text："Mr. Hightower documents every reference and explains its importance to the meaning of the poem as a whole."

一 中西比较

海陶玮《陶潜诗集》是以西方读者为目标受众的著作，需要照顾到西方读者对中国文化的认知水平和接受难度。中西比附，是指运用中西类比、以西释中的方法，以西方读者熟悉的思想、文学、礼俗、名物等概念来阐释具体的诗句，突出中国传统文化的异质性和中西文化的差异，帮助他们在比较中加深对中国诗词内涵的理解，这种方法对西方读者理解中国文化和中国文学是有积极意义的。

在解释《山海经·其十》"精卫衔微木，将以填沧海。形夭无千岁，猛志故常在"时，海陶玮先简要介绍了精卫和形夭的事迹，然后说，"精卫和形夭也许都能被视为普罗米修斯式的人物，他们挑战不可战胜的力量并且拒绝接受失败"。① 精卫填海、形夭（刑天）与帝争神并舞干戚的事迹，与希腊神话中普罗米修斯偷火种带给人类文明却触犯宙斯遭受折磨一样，都是为人类利益宁愿牺牲自己并且敢于挑战权威的英雄事迹。这种比附能够让西方读者从熟悉的神话人物出发，联想理解中国神话人物精卫、形夭的事迹。

在解释《咏二疏》"高啸返旧居，长揖储君傅。践送倾皇朝，华轩盈道路"时，海陶玮把"高啸"翻译为"With a high-pitched whistle"，认为这个词语"和西方语境很不相同，中文语境中的口哨较少表达轻浮，而更多是从韵律上表达内心感情的方式，它往往表达吹口哨者与自然力量的协调与融合"②。他说，在英语中，"whistle"通常指"口哨；

---

① James Robert Hightower, *The Poetry of T'ao Ch'ien*, Oxford: Clarendon Press, 1970, p. 242. Original text: "Ching-wei and Hsing-t'ien may both be regarded as Promethean figures who challenge invincible power and refuse to accept defeat."

② James Robert Hightower, *The Poetry of T'ao Ch'ien*, Oxford: Clarendon Press, 1970, p. 218. Original text: "A whistle is less frivolous, more musical and a more basic expression of inner feeling in a Chinese context than a western one. It brings the whistler into harmony with natural forces."

汽笛；呼啸声"，使用"口哨"这个义项时，通常用来表达人物的某种喜悦、戏谑等情绪，在汉语中，"啸"表示吹口哨的义项已被"哨"所代替。海陶玮这种中西联想和解释是必要的，从具体语词细节出发的翻译解释也比较到位。《说文》"啸，吹声也"，指撮口作声，打口哨，是指一种歌吟方式，一般不歌吟实际的内容，也不遵守既定的格式，更多是指随心所欲地吐露心曲。结合这首诗的具体情况，主要赞颂西汉疏广、疏受二人功成身退、知足不辱的事迹，"高啸返旧居"的"高啸"在这里就是"高声啸歌"的意思，有一种主动退隐、豁然旷达的豪迈之情，与前一句的"借问商周来，几人得其趣"的"趣"字相呼应，形成一种怡然自得的趣味。海陶玮进而指出，"高啸"使人与自然和谐统一，这与"啸"常常指动物和自然界的声音是一致的，比如虎啸、猿啸、呼啸、海啸等，与陶渊明《归去来兮辞》"登东皋以舒啸，临清流而赋诗"中"啸"的用法也是一致的。

在解释《咏荆轲》"雄发指危冠，猛气冲长缨"中的"雄发指危冠"时，海陶玮认为，"'头发直竖'这种夸张手法的使用在汉语和英语中都很普遍，但作为一种生理现象则在两种文化中都比较罕见，然而它们引发的联想却截然不同"[①]。在中国文化中，"头发直竖"更多地指战士狂暴的愤怒，而在英语文化中，更多指恐惧的心理。他认为，中国文化中的观点更为合理，如果我们观察动物如狗、猫等，当它们高高勃起毛发的时候，都是警惕待战之姿，所以"头发直竖""功能上是表达威胁、愤怒的，情绪上也许是恐惧的"[②]。

---

① James Robert Hightower, *The Poetry of T'ao Ch'ien*, Oxford：Clarendon Press, 1970, p. 228. Original text："This hyperbole of the hair standing on ending is as common in Chinese as in English, and as a physiological occurrence, no doubt as rare in both cultures. The associations, though, are quite different."

② James Robert Hightower, *The Poetry of T'ao Ch'ien*, Oxford：Clarendon Press, 1970, p. 228. Original text："the function is to threaten, though the emotion may be fear."

　　在解释《读山海经·其一》主旨时，海陶玮说，《穆天子传》和《山海经》都是虚构作品，介绍了许多神话传说故事，但是"比起马洛里，在形式上更接近于贝德克尔"①。在这里，海陶玮用两种西方文学典故来阐释中国两部作品的风格。托马斯·马洛里（Thomas Malory，1415/1418—1471）是英国作家，《亚瑟王之死》的作者，他以传奇形式讲述了不列颠国王亚瑟和圆桌骑士的英雄故事。贝德克尔通常指1827年7月1日德国出版商贝德克尔（Karl Baedeker）推出的著名国际旅行指南（World Wide Travel），后泛指其他类似的作品或旅游指南。海陶玮说，《穆天子传》更像是历史书，《山海经》更像是地理书，两者内容上都有小说式的虚构成分，但在形式上更接近以介绍地理和风土风俗见长的贝德克尔式的旅行手册和指南。

　　值得指出的是，这种中西比附有时也未必十分恰切，但仍然能够成为阅读导入增加西方读者的亲切感、熟悉感。如海陶玮在解释《戊申岁六月中遇火》主旨时提及，"他（陶渊明）最终以赣第德似的思考，表达了类似的对世界幻想的破灭"②赣第德（Candide）是18世纪法国作家伏尔泰哲理小说代表作《老实人》中的主人公，意思就是"老实人"，这部小说1759年首次出版，主题是批判17世纪德国哲学家莱布尼茨的盲目乐观主义哲学。"老实人"生性温和，性格率直，思想单纯，刚开始的时候十分信奉他的老师邦葛罗斯的乐观主义哲学，相信在这个世界上一切事物都是完美的，但是自身不幸的遭遇和社会现实的残酷粉碎了他的梦想。《戊申岁六月中遇火》是陶渊明于晋安帝义熙二年（406年）写的一首诗，当时他已辞彭泽令，归隐家乡，不幸遭遇火灾，

---

　　① James Robert Hightower, *The Poetry of T'ao Ch'ien*, Oxford: Clarendon Press, 1970, p. 230. Original text: "In a form far closer to Baedeker than Malory."

　　② James Robert Hightower, *The Poetry of T'ao Ch'ien*, Oxford: Clarendon Press, 1970, p. 118. Original text: "The Candide-like reflection with which he concludes expresses a similar disillusionment with the world."

产生心理波动，于是"中宵伫遥念"，遥想到传说中的古代帝王东户季子之时民风淳朴，道不拾遗，最后决心不改初衷，以平素的生活信念来化解灾变的影响，"既已不遇兹，且遂灌我园"表明诗人已经开始面对现实，坚定躬耕。诗中的陶渊明形象与西方文学中的"老实人"形象有相似之处，但不完全相同，陶诗表现了诗人接受严峻考验、坚定躬耕的决心，显示了主人公自我调节、自我解压、自我说服的能力，而"老实人"从来无法掌握自己的命运，也没有意识去抗争，一直是在别人的掌控下生活，更多的是一种可怜可悲的悲剧形象。在这里，用"老实人"来比照贫苦交加的陶渊明境遇，也能够在一定程度上帮助西方读者理解诗歌。

《九日闲居》"敛襟独闲谣，缅焉起深情"的"敛襟"一词，海陶玮翻译为"Drawing tight my robe"，并注释说，"敛襟通常就是一个姿势，相当于抚正领带一样，就是把衣服整理好"①。他说，"敛襟"更像是一个冷秋季节没有饮用温酒的人表现出的一个自然的姿势。"襟"的本义是指古代衣服的交领，因为古代衣襟左右相交，后指衣的前幅，上衣或袍子前面的部分，"敛襟"就是"整敛衣襟"，在本诗中指的是重阳佳节隐居不仕的陶渊明穷困无酒、衣带不整，整敛衣襟后肃然独吟的情景。"领带"一词在古汉语中指的是古代衣领上的饰边，如《宋史·五行志五》"北海县蚕自织如绢，成领带"。海陶玮在此处使用"领带"一词，显然是极具西方服饰特征的用法，"领带"一词发源于欧洲，具体来源已不可考，但发展至今，已成为正式交际活动中男士经典正装必不可少的重要标识。"衣襟"和"领带"在本意上差别较大，"敛襟"主要是整理下自己的衣服（不一定是正装），而西方的"领带"却是上装领部的饰件，系在衬衫领子上并在胸前打结，起着修饰、点缀、美化

---

① James Robert Hightower, *The Poetry of T'ao Ch'ien*, Oxford: Clarendon Press, 1970, Introduction, p. 49. Original text: "The robe drawn tight is usually a gesture equivalent to straightening your necktie; it means putting your clothes to rights."

西装的作用,"扶正领带"是拉直、扶正这一配饰。此处的"敛襟"和海陶玮所联想到"扶正领带"似乎也有相似之处,都有整理衣装、正式庄重之意,"敛襟"更像"扣好衣服的扣子"一样来整理衣装。

另外即使不是有意地进行中西比附,海陶玮在进行诗文阐述时,也自觉或不自觉地以"他者"的视角,用西方文化词汇如弗洛伊德、乌托邦、英里等来解释诗句及其含义,如在解释《饮酒二十首·其七》时,他提到"虽然这种主题在某种程度上是整个系列组诗的潜在涵义,但它有时可能也会像弗洛伊德式早期一样出现在表面"①;在解释《桃花源记》写作背景时,他说"因为这毕竟是一个想象中的乌托邦,同样遥不可及,无法实现,因其构想较为简单"②;在解释《山海经·其六》"洪柯百万寻"时,对于"寻"(一寻等于八尺)这个古代长度单位,他专门在注释中说明,一寻是一百英里高,并用括号标明是 300里;在解释《归园田居·其一》"方宅十余亩,草屋八九间"时,他把"十余亩"翻译为"a couple of acres"(几英亩),随之又把"八九间"译为"four or five rooms"(四五间)。这些都表明,海陶玮主要还是以西方读者为目标来翻译和阐释陶诗的。

二 独特评析

海陶玮在博采众长、充分研读世界范围内陶学成果的同时,以自身深厚的汉学功底对陶诗进行了深入而详细的评注,对作品的旨意、典

---

① James Robert Hightower, *The Poetry of T'ao Ch'ien*, Oxford: Clarendon Press, 1970, p. 135. Original text: "Though it may in some way underly this whole series, it could come to the surface early in a Freudian sort of lapse."

② James Robert Hightower, *The Poetry of T'ao Ch'ien*, Oxford: Clarendon Press, 1970, p. 256. Original text: "for this is after all an imagined utopia, no less remote and impossible for the modesty of its conception." 关于桃花源和乌托邦的比较,可参见包涵《两个民族、两个时代的理想世界——"桃花源"与"乌托邦"之比较》,《九江师专学报》1986 年第 3 期。

故、思想、内涵等内容进行了独立的思考和独到的解读，"文本分析建立在清楚的逻辑和清醒的理性之上，其中不乏真知灼见"①，形成了"短小精悍，切中要害"②的海氏评析。

这种"自发胸臆，抒发己见"的研究思路也符合海陶玮始终秉持的学术态度，他既主张充分尊重和借鉴已有的学术研究成果，又反对人云亦云，简单重复前人研究。他曾对中国屈原研究的状况表达了担忧，认为研究著述不断增多而结果不如人意的原因，就是"重复、雷同达到了惊人的地步……关于同一论题，他人已有识在先，而学者却置若罔闻——中国学者的这种普遍倾向，是令人惋惜的"③。

在自己的研究中，海陶玮并没有盲目接受古今中外某家某派的任何意见，而是对前人成果进行了充分的研读和严谨的分析，保持自己独立的判断，从而得出带有明显海氏风格的结论。他的每个观点都有据可依，有理可据，颇有一得之见。汉学家毕晓普评论说，《陶潜诗集》"每首诗后面都有大量的解释，包含了几个世纪以来的中日评论，以及其他的翻译，同时保持了独立的判断"④。

体现在翻译上，海陶玮一方面充分研读了之前几乎所有的陶渊明诗文英译作品，另一方面又极力避免引用英语世界已有的陶诗译文，这样做，就是想"让这些译文成为自己的（成果）"⑤，因此他的翻译与之前

---

① ［德］柯马丁：《学术领域的界定——北美中国早期文学（先秦两汉）研究概况》，何剑叶译，载张海惠编《北美中国学——研究概述与文献资源》，中华书局 2010 年版，第 606 页。

② Donald Holzman, "Review on *The Poetry of T'ao Ch'ien*", *T'ong Pao*, Second Series, Vol. 57, livr. 1/4, 1971, p. 179. Original text: "（These comments are）short and to the point."

③ ［美］R. 海陶玮：《屈原研究》，周发祥译，载马茂元《楚辞研究集成·楚辞资料海外编》，湖北人民出版社 1986 年版，第 97 页。

④ John L. Bishop, *Books Abroad*, Vol. 45, No. 2, Spring 1971, p. 361. Original text: "The extensive explication that follows each poem incorporates centuries of Chinese and Japanese commentary, as well as other translations, while preserving independence of judgment."

⑤ James Robert Hightower, *The Poetry of T'ao Ch'ien*, Oxford: Clarendon Press, 1970, p. 10. Original text: "I have tried to make these translations my own."

的英译陶著具有明显区别。《陶潜诗集》序言说：

> 我固执地坚持了我的一些个人解释，对参考其他英译本不抱有
> 幻想，尽量在翻译中保留了一些我个人的东西。只能这样说，与我
> 读过的其他人的（英译作品）相比，我更喜欢自己的翻译。无论
> 如何，还是要感谢那些给我提供建议和知识的学者们。如果我翻译
> 得不好，那不是他们的错。①

他在翻译方面"固执"地坚持了很多自己的理解，比如《杂诗·其
六》"去去转欲远，此生岂再值"句，张辛本和戴维斯本分别译为：

The more I travelled, the farther I wanted to go.

Shall I live this life again?②

（张辛本）

On, on, more and more my days draw away;

Surely I shall not meet with this life again. ③

（戴维斯本）

由此可以看出，张辛是把"去去转欲远"作为人生旅途的远近来
讲的，戴维斯是把"去去转欲远"作为时间的流逝来讲的，两者的理

---

① James Robert Hightower, *The Poetry of T'ao Ch'ien*, Oxford: Clarendon Press, 1970, Preface. Original text: "I have stubbornly clung to some of my private interpretations, if only to have something of my very own in the translation besides the English, about which I have few illusions. All I can say for it is that I prefer it to some other people's I have read. At any rate, I am grateful to the scholars who have helped me with their advice and erudition. If my translation is no better, it is not their fault. "

② Lily Pao-hu Chang and Marjorie Sinclair, *The Poems of T'ao Ch'ien*, Honolulu: University of Hawaii Press, 1953, p. 83.

③ Davis Albert Richard, *Tao Yuan-ming* (AD. 365 – 427) *His works and their meaning*, Hong Kong: Hong Kong University Press, 1983, p. 131.

解有相似之处，都表达了时空流逝的含义。海陶玮则翻译为：

faster and faster past it goes,

this life I will not see again.

很显然，海陶玮把"远"作为"快速"来讲了，他认为，"远"还有一个说法是"速"，两者意思类似，"速"字更与下一句"此生岂再值"呼应，时间常常迅速流逝，人们才更加珍惜余生。对有关这首诗的众多评论和翻译，他说："评论者和翻译者均分成两派，但是任何一方都没有注意到另一方的存在"①，他认为，远，辽也（《说文》），表示时间和距离，与"近"相对；速，疾也（《说文》），是运动快慢的计量，所以整个诗句的意思是"去去反而愈远，此生岂能再逢盛年？"

体现在注释上，海陶玮认为，只有广泛参考才能甄别出真正符合诗文原意的理解。陶诗并不像一般人认为得那样浅显易懂，否则就不会引起数量众多的评论和不同版本的解读：

这些诗歌所引起的数量庞大的评论，往往被解释为陶诗的重要，但是这些评论者（还有翻译者）的严重分歧，表明经常会有一些不能确定的理解。②

---

① James Robert Hightower, *The Poetry of T'ao Ch'ien*, Oxford: Clarendon Press, 1970, p. 193. Original text: "The commentators and translators are pretty evenly divided between the two reading, but none notices the existence of the other."

② James Robert Hightower, "Review on *T'ao the Hermit, Sixty Poems by T'ao Ch'ien* (365 – 427)", *Harvard Journal of Asiatic Studies*, Vol. 16, No. 1/2, June 1953, p. 265. Original text: "The considerable volume of commentary it has inspired can be explained by the importance of the poetry, but the gross divergencies between the commentators (and translator for that matter) suggest that there is frequently a real uncertainty about the reading."

海陶玮并不是简单地以一部陶渊明注释本为底本从头到尾逐一进行翻译和注释，而是熟读掌握相关研究成果之后，以评论的方式来注释，这些注释包括字词、语法的讨论，也包括典故、专有名词的阐释。在注释中，他并无古今中外之别，也没有依从某国别、某学者、某版本、某本书的任何倾向，而是进行了自己的思考和判断，以自认为最为合理的解释作为依据，有时直接列举所采纳的观点，有时列举多方意见之后采纳其一，有时对多方观点进行评判和分析，有时也提出自己的困惑和不解。海陶玮这种注释方式在整部译著中俯拾即是，不再赘述举例。

体现在评论上，海陶玮尽管充分尊重和引用了历代中国文人和日本学者的注释和观点，但并不是原封不动地引用和摘录，而总是鲜明地指出自己的观点。关于诗歌不同理解的阐释，他大多能够列出所有观点并进行辨析，最终明确提出自己的意见，这也是他有意弥补奥地利汉学家赞克陶渊明诗文德译本的不足，他认为赞克的译本总体质量非常好，就是"有选择地呈现某一评论而非其他评论的时候，并未借助注释等手段来提醒读者"①。海陶玮的评论是《陶潜诗集》中非常引人瞩目的部分，汉学家侯思孟、傅汉思等都对评论部分评价很高，认为这部分内容"能够揭示诗歌表面之下更加深刻的含义"②。

比如，历代各家在评注陶渊明《拟挽歌辞三首》的时候，一般都认为此诗是摹仿和因袭前人之作，主要是《文选》（卷28）缪袭的一首五言《挽歌诗》和陆机三首五言《挽歌诗》。海陶玮在翻译缪、陆作品

---

① James Robert Hightower, "Review on T'ao the Hermit, Sixty Poems by T'ao Ch'ien (365 – 427)", *Harvard Journal of Asiatic Studies*, Vol. 16, No. 1/2, June 1953, p. 268. Original text: "lacking any critical apparatus to warn the reader where they are following one commentator in preference to another."

② Hans H. Frankel, "Review on The Poetry of T'ao Ch'ien", *Harvard Journal of Asiatic Studies*, Vol. 31, 1971, p. 313. Original text: "Hightower succeeds in probing beneath the surface and laying bare the deeper meaning of many poems."

各一首的基础上，根据崔豹《古今注》将这首诗追溯到了汉乐府中李延年的《薤露》和《蒿里》，他在注释时首先介绍了挽歌的古老传统，接着不吝笔墨，详细翻译分析了李延年《薤露》和《蒿里》，缪袭《挽歌诗》（生时游国都）和陆机《挽歌诗·其二》（重阜何崔嵬）等几首挽歌，以使读者更好地了解挽歌这种文体的历史背景和文学传统，把陶渊明的挽歌与缪袭、陆机的挽歌相比较，指出他们的相仿之处，以便读者更好地理解和欣赏陶渊明的挽歌。他说：

> 把该作品看作是他写给自己葬礼的挽歌，这是很平常的看法。考虑到他给自己写挽歌的这种相似之处，这并不是一种不合道理的做法。①

海陶玮的这种观点，延伸了陶渊明《拟挽歌辞》的溯源，弥补了中国学者在评论这首诗中的不足和局限，使读者可以更加深入地理解这首诗歌。

海陶玮大多情况下坚持了客观冷静的陈述，也偶尔对诗歌做出自己好恶的倾向性评价，这种评价也是他坚持独立评论的佐证。比如他认为，《杂诗·其七》主要是感慨岁月易逝来日无多，惟顺化以归旧宅，这首诗是用《古诗十九首》的方式来写的，但用的是陶渊明自己的语句和想象，他评价说，"这首诗是这个系列中最好的诗歌"②。与此相反，他认为《咏贫士·其五》，"在这个说教系列的诗歌中，是最不成功的一首"③，

---

① James Robert Hightower, *The Poetry of T'ao Ch'ien*, Oxford：Clarendon Press, 1970, p. 251. Original text："It is usual to read T'ao Ch'ien's poem as a dirge written for his own funeral, and given the similarities to the Elegy he wrote for himself, it is a not unjustifiable way of taking it."

② James Robert Hightower, *The Poetry of T'ao Ch'ien*, Oxford：Clarendon Press, 1970, p. 194. Original text："It belongs with the best poems in the collection."

③ James Robert Hightower, *The Poetry of T'ao Ch'ien*, Oxford：Clarendon Press, 1970, p. 210. Original text："The least successful in this didactic series."

原因是这首诗"充满困惑而较少给人启迪"①，他对这首诗的所有注释和评论，"都主要是在为克服理解的障碍而服务"②。

陶学是一门源远流长的学问，很多问题经过历代注释和研究都得到了考证辨析，清晰可循，但也存在不少歧见，海陶玮以"他者"视角，在研读陶学成果的基础上，重新审视和评价了陶学中的诸多问题，并给出了自己建立在独立思考基础上的评论，颇具价值。

三 谨慎存疑

海陶玮在博采众长基础上表达了自己的理解、翻译和注释，对广涉各家注释评论之后仍然困惑不解、无法定论的地方，他就坦然存疑，承认自己作为一名译者的局限，这也体现了他诚恳严谨的学术态度：

> 每当某个段落或某首诗歌有不止一种解释时——这在陶潜诗歌中非常普遍，海陶玮就会举出各种可能的解释并相互权衡。在所有作品中始终保持令人钦佩的诚实，有时在无法解决某些具体问题时，他会坦陈自己的无能为力。③

在讨论《拟古·其九》时，海陶玮简要介绍了国内外关于此诗的研究。国内关于这首诗歌主题的看法主要有两种，一是明代黄文焕的

---

① James Robert Hightower, *The Poetry of T'ao Ch'ien*, Oxford: Clarendon Press, 1970, p. 210. Original text: "This poem is less edifying than puzzling."

② James Robert Hightower, *The Poetry of T'ao Ch'ien*, Oxford: Clarendon Press, 1970, p. 210. Original text: "A commentary serves chiefly to point out the obstacles to understanding it."

③ Hans H. Frankel, "Review on *The Poetry of T'ao Ch'ien*", *Harvard Journal of Asiatic Studies*, Vol. 31, 1971, p. 313. Original text: "Whenever there is more than one possible interpretation of a given passage or poem which is often the case in T'ao Ch'ien's poetry——the various possibilities are set forth and weighed against each other. With the admirable honesty that characterizes all his work, Hightower occasionally admits his inability to resolve a particular problem."

"恭帝被废"说，"此诗九首专感革运，最为明显，与他诗隐语不同……至末章，'忽值山河改'，尽情道出，愤气横霄"①，认为恭帝戊午年立，庚申年被刘裕逼禅，首尾三年，正好应合了《拟古·其九》"种桑长江边，三年望当采"之句意。二是近人古直"司马休之之败"说，认为"此首追痛司马休之之败也"。可以看出，这两种意见都主张"政治寓意说"，但海陶玮却反对这种解释，他说："我不清楚这些事件对陶潜有什么特殊的意义"②，接着介绍了日本学者的观点，一海知义认为"他（陶渊明）也许还有更多的个人顾虑"③，铃木虎雄认为"用常见的方式把它（这首诗）与陶的生活联系在一起——诗人为自己在虚俗事务上的软弱无能感到无可奈何"④，在以上分析基础上，海陶玮似乎还难以确定自己的结论，他说：

> 我倾向于相信，任何类型的诗歌都必须与主题保持一种清晰的关系。这首诗歌的主题目前可能仍然是个谜，但有一点可以确定，它具有一定的政治性。⑤

关于这首诗的主题，国内学者几乎都以政治寓意予以解读，国

---

①　（明）黄文焕：《陶诗析义》卷四，清光绪丙子孟夏线装重刊本，第八、九页，河南大学图书馆古籍室藏。

②　James Robert Hightower, *The Poetry of T'ao Ch'ien*, Oxford：Clarendon Press, 1970, p. 184. Original text："It is not clear why this event should have had particular significance for T'ao Ch'ien. "

③　James Robert Hightower, *The Poetry of T'ao Ch'ien*, Oxford：Clarendon Press, 1970, p. 184. Original text："Ikkai suggests that he may have had some more personal concern in mind. "

④　James Robert Hightower, *The Poetry of T'ao Ch'ien*, Oxford：Clarendon Press, 1970, p. 184. Original text："Suzuki relates it to T'ao's life in a very general way——the poet is writing in a mood of resignation about his ineptitude in wordly affairs. "

⑤　James Robert Hightower, *The Poetry of T'ao Ch'ien*, Oxford：Clarendon Press, 1970, p. 184. Original text："I am inclined to believe that to be any sort of poem it must bear a less vague relation to its subject. What the subject might be at this late date likely to remain a mystery, except that it is in some way political. "

外学者更多是从诗人个人阅历和情感来解读，海陶玮为了谨慎起见，采取了存疑态度，是较为妥当的做法。其实，关于这首诗的主题，古往今来也有学者主张"无所指"说，比如清代学者何焯就说过"此言下流不可处，不得谬比易代"①。学者袁行霈也认为，"各家或曰喻指恭帝，或曰喻指司马休之，或曰喻指桓玄，多牵合'三年'之数。其实，'三年'者，自种桑至采桑，所需时间也。直述而已，何必有所喻指？"② 这些看法与海陶玮非常相近。

海陶玮解释《杂诗·其十一》主题时，在介绍了陶澍、古直等人的观点后，无奈地说：

　　我确信这是我们经常遇到的诗歌类型，真希望他（陶渊明）没有写过这首诗，如果他确实写了，这首诗可能会对他同时代的人具有实际意义。对我们来说，即使我们获得一种解决谜题的办法，它仍是一首没有人会愿意读第二遍的诗歌。③

陶渊明《述酒》乃为刘裕篡晋而发，多有歧解，不得定论，中外学者往往综合诸家之说勉强解释。海陶玮说，他自己的注释也难以令人满意，"其刻意营造的复杂结构，与其说是诗歌，还不如说是谜题，且并未提供任何可信的引导"④。

---

① （清）何焯：《义门读书记·陶靖节诗》，石香斋清乾隆年间线装刻本，河南大学图书馆古籍室藏。

② 袁行霈：《陶渊明集笺注》，中华书局 2011 年版，第 234 页。

③ James Robert Hightower, *The Poetry of T'ao Ch'ien*, Oxford：Clarendon Press, 1970, p. 201. Original text："For once I feel confident that this is the sort of poem we are dealing with, and again I hope that he did not write. If he did, it could have been meaningful to his contemporaries. For us, even if we had a certain solution of the riddle, it would still be a poem no one would read twice."

④ James Robert Hightower, *The Poetry of T'ao Ch'ien*, Oxford：Clarendon Press, 1970, p. 161. Original text："It does not always provide a convincing guide through the deliberate perplexities of what is more a puzzle than a poem."

　　当然，海陶玮偶尔也直言不讳地对诗句和翻译提出疑惑。《杂诗·其九》"日没星与昴，势翳西山巅"，他译为"The sun set in the constel-lations shen and mao, And cast its aspect over the western peaks"，并坦白指出，"势"是根据日本学者铃木虎雄的注释"circumstances, situa-tion"来翻译的，指的是落日余晖笼罩西山之巅的情景，但他对"势"这个词似乎并不是太理解，他说："很难想象，为什么使用这样一个语义模糊的词语，所以我怀疑是印刷错误。"①

　　在解释《杂诗·其十二》"养色含津气，粲然有心理"时，海陶玮很坦诚地说自己并不知道"养色"的意思，但"养生"通常指"滋养的重要法则"，包括呼吸控制和保持精气等。吞咽津和气是养生的一部分，所以他译为"But nourish beauty, swallow air and spittle"。养色，其实就是（松树）养其气色，内涵津气。

　　在《陶潜诗集》注释中，笔者还发现海陶玮在一些不确定、不明白的地方直接标注了问号"?"，在《停云》《丙辰岁八月中于下潠田舍获》《饮酒·其五》《读山海经·其五》《读山海经·其十一》等诗歌的注释中②，都对一些词句的解释做了存疑处理。

第四节　《陶潜诗集》的价值与局限

　　上文是从文本内部出发，总结《陶潜诗集》在翻译、注释和评论三个方面的特色，本节将从整体上总结海陶玮在这部译著中体现出的中西兼容的译介理念，并把《陶潜诗集》放在英语世界陶学历

---

① James Robert Hightower, *The Poetry of T'ao Ch'ien*, Oxford：Clarendon Press, 1970, p. 199. Original text："It is hard to imagine why so vague a word was chosen, and I suspect a misprint."

② James Robert Hightower, *The Poetry of T'ao Ch'ien*, Oxford：Clarendon Press, 1970, pp. 14, 123, 131, 236, 244.

史进程中，定位和评价海陶玮在陶渊明研究方面的地位、价值、贡献和局限。

一 中西兼容的译介理念

面对存世至今的陶渊明作品和浩如烟海的中国传统陶学研究成果，如何展开自己的翻译和研究，海陶玮展现出一种宽广的学术视野和兼容并蓄的研究路径，他强调充分学习和借鉴世界范围内的陶学成果，既遵循以训诂考据为主要方法诠释中国古典文献的中国学术传统，又继承典籍、文字学的欧洲汉学传统，还强调运用西方文论和研究方法来研究中国文学。他认为只有这样才能深度挖掘中国诗歌传达的文化内涵，体现中国文学的内在价值和趣味，使中国文学在世界文学中得到公正的评价，也才能使西方读者心悦诚服地接受中国文学。

（一）情感共融，深刻研读作品内涵

译者素养直接关系到译者对作品内涵理解的深度和翻译质量的高低，译者对作品的情感认同、个性倾向和翻译意图，是考察译者作为翻译主体的一个重要因素。英国诗人兼翻译家约翰·德莱顿认为："诗歌翻译是一种探求同感的过程，译者与作者'感同身受'，将作者的表达化作自身的表达。"① 德国近代学者里普斯"移情说"强调主体与客体之间不是对立而是浑然统一、情感互通的，"对象就是我自己"②。刘勰《文心雕龙·物色篇》的"随物以宛转""与心而徘徊"和《诠赋篇》

---

① Kenneth Rexroth, "The poet as Translator", in W. Arrowsmith & R. Shattuck, eds., *The Craft and Context of Translation*, 1964, p. 29. Original text："the translation of poetry into poetry is an act of sympathy. The identification of another person with oneself, the transference of his utterance to one's own utterance."

② 马奇主编：《西方美学史资料汇编》（下），上海人民出版社 1987 年版，第 848 页。

"情以物兴""物以情观"的观点，其实更深刻地描绘了作家与作品之间情感移动的双向互动过程。现代陶学专家汪榕培也在翻译陶诗的过程中总结说，"我越来越意识到翻译陶诗必须从了解陶渊明其人开始，然后消化陶渊明其诗，进而在充分借鉴前人成果的基础上，译出一个比较满意的文本来"[①]。海陶玮对陶渊明的热爱以及对其作品的长期研读，是他区别于翟理斯、艾克、张辛等陶诗英译者的重要特征，他把自己的情感和生活尽量与陶渊明靠近。

这种有意识的靠近，很有可能源于其精神导师庞德的影响。庞德一直强调翻译要深入诗人情感生活，体验角色的感情世界，进入诗人的情感默契中，这样的诗歌翻译才能够超越文字的障碍，将诗歌意境充分再现。叶维廉认为这种素质是"洞察力"，著名批评家斯坦纳（George Steiner）认为庞德能将自己潜入到他者当中，掌握翻译艺术中的最高奥秘[②]。海陶玮对庞德主张的"把翻译当作所扮演的角色"的翻译观念深信不疑并亲身践行，在翻译《陶潜诗集》过程中，他一直在试图理解、感受陶渊明的精神和情感世界，体会陶渊明的困惑、冲突等心理状态和变化，甚至在自己家园中营造一种"陶渊明式"的生活。这种体验角色的经历为他高质量地翻译陶集奠定了理解和情感基础。正如翻译家方重在选译陶诗时所说："由诗品到诗人，终于体会到一个诗译者的正确使命是应该向诗人学习，要虚心领会他的理想、品格、风貌、情操。也就是说，要真正译出一篇诗来，不能不懂得诗人的心灵修养。"[③] 可以说，从教育基础、学术背景、个人禀赋和接受程度等方面，海陶玮在陶渊明研究方面具有扎实的学术基础和十分

---

① 汪榕培：《一语天然万古新（上）——陶渊明其人其诗》，《外语与外语教学》（大连外国语学院学报）1998 年第 10 期（总第 113 期）。

② 吴伏生：《汉诗英译研究：理雅各、翟理斯、韦利、庞德》，学苑出版社 2012 年版，第 351 页。

③ 方重：《陶渊明诗词选译》，上海外语教育出版社 1984 年版。

难得的情感注入。

对诗文作品进行长期研读，也是海陶玮一直坚持的翻译观念和主要标准。奥地利汉学家赞克是海陶玮非常推崇的翻译家①，他认为"赞克用了毕生的时间来阅读和翻译中国诗歌，为完成《杜甫诗歌》的翻译任务奠定了扎实的基础"②。所以，在翻译陶诗之前，他也进行了长期、大量的阅读。

海陶玮在《陶潜诗集》序言开头这样介绍陶渊明：

> 即使是最简短、最挑剔的中国著名诗人名单，也必须为陶潜这位真正伟大的作家之一留下一席之地。他生活在公元前 3 世纪一位事迹模糊的爱国诗人屈原之后，公元 8 世纪李白、杜甫之前。③

这基本与国内学者对陶渊明的评价一致，奠定了《陶潜诗集》的感情基调。这其中包含海陶玮对陶渊明作品文学价值的历史定位，也包含对陶渊明精神品质的评价。

在序言中，海陶玮简要介绍了陶渊明生活的历史背景、人生选择和之所以"伟大"的原因。他说，陶渊明生活的晋宋易代时期，是中国诗歌的第一个繁荣时期，同时也是一个充满分裂、动荡纷乱的历史时

---

① 海陶玮整理编辑并介绍了赞克的《杜甫诗集》《韩愈诗集》《中国文选：〈文选〉译本》等德文作品，并在《杜甫诗集》序言中高度肯定了这部杜甫诗歌全译本的学术价值和翻译水准。

② Zach Erwin von, *Tu Fu's Gedichte*, 1952, Introduction ix. Original text："Von Zach came to his task well prepared by a life-time of reading and translation of Chinese poetry."

③ James Robert Hightower, *The Poetry of T'ao Ch'ien*, Oxford: Clarendon Press, 1970, Introduction, p. 1. Original text："Even the shortest and most selective list of famous Chinese poets would have to find a place for T'ao Ch'ien, one of the truly great writers in all of Chinese literature. Chronologically he would come second, after the rather nebulous patriot-poet Ch'ü Yuan of the third century B. C. , and before the eighth century masters Lo Po and Tu Fu."

代，"充满着宫廷政变、农民起义、盗匪、内战、谋杀和弑君"①，处在
这样动荡的历史环境中，文人学优则仕、建功立业而建立儒家伦理价值
的自信心遭受打击，像陶渊明一样的知识分子的命运，他是这样描述的：

　　总的来说，这是一个远离政治的好时机，但问题总是存在，就
是个人如何自处？事情没那么简单。在中国，受过教育的少数知识
分子一直面临着接受公职和参与政府工作的压力，这在一定程度上
是儒家服务政府思想的遗传，每个人接受的教育基本上都是儒家
的。如果你有文化，就有责任把你的学识用来忠君效力，大家都认
为这才是正道，还有一种更强烈的动机：对于个人也是一件有益的
事情，能为你和家人带来巨大声望。②

　　海陶玮认为，陶渊明及其作品比同时代作家更伟大之处在于，他不
仅以自己的作品反映了时代，而且探寻到了古代社会个人与社会相处的
理想模式：

　　陶潜反映了所处时代的矛盾和冲突，其诗歌最能体现出中国中
世纪动乱时期一位贤士所面临的困境。作为诗人，他不仅表现了中

---

　　①　James Robert Hightower, *The Poetry of T'ao Ch'ien*, Oxford: Clarendon Press, 1970, In-
troduction, p. 2. Original text: "（They were evenful years）, marked by palace revolutions, peasant
revolts, banditry, civil war, assassination, and regicide. "

　　②　James Robert Hightower, *The Poetry of T'ao Ch'ien*, Oxford: Clarendon Press, 1970, In-
troduction, p. 2. Original text: "On the whole, it was a good time to stay out of politics, but the ques-
tion always remained, just where was one to stay? And anyway, things were not that simple. In China
the educated minority has always been under pressure to take public office and participate in govern-
ment. This was partly a heritage of the Confucian tradition of service, where every man's education was
basically Confucian. If you were literate, it was your duty to put your learning at the disposal of your
sovereign. There was another, even stronger, motive for doing what you had been taught was the right
thing to do: it was also the profitable thing, and the thing which would bring most prestige to you and
your family. "

国历史上一个特别不幸的时期；陶潜还属于这样一小群诗人，他们被称为哲学诗人，对生活的态度在其他时空中也有其普遍价值。对他同时代的人来说，他是非凡的，不是作为一个诗人，而是作为一个正直的人，拒绝政府提供的职位。①

从以上介绍可以看出，海陶玮对陶渊明也是高度认可的，更多也是基于人格评价，这与中国宋代之前传统陶学所持观点基本一致，无论是最早的颜延之《陶征士诔并序》，还是后来的梁代沈约《宋书·隐逸传》、梁代萧统《陶渊明集·序》、唐代李延寿《南史·隐逸传》和房玄龄《晋书·隐逸传》等，大多也是对陶渊明归隐田园的高尚品格的推崇，而非文学价值和文学地位的评价，但海陶玮与国内学者的不同是，他没有对陶渊明天然的崇敬之情，而是通过陶渊明诗文文本的分析，在揭示诗人动乱时期内心矛盾和冲突之后，对他做出人生选择所体现的正直品质表示出了钦佩，并认为他探寻到了中国古代社会知识分子处理与政府关系的理想模式。

正是这种钦佩心理和情感共融，使海陶玮的陶渊明研究有了坚实的基础，也保证了具有鲜明学术特征的高质量的陶诗译作。汉学家罗伊斯·福瑟克（Lois M. Fusek）充分肯定了他在陶学道路上所付出的情感和努力："海陶玮先生显然非常钦佩他的研究对象，在翻译中倾注了大量的心血和努力。经过勤奋努力，陶潜诗歌以一种复杂而详细的形式达

① James Robert Hightower, *The Poetry of T'ao Ch'ien*, Oxford: Clarendon Press, 1970, Introduction, p. 2. Original text: "T'ao Ch'ien reflects the conflicts and contradictions of the period, and his poetry best expressed the dilemma of the man of good will born into the troubled times of medieval China. As a poet he does more than give meaning to a particularly unhappy period of Chinese history; he belongs to that small group of poets who are properly called philosophical, who crystallize attitudes toward life that the valid in other times and places. To his contemporaries he was remarkable, not as a poet, but as a man of integrity who refused offers of government employment, a man who preferred a life of poverty and hardship to comfort and respectability that had to be purchased at the price of compromising his principles.

到了再创作。"①

(二)博采众长，广泛借鉴陶学成果

学术研究是站在巨人肩膀上的"接着说"，无视已有的学术成果无异于闭门造车。海陶玮进入中国文学研究伊始，就具有广阔的学术视野，以世界范围内的陶学成果为基础，充分发挥自己精通英语、汉语、德语、法语、日语等多语言优势，展现出较强的资料搜集和应用能力，对于中国学界乃至世界范围内已经产出的陶诗译作和研究成果，他都充分吸收和借鉴，"博采众长、广鉴成果"是海陶玮长期坚持的翻译理念和研究方法。

对已有学术成果的尊重、研读和继承、批判，也是海陶玮评议他人著述的理念之一。学生木令耆回忆说，"他不时在课上用几种语言来解释中国文学……以多元文化讲解同一论题"②。他对学者不熟知、不提及、不尊重前人研究的做法总是给予严厉的批评，比如他认为法国布鲁诺·波尔佩《唐代文学选集》对已有的译本成果没有充分关注和参考，导致翻译质量参差不齐，"如果译者能够对19世纪以来已经出版的研究著作有所涉猎的话，他的译作第二卷将会受到更大的欢迎"③。他对《文心雕龙》英译本④的翻译很不满意，认为施友忠对一些学者如范文澜、王利器等人的成果和贡献没有给予关注和尊重，勇气虽为可嘉，但

---

① Lois M. Fusek, "Review on *The Poetry of T'ao Ch'ien*", *Journal of the American Oriental Society*, Vol. 93, No. 1, Jan. – Mar. 1971, p. 82. Original text："Mr. Hightower obviously admires his subject, and he has lavished great care and painstaking effort on this translation. As a result of his extraordinary diligence, T'ao's poetry is recreated against a complex and detailed background."

② 木令耆:《海陶儿与欧美中国古典文学研究》,《二十一世纪》（双月刊）2008 年 4 月（总第 106 期）。

③ James Robert Hightower, "Review on *T'ang kien wen tse*", *Harvard Journal of Asiatic Studies*, Vol. 21, December 1958, p. 190. Original text："A second volume of such translations would be more welcome if the translator would consult some of the many works in the field published since the nineteenth century."

④ *The Literary Mind and the Carving of Dragons by Liu Hsieh*, *A Study of Thought and Pattern in Chinese Literature*, trans. Vincent Yu-chung Shih, New York：Columbia University Press, 1959.

深度明显不够。

　　海陶玮认为，"西方汉学家要想研读中国诗词，首先就需要有大量的英译文本"①，他对陶渊明在英语世界的所有译本都进行了充分的重视、研读和吸收，并以批判的眼光来审视这些译作，在《陶潜诗集》序言中不无自豪地说："就英语世界（陶学著述）来说，我曾经读过大部分已经发表的成果。"②

　　20 世纪四五十年代，海陶玮写作《中国文学论题》时，已经阅读了翟理斯（Herbert A. Giles，1845—1935）《古文选珍》（Gems of Chinese Literature prose）和《古今诗选》（Chinese Poetry in English Verse）中的陶诗翻译，在参考书目中列出了这些陶诗译本。在起草"楚辞和赋""乐府和五言诗"章节内容时，关于"赋"和"五言诗"推荐的阅读书目，就有德国汉学家赞克（übersetzt von Erwin von Zach，1872—1942）《陶渊明》（1915）、阿瑟·韦利《一百七十首中国诗》（1918）和罗伯特·佩恩《白驹集》（1947）等，这些都是西方世界最早的陶渊明诗歌译著或选集。

　　在阅读学习基础上，海陶玮还对这些译著进行了评价和研究。他对韦利《一百七十首中国诗》高度评价："之前英语世界的读者接触陶潜，主要是通过韦利翻译的那 12 首诗"③，这是对韦利本比较公允的评价。看到艾克发表《隐士陶——陶潜的 60 首诗（365—427）》（1952）后，他立即于 1953 年发表了书评④，总体上持肯定态度，认为"艾克

---

　　① 叶嘉莹：《中英参照本〈迦陵诗词论稿〉序言——谈成书之经过及当年哈佛大学海陶玮教授与我合作研译中国诗词之理念》，《文学与文化》2012 年第 4 期。

　　② James Robert Hightower, *The Poetry of T'ao Ch'ien*, Oxford：Clarendon Press, 1970, Introduction, p. 10. Original text："As far as the English is concerned, I have at one time or another read most of the ones in print."

　　③ James Robert Hightower, "Review on *T'ao the Hermit, Sixty Poems by T'ao Ch'ien*（365 – 427）", *Harvard Journal of Asiatic Studies*, Vol. 16, No. 1/2, June 1953, p. 265. Original text："T'ao Ch'ien has been accessible to English readers chiefly through the twelve poems translated by Arthur Waley."

　　④ James Robert Hightower, "Review on *T'ao the Hermit, Sixty Poems by T'ao Ch'ien*（365 – 427）", *Harvard Journal of Asiatic Studies*, Vol. 16, No. 1/2, June 1953, pp. 265 – 270.

译本是受欢迎的，因为中国诗歌英译多不合格"①，特别肯定了艾克在
陶诗翻译史上第一次加入了注释，"艾克选本范围非常广泛，已经避免
了可能出现的抱怨。他提供了一种关于陶潜传记的批判性研究，这种研
究非常有助于西方读者加强对诗歌的理解性赏析"②。

除了英语世界的陶学成果外，海陶玮还重点关注并借鉴了德国和日本
的陶学成果，参考了德国女汉学家安娜·伯恩哈蒂（Anna Bernhardi）与奥
地利艾尔文·冯·赞克（Erwin von Zach）《陶渊明的生平和诗歌》（德文）
和日本清潭和尚的《陶潜诗集》日译本。他认为德译本基本上是可靠的，
日译本中的注释和阐述也非常有价值。另外他还参考了日本汉学家铃木虎
雄《陶渊明诗解》（1949）、斯波六郎《陶渊明诗译注》（1951）等，对铃木
虎雄的研究评价颇高，说"这是一部研究中国文学影响最大的权威，是现
世研究者的精湛著作"③。1951 年在评论日本学者左久节《汉诗大观》时，
海陶玮也特别关注到这本书卷一的《陶渊明诗集》，认为"这部编著致力于
为中国诗歌重要作品提供便利的指南，并提供实用性很强的作品索引"④。
对于中国本土产生的规模宏大的年谱和著作等陶学成果，"从感情横溢的

---

① James Robert Hightower, "Review on *T'ao the Hermit*, *Sixty Poems by T'ao Ch'ien* (365 –
427)", *Harvard Journal of Asiatic Studies*, Vol. 16, No. 1/2, June 1953, p. 265. Original text:
"This volume is a welcome addition to the all too few competent English language translations of Chinese
poetry."

② James Robert Hightower, "Review on *T'ao the Hermit*, *Sixty Poems by T'ao Ch'ien* (365 –
427)", *Harvard Journal of Asiatic Studies*, Vol. 16, No. 1/2, June 1953, p. 265. Original text:
"Mr. Acker's selection is broad enough to forestall any such complaint; further, he was provided a bio-
graphical and critical study of T'ao Ch'ien that goes far toward preparing the Western reader for an intel-
ligent appreciation of the poetry."

③ James Robert Hightower, "Review on *T'ao the Hermit*, *Sixty Poems by T'ao Ch'ien* (365 –
427)", *Harvard Journal of Asiatic Studies*, Vol. 16, No. 1/2, June 1953, p. 266. Original text: "a
masterly work from the hand of the greatest living authority on Chinese literature."

④ James Robert Hightower, "Review on *A Panorama of Chinese Poetry*", *The Far Eastern
Quarterly*, Vol. 11, No. 1, November 1951, p. 85. Original text: "This compilation is intended to
make available within the compass of a few volumes the most important treasures of Chinese poetry and to
provide a usable index to their contents."

赏析到细致入微的阐释"①，他也都有所涉猎和选择。

当然，在学习这些陶学成果的同时，海陶玮也注意到已有陶学著译的局限和不足，并致力于弥补这些不足。

海陶玮认为"尽管韦利本非常出色，但是他所翻译的这 12 首陶诗，很难充分反映这位中国伟大诗人的全貌"②，这是实事求是的评价，在 120 多首陶诗中选择十分之一的篇目，无论具有多么精准的选取眼光，呈现多么优美的译文，都难以展示出陶渊明诗文的全貌和精髓。对于艾克本，海陶玮也指出了其中的问题，第一，艾克并没有充分研读和利用已有的陶学成果，这是他非常在意的问题，他说：

除了陶澍的陶集和日本释清潭（Seitan）的陶集外，没有明显迹象表明艾克先生还接触过这些材料中的任何一个，他也没有充分利用这些材料。在这些限制下，他的成功显然是值得称道的，我希望他有机会利用之前的研究成果来改正这些错误。③

海陶玮在书评中通过具体的译本比较，特别是艾克本和韦利本的比较，力图说明：第一，如果艾克参考了已有的陶学成果，完全可以纠正

---

① James Robert Hightower, "Review on *T'ao the Hermit*, *Sixty Poems by T'ao Ch'ien* (365 – 427)", *Harvard Journal of Asiatic Studies*, Vol. 16, No. 1/2, June 1953, p. 266. Original text: "There are also a number of special studies of T'ao Ch'ien, ranging from effusive appreciation to minute exegesis of specific poems."

② James Robert Hightower, "Review on *T'ao the Hermit*, *Sixty Poems by T'ao Ch'ien* (365 – 427)", *Harvard Journal of Asiatic* Studies, Vol. 16, No. 1/2, June 1953, p. 265. Original text: "excellent as Waley's versions are, they are hardly an adequate representation of the total poetic output of one of China's truly great poets."

③ James Robert Hightower, "Review on *T'ao the Hermit*, *Sixty Poems by T'ao Ch'ien* (365 – 427)", *Harvard Journal of Asiatic Studies*, Vol. 16, No. 1/2, June 1953, p. 266. Original text: "It is not apparent that Mr. ACKER has had access to any of this material, beyond the commentaries in T'ao Chu's edition of T'ao Ch'ien's works, and possibly the translation by Seitan, and he has not made full use of these. His degree of success within these limitations is really commendable, and I hope that he may have occasion to use previous studies in correcting mistakes."

自己的很多错误，进一步提高诗歌翻译质量。第二，艾克译本"注释太少，解释不够充分"①。因为没有前期成果的研读和支撑，艾克本虽有注释，但数量明显不足，海陶玮认为，提供大量的注释应该是"中国诗歌英译者通常的做法"②。对于这两点问题，他在陶集翻译中都有意纠正，对世界范围内的陶学成果进行了最大限度的搜集和借鉴，并在翻译中着重突出了注释的翻译。

海陶玮对艾克本进行评论的当年（1953），又有一部陶学译著发表，美国夏威夷大学的两位学者张葆瑚（Lily Pao-Hu Chang）和马乔里·辛克莱尔（Marjorie Sinclair）（简称张辛）合作翻译的《陶潜的诗》（*The Poems of T'ao Ch'ien*）出版③，对张辛本译著，海陶玮并未发表书评，在自己陶诗翻译中也有意避免参考他们的翻译，由此可见，他对张辛本并不满意，但出于对陶学成果的尊重，他在 1954 年发表《陶潜的赋》一文时，特意在第一条注释中这样说：

> 在 1953 年发表的关于艾克陶学专著的书评中，应该加入一条最近发表的作品，那就是张葆瑚和马乔里·辛克莱尔合作翻译的《陶潜的诗》。④

---

① James Robert Hightower, "Review on *T'ao the Hermit*, *Sixty Poems by T'ao Ch'ien* (365 – 427)", *Harvard Journal of Asiatic Studies*, Vol. 16, No. 1/2, June 1953, p. 268. Original text: "I am going to complain that his notes are too few and do not explain enough."

② James Robert Hightower, "Review on *T'ao the Hermit*, *Sixty Poems by T'ao Ch'ien* (365 – 427)", *Harvard Journal of Asiatic Studies*, Vol. 16, No. 1/2, June 1953, p. 268. Original text: "Mr. Acker departs from the usual practice of English translators of Chinese poetry in providing a certain amount of annotation."

③ *The Poems of T'ao Ch'ien*, trans. Lily Pao-hu Chang and Marjorie Sinclair, Honolulu: University of Hawaii Press, 1953.

④ James Robert Hightower, "The Fu of T'ao Ch'ien", *Harvard Journal of Asiatic Studies*, Vol. 17, No. 1/2, June 1954, p. 169. Original text: "To those listed in *HJAS* 16 (1953) . 0265 – 6 should be added the recent publication *The Poems of T'ao Ch'ien* translated by Lily Pao-hu Chang and Marjorie Sinclair (University of Hawaii Press, Honolulu, 1953) ."

可见海陶玮对陶学最新成果的密切关注和及时跟进。值得指出的是,《陶潜诗集》继承了张辛本插图的传统。张辛本首次采取了插画的形式,为整个译本带来了一些意趣和美感,这些插画是由 Tseng Yu-hu(曾玉浩,音译)所描绘的毛笔画,内容以山水、草木、屋舍、飞鸟等风景为主题,共有 7 幅,一章一幅,作为章节隔断单页出现。海陶玮在《陶潜诗集》中也插入了 3 幅画(卷头插画 2 幅,正文 126 页 1 幅),都是具有陶渊明形象的画作。在序言中,他特意对画作来源做了说明,这些画作来自日本汉学家吉川幸次郎的一个诗人朋友——三好达治(Miyoshi Tatsuji)的卷轴画。1966 年海陶玮到日本京都访问了吉川幸次郎,吉川幸次郎曾邀请他一同鉴赏日本诗人三好达治赠送的《陶靖节先生遗像》画作,海陶玮应该是表达了收录这些画作的愿望,吉川幸次郎欣然应允,在海陶玮回美之后,吉川幸次郎把此画作拍成照片邮寄给他,他就以这些照片作为《陶潜诗集》的插画。

此外,海陶玮还关注到了另外一位美国诗人罗伯特·勃莱(Robert Bly)和陶诗的缘分,勃莱是 20 世纪美国后现代主义诗歌流派——新超现实主义(“深度意象”)的代表人物,对中国古代诗人陶渊明、王维和白居易等的作品非常喜爱。海陶玮对他翻译和仿作的陶诗非常不满,在《陶潜诗集》序言中说:“今年夏天,我又拿它(《陶潜诗集》)做最后的修改,主要是为了让英语不那么呆板——因为有人曾对罗伯特·勃莱译本作出过尖锐而恰当的批评。”①

海陶玮所意识到的陶学译著的不足,都在自己的陶渊明研究中着重进行了补充和加强,与韦利本、艾克本、张辛本等陶著相比,他的陶渊明研究完全呈现出不同的面貌和风格。正是在这种学习与批评的

---

① James Robert Hightower, *The Poetry of T'ao Ch'ien*, Oxford: Clarendon Press, 1970, Preface. Original text: "I took it up again this past summer for a final revision, chiefly, I imagined, to make the English less wooden——this in response to a sharp and apt criticism of a sample of the translations by Robert Bly."

过程中，海陶玮对陶渊明作品逐步形成了自己的认识、理念和研究方法，持续开展了三十多年的陶渊明研究，自己也成长为西方著名的陶学专家。

除了关注、学习英语世界的陶学成果，海陶玮还认为："陶诗译者应该尽量援用他所能得到的所有评论家和前译者的帮助，才能把握控制住自己的译作。"① 在《陶潜诗集》翻译实践中，他充分吸收借鉴了世界范围内的陶学成果，表现在：

首先，在翻译底本的选择上，梳理源流，选择善本。版本是中国传统治学的基础，对于分清优劣、辨明真伪、理解文意都起着十分重要的作用。海陶玮对《陶潜诗集》版本严谨考究，在著作前言中专门写了"版本和参考"（Editions and references）这部分内容，专业而详细地介绍了自己所依据的主要底本。为了翻译陶集，他探究了古籍版本源流和目录，以 1931 年日本学者桥川时雄（Hashikawa Tokio）《陶集版本源流考》为基本依据，找出历代陶集的不同版本和著录，并通过前人的提要和题跋了解陶集的版本流源，掌握此书在版本上的发展变化。然后，海陶玮选出他认为最有价值的三个版本作为底本以供研究，即：陶澍《靖节先生集》（南京：江苏书局，1883）、古直《陶靖节诗笺》（台北：广文书局，1964）和丁福保《陶渊明诗笺注》（台北：艺文印书馆，1964），并对各个版本的特点和优劣做出了评价比较。

其次，在翻译注释中，重视多方考据，广参细考。根据袁行霈统计，以毛氏汲古阁藏宋刻《陶渊明集》十卷本为底本的各类版本异文已约有 740 处之多②，陶澍《靖节先生集》与古直、丁福保等注释版本

① James Robert Hightower, "Review on *T'ao the Hermit*, *Sixty Poems by T'ao Ch'ien* (365 – 427)", *Harvard Journal of Asiatic Studies*, Vol. 16, No. 1/2, June 1953, pp. 265 – 266. Original text: "The would-be translator of T'ao Ch'ien should avail himself of all the help he can get from commentators and previous translators, if only as a measure of control over his own versions."

② 袁行霈：《陶渊明集笺注》，中华书局 2011 年版，凡例。

也多有异文和不同阐释，这些异文直接影响到诗文的翻译。在《陶潜诗集》注释和评论部分，海陶玮除了三个底本之外，还参考了王瑶《陶渊明集》（作家出版社，1956）、李辰东《陶渊明评论》（台北东大图书公司，1975）、北大编《陶渊明诗文汇评》（中华书局，1961）和北大、北师大共编《陶渊明研究资料汇编》（中华书局，1962）等陶学文献，这些文献都是当时陶学的权威资料，为《陶潜诗集》译注提供了广泛的支撑。

再次，在诗歌评论中，极力广罗资料，以求中正。除了关注中国传统陶学成果之外，他还高度重视并充分吸收了日语、德语学界的研究成果。日本学界主要有铃木虎雄《陶渊明诗解》（东京：弘文堂，1948）、斯波六郎《陶渊明注译》（京都：东门书房，1951）、一海知义《中国诗人选集四——陶渊明》（1958）等，德国学界他重点参考了德国女汉学家安娜·伯恩哈蒂（Anna Bernhardi）与奥地利艾尔文·冯·赞克（Erwin von Zach）的《陶渊明的生平和诗歌》（德文），把自己的译文与他们的译文进行了对照，对两者有出入的地方进行了仔细的核查和确认。此外还参考了中外学者如沈德潜、逯钦立、陈寅恪和侯思孟、华兹生、卜德等人的相关论文、翻译和观点等。这些中外著述都是当时世界范围内最新且最为重要的陶学成果。从现有译注来看，中国学者丁福保、古直、王瑶和日本学者铃木虎雄、斯波六郎、一海知义等，是他引用最为频繁的学者。通过这些广泛的参考和严谨的鉴别，海陶玮尽量保持了对诗文理解的客观理性和中正严谨的翻译态度。如在解释"春兴岂自免？"的"春兴"（《癸卯岁始春怀古田舍·其一》）时，为了搞清楚意思，他广泛参考了各家评说，丁福保、斯波六郎认为"春兴"是表示春天农活兴起，王瑶、铃木虎雄则把"兴"当作人们"早起"的意思，因为春季时节人们外出忙作所以会早早起来，两种意思其实也基本相同，通过细致的比较，他最终采纳了丁福保、斯波六郎的解释，把这句诗翻译为"There was the man who went often empty, And so I cannot escape spring's proddings"。

正是阅读和吸收了大量的前人成果，海陶玮最大程度地避免了作为一位西方学者可能出现的偏颇和错误，使《陶潜诗集》译注从一开始就站立在较高的平台上，显示出学院式的扎实严谨，"将几个世纪的陶学成果完美客观地加以综合考虑"。①

（三）知人论世，把握诗文时代背景

"知人论世"是中国传统的文学批评方法，出自《孟子·万章下》，强调要想了解诗文含义，就必须知晓和研究诗人所处的时世以及诗人在这个时世中的阅历足迹、情感历程和创作行为，"不是让历史人物自己来解释自己，而是让时代来解释人物"②，陈寅恪在为冯友兰《中国哲学史》写的审查报告中曾说，"古人著书立说，皆有所为而发，故其所处之环境，所受之背景，非完全明了，则其学说不易评论"③。这其实也是在强调研究中国古籍和文学所必须秉持的"知人论世"研究方法。

海陶玮并未明确表示自己遵循了"知人论世""以诗言志"等中国传统诗歌阐释方法，但他在注释陶诗时采用这样的阐释原则：先介绍诗歌创作的历史背景、作者阅历和当时的思想潮流等，同时也强调从诗歌本身来挖掘诗人的创作背景和思想状况，"只要有可能，他就试图把具体诗歌与诗人生活中的特定事件联系起来"④。

在具体的注释中，如何把握诗文作品的创作背景，领会诗人的创作意图？海陶玮主张并使用以下几种方法：

---

① Eva S. Moseley ed., *Speeches at a memorial gathering*, p. 39. Original text: "Hightower's translations and commentaries take into account centuries of critical studies with perfect equanimity."

② 李乔：《也谈"知人论世"》，《中华读书报》2018年4月4日第15版。

③ 同上。

④ Lois M. Fusek, "Review on *The Poetry of T'ao Ch'ien*", *Journal of the American Oriental Society*, Vol. 93, No. 1, Jan. – Mar. 1971, p. 82. Original text: "Whenever possible, he attempts to relate specific poems to specific events in the poet's life."

一是通过人物年谱精准定位。海陶玮认为："研究陶潜诗歌不可缺少的工具是他生活的年表——年谱。"① 这的确是深谙中国传统治学之道。梁启超在《中国历史研究法》中认为，用来记载谱主人生背景和生平事迹的年谱，是了解和评价人物及其作品的重要文献。在多种陶渊明年谱中，他认为逯钦立《陶渊明年谱》是当时最新和最好的版本，所以诗文理解和注释多以此谱为参考。

二是通过中外学者的诗歌考证编年，弄清陶渊明当时的实际生活和思想状况。作品系年往往对作品产生背景和诗人创作心态有一定的描述，海陶玮运用自如，他说："对诗人生活的充分了解，经常会对理解一首特定诗歌的态度和关切具有启发作用。"②

三是通过诗歌序言了解诗人写作意图。陶渊明诗文常常前附序言，海陶玮认为"了解陶潜创作诗歌涵义最好的方式，就是他的序言，序言实际上很明确地说明了他是在一个既定主题上的写作和练习"③，所以在陶集翻译过程中，他对每一篇诗歌序言都进行了细致的解读和阐释，以了解诗人当时的写作意图。

以上这些方法，海陶玮都在陶集译注中综合运用，富有成效。比如陶渊明《癸卯岁始春怀古田舍》两首诗叙述结构和诗歌主旨基本类似，都是表达诗人躬耕隐居以谋食的决心。在逐句注释之前，他首先介绍了陶渊明创作这首诗歌的生活背景：当时陶渊明丁忧居丧在家，从事农

---

① James Robert Hightower, "Review on *T'ao the Hermit*, *Sixty Poems by T'ao Ch'ien* (365 – 427)", *Harvard Journal of Asiatic Studies*, Vol. 16, No. 1/2, June 1953, p. 266. Original text: "Another indispensable tool for a study of T'ao Ch'ien poetry is the year-by-year chronology of his life, the nien p'u."

② James Robert Hightower, "The Fu of T'ao Ch'ien", *Harvard Journal of Asiatic Studies*, Vol. 17, No. 1/2, June 1954, p. 189. Original text: "An intimate knowledge of the poet's life will often suggest attitudes and concerns relevant to understanding a given poem."

③ James Robert Hightower, "The Fu of T'ao Ch'ien", *Harvard Journal of Asiatic Studies*, Vol. 17, No. 1/2, June 1954, p. 169. Original text: "The safest point of departure for determining the spirit in which T'ao Ch'ien composed his poem is his preface, where he said in effect that he was writing and exercise on an established theme."

活，所以这个时期的诗歌会呈现出不同的面貌：

> 这些诗歌本身并没有反映出任何的背景。在这些诗歌中，他赞
> 美农夫的田园生活，写得细致入微，与此前此后泛泛描绘宦游生活
> 的诗歌形成了对比。①

海陶玮解释说，这组诗歌表面是表达对过去农夫隐士如荷蓧丈人、长沮和桀溺的崇敬之情，事实上诗意的理解需要更加深入的思考和分析。关于这首诗歌的题解，他认为，不像明代黄文焕说的那样，是"写于自己农舍而赞美古代先哲的诗歌"，而是应该参照清代吴瞻泰的解释，"古来唯孔、颜安贫乐道，不屑耕稼，然而邈不可追，则不如实践陇亩之能保其真矣"。因为这组诗歌有两句开头暗指了颜回，第一句"屡空既有人，春兴岂自免"出自《论语·先进》"回也其庶乎！屡空。"第二句"瞻望邈难逮，转欲志长勤"出自《论语·子罕》"仰之弥高，钻之弥坚。瞻之在前，忽焉在后"。这说明陶渊明接受的还是儒家思想。通过阐述这首诗歌的背景和作者当时的心境，就可以知道陶渊明第一次辞官归田的真正原因，并不是纯粹为了赞美和崇尚像荷蓧丈人、长沮和桀溺那样的古贤，而是意识到在当时环境下，自己只能像那些古贤一样，退而躬耕，从归田劳作中寻找人生真乐，才能真正保持自己的本真。可以看出，通过中国传统"知人论世"深刻理解诗文背景之后，海陶玮对陶诗有了更加全面深刻的解读，从而为他的注释和评论奠定了基础。

值得肯定的是，海陶玮虽采用了"知人论世"的中国传统诗歌阐释方法，又始终反对过度阐释诗歌的内涵和旨意。他在注释介绍诗歌历

---

① James Robert Hightower, *The Poetry of T'ao Ch'ien*, Oxford: Clarendon Press, 1970, p. 106. Original text: "these poems themselves do not reflect any such background. In them he celebrates the farmer's life, with a sure instinct for the telling detail, in contrast to the vague generalities of his poems about travel of the years immediately preceding and following."

史背景和作者创作境况时，除非是有明显的映射，一般情况下都明确反对牵强地把诗歌理解为对当时社会现实的反映，特别是《读山海经》《拟古诗》等历史典故较多而隐微曲折、寓意深邃的诗歌。比如《饮酒·其十六》，清代邱嘉穗认为是关于刘裕篡晋的政治寓意诗，海陶玮明确反对这种解读①。他认为，从时间上来讲，这首诗的创作年代与历史史实并不完全对应，另外"荒草没前庭"这种表达在《饮酒·其十五》"灌木荒余宅"中也用到过，在这里并不能解读为一种特别的政治意义，整首诗其实就是陶渊明老而无成、抱定固穷的常见主题的抒发，而不是当时混乱社会的一种映射。

又如《读山海经·其十三》，陶渊明由《山海经》所记述的帝废共工、杀鲧之事，联想到齐桓公不听管仲之言而遭祸患的教训。在阐释这首诗歌的主旨时，海陶玮也对历代注家的政治化阐释提出了质疑：

> 陶渊明生活在晋代末年不幸的年代，最后一位统治者的死亡在他看来和齐桓公之死是类似的。他也许想到，一个精明和残忍的统治者（如舜）也许会给那些叛乱者应有的处罚，整个朝代才得以保留。我认为超出了这些，我们就无法正确地对其做出政治上的解读。②

在解释《拟古·其三》时，海陶玮认为，这首诗表达的其实就是中国诗歌中最常见的"怨妇思归"主题，但是历代注释者都在尝试解

---

① James Robert Hightower, *The Poetry of T'ao Ch'ien*, Oxford: Clarendon Press, 1970, p. 147.

② James Robert Hightower, *The Poetry of T'ao Ch'ien*, Oxford: Clarendon Press, 1970, p. 247. Original text: "T'ao Ch'ien lived through the last unhappy years of the Chin dynasty, and the death of the last ruler may have seemed to him to have similarities with the death of Duke Huan. He may also have thought that a more energetic and ruthless ruler (like Shun) might have dealt with rebellious generals as they deserved and so preserved the dynasty. I do not believe that we can safely go beyond such generalities in giving the poem a political interpretation."

释其中的政治寓意，这种解释看似令人信服，但"对评论者解释如此武断的地方，（我们）最好不要尝试加入他们的游戏"①。

另外在《拟古·其六》《拟古·其七》《拟古·其八》《杂诗·其六》《咏三良》《读山海经·其十一》等诗歌中，海陶玮也多次谨慎地提出，不要对诗句进行任意发挥，武断点评。

（四）文本阐释，揭示诗人创作意图

在《陶潜诗集》序言中，海陶玮这样介绍陶渊明：

> 陶潜是他自己最好的传记作者。他对自己在社会中的地位非常关心：他不断地把自己的年龄写进自己诗里，并始终为自己的名誉和生死而担忧。②

这种论断是他 1968 年在《陶潜的饮酒诗》论文中就已经提出的观点，在对陶渊明诗文进行解读和全面译注过程中，他的阐释也都围绕这一解陶思路展开，更多地关照了陶渊明在各种社会生活情形下的内心冲突，这种例子在《陶潜诗集》，特别是在饮酒组诗分析中体现得非常充分。

海陶玮认为，"以文立传、流芳百世"才是陶渊明创作诗文的真正意图，他所解读的挂念名誉、以诗立传的陶渊明，与中国历代文人认定的品行高洁、超然物外、乐观豁达的陶渊明形象大相径庭。那么，这种令国内学者多少有些尴尬的关于诗人写作意图和陶渊明形象的结论是如何得出的？从《陶潜诗集》序言中可以看出，这一结论完全是海陶玮

---

① James Robert Hightower, *The Poetry of T'ao Ch'ien*, Oxford：Clarendon Press，1970，p. 174. Original text："where the commentators' interpretations are as arbitrary as this，it is better not to try to play their game."

② James Robert Hightower, *The Poetry of T'ao Ch'ien*, Oxford：Clarendon Press，1970，Introduction. Original text："T'ao Ch'ien is his own best biographer. He is very self-conscious about his place in his world；he was continually writing his age into his poems，and worrying about fame and mortality."

在研究视角和方法上另辟蹊径，坚持从诗人作品文本出发而非历代史料
出发得出的结论。

对陶渊明文学形象的解读，可以有历史史料和作品文本两种路
径，海陶玮读陶、研陶的客观文献无非就是诗人的历史传记和诗文作
品，陶渊明在世时没有个人传记和诗文集册，其生平的最早记载应为
颜延之《陶征士诔并序》，后又有梁代沈约《宋书·隐逸传》、梁代
萧统《陶渊明集·序》、唐代李延寿《南史·隐逸传》和房玄龄的
《晋书·隐逸传》等，这些传记相互补充而又大同小异，成为历代陶
学的历史资料。与此同时，陶渊明存世的诗文作品基本上是保存最为
完整的作家别集之一，为后人提供了全面广泛的资料。与国内学者不
同的是，海陶玮对这两种路径采取了截然不同的态度：对正史资料采
取了谨慎、质疑甚至是否定的态度，却对带有自传性质的陶渊明诗文
作品提供的信息深信不疑。

序言在对陶渊明进行介绍的时候，海陶玮完全没有采纳任何史料传
记中关于陶渊明的书写，认为史料信息太过"贫乏"，而且完全不可
信、不可靠①，连陶渊明个人最基本的信息比如出生年代等问题都没有
交代清楚，为此海陶玮还特意在注释中根据陶渊明作品《与子俨等疏》
和古直、逯钦立等人的研究，对陶渊明的出生年代进行了考证，把陶渊
明的生年确定为公元 365 年。他还指出，史料传记和作品文本的记载也
多有抵牾之处，如关于陶渊明妻子的记载，《南史·隐逸传》说"其妻
翟氏，志趣相同，能安苦节，夫耕于前，妻锄于后"，而陶渊明在《与
子俨等疏》中对妻子的记载则是"室无莱妇"，史料记载与诗人自述在
语气和态度方面有很大的差别。

① James Robert Hightower, *The Poetry of T'ao Ch'ien*, Oxford: Clarendon Press, 1970, Introduction, p. 3. Original text: "There is little useful or reliable information in the biography in any of its recensions, or in the Eulogy written for him by his young friend Yen Yen-chih shortly after his death."

　　海陶玮认为，因为传记不可全信，解读陶渊明"最好的方法是回到诗歌本身"①，他在序言中相继翻译了《归去来兮辞》《五柳先生传》《与子俨等疏》和《自祭文》等带有自传性质的作品，致力于用这些作品来勾勒陶渊明的个人历史，然后在此基础上来阐释作品，这成为他的立论基础，侯思孟对海陶玮的这一思路印象颇深，他说：

　　　　海陶玮教授试图在他的叙述中保持谨慎的客观，以便让陶渊明自己为自己说话。因此，读者就只好在阅读诗歌时自己来判断诗歌的含义。海陶玮在序言中共用了 5 页篇幅翻译了陶渊明自传作品中的每一个字，然后每一首标明日期的诗歌后面都有一个简单的评论，以在诗人自传中找到定位。②

　　海陶玮认为，陶渊明的内心世界和创作意图在诗人自传作品中都有充分的体现，比如陶渊明辞官归隐的缘由和意愿，从《归去来兮辞》可以深刻领会；陶渊明归隐田园后因房屋火灾、农田歉收等原因造成的贫苦生活处境，让他觉得田园生活也并非易事，"这些处境都忠实记录在了他的诗歌中，也反映在正史那些微不足道的传记中"③；陶渊明从

---

①　James Robert Hightower, "T'ao Ch'ien's 'Drinking Wine' poems", in James Robert Hightower and Florence Chia-ying Yeh, eds., *Studies in Chinese Poetry*, Cambridge Massachusetts and London: Harvard University Press, 1998, p. 4. Original text: "Perhaps it is best now to take a look at the poems themselves."

②　Donald Holzman, "Review on *The Poetry of T'ao Ch'ien*", *T'ong Pao*, Second Series, Vol. 57, livr. 1/4, 1971, p. 179. Original text: "Professor Hightower seems to have attempted to remain scrupulously objective in his account in order to let T'ao Yuan-ming speak for himself and, as a result, the reader is left with a kind of lowest common denominator that he must determine himself from the poems as he reads them. T'ao Yuan-ming's biography is given in five closely written pages in an introduction in which every word counts, and very brief remarks accompany the dated poems attempting to situate them in the biography."

③　James Robert Hightower, *The Poetry of T'ao Ch'ien*, Oxford: Clarendon Press, 1970, Introduction, p. 3. Original text: "These crises are duly recorded in his poems and are reflected in the anecdotes that fill out his meager biography in the Standard histories."

失望于田园生活到希望立言传名，可以从自传性最强的《五柳先生传》感受到，因为陶渊明在此传记中自叙了一种"闲静少言，不慕荣利"的品性和家贫嗜酒、衔觞赋诗而忘怀得失、以乐其志的个人形象；陶渊明对自己归隐以致子女受苦的选择也充满矛盾，这从《与子俨等疏》中"抱兹苦心，良独内愧"等可以看出；陶渊明的《自祭文》则是诗人"在他生命最后一年为自己写的挽歌"①。

如果说海陶玮对具体诗文的解读，更多的是采用了"知人论世"的中国文学批评方法，那么从文本出发而不是从史书出发，则明显带有西论中用的特征。

当然，从文本出发来解读作家作品的思路，也是以尊重"诗言志"的中国诗学传统为前提的，在中国文学传统中，文学作品通常是诗人作家记载个人行迹、抒发个人感情胸襟、表达自己个性品行的重要媒介和载体。钱穆在谈到中国文学时就说过：

> 然当知杜诗固不仅为杜甫时代之一种历史记录，而同时亦即是杜甫个人人生之一部历史记录。因此中国文学家乃不须再有自传，亦不烦他人再为文学家作传。每一文学家，即其生平文学作品之结集，便成为其一生最翔实最真确之一部自传。故曰不仗史笔传，而且史笔也达不到如此真切而深微的境地。所谓文学不朽，必演进至此一阶段，即作品与作家融凝为一，而后始可无憾。否则不朽者乃其作品，而非作家。作家之名特附于其作品而传。②

---

① James Robert Hightower, *The Poetry of T'ao Ch'ien*, Oxford: Clarendon Press, 1970, Introduction, p. 5. Original text: "It seems appropriate to conclude a sketch of his life with the Elegy he wrote for himself in the last year of his life."

② 钱穆：《中国文化与中国文学》，载《中国文学论丛》，生活·读书·新知三联书店2005 年版。

海陶玮从文本出发窥视发掘的诗人有意隐秘的写作动机，以及阐释出的陶渊明形象令国内学者难以接受。但这并不意味着海陶玮对陶渊明自身人格的怀疑或否定，相反，在他看来，虽然陶渊明作品带有典型的自传性质，但他在动荡飘摇的时代主动选择的人生道路是具有超越时空的普世价值的，作品中反映的彷徨、焦虑、挣扎、矛盾、渴望等复杂心理则是再正常不过的，从更深层次解读陶渊明之后，海陶玮"钻之弥坚，仰之弥高"，对陶渊明产生了更深的仰慕和心灵感应。

海陶玮的解陶思路以及在此思路下对陶渊明具体诗文的解读分析，影响了西方读者对陶渊明的认知，使西方读者看到了更为复杂立体的陶渊明形象。洛克斯福德东亚文学图书馆在现代语言协会（Modern Language Association）刊物上对这本书进行推介时，这样写道：

> 这本书对中国最著名的作家之一，五世纪诗人陶渊明的诗歌进行了完整的翻译和评论。通过这些作品，我们可以看到生活在困境中的贤人所面临的窘境，他在社会诉求和自身正直品性之间左右为难。①

二　开启陶学从翻译到研究的阶段

从传播接受角度看，海陶玮《陶潜诗集》出版后立即引起很大关

---

① "Back Matter", *PMLA*, Vol. 86, No. 1, Jane 1971, p. 154. Original text: "This book provides a complete translation, with commentary, of the poems of one of China's most famous writers, the fifth-century poet also called T'ao Yuan-ming. Through-out these writings is expressed the dilemma of the man of good will living in troubled times, torn between the conflicting claims of society and his own integrity."

注，好评如潮，并在学界产生持续重要的影响；从英语世界陶学史看，《陶潜诗集》是"第一部关于陶潜所有诗歌的完整的注释式英译著作"[1]，开启了从翻译到研究的阶段；从译者角度来看，与之前的翟理斯、韦利、艾克等不同的是，海陶玮的全部学术都是以中国文学为研究对象，在从事陶渊明研究之前，他已经在文学理念、文学史、文化知识和研究方法等方面进行了系统的训练，扎实的学养使他成为第一位西方陶渊明研究专家。

（一）从传播接受角度看，《陶潜诗集》具有持续重要影响

下文将从书介和书评、馆藏和收录两个方面，来考察学界对《陶潜诗集》的评价和该著作产生的影响。

1. 书介和书评

1970 年《陶潜诗集》出版后，《中国季刊》（*The China Quarterly*）[2]、《美国现代语言学会会刊》（*Publication of the Modern Language of America*）[3]等对该著作进行了书目推介。1971 年，汉学家傅汉思（Hans Hermannt Frankel）[4]、毕晓普（John L. Bishop）[5]、侯思孟（Donald Holzman）[6]、罗伊斯·福瑟克（Lois M. Fusek）[7]、缪文杰（Ronald C. Miao）[8]、熊彼得

---

[1] Peter M. Bear, "Review on *The Poetry of T'ao Ch'ien*", *Bulletin of the School of Oriental and African Studies*, Vol. 34, 1971, p. 635. Original text: "This is the first fully annotated translation into English of all T'ao Ch'ien's poetry."

[2] "Back Matter", *PMLA*, Vol. 86, No. 1, Jane 1971, pp. 141 – 176.

[3] "Front Matter", *The China Quarterly*, No. 42, Apr. – Jun., 1970, pp. i – iv.

[4] Hans H. Frankel, "Review on *The Poetry of T'ao Ch'ien*", *Harvard Journal of Asiatic Studies*, Vol. 31, 1971, pp. 313 – 319.

[5] John L. Bishop, *Books Abroad*, Vol. 45, No. 2, Spring 1971, p. 361.

[6] Donald Holzman, "Review on *The Poetry of T'ao Ch'ien*", *T'ong Pao*, Second Series, Vol. 57, livr. 1/4, 1971, pp. 178 – 182.

[7] Lois M. Fusek, "Review on *The Poetry of T'ao Ch'ien*", *Journal of the American Oriental Society*, Vol. 93, No. 1, Jan. – Mar. 1971, p. 82.

[8] Ronald C. Miao, "Review on *The Poetry of T'ao Ch'ien*", *The Journal of Asian Studies*, Vol. 30, No. 3, May 1971, pp. 627 – 633.

（Peter M. Bear）① 发表了书评，对该著作的章节、底本、内容等进行简要介绍，对《陶潜诗集》在英语世界陶学历史上的地位和价值给予了定位和评价。

首先，对这部译著的翻译，学者们都给予较高的评价。福瑟克以具体的诗句翻译为例，说明"海陶玮凭借自己卓越的学术功底对陶诗进行了总体准确和切实有效的翻译"②。缪文杰分主题列举了不少海陶玮的陶诗译作，对陶渊明诗文做了赏析，认为"海陶玮诗歌翻译是关于文学趣味和文本把握的典范"③。毕晓普认为海陶玮陶诗翻译"采用一种低调节制、简单的韵文风格，这种风格使得诗人的思想能够清晰地予以传达"④。傅汉思认为"中国文学的研究者将会非常感谢海陶玮对陶潜诗歌如此完整和优异的阐释"⑤。

正如上文所述，海陶玮的翻译强调"忠实达意"，所以在翻译过程中，也会有因拘泥原文而产生的不妥之处。侯思孟认为海陶玮的翻译"非常令人钦佩，一些不切当的语词翻译都是由于译者试图严格遵守汉语原始意义的结果"⑥，但这不是错译；福瑟克认为"海陶玮有时坚持

---

① Peter M. Bear, "Review on *The Poetry of T'ao Ch'ien*", *Bulletin of the School of Oriental and African Studies*, Vol. 34, 1971, pp. 635 – 637.

② Lois M. Fusek, "Review on *The Poetry of T'ao Ch'ien*", *Journal of the American Oriental Society*, Vol. 93, No. 1, Jan. – Mar. 1971, p. 82. Original text: "Mr. Hightower matches scholarly excellence with generally accurate and effective translations."

③ Ronald C. Miao, "Review on *The Poetry of T'ao Ch'ien*", *The Journal of Asian Studies*, Vol. 30, No. 3, May 1971, pp. 627 – 633. Original text: "Dr. Hightower's translations of the poems are models of literary taste and textual control."

④ John L. Bishop, *Books Abroad*, Vol. 45, No. 2, Spring 1971, p. 361. Original text: "His translations are in a low-keyed, simple verse style that allows the poet's thought to come through clearly."

⑤ Hans H. Frankel, "Review on *The Poetry of T'ao Ch'ien*", *Harvard Journal of Asiatic Studies*, Vol. 31, 1971, p. 319. Original text: "All students of Chinese literature are indebted to Professor Hightower for having explicated T'ao Ch'ien's poetry so thoroughly and so well."

⑥ Donald Holzman, "Review on *The Poetry of T'ao Ch'ien*", *T'ong Pao*, Second Series, Vol. 57, livr. 1/4, 1971, p. 179. Original text: "The translation is admirably done; its very infelicities seem to be the results of attempts to stick as closely to the meaning (and not simply to the vocabulary or word order) of the original Chinese."

确切的翻译，导致非常吃力，在这种情况下，语言就不协调地混合起来"①，但这种情况非常少，正如傅汉思所说，总体上自己"不同意海陶玮翻译的地方非常少"②。

　　其次，对这部著作呈现出的注评式研究，学者们给予充分肯定。关于《陶潜诗集》的定位，学者们看到了这部译著不同于之前以译介为主的特征。傅汉思认为，对于诗歌不同理解的阐释，海陶玮大多能够列出所有观点并进行辨析，这一点是非常难得的，而且评析往往"能够揭示诗歌表面之下更加深刻的含义。"③ 所以，福瑟克认为海陶玮突破了之前表面肤浅的陶渊明诗文翻译，是"对陶渊明这位独一无二的诗人展开的详细的综合性研究"④。学者们对海陶玮的精彩评论也都非常赞赏，侯思孟认为评论部分"短小精悍、切中要害"⑤，傅汉思认为"翻译和评论的质量总体非常高"⑥。

　　最后，关于这部著作在英语世界陶学历史上的地位和价值，学者们都给予客观的评价，但说法不一。侯思孟认为《陶潜诗集》的问世超

---

① Lois M. Fusek, "Review on *The Poetry of T'ao Ch'ien*", *Journal of the American Oriental Society*, Vol. 93, No. 1, Jan. – Mar. 1971, p. 82. Original text: "Mr. Hightower's insistence on exactitude, at times, results in labored translations in which levels of language become incongruously mixed."

② Hans H. Frankel, "Review on *The Poetry of T'ao Ch'ien*", *Harvard Journal of Asiatic Studies*, Vol. 31, 1971, p. 316. Original text: "There are very few places where I would disagree with Hightower's translation."

③ Hans H. Frankel, "Review on *The Poetry of T'ao Ch'ien*", *Harvard Journal of Asiatic Studies*, Vol. 31, 1971, p. 313. Original text: "Hightower succeeds in probing beneath the surface and laying bare the deeper meaning of many poems."

④ Lois M. Fusek, "Review on *The Poetry of T'ao Ch'ien*", *Journal of the American Oriental Society*, Vol. 93, No. 1, Jan. – Mar. 1971, p. 82. Original text: "Happily James R. Hightower's *The Poetry of T'ao Ch'ien* is a detailed and comprehensive study of this exceptional poet."

⑤ Donald Holzman, "Review on *The Poetry of T'ao Ch'ien*", *T'ong Pao*, Second Series, Vol. 57, livr. 1/4, 1971, p. 179. Original text: "These comments are short and to the point."

⑥ Hans H. Frankel, "Review on *The Poetry of T'ao Ch'ien*", *Harvard Journal of Asiatic Studies*, Vol. 31, 1971, p. 313. Original text: "The quality of the translations and commentary is very high throughout."

过了以往所有的研究，对其开创性、奠基性的地位给予高度评价。缪文杰认为，海陶玮的陶集译著明显超过了其他英译著作：

> 　对任何想把目前的译本（海译本）和之前的英译本，如艾克《隐士陶——陶潜的 60 首诗（365—427）》、张葆瑚和马乔里·辛克莱尔合作的《陶潜的诗》做一比较的人来讲，海陶玮博士译本的优越之处是显而易见的。该译本无疑将在未来相当长一段时间内成为陶潜诗集的范本。①

缪文杰、傅汉思、毕晓普和福瑟克等学者着重评价了《陶潜诗集》在学术研究方面起到的开拓作用，缪文杰认为"陶潜诗文译著的出版，对中国诗歌的西方研究做出了重要的标志性贡献"②。毕晓普评价说，"现在，我们第一次能够从这部学术性和可读性俱佳的著作中，领略这位早期诗人所有作品的整体意义"③，由此看来，毕晓普也认为，《陶潜诗集》是第一部学术性与可读性兼备的陶集全译本，这个评价也是公允的，因为张辛本《陶潜的诗》虽然比较完整地向英语世界介绍了陶诗，

---

①　Ronald C. Miao, "Review on *The Poetry of T'ao Ch'ien*", *The Journal of Asian Studies*, Vol. 30, No. 3, May 1971, pp. 632 – 633. Original text: "The superiority of Dr. Hightower's translations is immediately evident to anyone who wishes to compare the present volume with previous works in English on T'ao Ch'ien, namely William Acker (trans.), *T'ao the Hermit: Sixty Poems by T'ao Ch'ien*, (Thames and Hudson, 1952) and Lily Pao-hu Chang and Marjorie Sinclair (trans.), *The Poems of T'ao Ch'ien*, (Honolulu, 1953). (Note i.) Dr. Hightower's book will undoubtedly become the standard reference on T'ao Ch'ien's poetry for many years to come."

②　Ronald C. Miao, "Review on *The Poetry of T'ao Ch'ien*", *The Journal of Asian Studies*, Vol. 30, No. 3, May 1971, pp. 627 – 633. Original text: "The publication of this volume of T'ao Ch'ien's (365 – 427) verse marks a significant contribution to the Western study of Chinese poetry."

③　John L. Bishop, *Books Abroad*, Vol. 45, No. 2, Spring 1971, p. 361. Original text: "Now, for the first time, we may be able to grasp the full significance of the work of this early poet in a scholarly and eminently readable volume."

但几乎没有研究成分。傅汉思认为这本著作"是专门研究陶潜诗歌的专著"①，这种定位是很高的。福瑟克认为海陶玮"已经为中国文学研究做出了重要且不朽的贡献"②。笔者认为，熊彼得的表述最能够准确概括海陶玮《陶潜诗集》的历史地位——"这是第一部关于陶潜所有诗歌的完整的注释式英译著作"③。

需要特别指出的是，海陶玮《陶潜诗集》在英语世界陶学史上首部注译本的地位认定，与另一部著作——澳大利亚戴维斯《陶渊明——他的作品及其意义》的出版具有极大相关性，值得把这两部在陶学历史上同期出现、地位类似又相互联系的著作加以说明。

译注陶集的同时，海陶玮就注意到还有一位学者正在和他做着同样的工作，这就是悉尼大学东方研究系戴维斯。戴维斯关于陶集翻译的初稿在 1955 年离开剑桥前往悉尼时就已基本完成，但是从初稿到定稿，戴维斯用了 20 多年的时间。海陶玮完成《陶潜诗集》初稿后，听说戴维斯已经完成了陶集译注的定稿，随时有可能会发表，这个消息令他内心有些复杂，并在《陶潜诗集》序言中如实表达了自己的想法，一方面他担心自己即将发表的译著比不上戴维斯的译著，"原来非常期待这项费力完成的译著尽快发表，（现在戴维斯译著即将发表）使得我感觉到，发表这部译著可能会是一种多余的重复工作"④。另一方面，他也自信自己的译著应当发表，"诗人陶潜的地位，值得我们努力把他的作

① Hans H. Frankel, "Review on *The Poetry of T'ao Ch'ien*", *Harvard Journal of Asiatic Studies*, Vol. 31, 1971, p. 319. Original text: "it is devoted exclusively to T'ao Ch'ien's poems."

② Lois M. Fusek, "Review on *The Poetry of T'ao Ch'ien*", *Journal of the American Oriental Society*, Vol. 93, No. 1, Jan. – Mar. 1971, p. 82. Original text: "Mr. Hightower has made an important and enduring contribution to the study of Chinese literature."

③ Peter M. Bear, "Review on *The Poetry of T'ao Ch'ien*", *Bulletin of the School of Oriental and African Studies*, Vol. 34, 1971, p. 635. Original text: "This is the first fully annotated translation into English of all T'ao Ch'ien's poetry."

④ James Robert Hightower, *The Poetry of T'ao Ch'ien*, Oxford: Clarendon Press, 1970, p. 10. Original text: "the hope that this ambitious undertaking will soon appear make me feel that it would be redundant to try to duplicate it."

品翻译为另外一种语言，就像一些学者已经致力于此的那样。因此，我也计划出版我的译著"①。出乎意料的是，戴维斯并没有很快发表他的译著，而是在海陶玮《陶潜诗集》出版 13 年之后的 1983 年才正式出版了自己的译著——《陶渊明——他的作品及其意义》，于是，"第一部关于陶潜所有诗歌的完整的注释式英译著作"的桂冠就戴在了海陶玮《陶潜诗集》头上，戴维斯的著作就只好屈居第二了。

　　比较两部译著可以发现，作为同时期同类型的陶学译著，海陶玮《陶潜诗集》与戴维斯《陶渊明——他的作品及其意义》有着密切的联系，《陶潜诗集》参考了戴维斯的研究，《陶渊明——他的作品及其意义》也借鉴参考了海陶玮的研究成果。

　　对戴维斯的作品和实力，海陶玮显然是非常了解的，《陶潜诗集》对戴维斯的研究常有借鉴。如在《九日闲居》注释中，海陶玮谈到《己酉岁九月九日》是写中国传统节日——阴历九月九日重九登高饮酒的节日风俗，他说，戴维斯的论文《中国诗歌中的重九节俗》（The Double Ninth Festival in Chinese Poetry）也是研究此主题的论文②。在翻译《戊申岁六月中遇火》"草庐寄穷巷，甘以辞华轩"句时，海陶玮借用了戴维斯"穷巷"这个词的翻译"a narrow lane"，并在注释中引用了戴维斯的解释，认为"穷巷"就是传统中国社会中隐士的特征③。

　　戴维斯《陶渊明——他的作品及其意义》分为两卷，第一卷收录陶渊明作品译文，他将陶渊明的作品按照类型共分为四言诗、赠答诗与

---

　　①　James Robert Hightower, *The Poetry of T'ao Ch'ien*, Oxford: Clarendon Press, 1970, p. 10. Original text: "A poet of T'ao Ch'ien stature deserves as many efforts to put him into another language as there are dedicate scholars ready to make the attempt, and I am therefore printing my versions of the poetry."

　　②　A. R. Davis, "The Double Ninth Festival in Chinese Poetry", *Wen-lin*, 1968, pp. 45 – 64.

　　③　James Robert Hightower, *The Poetry of T'ao Ch'ien*, Oxford: Clarendon Press, 1970, p. 118. Original text: "The Narrow Lane, some observations on the recluse in traditional Chinese society."

其他五言诗、编年诗及其他诗等七类。为满足西方普通读者的阅读需要，他在每一种类型的开头部分都先作整体性介绍，然后是译文，最后是作者的点评。第二卷的目标读者是专业学者，主体是陶渊明作品的原文，之后是英文的补注或补评。戴维斯对陶集不同版本的异文、校勘、典故等进行了详细说明，而且还交代了创作背景并适当串讲段落大意，也是一部既适合西方读者了解中国文学，同时也可供专业学者参考借鉴的译著，体现出作者相当扎实的学术功底。从译文范围和数量来看，《陶渊明——他的作品及其意义》与《陶潜诗集》一样，也是以翻译和注释陶渊明全部诗文为目标的著作，《陶潜诗集》共译陶诗 56 题 124 首（其中把《桃花源记》作为诗歌收录），还收入《闲情赋》《感士不遇赋》和《归去来兮辞》3 篇辞赋，共收入诗文 127 篇①；《陶渊明——他的作品及其意义》共译陶诗 55 题 123 首，《感士不遇赋》《闲情赋》和《归去来兮辞》3 篇辞赋，然后收录《桃花源记》《晋故征西大将军长史孟府君传》《五柳先生传》《读史述九章》《扇上画赞》《尚长禽庆赞》6 题 14 篇历史著述（Historical writings），《与子俨等疏》《祭程氏妹文》《祭从弟敬远文》《自祭文》4 篇劝诫和祭文（Cautionary and sacrificial pieces），共收入诗文 144 篇，译文数量超过了海陶玮译本，是英语世界迄今为止最全面的陶渊明作品集。

当然，戴维斯《陶渊明——他的作品及其意义》也参考了海陶玮的学术成果，列出了《陶潜的赋》《陶潜的饮酒诗》和《陶潜诗集》等著述作为参考文献②。还有一个细节值得提及，虽然当时中国大陆和港台地区陶学专家众多，但是两人都在自己的著作中提及和感

---

① 在 1970 年出版《陶潜诗集》之后，海陶玮还陆续翻译了陶渊明的其他作品，如《与子俨等疏》译文 1994 年发表在香港《译丛》上，见 Tao Qian, *Letter to His Sons by Tao Qian*, trans. James Robert Hightower, *Renditions*, No. 41&42, 1994, pp. 15 - 17。

② Davis Albert Richard, *Tao Yuan-ming*（AD. 365 - 427）*His works and their meaning*, Hong Kong: Hong Kong University Press, 1983, p. 205.

谢了一个人——台湾著名训诂学者王书珉，海陶玮 1966 年在台湾
"中央研究院"访学期间，曾经受教于王书珉，戴维斯对王书珉《陶
渊明诗笺证稿》评价颇高，"事实上我在选择文本的时候，很少反对
他的意见"①。

2. 馆藏和收录

据胡玲《海外陶渊明诗文英译研究》2015 年 4 月统计②，在海外已
经出版发行的陶渊明诗文英译本中，海陶玮译本传播最为广泛，收藏图
书馆数量已达 385 个，然后是辛顿本（275 个）、艾克本（259 个）和
戴维斯本（218 个），而张辛本仅有 17 个，这在一定程度上解释了为什
么张辛本在国内外知名度都偏低。从以上数据可以看出，海陶玮《陶潜
诗集》是英译本中馆藏最多，影响最大的版本。

英语世界大型权威中国文学选集对陶渊明诗文的收录，在《陶潜诗
集》出版之前，大多采用艾克的译文，比如 1965 年白芝主编的《中国
文学选集》（Anthology of Chinese Literature）所选的陶诗 7 题 8 首。但是
《陶潜诗集》出版之后，便取代了其他译本而被广泛采用和收录，并获
得了持续的影响和流传，如下：

1994 年梅维恒主编的《哥伦比亚中国古典文学选集》收入陶诗 5 题
7 首，其中《责子》1 篇采用的是华兹生（Burton Watson，1925—　）的
译文，其余 4 题采用海陶玮的译文，分别为《形影神》《饮酒诗·之
五》《咏荆轲》和《读山海经》③，另外，还收录有海陶玮翻译的《归

---

①　Davis Albert Richard, *Tao Yuan-ming*（AD. 365 - 427）*His works and their meaning*,
Hong Kong：Hong Kong University Press，1983，Prefatory Note. Original text："I have very seldom in
fact gone against his decisions in choosing my text."

②　胡玲：《海外陶渊明诗文英译研究》，博士学位论文（导师：刘军平），武汉大学，
2015 年 4 月。

③　Victor H. Mair, *The Columbia Anthology of Traditional Chinese Literature*, New York：Co-
lumbia University Press，1994. "Substance，Shadow，and Spirit"，pp. 177 - 180；"Poems After
Drinking Wine（No. 5）"，pp. 180 - 181；"In Praise of Ching K'o"，pp. 181 - 182；"On Reading
the Seas and Mountains Classic"，pp. 182 - 183.

去来兮辞》①《桃花源记》② 等。

1994 年香港《译丛》发表了海陶玮《与子俨等疏》③ 等作品。

1995 年马克·梅纳德（Maynard Mack）主编的《诺顿世界名作选集》（*The Norton Anthology of World Masterpieces*）第一卷收陶渊明作品 12 题 18 首，其中《五柳先生传》用的是宇文所安的译文，其余均采用海陶玮的译文。

2000 年由阂福德（John Minford）和刘绍铭主编的《含英咀华集》（中国古典文学译文集）（*Classical Chinese Literature：An Anthology of Translations*）④ 第十一章 "五柳先生陶渊明"（Tao Yuan Ming the Gentleman of Five Willow Trees）中收陶渊明诗文 17 题 29 首，其中《五柳先生传》《桃花源诗并记》《归去来兮辞》《自祭文》采用海陶玮的译文，11 题 19 首诗采用艾克的译文，另有 3 题 6 首采用杨宪益和戴乃迭的译文。

2004 年戴若什（David Damrosch）主编的《朗文世界文学选集》（*The Longman Anthology of World Literature*）中选陶渊明作品 10 首，其中《五柳先生传》用的是戴维斯的译文，其余都采用海陶玮的译文。

以上之外，海外陶学著述以引用译文、参考文献、注释补充等形式参考海陶玮系列陶学著述者不计其数。如 2014 年美国汉学家倪豪士

---

① Tao Yuanming, "The Return", in Victor H. Mair, ed., *The Columbia Anthology of Traditional Chinese Literature*, trans. James Hightower, New York: Columbia University Press, 1994, pp. 435 – 437.

② Tao Yuanming, "The Peach Bloom Spring", in Victor H. Mair, ed., *The Columbia Anthology of Traditional Chinese Literature*, trans. James Hightower, New York: Columbia University Press, 1994, pp. 578 – 580.

③ Tao Qian, *Letter to His Sons*, trans. James Hightower, *Renditions*, No. 41&42, 1994, pp. 15 – 17.

④ Minford, John and Lau, *Classical Chinese Literature: An Anthology of Translations* (Volume One), Hong Kong: Columbia University Press & The Chinese University Press, 2000.

《陶潜和〈列子〉——读〈连雨独饮〉》大量参考了海陶玮《陶潜诗集》中的译文①。随着这些文选、诗集、著述的广泛传播，海陶玮《陶潜诗集》逐步扩大了影响，进行了"二次经典"构建。

（二）从英语世界陶学史看，《陶潜诗集》开启了从翻译到研究的阶段

陶渊明以辞官归隐的伟大形象和作品的凝练深刻，成为西方世界最早受到关注和青睐的中国诗人之一。陶渊明作品最早何时被翻译到英语世界？英语世界从什么时候开始了解陶诗的全貌，又在什么时候从简要译介走向了专业研究？学界对此有一些梳理，但也存在一些争议，且大部分梳理并没有列出具体的诗文情况。笔者综合前人意见，考察海陶玮《陶潜诗集》在英语世界陶渊明研究中的学术史意义。

陶诗英译始于 1883 年英国汉学家翟理斯（Herbert A. Giles，1845—1935）《古文选珍》（*Gems of Chinese Literature prose*），书中翻译了陶渊明的两篇文章《归去来兮辞》和《桃花源记》。翟理斯曾任前英国驻华外交官、剑桥大学第二任汉学教授，他通过朋友、著名出版人伯纳·夸瑞奇（Bernard Quaritch）自费出版了这本著作，并在封底写有中文序言：

> 余习中华语，因得纵观其古今书籍，于今差十有六载矣。今不揣谫陋，采古文数篇，译之英文，以便本国士人诵习。观斯集者，应念恍然于中国文教之振兴、辞章之懿铄，迥非吾国往日之文身断发、茹毛饮血者所能仿佛其万一也。是为序。
>
> 岁在癸未年——翟理斯辉山氏笺

---

① ［美］倪豪士：《陶潜和〈列子〉——读〈连雨独饮〉》，载香港浸会大学《人文中国学报》编辑委员会编《人文中国学报》（第 20 期），上海古籍出版社 2014 年版。

从序言可以看出，翟理斯对自己汉诗英译的自信和对中国文化、中国文学的崇仰。1898 年翟理斯在伦敦和上海同时出版了他的第一本英译中国诗词选集《古今诗选》（*Chinese Poetry in English Verse*），又翻译了陶渊明的三首诗《拟古·其五》《读山海经·其五》和《拟古·其四》。

翟理斯《古文选珍》和《古今诗选》两本书都是以西方人为主要目标读者，并没有产生广泛影响。

1915 年美国著名诗人和文学评论家、意象派诗歌运动代表人物埃兹拉·庞德（Ezra Pound，1885—1972）出版了《神州集》（*Cathay*），这部诗集是庞德在美国东方艺术史家恩内斯特·费诺罗萨（Ernest Fenellosa，1853—1908）在日本学习汉诗的笔记遗稿基础上加工完成的，其中收集并翻译了十几首中国古诗，有陶渊明的一首四言诗《停云》，这也是海陶玮对汉学研究产生兴趣的起源。

接着，英国汉学家阿瑟·韦利的《一百七十首中国诗》（*A Hundred and Seventy Chinese Poems*）1918 年 7 月在伦敦出版①，韦利为陶渊明单独设章（第三章），选译了 12 首陶诗：五言诗《和郭主簿·其一》（蔼蔼堂前林），《饮酒·其九》（清晨闻叩门），《饮酒·其十》（在昔曾远游），《形影神》三首，《咏贫士·其二》（凄厉岁云暮），《责子》，《饮酒·其五》（结庐在人境），《移居·其一》（昔欲居南村），《归园田居·其一》（少无适俗韵），《读山海经·其一》（孟夏草木长），四言诗《停云》第二节（停云霭霭），《时运》第一节（迈迈时运）。《一百七十首中国诗》是韦利公开出版的第一部汉诗英译集，被转译成法文、德文，使中国古诗进入了普通的西方家庭，影响较大，所以很多国内学

---

① Waley Arthur, *One Hundred & Seventy Chinese Poems*, London: Constable and Company Ltd., 1918.

者如汪榕培、蔡华等①，都把韦利译本作为陶诗英译的起点，这种认识在学界较为普遍。北京大学硕士靳成诚 2011 年梳理了陶渊明作品英译的复杂现实，把英译陶诗的起点从 1918 年韦利《一百七十首中国诗》上推到了 1883 年翟理斯《古文选珍》，但是通过翻译让陶渊明在英语世界为广大读者所知还是应该归功于韦利。

1947 年，罗伯特·佩恩（Robert Payne）编辑出版了《白驹集》（*The White Pony*：*an anthology of Chinese poetry from the earliest times to the present day*）②，这也是英语世界较早的中国诗歌选集，其中选译的陶渊明诗文有《桃花源记》（The Peach-Blossom Fountain）、《形影神》（Substance Shadow and Spirit）、《乞食》（The Beggar）、《五月旦作和戴主簿一首》（The Empty Boat）、《移居》（Moving House）、《始作镇军参军经曲阿一首》（Retrospect）、《戊申岁六月中遇火一首》（A Fire Burns Down My Cottage）、《癸卯岁始春怀古田舍二首》（Remembering the Ancient Farmstead in early spring of the dynastic year Kioei-mao）、《饮酒三首》（Drinking Songs）、《拟古两首》（In Imitation of Old Poems）、《咏贫士》（The Poor Scholars），《读山海经》（Reading The Book of Strange Places and Seas），《饮酒·其九》（In Early Morning）、《归园田居·其三》（Living in the Country）、《咏贫士·其二》（The Cold Year）、《拟挽歌辞》（An Elegy for Myself）、《饮酒·其七》（Chrysanthemums）、《归园田居》其一、其二（Return to the Country）、《归去来兮辞》（Returning Home），这些诗文是由编者佩恩和另外两位译者杨业治、杨之兴（Yang Yeh-tzu，Yang Chi-sing，音译）共同翻译的。

第一部陶诗英译专著始于威廉·艾克（William R. B. Acker，1907—

---

① 参见汪榕培《陶渊明诗歌英译比较研究》，外语教学与研究出版社 2000 年版，第 47 页；蔡华《巴赫金诗学视野中的陶渊明诗歌英译》，苏州大学出版社 2008 年版，第 10 页。

② Payne Robert ed.，*The white pony*：*an anthology of Chinese poetry from the earliest times to the present day*，New York：The John Day Company，1947.

1974) 1952 年的《隐士陶——陶潜的六十首诗》[*T'ao the Hermit, Six-ty Poems by T'ao Ch'ien* (362—427)]①。该译著没有固定的底本,主要参考了韦利的译本,艾克在前言中对韦利表示了感谢。正文译出了陶渊明的 62 首诗歌,大部分按照主题分类,比如田园诗（5 首）、饮酒诗（6 首）、杂诗（7 首）、拟古诗（3 首）、贫士诗（6 首）和四言诗（5 首）等,另外还有 4 组诗歌未列明主题。除了译诗,艾克还对陶渊明进行了一定的介绍和研究。序言简要介绍了陶渊明,包括历史背景、诗歌演变、诗人自传、生活阅历和个性特征在诗文中的体现,以及饮酒特点和哲学思想等,并译出了《五柳先生传》。后附两篇文章,一篇名为《陶潜诗歌比较的特征》（Characteristics of T'ao Ch'ien Verse Compari-sons）,文中翻译了李白《月下独酌》其一、其二、其三;另一篇名为《中国诗歌翻译的困难》（Problems In The Translation of Chinese Po-etry）,认为翻译中国诗歌最大的困难在于语言本身。该著作正文的诗歌翻译大部分没有注释,对个别西方读者可能会比较陌生的中国思想文化和文学典故作了少量的页下脚注。翻译中的注释、序言的阐述和后附的两篇研究论文,意味着艾克在翻译陶诗的同时,已经有意识地展开了初步的研究。

在艾克本出版一年后的 1953 年,美国夏威夷大学的两位学者张葆瑚（Lily Pao-Hu Chang）和马乔里·辛克莱尔（Marjorie Sinclair）合作翻译的《陶潜的诗》（*The Poems of T'ao Ch'ien*）出版（简称张辛本）②,这是目前有据可查的英语世界第一部陶诗全译本,以《四部丛刊》中的元代李公焕《笺注陶渊明集》10 卷本为底本,这个版本详录了宋人的评语,包括四言诗 9 首、五言诗 117 首、辞赋 3 首（《桃花源记》

① William R. B. Acker, *T'ao the Hermit, Sixty Poems by T'ao Ch'ien*, London: Thames and Hudson, 1952.

② *The Poems of T'ao Ch'ien*, trans. Lily Pao-hu Chang and Marjorie Sinclair, Honolulu: University of Hawaii Press, 1953.

《归去来分辞》和《五柳先生传》），颂赞两首（《感士不遇赋》《闲情赋》）和祭文4篇，后附有萧统《文选》中的《陶渊明传》，正文以翻译为主，夹杂少量脚注。

除了译诗，两位作者在前言中也阐述了一些自己的看法。第一，诗歌翻译之难。两位作者都着重分析了造成诗歌英译困难的原因，主要有：中国诗歌所具有的典故、暗示等特质经过翻译之后大多不复存在，只有经过多年对中国人生活和语言的深入了解，西方读者才能理解中国诗歌的丰富；中国诗歌是诗人生活的体验感悟和反映，读者在阅读诗歌的过程中，其实是与诗人促膝长谈、引起共鸣的过程；大部分中国诗歌折射出中国人对外部世界和生活的复杂态度，这种复杂态度往往源于佛教、道教和儒教等各种思想的交融。第二，陶渊明的贡献。两位作者认为，陶渊明是中国文学史上既伟大又备受争议的诗人，他敢于在诗歌中袒露自己的心胸，是第一个打破奢靡绮丽文风而采用自然质朴语言来表达自然和内心的诗人，他的诗歌成为唐代诗歌繁荣的基础。作者认为，陶渊明诗文所反映的"菊花""酒"和"对自然俭朴生活的热爱"这三个特征，与陶渊明的名字紧紧联系在一起，成为中国文化演变中的常用意象。

但是，张辛本长期受到学界忽视，一方面由于两位译者知名度低，除了这部译作，暂没有发现译者的生平资料和其他作品，国外只有十几个图书馆藏有该译本，国内笔者只在国家图书馆发现有该译本，馆藏量直接影响了该译本的传播和影响。另一个重要原因，就是之后《陶潜诗集》的出版和成就，遮掩了这部首译著作，以致不少国内外学者至今都认为，1970年海陶玮英译《陶潜诗集》是英语世界第一部全译本。事实上，张辛本的主要目的和贡献，就是向英语世界的普通读者展示了陶诗的全貌，而无意对陶渊明及陶诗本身进行深入的研究和探讨。

在1953年首部陶集全译本出版之后，1970年海陶玮出版了《陶潜诗集》，"如果说，以前陶诗及其他作品的译介还停留在局部范围内，那么通过海陶玮相当全面的译介和评注，陶渊明这位中国大诗人首次以完整的面貌来到了英语世界"①。这部译著在 1984 年戴维斯《陶渊明：他的作品与意义》出版前，"是英语世界关于陶潜诗歌的唯一一部全译本，产生过重要影响"②。

之后，如前文已述，宇文所安、孙康宜、张隆溪、郦龚子、田晓菲、田菱、罗秉恕等都在陶学道路上继续耕耘，写出了英语世界重要的陶学专著。

以上是英语世界陶学历史的简要梳理。值得指出的是，英译陶渊明作品的译者主体并不完全是西方学者，也包括中国学者。比如方重《陶渊明诗文选译》（*Gleanings from Tao Yuan-ming Prose and Poetry*，1980）、杨宪益、戴乃迭夫妇《陶渊明诗选》（*Tao Yuanming：Selected Poems*，1993）、谭时霖《陶渊明译注》（*The Complete Works of Tao Yuanming*，1992，国内学者第一部陶渊明作品全译本）、汪榕培《英译陶诗》（*The Complete Works of Tao Yuanming A Versified Translation*，2000），但国内陶诗英译著作的产生，都是在 1970 年海陶玮《陶潜诗集》之后。

如果我们把英译陶诗涵盖作品数量和有无严谨深入研究作为判断一部陶学著述在英译史上的地位如何，海陶玮的系列陶学著述，可以看作是英语世界陶学从翻译转向研究的重要作品。

从涵盖作品数量来看，陶渊明作品英译诗歌数量由少到多，从最初的选译、节译到后来的全译，翻译的陶诗越来越全面，由散译逐渐发展到系统性译介，陶渊明作品译著的数量是呈阶梯式逐步递进的。在全译本出现之前的各种选本中，由于入选作品数量有限，所以很难

---

① 田晋芳：《中外现代陶渊明接受之研究》，博士学位论文（导师：徐志啸），复旦大学，2010 年，第 45 页。

② 朱徽：《中国诗歌在英语世界——英美译家汉诗翻译研究》，上海外语教育出版社 2009 年版，第 150 页。

对陶渊明作品全貌和诗文水平有一个总体把握。海陶玮《陶潜诗集》译注了陶渊明四言诗（Poems in four-word meter）9首，五言诗（occasional and other poem）29首，五言诗（Dated and other poems）38首，特定主题诗歌（poems on set themes）48首，辞赋（Rhapsodies）3首（《感士不遇赋》《闲情赋》和《归去来兮辞》），并在导言中译出了《五柳先生传》和《自祭文》，基本涵盖陶渊明所有的作品，而且在张辛本基础上，加入了大量的注释和研究，这样，"终于中国一位主要诗人的完整诗作受到了应有的重视，而这位多年来致力于理解和阐释现存100多首诗歌的学者也受到了了关注"[1] "现在，我们第一次可以用一部兼具学术性和可读性的著作来把握这位早期诗人作品的全部意义了。"[2]

从翻译角度来讲，笺注翻译、语文分析是海陶玮翻译陶渊明诗文最重要的面貌特征和具有标志意义的独特贡献，《陶潜诗集》是英语世界第二部陶集全译本，也以严谨详尽和专业的注释，成为第一部严格意义上的注译本，这意味着，陶诗英译由单一诗歌翻译逐步发展到注释详尽的厚重翻译，由原文被恣意改动发展到原文得到充分尊重，从文学普及向学术研究延伸，这本身就是一种具有历史连续性的演变，意味着陶学具有了推动型的进展。《陶潜诗集》提升了海外陶学的深度、层次和水平，也把英语世界的陶学从翻译转向研究阶段。

从研究角度来讲，《陶潜诗集》译著中的注释评论部分使海陶玮的翻译实际上带有"研究"的性质，是一种学者型、学术型译诗。文中

---

[1]　John L. Bishop, *Books Abroad*, Vol. 45, No. 2, Spring 1971, p. 361. Original text: "At long last the complete poetry of one of China's major poets has received the attention it deserves, and that from a scholar who has devoted many years to understanding and explicating this modest corpus of some one hundred extant poems."

[2]　John L. Bishop, *Books Abroad*, Vol. 45, No. 2, Spring 1971, p. 361. Original text: "Now, for the first time, we may be able to grasp the full significance of the work of this early poet in a scholarly and eminently readable volume."

的大量注释以及翻译的中国历代名家关于陶诗的诠释和注解，篇幅甚至超过英译诗文，集中体现了海陶玮长期研究陶渊明的学术成果，标志着他在西方较早地从翻译走向了研究，成为第一位真正称得上陶渊明研究专家的西方学者。另外，海陶玮在翻译陶集过程中产出的系列陶学论文，即 1954 年《陶潜的赋》、1968 年《陶潜的饮酒诗》和 1971 年《陶潜诗歌中的典故》，标志着英语世界专业研究陶渊明的开始，在英语世界陶渊明诗文研究史上具有开创意义。海陶玮《陶潜的赋》"是英语世界第一篇重要的陶学论文"[①]，三篇论文内容涉及辞赋文章、饮酒诗主题和艺术修辞，提出了富有价值和启发意义的观点，奠定了英语世界解读陶渊明的基调，也开启了英语世界的中文辞赋研究和典故研究，对后世的陶渊明研究产生了重要影响。

（三）从译者角度来看，海陶玮所具有的扎实学养使他成为第一位西方陶渊明研究专家

为什么是海陶玮而不是其他汉学家产出了《陶潜诗集》和系列陶学论文，成为第一位西方陶学专家？陶渊明研究是海陶玮一生关注时间最长、倾注心血最多、也最富成果的研究领域，是他学术生涯中的"高塔"（Hightower），"但这个我们所熟知的高塔并不是凭空而起的，它是用什么材料建造的？它的先行阶段是什么？"[②]

事实上，海陶玮在世界文学范围对中国文学进行了长期的思考，形成了自己广阔的研究视野和格局，同时，经过长期的学习和阅读，他从历史、文化、知识、方法等方面进行了长期的积累，这不仅是必需的，也是充满艰辛的。好友侯思孟曾描述海陶玮从事汉学研究所面临的困难，兹录于下：

---

① 吴伏生：《英语世界的陶渊明研究》，学苑出版社 2013 年版，第 75 页。

② E. Bruce Brooks, "speech", in Eva S. Moseley, ed., *Speeches at a memorial gathering*, p. 15. Original text："But this familiar Hightower did not spring direct from the brow of the Cosmos. Out of what materials was it constructed? What were its antecedent stages?"

　　海陶玮用自己整个学术生涯来讲授和研究中国文学。我从没和他共同合作过，但我从他不少最好的学生那里听说过，他是解决艰巨任务的大师。他以本学科渊博的知识获得了极大的尊敬，甚至敬畏。中国文学跨越了三千年的历史，与中国历史融为一体，以至于即使是掌握一部很短历史时期中产生的作品，也需要文学作品以外的大量知识。同时，中国语言经过世纪演变也发生了巨大的变化，要想理解特定时期的文学，需要熟悉特定时期语言的特性，尤其是对这些作品的作家传记做深入的了解。学习中国文学更加困难的是，中国文学中的名作，尤其是诗歌，直到革命时期的诗歌，通常被中国知识分子尊崇为近乎神圣的东西，他们一生都在研究诗歌，甚至是从令人难以置信的小小年纪开始的。要想深入研究他们的文学作品，还需要某种像是投身宗教一样的力量。①

　　由此可以看出海陶玮作为西方学者在 20 世纪上半叶研究中国文学所面临的种种困难，不仅需要了解历史背景、作家阅历等作品之外的大量知识，熟悉和掌握古文和白话等汉语在不同历史阶段的表达方式，还要与具有天然优势的中国本土学者面临同样的研究对象，在中国传统研

---

　　① Donald Holzman, "speech", in Eva S. Moseley, ed. , *Speeches at a memorial gathering*, p. 36. Original text: "J. R. Hightower spent his entire scholarly life teaching and writing about Chinese literature. I never studied with him myself, but I have heard from some of his best students that he was a difficult task-master whose broad knowledge of his subject inspired great respect, and even awe. Chinese literature spans three millenniums and is so embedded in Chinese history that to master even the works of a short period requires considerable knowledge of much besides the literary works themselves. The Chinese language, too, during so many centuries, changed considerably, and to be able to understand the literature of a given period requires familiarity with the peculiarities of its language and, above all, an intimate knowledge of the biographies of its great writers. To make its study even more difficult, the great works of Chinese literature, in particular its poetry, had, until the Communist revolution, been revered by educated Chinese as something almost sacred and they studied them all their lives, beginning most often at an unbelievably early age. To be able to study their literature in any depth requires something like an entry into religion. "

究之外取得开创性成果，这是非常艰难的。

海陶玮作为学生们眼中的"解决艰巨任务的大师"，经过长期扎实的中国文学知识的积累和系统的学术训练，获得了渊博的知识，严谨的方法，扎实的语言和广阔的视野，为他的陶渊明研究奠定了良好的基础，赢得了"极大的尊敬，甚至敬畏"，这也是海陶玮与其他学者如翟理斯、韦利、艾克等完全不同的。这些积累和训练主要体现在海陶玮在陶渊明研究之前的研究，主要以论文《世界文学中的中国文学》和专著《中国文学论题》《韩诗外传》为代表。

1. 视野与定位：《世界文学中的中国文学》

自从把中国文学作为研究对象，海陶玮就始终在思考中国文学的特质，并在世界文学范围内考量评价中国文学的地位、价值和贡献。1953年海陶玮在《比较文学》（*Comparative Literature*）上发表了一篇重要的学术论文——《世界文学中的中国文学》（Chinese Literature in The Context of World Literature）①，集中论述他对中国文学地位和价值的总体评价，也体现了他进行陶渊明研究的宏观视野和背景。在这篇论文中，海陶玮把"中国文学"定义为"所有用中文写出来的文学作品及有文学价值的其他作品，一律认作中国文学，不论其文体是文言、白话或者是半文半白"②，提出并回答了两个问题，第一个问题是"中国文学在世界文学中究竟占据什么地位？"，第二个问题是"研究中国文学对于我们进一步了解文学的价值会有什么样的贡献？"。

关于第一个问题，海陶玮认为，中国文学与世界范围内的其他文学相比，最主要的特质就是历史悠久，与欧洲文学相比具有自身优势。中国古典文学的历史比拉丁文学的历史更久远，而且古代的文言文在白话

---

① James Robert Hightower, "Chinese Literature in the Context of World Literature", *Comparative Literature*, Vol. 5, No. 2, Spring, 1953, pp. 117 – 124.

② 海陶玮：《中国文学在世界文学中的地位》，宋淇译，香港中文大学出版社1973年版，第254页。

文出现很久后仍然是一种重要的文学语言，两者可以并存而不悖，不像拉丁文学的古今语言那样存在很大的歧异。中国文学传世久远、体裁广泛，在世界文学中是占有重要地位的，同时中国文学也具有自身特有的趣味和文学价值，非常值得研究。

关于第二个问题，海陶玮是从比较文学影响研究到平行研究转型背景下对中国文学的一种思考。平行研究是美国学者在 20 世纪五六十年代提出的比较文学理念，主要针对法国比较文学影响研究出现的问题而提出的，从而把文学研究的疆域视野从欧洲拓展到了世界文学。海陶玮通过这篇论文试图在回答，提倡平行研究的学者是否可以从中国文学研究中有所收获。因为研究世界文学的西方学者通常想知道的是，中国文学研究可否纳入平行研究的范围，他的结论是：收获甚微，远东文学不能作为比较文学的新领域，但是中国文学仍然可以在比较文学发展过程中发挥自己独有的贡献，一是有利于发现文学中恒常不变的因素，帮助我们赋予文学以新的定义；二是可以考察类似的文学体裁在不同社会中发挥的类似作用；三是可以展开中西文学理论方面的研究；四是可以用语言分析的方法展开中国文学的研究，以了解语言工具如何发挥其作用而产生文学效果。海陶玮对中国文学独有贡献的认识是深刻的，但他的结论是偏颇的，包括中国文学在内的东方文学正是以一种与西方文学完全异质的形态面貌，可以为平行研究提供素材支撑和参比对象。

除了以上两个问题，海陶玮还谈到了中国文学研究的方法，倡导以世界文学的视野和眼光来学习和研究中国文学，他对研究中国文学的学者进言说，一方面，研究中国文学的学者可以攻修其他国家的文学，因为以往研究中国文学的多为中国学者，他们对其他国家的文学缺乏深切的认识；另一方面，研究中国文学的学者需要通晓至少一种其他文学的治学方法与技巧，并把这些治学方法和技巧应用到中国文学研究上。只有这样，中国文学才能得到正确的评价，西方读者才会心悦诚服地承认中国文学在世界文坛上占据的不可忽视的地位。海陶玮这种基本认识决定了他从事汉学研究的理念和方法，也体现在他的陶渊明研究中。

海陶玮对比中西文学类型时指出，中国文学具备除史诗之外的欧洲文学所有的主要类型，在所有文学类型中"中国文学的最高成就是抒情诗歌"①，他这样介绍中国诗歌：

> 诗歌的传统始于公元前数百年，一直流传到现在，从来不会间断，虽然其全盛时期远在唐（公元六一八至九〇六年）宋（公元九六〇至一二七八年）二代。历年积累下来的诗歌多得不可胜数，恐怕一千多年来没有任何读者能够终其一生把过去的诗歌全部读完。诗的形式有时异常繁复，可是写作技巧始终维持着极高的水准。至于在各时期中，能以诗入选而传世的诗人更不胜枚举。从量的方面说来，没有任何欧洲诗坛能出其右；从质的方面说来，中国诗歌虽然范围较狭，也可以同欧洲同类形式文学作品相颉颃而无愧色。有些中国诗歌与散文的形式是西方文学中找不到的体裁。"②

由此可见，海陶玮在 20 世纪 50 年代就已经对中国诗歌格外青睐，对中国诗歌的历史、总量、形式等都有了全面的认识，对中国诗歌的质量、价值有着高度的评价，他认为中国诗歌是最能体现中国文学价值和趣味、最能代表中国文学特质的体裁。面对"不可胜数"的中国诗歌，

---

① 海陶玮：《中国文学在世界文学中的地位》，宋淇译，香港中文大学出版社 1973 年版，第 254 页。

② 同上。

虽然海陶玮也自认为不能"终其一生把过去的诗歌全部读完",但他还是在多年的汉学研究道路中,坚持收藏、阅读大量的中国诗歌。哈佛大学馆藏海陶玮档案中,有大量他阅读批注、自行整理的诗歌文稿和教学资料,这些都为他翻译研究陶诗打下了扎实的基础。

在《世界文学中的中国文学》论文最后,海陶玮指出,"虽然中国文学具有历史悠久、延绵不绝的传统,而且在中国始终占据着崇高的地位,但是中国文学研究本身却是一门新的学问,尚在创垦阶段,到了20世纪才开始系统性的研究。因此学者还需要在中国作家、时代及体裁各方面做一番基本的研究工作,以后才可能产生一部令人满意的中国文学通史"①。这段话揭示了海陶玮对中国文学历史研究的重视和期待,也是他的首部著作——《中国文学论题》产生的缘由。

2. 历史与知识:《中国文学论题》

1950年海陶玮的第一部著作《中国文学论题》(全名为《中国文学论题——纲要和书目》,*Topics in Chinese Literature：Outlines and Bibliographies*)② 出版。该著作从早期中国文学叙述到20世纪早期的革命文学,属于一部通史型文学史。这部文学史专著的出版,意味着海陶玮已经在世界范围内从历史的视角对中国文学有了整体的认识和深厚的积累。

在《中国文学论题》这部文学纲要中,海陶玮基本不对具体的作家作品进行赏析,但却不吝笔墨,两处对陶渊明及其作品进行了介绍,一处是第四章"楚辞和赋"中专门介绍了陶渊明的赋作:"陶潜(公元365—427年)的《闲情赋》是一部把挽歌赋体改为失恋主题的改编作

---

① James Robert Hightower, "Chinese Literature in the Context of World Literature", *Comparative Literature*, Vol. 5, No. 2, Spring 1953, p. 124.

② 该书名的中文翻译有《中国文学论题》《中国文学纲要》《中国文学总论》《中国文学专题》《中国文学流派和题材》等,笔者翻译为《中国文学论题——纲要和书目》。

品，这是一部充满着 17 世纪英国玄学派诗歌精心比喻的作品。"① 在此章后附的参考译本书目中，列出了《闲情赋》《感士不遇赋》和《归去来辞》三部辞赋的书目，以供读者查找阅读。事实上，海陶玮在写作《中国文学论题》的同时，也在阅读陶渊明的作品，此时期正在着手翻译和研究陶渊明的几部辞赋，因而才会着意在此用笔。第二处是第七章"乐府和五言诗"，他在介绍五言诗演变过程时说"中国诗歌在五言诗之后的前四个世纪得到了很大地技巧性发展，但这种形式的早期诗歌在抒情美感方面并未被超越，除了匿名的'古诗十九首'，曹植（公元 192—232 年）和陶潜（公元 365—427 年）的作品一度是这个时期最为显著的作品，这些作品被唐代产出的诗歌作品在数量上超越，但并没有在质量上胜出"。② 由此可以看出，海陶玮是在通读中国诗歌发展历史和汉魏六朝文学史的基础上，对陶渊明诗歌有了更深入的了解和评价，也显示出他对陶渊明的重视和对其文学作品评价之高。

除以上两处直接提及外，《中国文学论题》这部著作的出版，也显示了海陶玮对中国文学历史的整体了解和文学知识的积累，主要体现在三个方面：

第一，对中国文学史的梳理和把握。

《中国文学论题——纲要和书目》（*Topics in Chinese Literature：Outlines and Bibliographies*）是一本简明扼要、提纲挈领的文学史大纲，时

---

① James Robert Hightower, *Topics in Chinese Literature：Outlines and Bibliographies*, Cambridge Massachusetts：Harvard University Press, 1950, p. 28. Original text："'T'ao Ch'ien's（365 – 427）*Fu on Stilling the Passion*' is an adaptation of the elegiac *fu* to the theme of frustrated love；it is a piece filled with elaborate conceits reminiscent of English metaphysical poetry of the seventeenth century."

② James Robert Hightower, *Topics in Chinese Literature：Outlines and Bibliographies*, Cambridge Massachusetts：Harvard University Press, 1950, p. 52. Original text："Chinese poetry made great technical advances during the first four centuries after the use of the five-word line became established, but some of the early poems in that form remain unexcelled for lyric beauty. Beside the anonymous 'Nineteen old Poems', the works of Ts'ao Chih（192 – 232）and T'ao Ch'ien（365 – 427）are outstanding in a period excelled by Tang in quantity of poetic output, but not in quality."

间上是从先秦时代到 20 世纪前期的革命文学，显示了海陶玮对中国文学史的整体梳理、资料的全面把握和初步简要研究。这部文学史的一个明显体例特征，就是关于文学风格、文学类型的中国文学分体史，每章正文结尾都列有和这一章相关的参考文献，分为两部分，一部分是权威文献（Authorities），一部分是译本书目（Translations），"权威文献"列出了重点参考的书籍，主要涉及日文和中文的书籍，"译本书目"列出了所在章节文体类型的主要译文样本，实际上是给外国读者推荐的按文体分类的阅读书目，以英文译本优先，还涉及法文、德文译本，且都是高质量的优质译本，两类参考文献使这本书"在纲要、定义和书目方面具有精确的信息量"①。

第二，对中国文学各种文体的认识和对中国诗歌的重视。

海陶玮以文体为切入点梳理中国文学发展历史，显示了他对中国文学文体的把握。同时，他对中国文体的认识也在不断思考和深化，这体现在该书版本目录的变化，1950 年初版目录 15 章，1953 年再版目录 17 章，目录和标题列表如下：

1950 年版（130 页）	1953 年版（141 页）
第一章　经	第一章　经
第二章　早期哲理散文：哲学家	第二章　早期哲理散文：哲学家
第三章　早期叙事散文：历史、小说和逸事	第三章　早期叙事散文：历史、小说和逸事
第四章　楚辞与赋	第四章　楚辞与赋
第五章　骈文	第五章　骈文
第六章　六朝文学评论	第六章　六朝文学评论
第七章　乐府与五言诗	第七章　楚歌和乐府
	第八章　五言诗及七言诗

---

① Cyril Birch and Donald Keene, *Anthology of Chinese literature*: *From Early Times to the Fourteenth Century*, New York: Grove Press, 1965, p. 489. Original text: "Accurate and highly informative outlines, definitions and bibliographical aids."

续表

1950 年版（130 页）	1953 年版（141 页）
第八章　律诗	第九章　律诗
第九章　绝句	第十章　绝句
第十章　古文运动	第十一章　古文运动
第十一章　文言小说	第十二章　文言小说
	第十三章　宋诗派别
第十二章　词	第十四章　词
第十三章　戏剧	第十五章　戏剧
第十四章　白话小说：传奇和小说	第十六章　白话小说：传奇和小说
第十五章　文学革命	第十七章　文学革命

1953 年版较之 1950 年版的目录变化，是把 1950 年版第七章的"乐府与五言诗"更换为"楚歌和乐府"，然后增补了"五言诗及七言诗""宋诗派别"两章内容，以上调整增加了诗歌在整个文学文体中的分量，也增加了对诗歌流派和形式的分类介绍，体现了海陶玮对中国诗歌的特别重视和细化认识，也体现了海陶玮对中国文体的不断思考以及对中国文学文体演变的重新认识和规划调整。

第三，对世界范围内中国文学知识的学习和编目。

海陶玮大量吸收借鉴世界范围内的中国文学研究成果，特别是日本汉学研究成果，非常重视对汉学学术资料的搜集整理，并通过《中国文学论题》"书目"（Bibliographies）部分充分体现自己广阔丰厚的阅读和对有关书目的熟悉和选择。如果我们整理海陶玮《中国文学论题》每一章节后附的参考文献就会发现，参考文献中的"权威文献"（Authorities）可以说是世界范围内研究中国古典文学的基础书目，"译本书目"（Translations）可以说是中国文学各种文体的代表作品在英语、法语和德语世界的主要译本及流传情况。从汉学史角度来看，"权威文献"可以看作是海外中国文学研究的书目，"译本书目"可以看作是海外早期中国文学翻译的书目，这个书目向我们展示了早期中国文学在世界范围内的研究概况，也是一份国外中国文学研究者、爱好者入门的读书目录，在世界汉学目录学方面具有非常重要的价值，同时"这部著作表明，海陶玮在北京的成长岁月中，对他所关注的中国文学及其在中文、日语、英语、法语和德语的参考书目具有出色的把握"①。

3. 文化与方法：《韩诗外传》

海陶玮1952年出版《韩诗外传》译著，这是他在博士学位论文基础上修订出版的著作。《韩诗外传》是汉代韩婴的作品，由360条孔子轶事、诸子杂说、春秋故事等道德说教、伦理规范以及劝诫忠告等不同内容杂编而成，每一个条目都以一句《诗经》引文作结论，以支持政事或论辩中的观点，这本书是现存唯一较为完整的三家《诗》文本。因为《韩诗外传》同其他中国古籍一样，诗句多艰深晦涩，注释者多为具有深厚国学功底的中国学者，海陶玮选择这本古籍加以译注，显示了他对中国传统文化知识的学习掌握和对汉学研究方法的掌控，为他今后陶学以及汉学研究奠定了扎实的学术基础。

第一，奠定了中国古代思想和文化知识的基础。

《韩诗外传》虽名义上依附于《诗经》，但"其书杂引古事古语"②，思想溯源杂采儒、道、法等先秦诸子百家，对《庄子》《列子》《韩非子》《吕氏春秋》《晏子春秋》《老子》《孟子》等各大哲学学派著述都加以采纳和吸收。据现代学者研究，《韩诗外传》涉及孔子的章节有90多章③，记载与孔子及其弟子有关的叙述共有80余条之多④，

---

① Donald Holzman, "speech", in Eva S. Moseley, ed., *Speeches at a memorial gathering*, p. 38. Original text: "This work showed that Hightower had achieved, during his formative years in Peking, an extraordinary grasp of his subject and of its bibliography of works in Chinese, Japanese, English, French and German."

② 《四库全书总目》卷一六《经部·诗类二》，中华书局1965年版，第136页。

③ 罗立军：《〈韩诗外传〉诗教思想探究》，《广西社会科学》2007年第6期。

④ 刘鹏：《〈韩诗外传〉思想研究》，硕士学位论文（导师：梁宗华），山东师范大学，2015年。

与《孟子》相通者共 10 余条①，《荀子》引用达 54 次②，被清代汪中
称为"荀卿子之别子"。《韩诗外传》还蕴涵着丰富的文化知识，出
现古史人物 171 位③，包含先秦时期大量的政治事件、古代传统、历
史典故、天文地理、古代器物、神话传说、岁时风俗、礼仪制度等丰
富史料，王先谦曾经指出该书"上推天人性理，明皆有仁义礼智顺善
之心；下究万物情状，多识于鸟兽草木之名。"④ 美国汉学家柯润璞
（James Irving Crump Jr. 柯迁儒，1921—2002）在读到海陶玮《韩诗
外传》译著时，认为他"打开了西汉奇闻轶事杂编的一个伟大的
宝藏"⑤。

　　海陶玮译注《韩诗外传》，成为他深入了解汉代社会文化乃至中国
古代思想文化的一个门径，同时也为他的陶渊明研究奠定了知识基础。
陶渊明自幼酷爱读书，"少年罕人事，游好在六经"⑥，诗文创作深受所
读书籍影响。据统计，陶渊明在自己的诗文中共引用了 183 种典籍⑦，
既包括儒家著作《诗经》《论语》《易经》《书经》《礼经》《春秋》
《乐经》等，也包括《老子》《庄子》《列子》等各家经典，既包括
《史记》《汉书》《楚辞》《淮南子》等史学作品，也包括《穆天子传》
《列女传》《高士传》《山海经》等笔记杂录。翻译陶集必须要对这些文
化知识有所涉猎，才能对诗歌背景和内涵有深入的了解和把握。译注

---

① 刘鹏：《〈韩诗外传〉思想研究》，硕士学位论文（导师：梁宗华），山东师范大学，
2015 年。

② 徐复观：《两汉思想史》（第三卷），华东师范大学出版社 2001 年版，第 5 页。

③ 郭顺：《〈韩诗外传〉史料价值研究》，硕士学位论文（导师：许兆昌），吉林大学，
2013 年，摘要。

④ 王先谦：《诗三家义集疏》，中华书局 1987 年版。

⑤ Crump, "Review on Han Shih Wai Chuan: Han Ying's Illustrations of the Didactic Application of the Classic of Songs", The Far Eastern Quarterly, Vol. 12, No. 2, February 1953, p. 210. Original text: "he has opened up one of the greatest treasuries of pre-Han anecdotes."

⑥ 逯钦立：《陶渊明集校注》，中华书局 1979 年版，第 96 页。

⑦ 汪榕培：《一语天然万古新》（上），《外语与外语教学》（大连外国语学院学报）1998 年第 10 期。

《韩诗外传》为海陶玮中国传统文化素质的养成和知识的储备奠定了基础，这种知识储备使他在翻译陶诗时更加游刃有余，比如陶渊明《咏贫士·之三》赞颂了古代贫士荣启期和原宪安贫乐道的高尚品质，他在翻译第二句"原生纳决履，清歌畅商音"时，立刻联想到《韩诗外传》中关于原宪的事迹。在《韩诗外传》的记载中，原宪以一番"贫病"之论辞行自贡之后，拄杖朗诵的诗歌即为《商颂》，在这里，海陶玮把"清歌畅商音"后半句翻译为"and clearly sang his pure Shang mode song"，然后在注释中对"商音"一词进行了补充说明，他说，"商音"一词理解为"商调（Shang mode song）"还是《韩诗外传》中的"商颂"是存在争议的。经过分析后认定，这里的"商音"更多是指前者，因为诗中还有一个"清"字，"商调"式音乐在传统文化里为秋音，经常表达清凉伤感之意境，而且"音"是一个韵脚词，"颂"并不适合这里的韵律。此处对陶诗的分析，显示了海陶玮对《韩诗外传》及其他文献典籍知识的熟稔，更显示了他广参细考、深入分析而富于创见的学术风格。

第二，树立了严谨的学术风格。

汉学家侯思孟和金守拙在评价《韩诗外传》译注时，都指出了其中超乎想象的难度。这种困难不但指要对中国古代思想和传统文化有一定掌握，用精准的英语对这些蕴涵着中国传统文化的古籍进行精准的翻译，而且还因为海陶玮从一开始就坚持较高学术标准，以中国传统治学方法为基础，同时广涉世界范围内的汉学成果，不再以翻译介绍式的文学译介为主，而努力开创专业性、系统性的注释翻译型的学术研究道路，所以《韩诗外传》呈现出的是一部体例完整规范、注释详细考证的严谨学术著作，这种严谨的学术训练，为海陶玮的陶渊明研究奠定了扎实的方法基础。

一是采用笺注翻译模式。海陶玮以章节为序翻译了《韩诗外传》

中的所有正文故事，并且对文中内容作了注释，或注明引文出处，或说明具体字词的异文，或对涉及的古代传统、历史典故、古代器物等给予介绍。这种笺注翻译一方面可以帮助西方读者深入理解这部古籍传达的各种思想文化信息；另一方面也使他的文学翻译从一开始就具有了学术研究的性质。当然，这种注释翻译的工作量和难度比一般译介大为增加，对刚刚进入汉学领域的海陶玮是一种巨大的挑战，也正因为如此，他似乎并不满意译著中的注释，在序言中开门见山地指出，"事实上，如果是今天我再开始翻译这本著作的话，我会采取完全不同的写作原则，尤其是注释体例。读者会在这本书中发现大量初学者的不足，很多丰富的含义需要注释，但是自己都省略了"①。海陶玮所坚持的笺注翻译模式在《陶潜诗集》中得到了更加充分的体现，他所意识到的不足，也在《陶潜诗集》注释中进行了弥补和完善。

二是选择中国传统治学路径。为深刻理解和准确翻译《韩诗外传》这部古代典籍，海陶玮大量阅读和参考了中国古代文献，受教于或请教了中国传统学者大家，对文字、音韵、训诂、版本、目录、校勘等古典文献治学方法非常推崇，这在《韩诗外传》所依据的版本上得到了一定程度的体现。他采用的四种主要版本分别为 1875 年吴棠的《望三益斋》，由《畿辅丛书》予以重刊；沈辨之的明代版本，从《野竹斋》摘录，由《四部丛刊》翻印；《古经解汇函》；陈士珂《韩诗外传疏证》（1—10 卷），文瑞楼书局 1928 年在上海重印，这些版本都是《韩诗外传》流传的善本，可以看出海陶玮对中国古代文献版本的重视和讲究。另外，他参考多于一次的文献就有 160 多种，且都是《四部丛刊》本

---

① James Robert Hightower, *Han Shih Wai Chuan*: *Han Ying's Illustrations of the Didactic Application of the Classic of Songs*, Harvard University Press, 1952, Preface. Original text: "In fact if I were beginning the translation today I would proceed on rather different principles, especially in the annotation. The reader will find much that betrays the novice, as often in what is included as requiring a note as in the significant omissions."

（带星号），还参阅了其他版本来获得更为全面的理解。

三是广鉴西方汉学成果。除了中国传统文献外，海陶玮广泛关注西方的相关研究，参考了英国、法国、德国等译本和相关的工具书，有中国古代典籍的译本，如英国理雅各（James Legge，1815—1897）《中国经典》中的《论语》《大学》《中庸》《易经》《礼记》《道德经》《孟子》《诗经》和《左传》，英国阿瑟·韦利的译作《道德经》《诗经》和《论语》，法国爱德华·沙畹（Chavannes Edouar，1865—1918）的译作《司马迁史记》，法国顾赛芬（Couvreur Seraphin，1835—1919）的译作《礼记》《仪礼》《前汉史》和《荀子》，英国翟林奈（Giles Lionel，1875—1958）的《孙子兵法》，瑞典高本汉（Karlgren Bernhard，1889—1978）的《国风的注释》《小雅的注释》《诗经——国风和小雅》和《诗经——大雅和颂》，德国卫礼贤（Richard Wilhelm，1873—1930）的译作《吕氏春秋》和《礼记》等；有中国哲学思想著作的译本，如德国佛尔克（Alfred Forke，1867—1944）的译作《中国哲学史》；有古文字参考工具书，如瑞典高本汉《古汉语字典》等。①

四是在翻译基础上做考证研究。除了《韩诗外传》注释部分本身就体现了海陶玮广参细考、长于考证的学术风格之外，他还在翻译古籍过程中，对其中的一些问题进行专题研究，论文《韩诗外传和三家诗》就是他在译注《韩诗外传》过程中，对《韩诗外传》编排体例以及《韩诗外传》与"三家诗"关系进行思考和总结的文章。他认为，《韩诗外传》的通行本是把原有的 6 卷和已散佚的 4 篇《内传》合并而成，即"6＋4"构成模式，这与中国现代学者杨树达等的观点是一致的。这种在译注过程中就特定专题进行深入研究并形成专题论文的思路，在海陶玮的陶集译注和研究中也有着充分的体现。

―――――――――――

① 　James Robert Hightower，*Han Shih Wai Chuan*：*Han Ying's Illustrations of the Didactic Application of the Classic of Songs*，Harvard University Press，Bibliography，1952，pp. 351 – 358.

通过严谨的学术训练，海陶玮基本上掌握了严谨的汉学研究方法。汉学家侯思孟说，《韩诗外传》"展现了他（海陶玮）在整个汉学生涯中始终持有的掌控能力"①。哈佛大学也评价，对汉代文献《韩诗外传》的翻译和注释（1946 年提交论文，1952 年发表著作）"显示了他对汉学研究方法的掌控"②。

综上，海陶玮在进行陶渊明作品翻译和研究之前，投入大量精力对中国文学进行了学习和积累。在美国平行学派逐步取代法国影响学派的比较文学转型的学术背景下，他通过对世界范围内中国文学的思考和定位，形成确立了自己的文学观、汉学观；通过广泛大量地搜集整理和阅读世界范围内的汉学著作成果和译本，他对中国文学历史有了整体的把握；通过对《韩诗外传》这部中国古籍的翻译和注释，他对中国传统思想文化知识有了积累，并确立了自己扎实严谨的学术研究风格。另外，海陶玮还长期在哈佛大学承担中国语言文学方面的课程教学，讲授中国古代诗歌作品，并为此专门制作了理解诗文所需的大量词表，带领学生反复研读和揣摩诗歌作品的涵义，这种大量的富有成效的阅读和训练都为海陶玮的陶渊明研究打下了扎实的学术基础，也让他在学术视野、汉学基础和学术训练等方面完全超越了他之前的陶学译者，成为"第一位可以称得上陶渊明研究专家的西方学者"。

三 整体评介和美学赏析的不足

海陶玮的陶渊明研究在英语世界的地位值得肯定，但作为一部专业

---

① Donald Holzman, "speech", in Eva S. Moseley, ed., *Speeches at a memorial gathering*, p. 38. Original text: "(Hightower published a complete translation in 1952 and) in it he shows the mastery that he would maintain throughout his career."

② Eva S. Moseley, "James Robert Hightower Dies at 90", *Harvard Gazette Archives*, 2 March 2006. Original text: "His dissertation, a translation and exegesis of the Han dynasty text *Han Shi Wai Chuan* (1946, published in 1952), showed his mastery of sinological method."

的学术专著，《陶潜诗集》也存在一些局限和不足。

第一，缺乏对陶渊明及其诗文的整体评介。作为一部以译注陶渊明诗文原貌为主要目标的著作，《陶潜诗集》把精力主要放在了诗文作品上，无意从文学理论方面对其作品展开整体性、宏观性的评论。对中国诗歌和中国文学知之甚少的大多数西方读者来说，这显然是不够的，并在某种程度上影响了西方读者对陶渊明诗歌的整体理解。熊彼得真实地描述了西方读者普遍存在的这种期待心理：

> 除了单篇诗歌的解读评论外，我们还想了解一下陶潜组诗和所有诗歌整体风格的连续性和独特性（从广泛意义来说）。关注到类似的诗句、人物和主题只是一个开始，我们对诗歌之间联系的理解还部分地取决于我们对某些独特的元素是如何起作用的、如何在不同的语境中改变的认识，这种认识反过来可能最终会让我们完整地了解一个诗人——这也是我们所追求的。①

海陶玮在序言中简单交代了诗人的生平阅历，并简要评论了他的个性，但"海陶玮没有对陶渊明的'思想'做整体论述，也就是说他的人生观、世界观和价值观，没有试图把陶潜的个人诗歌放在一些普遍视角中去审视"②，从而影响了读者从诗人创作角度来理解、赏析他的诗

---

① Peter M. Bear, "Review on *The Poetry of T'ao Ch'ien*", *Bulletin of the School of Oriental and African Studies*, Vol. 34, 1971, p. 636. Original text: "And beyond the critical interpretation of single poems, we want to know about the stylistic (in its broadest sense) continuity and distinctiveness of several or all of T'ao Ch'ien's better poems taken together. Noting similar lines, images, and themes is a start, but our understanding of the connexions between poems depends (in part) on an awareness of how distinguishable elements affect, and are altered in different contexts. This awareness, in turn, may eventually allow us some total acquaintance with a poet——which is what we are after."

② Donald Holzman, "Review on *The Poetry of T'ao Ch'ien*", *T'ong Pao*, Second Series, Vol. 57, livr. 1/4, 1971, p. 179. Original text: "there is no general statement of T'ao Yuan-ming's 'thought', that is, his outlook on life, his general attitude toward the world about him, his 'values', and insufficient attempt to place the individual poems in some general perspective."

歌，这一点令傅汉思等一些学者感到遗憾①。

艾克《隐士陶——陶潜的六十首诗》虽是选译本，但在导言"陶潜诗简介"（Introduction to the poems of T'ao Ch'ien）中，从"历史背景"（Historical background）、"从《诗经》到陶潜的中国诗歌"（Chinese poetry from *Book of Songs* to T'ao Ch'ien）、"陶潜传记"（T'ao Ch'ien's Biography）、"五柳先生传"（The story of the Master of the Five Willows）、"在诗文中所揭示陶潜的生活和性格"（T'ao Ch'ien's life and character as revealed in his poems）和"陶隐士"（T'ao the Hermit）等多角度多方面来介绍陶渊明，以弥补选译本在历史背景等方面的文化缺失，利于读者更好地从整体上理解陶渊明形象和陶诗内涵。在《陶潜诗集》中，海陶玮在诗文注释和评论过程中介绍了某首诗歌创作的历史背景和当时诗人的足迹行状，而没有集中在序言等处对陶渊明诗歌内容和艺术做一个整体性、系统性的阐释，"缺乏任何持续的文学讨论"②，"这就意味着，读者必须自己努力，以获得对陶潜诗歌艺术的前后一致的看法"③。

同时，从读者阅读层面来讲，海陶玮注释评论部分由于过于关注某些学术问题的解决，对以诗文赏析为目标的普通读者来讲，有时候会产生一些阅读困难，因为读者"关注的焦点往往会在那些讨论的复杂问题上，而不是一个完整的注释英文译本，读者偶尔会被与理解诗歌不大相关的注释所吸引"④。对于那些不懂汉语、对中国诗歌知之甚少的普通

---

① Hans H. Frankel, "Review on *The Poetry of T'ao Ch'ien*", *Harvard Journal of Asiatic Studies*, Vol. 31, 1971, p. 317. Original text: "I regret the lack of any general discussion of T'ao Ch'ien's poetry."

② Peter M. Bear, "Review on *The Poetry of T'ao Ch'ien*", *Bulletin of the School of Oriental and African Studies*, Vol. 34, 1971, p. 636. Original text: "(A related, but more encompassing, reservation I have is) the lack of any sustained literary discussion."

③ Hans H. Frankel, "Review on *The Poetry of T'ao Ch'ien*", *Harvard Journal of Asiatic Studies*, Vol. 31, 1971, p. 317. Original text: "This means that the reader must work for himself to gain a coherent view of T'ao Ch'ien's poetic art."

④ Peter M. Bear, "Review on *The Poetry of T'ao Ch'ien*", *Bulletin of the School of Oriental and African Studies*, Vol. 34, 1971, p. 636. Original text: "The focus is always on the complex problems of deciphering the original, not on a finished English version with notes. The reader is occasionally distracted by a reference which is irrelevant to reading a particular poem."

读者来讲，如果没有对陶渊明这位伟大作家思想的概括性介绍，他们不能完全理解甚至会误解陶渊明的精神哲学实质。汉学家侯思孟说，如果只看这些译注的诗文作品，"会把陶渊明当成一个醉醺醺的农民，他最大的乐趣和'价值'都来自于美酒"①。

第二，缺乏诗歌艺术和美学方面的赏析与评论。《陶潜诗集》序言首句认为"陶潜是中国文学中真正伟大的作家之一"，但海陶玮并没有对这一观点展开论述，以说明陶渊明诗歌内容、艺术等方面的卓越之处和在文学史上的价值和意义。

海陶玮《陶潜诗集》的注释评论专业严谨，提供了大量丰富的时代背景和文化信息，对于较高层次读者来讲可以接受，但不熟悉中文和中国文学的读者会发现"这些注释在某种程度上是晦涩难懂的"②。熊彼得对此评价说：

> 细节化的学术过程有时令人乏味，其中大部分需要有一定中文知识的读者才能够读懂这些信息；我猜想，"一般读者"往往会被海陶玮提供的各种不同的诗歌阐释和他自己的观点弄得晕头转向，而不是受到启发。③

而且，海陶玮对诗文的注评更多是从文献而非文学角度来考虑的，

---

① Donald Holzman, "Review on *The Poetry of T'ao Ch'ien*", *T'ong Pao*, Second Series, Vol. 57, livr. 1/4, 1971, pp. 179 – 180. Original text: "the result, it seems to me, is to have presented T'ao Yüanming as a tippling peasant whose greatest joys and 'values' all come in bottles-wine bottles."

② Lois M. Fusek, "Review on *The Poetry of T'ao Ch'ien*", *Journal of the American Oriental Society*, Vol. 93, No. 1, Jan. – Mar. 1971, p. 82. Original text: "Unfortunately, anyone uninitiated in the vagaries of the Chinese language would find this account to some extent obscure and puzzling."

③ Peter M. Bear, "Review on *The Poetry of T'ao Ch'ien*", *Bulletin of the School of Oriental and African Studies*, Vol. 34, 1971, p. 636. Original text: "The very detail of scholarly procedure at times becomes wearisome. Much of it demands considerable knowledge of Chinese; the 'general reader', I suspect, will more often be dazed than enlightened by conflicting interpretations and Professor Hightower's resolution of them."

对一首陶诗评论的多少取决于诗歌需要阐释的多寡，而不是它的文学复杂性和作品自身的优势①，一些非常优秀的诗歌由于语句表达本身并不复杂，注释评论就会显得单薄不足。同时，整部著作并没有从艺术或者美学的视角对陶诗进行宏观概括，也没有对具体诗歌进行美学和艺术方面的赏析，"读者需要自己对陶潜诗歌的价值得出结论"②。事实上，这种诗学和美学方面的简要评论是完全必要的，以使读者对陶渊明诗歌艺术形成整体印象。

另外，《陶潜诗集》总体上属于体例完备规范的学术著作，但在格式上也存在一些问题和瑕疵，最大的问题就是缺少参考文献和索引，学者对这个问题也普遍持批评态度，缪文杰认为"鉴于作者广泛而博学的评论，缺乏索引是令人遗憾的"③，侯思孟认为"这一点是无法辩解、不可原谅的"。当然，对于以严谨学术著称的海陶玮来讲，这个问题也令人颇为疑惑，不得其解。笔者注意到，福瑟克在对这个问题进行批评时是这样表述的：

> 必须指出，出版商没有把插图列表包括在内，这是一个非常令人讨厌的遗漏，因为这些文献来自一个私人收藏。④

---

① Peter M. Bear, "Review on *The Poetry of T'ao Ch'ien*", *Bulletin of the School of Oriental and African Studies*, Vol. 34, 1971, p. 636. Original text: "The amount of commentary Professor Hightower gives a poem is determined by problems of basic interpretation, not by its literary complexity, its inherent interest, or its excellence."

② Lois M. Fusek, "Review on *The Poetry of T'ao Ch'ien*", *Journal of the American Oriental Society*, Vol. 93, No. 1, Jan. – Mar. 1971, p. 82. Original text: "the reader is left to his own conclusions as to the merit of T' ao's poems."

③ Ronald C. Miao, "Review on *The Poetry of T'ao Ch'ien*", *The Journal of Asian Studies*, Vol. 30, No. 3, May 1971, p. 627. Original text: "The absence of an Index is regrettable in view of the author's extensive and erudite commentaries."

④ Lois M. Fusek, "Review on *The Poetry of T'ao Ch'ien*", *Journal of the American Oriental Society*, Vol. 93, No. 1, Jan. – Mar. 1971, p. 82. Original text: "It must be noted that the publishers have failed to include the List of Plates, a particularly annoying omission as they are from a private collection."

　　由此可以推测，海陶玮原稿中是有参考文献和索引等内容的，只是在印刷出版过程中把这部分内容删除或遗漏了，参考文献等内容所列出的文献或许都来自海陶玮的私人藏书。

　　海陶玮对于一些工具书叙述也过于简略，缺乏说明，有时候也存在前后不一致的情况。比如 CCW （*Ch'uian Chin-wen*，《全晋文》）、CHS （*Ch'uian Han-shih*，《全汉书》）、HSPC （*Han-shu pu-chu*，《汉书补注》）、HSWC （*Han-shih wai-chuan*，《韩诗外传》）、PWYF （*P'ei-wen yiun-fu*，《佩文韵府》）、TPYL （*T'ai-p'ing yiu-lan*，《太平御览》） 等，都没有列出括号里的内容，《山海经》简称出现了 SHC （*Shan-hai ching*） 和 SMC （*Seas and Mountains Classic*） 等不同的用法。

　　《陶潜诗集》没有列出陶诗的汉语原文，还存在个别诗歌翻译不妥、个别史实不够准确等问题。另外侯思孟指出，海陶玮没有注意到俄语世界的研究成果①。国内学者田晋芳对海陶玮在陶澍《靖节先生集》基础上所做的内容编排表示肯定，但对《陶潜诗集》第四章中省略《联句》替换为《桃花源诗》表示了质疑②。

　　以上问题，都是在充分肯定海陶玮《陶潜诗集》价值和地位基础上指出的，"这些都是次要的方面，只是显示了这部一流译著能够发现的错误如此之少"③，也不能掩盖这样一个事实，即"海陶玮对中国文学的研究做出了重要而持久的贡献"④。

－－－－－－－－－－

　　①　Donald Holzman，"Review on *The Poetry of T'ao Ch'ien*"，*T'ong Pao*，Second Series，Vol. 57，livr. 1/4，1971，p. 181. Original text："The work of L. Ejdlin on T'ao Yüan-ming in Russian （Moscow，1967） should at least have been mentioned （unless it appeared too soon before publication）."

　　②　田晋芳：《中外现代陶渊明接受之研究》，博士学位论文（导师：徐志啸），复旦大学，2010 年。

　　③　Donald Holzman，"Review on *The Poetry of T'ao Ch'ien*"，*T'ong Pao*，Second Series，Vol. 57，livr. 1/4，1971，p. 182. Original text："They are minor points and only show how little there is to find with in this first-class translation."

　　④　Lois M. Fusek，"Review on *The Poetry of T'ao Ch'ien*"，*Journal of the American Oriental Society*，Vol. 93，No. 1，Jan. – Mar. 1971，p. 82. Original text："Mr. Hightower has made an important and enduring contribution to the study of Chinese literature."

第三章　海陶玮的"陶渊明式"生活

纵浪大化中，

不喜亦不惧。

应尽便须尽，

无复独多虑。

Give yourself to the waves of the Great Change

Neither happy nor yet afraid

And when it is time to go, then simply go

Without any unnecessary fuss

以上四句中文诗歌来自陶渊明《形影神赠答诗》，英语译文来自海陶玮《陶潜诗集》。为了纪念海陶玮及其毕生钟爱的中国诗人陶渊明，2006年1月8日他去世后，家人专门在讣告上方印制了这4句优美的陶诗译文。

2006年10月14日，收到这份讣告并到马萨诸塞州剑桥神学街2号哈佛燕京学社参加悼念活动的，有海陶玮生前的同事、好友、学生和家人等。悼念活动由韩南（Patrick Dewes Hanan）教授主持，哈佛大学孔飞力（Philip A. Kuhn）、赵如兰（Rulan Chao Pian）等到场悼念。

在悼念活动中，大家都不约而同地以陶渊明为主题、线索或细节，回顾了海陶玮生前的"陶渊明式"思想和"陶渊明式"生活，并以他翻译的陶诗表达对这位学者深沉的尊敬和永久的怀念。大儿子詹姆士（James Robert Hightower Jr.）选择《陶潜诗集》121 页《庚戌岁九月中于西田获早稻》诗歌作为悼词结尾，把父亲独特的生活方式都归结于受他的研究对象——陶渊明的影响；学生艾朗诺现场朗诵了《陶潜诗集》229 页《读山海经》系列第一首译文，他认为这首诗的最后两联"俯仰终宇宙，不乐复何如？""描写了文学对我们的影响，激发了我们的想象力"①；学生周杉认为，对海陶玮的悼念活动，"就是作为陶渊明诗句的补充，是对一位敏锐学者和罕见人物的'应有之举'（necessary fuss）"②。因此，好友莫斯莱（Eva S. Moseley，音译）在编制这次悼念活动纪念册时，特意在序言中总结道：

> 中国诗人（陶渊明）是海陶玮著作的主要内容，也是海陶玮所同情和钦佩的主要人物……悼念者都提到了陶渊明及其诗歌，这是陶渊明及其诗歌对海陶玮重要性的准确反映。③

通过海陶玮生前亲朋好友的讲述，我们能够清晰地看出海陶玮思想

---

① Ronald C. Egan, "speech", in Eva S. Moseley, ed., *Speeches at a memorial gathering*, p. 25. Original text: "the way literature informs and excites our imagination."

② Eva Shan Chou, "speech", in Eva S. Moseley, ed., *Speeches at a memorial gathering*, p. 23. Original text: "I would like to think of our gathering today as a supplement to Tao Yuanming's lines, as a 'necessary fuss' over a perceptive scholar and a rare person."

③ Eva S. Moseley ed., *Speeches at a memorial gathering*, p. 3. Original text: "The Chinese poet who was the main focus of JRH's work, and of his sympathies and admiration…the fact that various speakers refer to Tao and his poems is an accurate reflection of how much they meant to Robert Hightower."

世界、日常生活特别是晚年生活中的"陶渊明印记"。笔者将以原始档案文献为事实依据，着重揭示陶渊明对海陶玮思想世界、个人生活以及为人处世方面的影响。

第一节　海陶玮归隐田园的心理动因

陶渊明一生三次出仕为官，三次辞官归田，从俗世社会逐步走向了自然、自我本性的回归，崇尚"悦亲戚之情话，乐琴书以消忧"的生活，被钟嵘《诗品》称为"古今隐逸诗人之宗"，是中国传统飘逸旷达的隐者形象符号。

1981 年，66 岁的海陶玮做出了人生的重要决定——辞去一切学术职务，从哈佛大学退休。退休的原因，一方面是因为这一年的 3 月 6 日，他的终身伴侣、从事儿童读物写作的妻子佛罗伦萨不幸去世。正如陶渊明因妹丧自免去职一般（《归去来兮辞·序》），海陶玮以此为由，退休居家。另一方面，晚年开始崇尚自然质朴生活方式的海陶玮，也想全身而退，尽快全身心地投入到自己的"陶渊明式"生活中。

妻子海陶玮·佛罗伦萨（Florence Cole Hightower，1916—1981）也是美国人，1916 年 6 月 9 日出生于波士顿，1937 年从美国纽约州波启浦夕市瓦萨学院毕业，她是海陶玮青年时代好友吉恩·斯塔福德（Jean Stafford）的好友①。通过吉恩，海陶玮与同样爱好文学的佛罗伦萨于 1940 年喜结连理，并和朋友们亲昵地称呼她为"小兔子"（Bunny）。之后，海陶玮携带新婚妻子到北京开始自己的求学生涯。两人共同爱好文学、园艺、滑雪、骑行等，相爱携手 40 余年。"妻子去世后，海陶玮接管了她精心经营的多姿多彩的花圃，并加种了一些蔬菜

---

① E. Bruce Brooks, "speech", in Eva S. Moseley, ed., *Speeches at a memorial gathering*, p. 17. Original text: "Through Jean, Robert met Florence Cole, Bunny to her friends."

和水果树。"①

　　子女们最初非常担心父亲难以适应单身生活，因为母亲"一直是这个家庭的社交引擎"②，但是他们很快发现：

　　　　他和邻居们聊天，邀请朋友们前来吃饭，并在我们拜访他时尝试新的食谱，让我们品尝美食。我们低估了他的韧性，低估了他对食物和亲情的享受。我们最终对他的日常生活有了一些了解：每个星期六早上吃薄煎饼，每个星期天早上吃华夫饼，一周内的每一天都吃一碗不同的全麦谷物。但是这些生活习惯，以及家庭自制的午餐汤和面包、奶油奶酪加果酱面包，就像他每天的午休和骑车购物一样，都是从以前到如今的生活方式，是舒适、熟悉生活的来源。③

　　在儿子詹姆士看来，父亲在母亲去世后能够很快调解和安顿好自己的心情，主要是因为他仍然坚持了常年的生活方式，回归了一种自然简朴的生活乐趣。当然，除了这种表层的具有仪式感的生活方式外，也有深层的思想方面的原因，就是海陶玮一直在追寻、探索和领悟"陶渊明式"的超脱人事、参透生死的隐士精神。

———————————

　　① Eva S. Moseley，"James Robert Hightower Dies at 90"，*Harvard University Gazette*，2 March 2006. Original text："After Bunny's death in 1981, he took over her lavish flowerbeds, adding vegetables and fruit trees."

　　② James Robert Hightower Jr.，"speech"，in Eva S. Moseley，ed.，*Speeches at a memorial gathering*，p. 9. Original text："She had always been the social engine of the family."

　　③ James Robert Hightower Jr.，"speech"，in Eva S. Moseley，ed.，*Speeches at a memorial gathering*，p. 9. Original text："We were pleasantly surprised to find him chatting up the neighbors, inviting friends over to dinner, and concocting new recipes to try out on us whenever we came to visit. We had underestimated his resiliency as well as his enjoyment of food and company. We eventually made light of his routines: pancakes every Saturday morning, waffles every Sunday morning, and a different bowl of whole-grain cooked cereal for each day of the week. But these rites, along with the daily ritual of home-made lunchtime soups and bread, like his cream-cheese and marmalade on toast and the afternoon naps and the shopping by bike, were then, and remain today, a source of comfortable familiarity."

年轻时代的海陶玮因读到庞德英译诗歌而对中国文学痴迷喜爱，决心弃医从文走上文学道路，显示了一位美国青年逃脱现实、远离社会的愿望，看似是对自由诗人生活方式的向往，思想上仍然是彷徨和茫然的。在德、法等欧洲国家的游历时期，海陶玮的生活更多的是一位文学爱好者流浪式的叛逆，也穿插着和同学一起创业的发财梦。直到1936年回到哈佛读书，进入汉学专业的系统学习，生活才开始步入正轨，但思想信仰方面仍旧在不断探索。对那个时期的海陶玮来讲，世界汉学中心巴黎和北京，是他最为向往的地方。对他了解甚深的朋友莫斯莱回忆说，海陶玮曾于1997年写信给自己的朋友，谈及自己年轻时代在信仰思想方面的叛逆、探索和苦闷：

> 在医学院预科生第三年，我走出了大学，决心在体制外生活并开始写诗，从此感到无拘无束，兴高采烈，准备迎接新的生活。但这种心情只持续了一个星期，然后完全陷入了绝望，因为一个朋友的父亲（指控我）带坏他的儿子，当他父亲不准我再见他时，我甚至尝试过自杀，虽然意愿不太坚决。然后又回到课堂上，但是不再学习有关兔子功能解剖方面的课程，转而开始学习德国文学方面的课程。

> 我在接下来的两年内都在计划逃跑，毕业的时候想从巴黎飞往中国……当我离开美国的时候，决心再也不回来了；14个月后，我又回到了哈佛，成为远东语言系的研究生。但我还是决心回到巴黎，继续到中国，然后逃亡……我慢慢地开始分神了，受到了学术乐趣的诱惑。为了证明我不相信这个社会体系，我加入了共产党，在接下来的两年里，我忠实地参加了小组会议并阅读了马克思的著作。这个理想对我很有吸引力，经济学很枯燥，党员们非常真诚、执着，但缺乏幽默感，并不是志同道合者。1939年战争爆发时，

我悄悄地退出了。①

海陶玮这种思想苦闷和叛逆式的探索，主要源于他对美国社会信仰缺乏心理认同，对处于美国文化核心的基督宗教感到无比厌倦，莫斯莱说："他厌恶传教士，认为他们自以为是，也确信这些宗教人士所做的事情弊大于利，甚至怀疑贵格会（基督教公谊会）的教徒。"② 海陶玮也曾在哈佛参加过一次追悼会，但在事后写给学生的信中表示：

> 尽管我对葬礼仪式的厌恶延伸到这类事情上，但还是尽职尽责地去了……追悼会丝毫没有任何令人印象深刻之处，直到戈麦斯牧师走到祷文处，我发现祷文并没有说此人加入了基督教，也没有说永生的生命。③

① Eva S. Moseley, "speech", in Eva S. Moseley, ed., *Speeches at a memorial gathering*, p. 33. Original text: "In my third year as a pre-med student I walked out of the university, determined to live outside the system and write poetry. I felt liberated, elated, ready for a new life. It lasted a week and collapsed into despair when the father of the friend who was my accomplice (accused me of) corrupting his son and (forbade) me to see him again. I tried, not very hard, to kill myself and then went back to classes, but dropping the course on the functional anatomy of the rabbit in favor of a German lit course.

I spent the next two years planning my escape and on graduation got as far as Paris en route to China…When I had left the States it was with the resolution never to return; fourteen months later I was back, enrolled at Harvard as a graduate student in Far Eastern languages. I was still determined to go back to Paris, go on to China, and then decamp…I gradually let myself be distracted, seduced by the certain pleasures of scholarship. To assure myself I was not buying into the system, I joined the Communist Party and for the next two years dutifully attended cell meetings and read Marx. The ideal appealed to me, but economics was boring, and the party members, sincere, humorless, and obsessive, were not very good company. I quietly dropped out with the outbreak of war in 1939."

② Eva S. Moseley, "speech", in Eva S. Moseley, ed., *Speeches at a memorial gathering*, p. 33. Original text: "he loathed missionaries for their self-righteousness and was sure that religious people have done much more harm than good. He even had doubts about Quakers."

③ Eva S. Moseley, "speech", in Eva S. Moseley, ed., *Speeches at a memorial gathering*, p. 28. Original text: "I dutifully went, though my aversion for funerals extends to such affairs. Rev. Gomes… was not impressive until he came to the prayer, which was untainted by Christianity and said nothing about the life everlasting."

对于美国政治和社会，海陶玮仿佛也很失望，他曾告诉朋友，他在马萨诸塞州投票时总是支持民主党，因为马萨诸塞州的共和党人和波士顿及其他地方的共和党人一样，都是城市腐败的制造者。好友莫斯莱曾打趣地说，"他（海陶玮）的候选人和我的一样，从来没有赢过"①。两人经常用《波士顿环球报》（Boston Globe）政治漫画、网上的政治幽默以及各种笑话来取笑美国政治、政党和政客，莫斯莱说，"他（海陶玮）乐此不疲，也过后即忘，所以我可以一遍又一遍地给他讲同样的笑话"②。

西方信仰和政治令海陶玮厌倦和排斥，与西方文化相异质的东方文化和东方文学逐渐成为他心灵探求的主要方向。以中国诗歌进入中国文学，进而进入陶学的海陶玮，在自己的研究对象陶渊明的作品中，找到了一种自然、朴实的生活方式，也找到了独立生活的勇气、信仰的源泉和精神的力量，成为"西方的东方隐士"③。

海陶玮在结束求学、战俘和搜集情报的波折生活后，携家眷回到哈佛大学，先是住在马萨诸塞州剑桥纪念大道（Memorial Drive），后在哈佛大学提供的神学街最北端一栋房子中过渡，1952 年因哈佛大学要拆除此房，海陶玮开始着手计划购买自己的房子。先在波士顿奥本戴尔（Auburndale）买了一套房产④，奥本戴尔是马萨诸塞州牛顿市（Newton）的卫星城，房子位于奥本戴尔的西部，查尔斯河北到高速公路（Turnpike）的区域。后来，海陶玮夫妇又在母亲的资助下，在缅因州

---

① Eva S. Moseley, "speech", in Eva S. Moseley, ed., *Speeches at a memorial gathering*, p. 33. Original text: "His candidates, like mine, almost never won."

② Eva S. Moseley, "speech", in Eva S. Moseley, ed., *Speeches at a memorial gathering*, p. 33. Original text: "He enjoyed them and forgot them, so I could tell him the same jokes over and over again."

③ 朱徽：《中国诗歌在英语世界——英美译家汉诗翻译研究》，上海外语教育出版社 2009 年版，第 148 页。

④ Address: 321 Central St., Auburndale, Massachusetts（Zip code: 02166，现为 02466）.

卡斯科湾南自由港的布斯坦斯岛买了一处房产①，两处房产都离市中心较远，颇有一种远离喧闹市区的归隐情节，也为夫妇二人从事写作、园艺、骑行、木工、油漆、厨艺等自然本真的生活方式提供了广阔的空间。

退休后十多年，海陶玮一直过着节俭、简单、充沛和独立的生活，自己做饭、打扫、烘焙、晾衣等，特别热衷园艺、骑行、厨艺，给周围人们留下了深刻的印象，成为他极具个人标识的生活方式和哈佛大学富有口碑的传奇故事。

海陶玮晚年因受黄斑变性眼疾困扰，视力受到严重影响，变得沉默寡言、行动不便，只好搬到马萨诸塞州康桥镇（Charlestown Massachusetts）和自己的孙女塔拉（Tara Gully-Hightower）居住。2004年因年岁渐老，健康不佳，他在家人的说服下卖掉了奥本戴尔的房产，又搬到俄亥俄州的格列斯尔（Garrettsville Ohio），与大儿子（Jamey）生活在一起。7个月后移居德国黑尔沙伊德（Herscheid），投奔女儿乔西（Josie）。2005年5月7日，海陶玮在德国度过了自己90岁生日，侯思孟等亲朋好友前来贺寿。次年1月8日，海陶玮在家中去世，这个德国移民后裔的小男孩又回到了自己的故土德国，并在此长眠。

根据朋友和家人回忆，晚年搬到子女家里居住之后，海陶玮仍然坚持自己做饭，之后身体越来越差，他忍受着无数的疼痛和不适，偶尔也会脾气暴躁。直到最后时光，他自己能够做得越来越少，直到完全不能自理，但他仍然坚持外出散步，只是需要拄着两根拐杖。蹒跚艰难的脚步，让陪同的朋友莫斯莱忍不住感慨，"这种缓慢而辛苦的散步很快将要停止了"②。

---

① Address：Bustins Island in Casco Bay South Freeport, Marine（Zip code：04013）.

② Eva S. Moseley, "speech", in Eva S. Moseley, ed., *Speeches at a memorial gathering*, p. 34. Original text："these slow, laborious walks soon stopped."

　　即使是在最后的时光，海陶玮仍然保持着清醒的头脑、敏锐的感觉和完好无损的记忆，经常流露出自己的观点和幽默感，在各种各样的话题上滔滔不绝，阅读、写作和饮茶仍然是他生活的一部分。好友莫斯莱曾回忆探望海陶玮的情景，当他自己已经不能阅读时，就只好请别人读给他听①，好友帮他准备早餐，按照他的习惯给他沏了茶，他甚至还孩子似地抱怨道，"当他在儿子杰米那里住的日子里，杰米会忘记他——罗伯特，早餐需要茶"②。

　　关于生命的消亡，海陶玮似乎已经从陶诗中有了深刻的思考和参悟，他意识到，时间的消逝不可阻挡，孙女塔拉回忆，"即使是在临终之际，我的祖父也教导说，时间确实不能静止"③。对于自己的归宿——死亡，海陶玮似乎已经从陶渊明诗句中找到了精神的依托和支撑，具备了一种顺应天命、纵浪大化的心态，认为生活中的自然是最大的乐趣所在，死亡是完全可以欣然接受的自然，甚至是幸福的来源。学生周杉回忆说，"通过这些诗句，我们很容易听到海陶玮的心声，这么多年，他真的就是用如此朴素的口气提及死亡的"④。海陶玮以"陶渊明式"充满智慧的生死观化解了自己的敏感、忧虑和恐惧，"不喜亦不惧"，就像家人给他选取的《形影神》诗句描述的那样。

　　陶渊明遁世归隐后的主要生活方式就是归园田居，进而创作了大量以田园景色、田园生活、田园劳动为题材的诗歌作品，成为中国文学史

---

　　① Eva S. Moseley, "speech", in Eva S. Moseley, ed., *Speeches at a memorial gathering*, p. 34. Original text: "He couldn't read but had to be read to."

　　② Eva S. Moseley, "speech", in Eva S. Moseley, ed., *Speeches at a memorial gathering*, p. 34. Original text: "He remarked that in all his time there Jamey would forget that he, Robert, needed tea for breakfast."

　　③ Tara Gully-Hightower, "speech", in Eva S. Moseley, ed., *Speeches at a memorial gathering*, p. 13. Original text: "Even in dying, my grandfather taught that time indeed does not stand still."

　　④ Eva Shan Chou, "speech", in Eva S. Moseley, ed., *Speeches at a memorial gathering*, p. 23. Original text: "It is easy to hear Mr. Hightower in these lines. Over the years, he had indeed spoken of death in such unadorned terms."

上第一位"田园诗人"。

海陶玮"常常认为这（园艺）是一个老年人的当务之急"①，退休之后便立即仿照陶渊明的田园生活，开始经营自己的花园。海陶玮奥本戴尔的房子建于 1871 年，是"方方的，黄色的墙面，绿色的窗棂，旁边有一个带顶的门廊"②，房子有两个入门，一个连着客厅，一个连着厨房。在这个房子里，海陶玮夫妇生活了将近 50 年，养育了 4 个子女和几个孙辈，并留下了大量以此为通信地址的个人书信档案。通过查找资料可知，这套房子总共有 0.69 英亩（2790 多平方米），其中房子占地面积 2724sqft（253.0679 平方米），院子面积有两千多平方米。从这个院子里开辟出来的花园，蕴涵着海陶玮退休之后长年累月耕种劳作的艰辛和丰收的喜悦，承载着他晚年生活的寄托和期望，"每个人都不得不尊敬它"③。

儿子詹姆士（James）回忆了父亲在房屋后面亲手用简陋工具开垦这片花园的艰辛：

> 他把它（院子）从房子后面的树林里砍了出来，树林紧邻那讨厌的公路收费处，土壤非常贫瘠，树木被砍倒，树根被移走，完全没有播种机或除草机，只是用铲子、斧头和锄头就把这些工作全部做完了，陈年的积肥和庭院垃圾被埋入土中。④

---

① James Robert Hightower Jr., "speech", in Eva S. Moseley, ed., *Speeches at a memorial gathering*, p. 10. Original text: "He used to observe that it was an old man's preoccupation."

② Tara Gully-Hightower, "speech", in Eva S. Moseley, ed., *Speeches at a memorial gathering*, p. 12. Original text: "It is square, painted yellow with green shutters, and has a covered porch on the side."

③ James Robert Hightower Jr., "speech", in Eva S. Moseley, ed., *Speeches at a memorial gathering*, p. 9. Original text: "(Then there was the garden) One had to respect it."

④ James Robert Hightower Jr., "speech", in Eva S. Moseley, ed., *Speeches at a memorial gathering*, p. 9. Original text: "He hacked it out of the patch of woods behind the house adjacent to the hated Mass Turnpike. The soil was poor, the trees had to be cut down and the roots removed. No rototillers or power weeders. Just back-breaking work with shovel, axe and hoe. Years of composted kitchen and yard waste were worked into the dirt."

土壤对花园种植至关重要，为了改善贫瘠的花园土质，主人颇费心思。在哈佛大学馆藏海陶玮档案中，有一份《波士顿环球报》（The Boston Globe，1983 年 8 月 24 日星期三）剪报，题为"城市发展的危险"（The hazards of urban growth），主要讲土壤成份对花园种植的影响，重点之处，海陶玮还用黄色标注，由此可见阅读研究的认真态度。除了土壤改造，浇水、施肥、防虫等技术也必不可少，在档案中，笔者还发现一份题为"围护起来的漂亮西红柿"（The Best-dressed tomato in the patch）剪报，主要推广使用塑料膜或纸张包装保护西红柿，还有一份关于植物病害防治的杀菌剂广告。

海陶玮瓜果飘香的花园吸引了小鸟、土拨鼠、浣熊等各种小动物的频频造访，这些小动物常常是"面无表情地狼吞虎咽，这里对它们而言仿佛是天堂一般"①。为了防止这些不速之客的访问，海陶玮和孩子们颇伤脑筋，与这些动物的斗争故事也"无休无止"②。他们想了各种办法，或者用篱笆电，"为了不让害虫靠近，我们必须竖起一道篱笆，让它们通电，即使这样，土拨鼠也进去了，不得不把它们炸出去"③。或者用笼子罩，"附近建了一个笼子，以保护他的蓝莓不被虫子啄吃，有好几次，鸟儿都钻进了笼子，又不得不把它们取出来"。或者设陷阱，"他与浣熊进行了一场持续的战斗，没有什么比发现它们在蔬菜收割之前肆意大吃更让他恼火的了，他开始设置陷阱来对付它们"④。

---

① James Robert Hightower Jr. , "speech", in Eva S. Moseley, ed. , *Speeches at a memorial gathering*, p. 10. Original text: "glassy-eyed and gorged, from what must have seemed to them like paradise."

② Eva S. Moseley, "speech", in Eva S. Moseley, ed. , *Speeches at a memorial gathering*, p. 31. Original text: "I heard endless stories of his war on the little animals who often beat him to the harvest."

③ James Robert Hightower Jr. , "speech", in Eva S. Moseley, ed. , *Speeches at a memorial gathering*, pp. 9 – 10. Original text: "A fence had to be erected and electrified to keep the pests at bay, and even so the groundhogs got in and had to be blasted out."

④ Ronald C. Egan, "speech", in Eva S. Moseley, ed. , *Speeches at a memorial gathering*, pp. 24 – 25. Original text: "He had an ongoing battle with raccoons, and nothing annoyed him more than finding that they had helped themselves to his vegetables before he could harvest them."

艾朗诺有一次问海陶玮，真要是从笼子或陷阱里抓住这些偷吃的小动物怎么办，海陶玮狡黠地笑着解释，不忍心杀死它们，"我把笼子扔进车里，开到街上，在别人的领地上放它们出来"①。这仿佛不是一句玩笑，朋友莫斯莱真的曾受海陶玮之托，开车把一只进入陷阱的负鼠送到别处，然后换取在海陶玮家吃晚餐的待遇。② 尽管如此，花园里的水果实际上也喂养了周围很多小动物，"鸟类和昆虫经常偷食花园里的果实"③。

夏秋时节，海陶玮经常会把采摘的新鲜蔬菜从花园带到学校，分享给同事们，因为花园产出的劳动成果远远超出了自家的消费能力。很多同事、朋友都在各种场合和文章中，不约而同地提及他的慷慨相赠。

在哈佛大学馆藏档案中，笔者发现海陶玮竟然还有自己的"园艺日志（Garden Log）"④，这些日志显示了他一丝不苟的严谨作风和对人生乐趣的全力投入。现存的"园艺日志"档案日期是从 1977 年到 1988 年，持续了 11 年，日记大部分手写在蓝色条纹的笔记本上，也有个别画在白纸、教案背面或日历上，除了文字记录，也有花园整体布局、种植分配的手绘图。日记内容按月份记载，先记载日期，天气和温度，然后分条记述各种蔬菜瓜果的种植、养护、生长和收获情况。海陶玮的种植非常广泛，蔬菜类有甜菜、西红柿、胡椒、白菜、芹菜、欧芹、莴

---

① Ronald C. Egan, "speech", in Eva S. Moseley, ed., *Speeches at a memorial gathering*, p. 25. Original text: "I throw the cages in the car, drive down the street, and let them out on someone else's property."

② Eva S. Moseley, "speech", in Eva S. Moseley, ed., *Speeches at a memorial gathering*, p. 31. Original text: "Once I had to earn my supper by helping him transport a possum he had caught in a have-a-heart trap. They're rather ugly little brutes, not cute like Pogo. We took the trap in my car across the Charles River to Weston or some other outer suburb and released the possum there, on someone else's property."

③ James Robert Hightower Jr., "speech", in Eva S. Moseley, ed., *Speeches at a memorial gathering*, p. 10. Original text: "often the birds and insects made off with what there was."

④ Harvard Archives. Accession Number: 15036, *Papers of James Robert Hightower*, Series: Biographical (Box 4), Folder title: Garden Log (1977—1988).

苣、洋葱、土豆、萝卜、胡萝卜、矮菜豆和茄子；瓜果类有草莓、覆盆子、樱桃、苹果和李子等；鲜花类有郁金香、水仙花等。

2018 年 3 月 11 日星期日上午，笔者拜访了海陶玮的奥本戴尔故居，并对居住在这里的一家三口 Gregg，Melissa Nelson 和 Porter 进行了访谈。他们是海陶玮之后的第三任房主，房子内部的基础设施基本上保留了原貌。房子一楼的厨房、餐厅相连，客厅中央有一个很大的壁炉，这里是海陶玮经常给朋友和儿孙们讲故事的地方，欧洲游学、中国学习、日本战俘、服役美国、哈佛教授，他的经历让孙女塔拉（Tara）记忆犹新。花园非常大，从房子后面顺坡而下，由于长期疏于打理和正值雪季，花园近乎荒芜，但也保留了原貌，一块一块的长方形隔板当田埂，把花园分割成大大小小的田地，与档案中海陶玮亲手绘制的花园图纸基本一致。花园中央有一个砖石砌成的东西，像是中国农村的水井，毕竟花园种植离不开灌溉。

儿子詹姆士回忆说，父亲早年似乎并没有对园艺显示出多大兴趣，大概是从 50 多岁开始痴迷园艺的——那正是 20 世纪 60 年代他研读和译注《陶潜诗集》的时期。1981 年退休后，除了严寒的隆冬时节，他每年至少投入 8 个月时间在园艺上，并把园艺作为自己生活最重要的部分，一直坚持到体力不支为止。好友莫斯莱回忆：

> 在他（海陶玮）不得不放弃他的花园之前，实际上是沉浸在栽种、除草和收割等事情上；这是他唯一还能感受到在做事的方法。多年来，这是他投入最大热情的事情，尽管他可能不会用这个词。①

---

① Eva S. Moseley, "speech", in Eva S. Moseley, ed., *Speeches at a memorial gathering*, p. 30. Original text："Before he had to give up his garden, he would actually lie down to plant, weed, and harvest; that was the only way he could see what he was doing. But for years it was his great passion, though he probably wouldn't use that word."

关于父亲痴迷园艺的缘由，儿子詹姆士认为，父亲完全是在仿照中国诗人陶渊明《庚戌岁九月中于西田获早稻》那样的归园田居生活：

他从来没有真正解释过他对园艺痴迷的原因。……我认为，这代表了他想仿照那个人的许多不同方面。就像五世纪的诗人陶潜，他歌颂乡村生活的艰辛，作品被父亲翻译，他珍视这种自然简朴的生活乐趣，而父亲的花园则反映了这位诗人对农民生活的憧憬。①

第二节　海陶玮简朴本真的个人生活

陶渊明一生"贞志不休，安道苦节，不以躬耕为耻，不以无财为病"（《陶渊明集序》），备受后世推崇，"白衣送酒""量革履""颜公付酒钱"等轶事典故也多以此为题材。"饥寒困穷，不以累心"（刘朝箴《论陶》），"安贫乐道"是陶渊明诗文的一个重要主题。

与他合作多年的好友叶嘉莹回忆说"海陶玮生活很简朴，对于美国生活的奢华很不喜欢"②。关于他的简朴生活，家人和朋友都印象深刻，频频提及。

首先是海陶玮几十年如一日的"骑行"生活，这是他除园艺之外另一个具有明显标识的个人生活方式，也是周围亲友提及最多的情景，

---

① James Robert Hightower Jr., "speech", in Eva S. Moseley, ed., *Speeches at a memorial gathering*, p. 10. Original text: "He never really explained his fascination with the garden. …It came, I think, to represent many different facets of the person he thought he was. Like the 5th century poet T'ao Ch'ien, who celebrated the toil of country life and whose work Dad translated, he treasured tangible simple pleasures. T'ao Ch'ien's wine translates into the cocktail hour that was a fixture in the Hightower household, while Dad's garden mirrors the poet's vision of a farmer's life."

② 叶嘉莹口述，张候萍撰写：《红蕖留梦——叶嘉莹谈诗忆往》，生活·读书·新知三联书店 2013 年版，第 176 页。

"几乎每个人都在谈论海陶玮晚年的园艺和骑行，这一事实准确地反映了这些活动对他的重要性"①。这种习惯是海陶玮对美国现代生活方式的排斥和对自然原始生活方式的践行，"他不喜欢汽车对我们城市造成的影响，他为自己骑自行车而感到自豪"②。

海陶玮奥本戴尔的房子距离他的工作地点——波士顿剑桥的哈佛大学大概有 15 公里，但他每天坚持骑车上下班，"推着自行车，穿过走廊，来到他在图书馆的办公室"③，这一习惯坚持了 40 多年，甚至到了晚年和遇到夜间、雨雪等情况，他也坚持骑行。海陶玮 80 多岁作眼科检查发现有严重的视力问题时，医生建议他配备一个手杖，他不假思索地反问，"我可以把它放在我的自行车上吗?"可见他从来没有想到过放弃骑行生活。后来为了安全，他装备了闪光灯饰、反光胶带、护垫和其他保护装置，以让自己骑行时在道路上能够被汽车司机明显察觉和识别。一天晚上，海陶玮从艾朗诺阿灵顿的房子骑车回家时，艾朗诺给装备齐全、装束奇特的他拍了一张照片，他随后看到照片，笑称自己是"火星人"④。不幸的是，海陶玮还是发生了两次严重的自行车事故，但养好病后，他仍然坚持骑行，写信给一个朋友说，"两年多来，我作为一个被确诊的盲人，仍然还骑着我的自行车，尽管我知道不应该骑，但我不会骑得太远"⑤。

---

① Eva S. Moseley, "speech", in Eva S. Moseley, ed., *Speeches at a memorial gathering*, Preface. Original text: "The fact that nearly everyone spoke about JRH's late-in-life gardening and bicycle-riding accurately reflects the importance to him of these activities."

② Ronald C. Egan, "speech", in Eva S. Moseley, ed., *Speeches at a memorial gathering*, p. 24. Original text: "He disliked what the automobile has done to our cities, and he prided himself on riding his bicycle everywhere."

③ E Bruce Brooks, "speech", in Eva S. Moseley, ed., *Speeches at a memorial gathering*, p. 15. Original text: "threading his bike through the corridors to his office in the Library."

④ Ronald C. Egan, "speech", in Eva S. Moseley, ed., *Speeches at a memorial gathering*, p. 24. Original text: "I look like a Martian."

⑤ Eva S. Moseley, "speech", in Eva S. Moseley, ed., *Speeches at a memorial gathering*, p. 30. Original text: "For over two years, I have been legally blind…I still ride my bicycle, though I know I shouldn't. I don't go very far."

学生周杉曾经回忆道，她自己也曾经有一辆三挡变速自行车，但最远一次就是到老师家了，海陶玮"一看到自行车就直摇头，然后给车上了油，调了把，这也是这辆自行车这辈子唯一的一次修整了"。①

　　除了骑行，海陶玮对于任何能够手工完成的任务都亲自上阵，刚刚搬到神学街哈佛大学房子过渡时，所有房屋装修都由他一人操作，儿子詹姆士回忆说，"当在破旧的室内装修时，父亲艰难地摆弄着那些壁纸和灰泥"②。后来，奥本戴尔和缅因州的"两处房产给海陶玮提供了施展木工、漆工等手艺的机会"③。在奥本戴尔，"他在客厅里铺了沙子，铺了硬木地板，在客厅里做了书架，还在地下室做了一个工作台"④。儿子詹姆士回忆说，"他是个热情和耐心的木工，渴望分享他的技能。我们为祖母的生日做了一个脚凳，我把它放在车库里，还在用"⑤。在缅因州，"许多草要用镰刀割下来（没有动力割草机），砍倒和剁碎，还要对房子进行无休止的修补"⑥。房屋修补剩余的木料，海陶玮带领孩子们做成各式各样的小船，"这些小船是建造岛屋的成果，为木工（父亲）提

------

① Eva Shan Chou, "speech", in Eva S. Moseley, ed., *Speeches at a memorial gathering*, p. 22. Original text: "Once he shook his head at my bicycle, and gave it the only oiling and adjustment it ever in its life."

② James Robert Hightower Jr., "speech", in Eva S. Moseley, ed., *Speeches at a memorial gathering*, p. 4. Original text: "I remember Dad's struggles with wallpaper and plaster as he tried to refurbish parts of the rather shabby interior."

③ Eva S. Moseley, "James Robert Hightower Dies at 90", *Harvard Gazette Archives*, 2 March 2006. Original text: "Both houses provided opportunities for Hightower to exercise his carpentry and painting skills."

④ James Robert Hightower Jr., "speech", in Eva S. Moseley, ed., *Speeches at a memorial gathering*, p. 5. Original text: "He sanded and finished the hardwood floors, built bookcases in the living room, and made himself a work bench in the basement."

⑤ James Robert Hightower Jr., "speech", in Eva S. Moseley, ed., *Speeches at a memorial gathering*, p. 4. Original text: "He was an enthusiastic and patient woodworker and eager to share his skills. We made a footstool together for my grandmother's birthday which I keep in my garage and still use."

⑥ James Robert Hightower Jr., "speech", in Eva S. Moseley, ed., *Speeches at a memorial gathering*, p. 5. Original text: "Lots of grass to be cut with a scythe and sickle (no power mower), alder to be cut down and chopped up, and endless repairs to be made on the house."

供了更多的机会"①。

在生活上，海陶玮崇尚简朴，排斥现代化的家用电器和奢侈的家庭消费。儿子詹姆士回忆：

> 他（海陶玮）喜欢用的东西可能多数人早几年前就扔掉不用了，这在很大程度上是他性格的一部分。他渴望简单，坚持认为：幸福的关键是消除需求。他不需要什么，只需要他已拥有的，或者他可以廉价获得的东西。②

对此，他的儿女、孙女都有亲身的感受甚至是抱怨。大儿子詹姆士说，父亲不允许家里使用烘干机、洗碗机等现代电器，讨厌空调，因为这些电器都必须用水耗电。冬季家里的暖气不能超过 60 华氏度（约 15.5 摄氏度）。海陶玮无法忍受任何日常物品以新换旧或者丢弃不用，邻居们经常看到他把扔掉的家具又重新拾回来用，孙女塔拉回忆说，祖父总是在教自己如何省钱，比如如何节省橡皮筋、塑料袋等等。他喜欢积攒杂物，家中地窖储藏了满满的废旧自行车，有一次儿子萨姆给他买了一辆新的多速混合动力自行车，起初他拒绝换新，因为他最喜欢的自行车仍是 40 年前在大拍卖中得到的那辆老旧自行车。远赴德国生活后，"他仍然使用一把很特别的勺子吃饭，还有一些来自（奥本戴尔）中央大街 321 号房子里那些他最喜欢的

---

① James Robert Hightower Jr. , "speech", in Eva S. Moseley, ed. , *Speeches at a memorial gathering*, p. 5. Original text: "The boats, a necessary consequence of the island cottage, provided further opportunities for carpentry. "

② James Robert Hightower Jr. , "speech", in Eva S. Moseley, ed. , *Speeches at a memorial gathering*, p. 8. Original text: "His fondness for stuff that most people would have thrown away years before was very much a part of his character. He aspired to simplicity. The key to happiness, he would insist, is the elimination of need. He needed little and made do with what he had or what he could acquire cheaply. "

物件"①。

海陶玮购买日常生活用品都在廉价超市，而且对于价格的关注几乎成为一种怪癖。他只买打折的、过期的或者将要过期的廉价商品，儿子回忆：

> 另一个被嘲笑的事情，是他（海陶玮）总喜欢从超市廉价柜台买熟过了的水果。对他来说，这是原则问题。他可以因此而自嘲，但仍然一意孤行：你没有必要支付给超市新鲜水果的荒谬价格。②

一个极端的例子是，海陶玮曾答应大儿媳艾拉（Ella）做樱桃派——这是他非常喜欢的食物，但决不允许艾拉买新鲜樱桃来做，艾拉在超市没有找到即将过期的樱桃，结果他就果断放弃了。

对于这样一位具有价格怪癖而又固执己见的父亲，孩子们一致认为"陪同他购物是一件苦差事"③：

> 掏钱买东西对父亲来讲是一种痛苦的折磨。进入超市，他通常会先考虑买便宜货，手里拿着促销广告单，在过道上大步走着，非常注重效率的模样。除非是打折，否则什么也不会进入到购物车里，或者直到他痛苦地表示不得不买某件东西。如果你好心劝他买一些不在购物单上的东西，他完全不予考虑，通常还伴有怒视的眼光，所以我们都学会了在购物的时候绝对服从。后来，由于他自己

---

① Eva S. Moseley, "speech", in Eva S. Moseley, ed., *Speeches at a memorial gathering*, p. 34. Original text："he was still using a particular spoon and other favorite items from 321 Central Street. "

② James Robert Hightower Jr. , "speech", in Eva S. Moseley, ed., *Speeches at a memorial gathering*, p. 8. Original text："Another target of subversive derision was the overripe fruit that he picked up from the bargain counter at the supermarket. With him it was a matter of principle. He could laugh about it but remained adamant：you did not pay the ridiculous price that the supermarkets charged for fresh fruit. "

③ James Robert Hightower Jr. , "speech", in Eva S. Moseley, ed., *Speeches at a memorial gathering*, p. 9. Original text："Shopping with him was always a chore. "

无法看清楚价格，无法核实手头的商品是否真的在打折，他的固执才减少了一些。然而，作为他的跟班，仍然没有独立行动的余地，他有一种不可思议的能力，尽管他近乎失明，但他却能够知道你有没有选择那些打折的商品，他会仔细地扫视货架，直到找到你错过的便宜东西。①

这些连家人都无法理解的生活习惯，正是诗人陶渊明艰苦田园生活的现代仿照。对海陶玮而言，正是用这种方式，让他从清贫的生活中享受到一定的心灵安逸。"他是一个非常出色的榜样，按自己的原则行事，知道如何节俭，仍然享受生活中简单的乐趣。"②

在简朴安贫的生活中，海陶玮始终保持着天性本真的特质。在中国传统文化中，陶渊明以清高耿直、洒脱恬淡、质朴直率、寡默任放的形象深入人心，成为后代很多文人崇尚的高尚形象。颜延之评价陶渊明"在众不失其寡，处言愈见其默"③，鲁迅先生认为，"陶潜正因为并非浑身是'静穆'，所以他伟大"④，梁启超评价陶渊明说，"自然界是他爱恋的伴侣，

① James Robert Hightower Jr. , "speech", in Eva S. Moseley, ed. , *Speeches at a memorial gathering*, p. 9. Original text："Before his afflictions hobbled him, he would home in on the bargains, flier in hand, striding down the aisles, a model of focused efficiency. Nothing went into the cart unless it was on sale, or until he had voiced his anguish at having to buy something that wasn't. Well-meaning attempts to persuade him to buy something that was not on the list were brushed aside, usually accompanied by a withering glare. We learned to shop obediently. Later he was reduced to depending on the eyes of others; his own could no longer read the prices or verify that the item at hand was really on sale. There was still, however, no room for independent action on his helpers' part. He had an uncanny ability, despite his near-blindness, to sense that you had failed to choose the sale item, and he would meticulously scan the shelves until he located what you had missed. "

② Tara Gully-Hightower, "speech", in Eva S. Moseley, ed. , *Speeches at a memorial gathering*, p. 13. Original text："He was quite an extraordinary example to follow. He really lived by his principles. He knew how to be frugal and still enjoy the simple pleasures in life. "

③ （东晋）颜延之：《陶征士诔并序》，载北京大学、北京师范大学编《陶渊明资料汇编》（上册），中华书局1962年版，第1页。

④ 鲁迅：《"题未定"草》（七），载《鲁迅全集》（第6卷），人民文学出版社1981年版，第430页。

常常对着他笑”①。陶渊明天性本真的形象使他成为中国文学史与自然最为接近的诗人，也成就了人与自然和谐相处而意趣盎然的自然风格诗篇。

海陶玮一岁丧母，跟随自己的祖父母一起生活，后父亲再娶，他才重回家庭生活。大学毕业后一度和同学在欧洲游学，后在哈佛大学读书，父亲只给了第一年的学费，他只好靠勤工助学和奖学金完成学业。他首次携家眷到中国，正好赶上第二次世界大战而被拘捕到日本的集中营，然后从事了两年多的情报工作，最终才在哈佛大学获得博士学位后留校任教。当时的美国社会也并不平静，据儿子詹姆士回忆，20 世纪 60 年代文化动荡和越南战争“给父亲和其他许多同事都造成了很大的伤害，一些友谊因为战争而终止，与其他大学之间的关系也随之冷却……他非常关心哈佛大学的质量，并对师生之间的各种纠纷感到遗憾”②。不幸的成长经历和丰富的生活阅历，使海陶玮逐步成为一个严谨甚至拘谨、执着甚至固执的人，同时，经过陶学的熏陶和岁月的淬炼，他身上质朴直率、自然随性的特质愈加显著。

这种特质我们可以从台湾学者林文月的回忆散文中有所体会。林文月是台湾大学中文系教授，曾写过《陶渊明的止酒诗》《叩门拙言辞》等陶学文章，也是汉语学界最早关注并评论海陶玮作品的学者③。林

---

① 梁启超：《陶渊明之文艺及其品格》，载梁启超《梁启超论中国文学》，商务印书馆 2012 年版，第 292 页。

② James Robert Hightower Jr. , "speech", in Eva S. Moseley, ed. , *Speeches at a memorial gathering*, p. 6. Original text："These took their toll on Dad, as they did on many of his colleagues. Several friendships were terminated over the war and other collegial relationships cooled…He also cared deeply about the quality of his Harvard department and lamented the rifts that the troubles provoked between faculty and students. "

③ 1950 年海陶玮《中国文学论题》出版后，在台湾流传并产生了一定影响。中国音韵学家董同龢曾于 1959 年前后在台湾大学开设了《西洋汉学名著导读》课程，这门课只要求学生们精读海陶玮的《中国文学论题》并撰写读书心得，时为研究生二年级的台湾学者林文月撰写了评论文章，她评价海陶玮《中国文学论题》是为外国学者研究中国文学而作的具有“基石功效”的简要性、概括性的著作，同时也指出了该书的一些疏漏和不足。林文月这篇简评被董同龢推荐在《清华学报》刊出，后于 2011 年收录在林文月《读中文系的人》这本书中。

文月曾慕名到哈佛大学拜访过当时已退休的海陶玮，并于 1986 年 7 月用细腻的笔触写了一篇《怕羞的学者——James Robert Hightower 印象记》，描述了两人会面的过程，收录到她的《交谈》集中。在林文月眼中，初次见面的这位哈佛大学著名教授真的就是"一位进城的老农夫"[①]：

> 他穿着一件蓝白方格子的绒布衬衫，平凡而不十分平整，但每一粒扣子都扣得妥紧，灰暗的过时长裤松松地接连在格子衫下面……他的唇上有一小撮修剪整齐的胡须，花白而淡然，犹如含蓄的枯草一般。声音不高也不低，说话的速度不疾也不徐……他的手背上有不少老人斑，指甲上的泥土，看来和他整个的人格极为相称。

令林文月印象最为深刻且着墨最多的，是他质朴而不加掩饰的眼神：

> 海涛（海陶玮）教授一直用那一双蓝色的眼睛直视我，那眼神倒非逼人，却有一种不由人分说的质朴，也同样令人不知所措……

> 待我坐定后，竟发觉海涛教授仍然定定地直视我。那眼神，除了质朴之外，仿佛又有一种严肃的雾团。我记起朋友告诉我，海涛教授不擅长言辞，尤其与陌生人见面更拙于攀谈……

> 异国朋友的消息，使他的眼神变得十分柔和起来……

---

① （台）林文月：《怕羞的学者——James Robert Hightower 印象记》，载林文月《交谈》，台北九歌出版社中华民国七十七年（1988 年）版，第 71—72 页。

眼形其实不大，看透人心中且令人不敢受而移视的，实在是那质朴不加修饰的眼神吧！……

穿过图书馆书架的走道时，我不敢回头看，怕一回头看到那朴实定定的眼神，双方都会很不自在。①

直到两人谈起陶渊明，海陶玮才完全放松神情，完全没有先前的严肃和拘谨了，开始侃侃而谈，讲到热烈之处，还有几个手势助益情绪。② 两人聊到陶诗"草盛豆苗稀"句时，林文月开玩笑地说"陶渊明并不是一个十分灵巧的农夫"，他又立刻严肃起来，并问林文月是否有过亲身耕种的经验，当林文月坦白说没有时，他强调说，农耕是非常艰苦的工作，并跟她讲述了自己开垦花园的艰辛和躬耕自养的生活，"所以我知道，农耕实在是一件极辛苦的工作"③。说话间，林文月注意到他搁在桌子上的双手：

每一片指甲上都镶着一层泥土，筋脉浮显的手背上也颇有风霜痕迹，我第一眼对海涛教授的老农印象，或者竟是包括这一切在内也未可知。④

初次的短暂访问，海陶玮的质朴诚挚以及对陶渊明归园田居生活的感同身受给林文月留下了深刻的印象，林文月感慨道："我将不会忘记眼前这位诚挚而怕羞的老学者，我或者也将想像我所没有见过的那一片

---

① （台）林文月：《怕羞的学者——James Robert Hightower 印象记》，载林文月《交谈》，台北九歌出版社中华民国七十七年（1988 年）版，第 72—78 页。文中"海涛"教授，就是海陶玮。
② 同上书，第 75 页。
③ 同上书，第 76 页。
④ 同上。

后园子和一些蔬菜花卉吧。"①

　　海陶玮的本真天性还表现在各种细节之中：在学术方面，他直言不讳，一些书评非常犀利；在对人方面，"是一个非常实在的人，为人耿直。也有人不喜欢他，说他不讲面子"②。他生性善良，富有同情心，当学生格雷厄姆（William T. Graham Jr.）在一场意外中早逝之后，他"就致力于完成格雷厄姆对诗人庾信的研究"③。晚年，他经常在家中客厅炉边与亲友谈话，坦诚地和朋友们甚至晚辈孙女谈及自己与作家斯塔福德的复杂关系以及他们的学术恋情，"当谈及他的父亲、斯塔福德或其他女性朋友的时候，他会说：'我当年真是不咋样。'"④

　　在与自己的子女、孙女相处中，海陶玮像个孩童一样释放天性，无拘无束。在哈佛大学附近居住时，他和两个儿子一起，把中国旅途中遗留下来的两个集装箱亲手设计改造成一个玩具屋；他以化学专业毕业为由，在哈佛大学实验室借出硫酸等化学原料炮制出烟火鞭炮⑤；在缅因州的小岛上，他常常自己动手打造各种家具，并用淘汰的木料和孩子们在一起手工造船，"作为父亲或者朋友，他做得非常不错"。⑥

　　学生周杉回忆，海陶玮坐火车赶往纽约参加自己婚礼时，虽然也按例穿上礼服并参加了排练，但是"痛苦的折磨一结束，他立刻就回归自

　　① （台）林文月：《怕羞的学者——James Robert Hightower 印象记》，载林文月《交谈》，台北九歌出版社中华民国七十七年（1988 年）版，第 78 页。

　　② 叶嘉莹口述，张候萍撰写：《红蕖留梦——叶嘉莹谈诗忆往》，生活·读书·新知三联书店 2013 年版，第 176 页。

　　③ Eva S. Moseley, "James Robert Hightower Dies at 90", *Harvard Gazette Archives*, 2 March 2006. Original text: "Robert should devote himself to completing part of Graham's projected study of the poet Yu Xin."

　　④ Eva S. Moseley, "speech", in Eva S. Moseley, ed., *Speeches at a memorial gathering*, p. 32. Original text: "especially when it came to his father or to Jean Stafford or some other woman friend, he would declare, 'What a little shit I was.'"

　　⑤ 参见 James Robert Hightower Jr., "speech", in Eva S. Moseley, ed., *Speeches at a memorial gathering*, p. 5。

　　⑥ Eva S. Moseley, "speech", in Eva S. Moseley ed, *Speeches at a memorial gathering*, p. 35. Original text: "one could do a lot worse than to have had Robert Hightower as a father or a friend."

然本性，把这些脱掉了"。① 孙女塔拉回忆晚年的祖父，即使已经视力
模糊、健康不佳，但他仍然徜徉在自己的自由世界中，"我看见他从我
们家前面的山坡上滚下去，视力差得简直像只蝙蝠。即便如此，当风儿
从他身边疾驰而过的时候，他脸上洋溢着自由自在的快乐"②。

第三节　海陶玮书酒会友的人际交往

　　陶渊明虽归隐田园，但"心好异书，性乐酒德"（颜延之《陶征士
诔》），以读书和喝酒为人生两大乐事，不但"游好在六经"③，而且
"性嗜酒"（《五柳先生传》），喜欢与朋友饮酒聚会，重视亲友。现传陶
集第一首诗就是四言《停云》 "思亲友也"，并有《和郭主簿二首》
《酬丁柴桑》《和胡西曹示顾贼曹》《与殷晋安别并序》《五月旦作和戴
主簿》《酬刘柴桑》《赠羊长史并序》《岁暮和张常侍》《怨诗楚调示庞
主簿邓治中》 等与朋友唱和的诗歌。

　　阅读中国文学已经内化为海陶玮的生活方式和精神追求。家中每个
房间都是他亲手建造的从地板到天花板高的书柜，用来存放他成千上万
本书，孙女塔拉回忆说：

　　　　在他（海陶玮）的书房里，每一处墙壁都藏有无数的中国文
　　学和诗歌。在这个巨大的收藏中，祖父可以坐在壁炉边，阅读和聆
　　听古典音乐，这是这所房子的核心所在……在我看来，不能把祖父

---

　　① Eva Shan Chou, "speech", in Eva S. Moseley, ed., *Speeches at a memorial gathering*,
p. 22. Original text："After the ordeal was over——tickled that he carried off something so out of the
way from his natural inclinations"

　　② Tara Gully-Hightower, "speech", in Eva S. Moseley, ed., *Speeches at a memorial gather-
ing*, p. 14. Original text："I would see him barreling down the hill in front of our house, nearly blind
as a bat, with the pleasure of freedom on his face as wind whipped past him."

　　③ 逯钦立：《陶渊明集校注》，中华书局 1979 年版，第 96 页。

和他的房子以及其中的书籍分开。①

在孙女塔拉的心目中，祖父已经和文学藏书和诗歌阅读紧紧地融为一体。

学者藏书之全貌即为其治学精神之全貌。作为从事中国古典文学研究的汉学家，接触、阅读乃至收藏关于中国的书籍，是关注并从事汉学研究的基础。那么，海陶玮的私人藏书究竟有多少？都有哪些类型的书？这些书现在究竟身处何处？

在哈佛大学馆藏档案中，笔者批阅了海陶玮私人藏书的目录手稿，并偶然得知，他的私人藏书实物竟远在加拿大的阿尔伯塔大学图书馆。通过一番联系，阿尔伯塔大学图书馆 Rutherford-HSS 库公共服务图书管理员戴维·苏尔茨（David Sulz，音译）慷慨地给笔者提供了阿尔伯塔大学所藏关于购置海陶玮藏书的一批原始档案资料，结合目前通过网络在阿尔伯塔大学图书馆能够查询到的馆藏海陶玮藏书信息、哈佛大学馆藏海陶玮私人藏书的目录手稿等，笔者整理还原了 1985 年海陶玮私人藏书赠卖给阿尔伯塔大学图书馆的历史过程。这批藏书共有 11384 册、4500 英镑重、92 箱，成交价格是 5 万美元（含材料和包装共 50100 美元），经历了近一年的沟通讨论、专家评估、会议决策、确定购买、运输图书、经费核算等烦琐细致的跨国图书买卖过程，阿尔伯塔大学的内部刊物 *FOLIO* 在 1986 年 1 月 23 日头版以《获得珍稀中国藏书》（Rare Collection of Chinese Books Acquired）为题刊登了这一振奋人心的新闻。

这批藏书的整体概貌，我们可以从哈佛燕京学社图书馆馆长吴文津

---

① Tara Gully-Hightower, "speech", in Eva S. Moseley, ed., *Speeches at a memorial gathering*, p. 12. Original text: "In his study every available wall-space housed countless rare volumes of Chinese literature and poetry. In the midst of this vast collection Robert could be found sitting by the fireplace reading and listening to classical music. This was truly the heart of the house…In my mind I cannot separate my grandfather from his home and its contents."

(Wu Eugene W.)① 1985 年 6 月 25 日给阿尔伯塔大学图书馆馆长彼得·弗里曼（Mr. Peter Freeman，音译）提供的海氏私人藏书的评估报告中详细了解。海氏藏书总共有 3000 余种近 1.1 万册图书，1000 余种单行本（大部分是赠送本）和 75 种完整期刊（中文类 44 种，西语类 31 种），还有 25 种 5330 册各类丛书。这批藏书中的大部分图书都是中文类的，也有 155 种 250 册日文图书和 500 多种 550 册西文图书。藏书中的中文类图书大部分是木版或平版的线装书，也包括复印本，占到图书种类的 60% 和图书册数总量的 85%，其余的中文类图书都是平装本。具体分类如下：

（1）丛书，25 种 5330 册。这里的丛书，指的是一个作家、家族、地区、一个或几个历史时期关于各种主题的著作藏书，这是海氏藏书最重要的组成部分，占到海氏藏书总量的二分之一。25 种 5330 册丛书中，有 15 种木板印刷，包括 4 种 19 世纪的版本、10 种宋朝原始木板的复印本。丛书中最显著的是《四部丛刊》三个系列，包括 504 种 3110 册图书，这些图书是 19 世纪二三十年代重印的宋元珍稀版本和清代印刷手稿。

（2）朝代历史。主要是《二十四史》1884 年平版印刷本的复印本，共有 711 册。

（3）早期版本。藏书中有两部 17 世纪版本的图书，7 部 18 世纪版本的图书和 59 部 19 世纪版本的图书。两部 17 世纪版本的出版物分别是 1698 年的《杜诗详解》和 1699 年的《昌黎先生诗集注》。另外还有 1693 年的《杜诗详注》序言，4 份显示 18 世纪日期的序言。

（4）复合彩色木制版本。藏书包括很多复合彩色木制版本，主要

---

① 吴文津（Wu Eugene W., 1922—   ），主要研究图书馆学、情报学等，是美国华人图书馆馆长的先驱，也是美国古籍版本研究权威。20 世纪 60 年代吴文津在斯坦福大学哈佛图书馆中国部，对胡佛研究所的中文收藏做出了很大贡献。1967 年 11 月，继裘开明之后任哈佛燕京学社图书馆长兼东亚研究中心研究员，1988 年获美国亚洲学会"杰出贡献奖"。

有：1708 年《李义山文集笺注》（黑、红、蓝），1733 年作序的《唐宋文醇》（黑、红、蓝），1883 年《唐贤三昧集》（黑、红）和 1863 年《玉川子诗集》（蓝）[①]。

（5）日文出版物，约 155 种 250 册。主要是关于中国文学的图书，包括中国文学的日译本，都是日本汉学研究方面的优质善本。

（6）西语出版物，约 500 多种 550 册。西语出版物主要有英语、德语、法语等语种的图书，其中 40% 是关于中国经典、历史、哲学和文学的各种译本，这 40% 中的一半是小说、诗歌、戏剧和散文的译本。总体而言，这些译本代表着欧美汉学（中国学）界的权威范本。

（7）参考书目。参考书目类藏书主要有书目索引、辞典、专题书目、期刊索引等图书。在书目索引中，有两个系列的书目索引比较重要，一个是哈佛燕京学社汉学研究索引系列及补充附件，这个索引在 20 世纪 30 年代和 40 年代早期北京印制，后来中法汉学研究所又在北京重印。这个索引能够为研究中国经典、哲学、历史和文学作品的汉语文本提供查询便利，被认为是这个领域内不可或缺的基本资料。还有一个系列是在日本印制的关于英语世界参考文献的索引。藏书中还有大量辞典，主要有《大汉和辞典》《康熙字典》《辞海》《中华大字典》和《说文解字》等。

（8）期刊。藏书中的期刊大部分都不大完整，主要有《哈佛亚洲学报》1—44 卷（1936—1984），《远东古文物博物馆馆刊》22—56 卷（1950—1984），《亚洲学刊》1—28 期（1960—1975），《燕京学报》5—34 期（1929—1948），《文学年报》1—7 期（1932—1941），《东方学》2—26 期（1964—1984）（少第 16 期），《中国文化报》1—21 期

---

① 《玉川子诗集》是唐朝诗人卢仝的作品集。玉川子，卢仝的自号。卢仝（约 795—835），"初唐四杰"卢照邻嫡系子孙，韩孟诗派重要人物，著有《茶谱》《玉川子诗集》等，被尊称为"茶仙"。

（1954—1966，少 1 期），还有与期刊相关的 1000 余份论文单行油印本，这些论文包含各语种的汉学研究主题，并附有完整的卡片索引。

总体而言，海氏藏书的内容主要是汉学研究各种原始资料和二手资料，这些资料涉及中国哲学、宗教、历史、语言和文学等，以中国文学的资料最为丰富，包括各个时期的文学作品集，著名散文作家、诗人、戏剧家、本土作家和小说家们的全集或者选集，文学人物研究著作，文学评论著作，以时期或作者为序的中国文学参考书目，英语、德语、法语和日语版的中国文学各种体裁作品的译本等等。

这批藏书是海陶玮从北京留学时期就开始积累的珍贵汉学收藏，非常有价值。一是量大质优。这批藏书不仅数量多（3000 余种 1.1 万册），品种多（涉及丛书、期刊、参考书目等），而且内容丰富（涉及哲学、宗教、历史、语言和文学等），语种较多（除了中文，还有英语、德语、法语和日语等），在权威专家吴文津看来，"这批藏书在质量和数量上比美国小型东亚研究图书馆藏书还要更胜一筹"①。

二是版本稀缺和优质。一些早期的版本"可以追溯到 8 世纪，还有一些书籍已有几百年的历史"②，这些早期版本即使是在中国本土也已经比较稀缺了。最重要的是，有些书籍"由于'文化大革命'等损坏，即使在中国的主要图书馆也难以寻觅了"③。版本对中国文学特别是古代文学研究的重要性不言而喻，所以版本优良的海氏藏书为他的陶学及汉学研究奠定了文献基础。

---

① *The letter from Eugene Wu to Mr. Peter Freeman*, 25 June 1985. Original text："The material, in my opinion, is better both in quality and quantity than similar collection on Chinese literature found in smaller East Asian libraries in the United States."

② University of Alberta, *FOLIO*, 23 January 1986. Original text："Some of the books date back to the 8th century, others are several hundred years old and there are rare and precious volumes in the collection."

③ University of Alberta, *FOLIO*, 23 January 1986. Original text："The important thing about the acquisition is that we now have books that are unavailable even in major libraries in China because of the tragic destruction of old books in Cultural Revolution."

　　三是目录整理。加拿大阿尔伯塔大学图书馆东亚系负责人林伟杰（Jack Lin）接受采访时说，海氏藏书还有 1900 年出版的小说研究方面的文献目录，他说，"这个目录是一个副本，品相良好，非常难得"①，"只有在世界主要图书馆才能发现，对研究小说者来讲是非常重要的资料"②。由此看来，海氏藏书中也有不少专业类索引和目录。

　　在这批藏书中，有关陶渊明的藏书是其中重要的组成部分。根据哈佛大学档案馆藏私人藏书的目录手稿，笔者整理了其中关于陶渊明研究的藏书目录③：

　　　　《陶渊明诗文汇评》，台北：世界 1964

　　　　古直：《陶靖节诗笺》，台北广文 1969

　　　　铃木虎雄：《陶渊明诗解》，东京：弘文堂 1948

　　　　斯波六郎：《陶渊明诗注译》，京都：东门书房 1951

　　　　王瑶：《陶渊明集》，北京：作家 1956

　　　　傅东华：《陶渊明诗》，上海：商务 1934（学生国学丛书）

　　　　陶澍：《靖节先生集》，江苏书局 1883

　　　　萧望卿：《陶渊明批评》，上海：开明 1947

　　　　朱太忙：《陶渊明诗话》，上海：大达 1934

　　　　朱太忙：《陶渊明讨论集》，北京：中华 1961

　　　　陈寅恪：《陶渊明的思想与清谈的关系》，北京：燕京大学 1945

　　　　廖仲安：《陶渊明》，上海：中华 1963

---

① University of Alberta, *FOLIO*, 23 January 1986. Original text："Professor Lin is particularly pleased with a copy, in good condition, of a bibliography of fiction, published in the early 1900s and no longer available."

② University of Alberta, *FOLIO*, 23 January 1986. Original text："It is only found in the major libraries of the world now, he says, and is a very important work for researchers in fiction."

③ 哈佛大学档案馆藏海陶玮档案：Acs. #15036, *Papers of James Robert Hightower*, Box 4 of 4, Folder title：Catalog Final Copy. 档案藏书目录为中文手写稿。

张笑:《陶渊明的传论》,上海:棠棣 1953

吉川幸次郎:《陶渊明传》,东京:新潮

梁启超:《陶渊明传》,台北:中华

梁启超:《陶渊明传》,上海:商务 1933

黄仲伦:《陶渊明详传》,台北:帕米尔 1965

丁仲祐:《陶渊明诗笺注》,台北:艺文 1964

李辰东:《陶渊明评论》,台北:中华文化 1956

萧望卿:《陶渊明批评》,上海:开明 1957

《陶渊明诗文汇评》,北京:中华 1961

《陶渊明研究资料汇编》,北京:中华 1962

一海知义:《陶渊明中国诗人选集》,东京:岩波 1958—1959

释清潭:《陶渊明集东京:续国译汉文之大成》,1929

由此可见,陶渊明诗集及其校刊的各种版本、世界范围内的陶渊明译本以及各种陶渊明研究著作,海陶玮都收录在手。当然,以上目录仅仅是以陶渊明为书名的文献,还不包括收有陶渊明诗文的各类文学史、文集等。可以说,丰富的私人藏书为海陶玮的陶渊明研究奠定了扎实的文献基础,也成为他日常阅读的丰富资源。

"每观其文,想其人德"(钟嵘《诗品》),孙女塔拉回忆说,在遇到暴风雪等极端天气实在无法骑行时,"祖父会在电车里背诗。我非常喜欢听他兴致好的时候逐字背诵大段的诗歌"[①] 就是在这种长期、大量的陶渊明诗文阅读、翻译和研究实践中,中国中世纪诗人陶渊明的思想和生活方式成为 20 世纪美国汉学家海陶玮始终不渝的生活理想。

---

① Tara Gully-Hightower, "speech", in Eva S. Moseley, ed., *Speeches at a memorial gathering*, p. 14. Original text: "he would memorize poetry while on the trolley. I love the fact that he could recite long poems word-for-word whenever he felt like it."

　　海陶玮重视私人藏书，主观上是由于学术研究的需要，作为研究中国古典文学的学者，他清楚地知道版本对中国文学特别是古代文学研究的重要性，他两次来中国期间，都大量地搜集汉学书籍，且注重优质的版本，为自己的汉学研究奠定了扎实的文献基础；客观上是因为当时美国专业汉学研究并不发达，汉学原始文献和资料完全不能满足西方学者汉学研究的需要，所以当时美国立志汉学（中国学）研究的留学生，都需要到中国搜集资料，学习语言，并积累自己的藏书，陈毓贤《再谈柯立夫和方志彤藏书癖：汉学制度前的产物》也描述了这种情形①。稀缺的中国书籍是当时从事汉学的学者最为贵重的礼物，学生周杉回忆说，自己结婚时，海陶玮想来想去，认为没有必要赠送任何瓷器或水晶制品，就送给她一套《佩文韵府》和日本学者做的李白诗歌全部索引作为结婚礼物。

　　以上是"以书为友"，下面谈"以酒会友"。

　　海陶玮夫妇是令周围亲友印象颇深的和蔼好客的主人，经常在家举行聚餐和师生联谊活动。在这里"陶渊明的酒变成了'鸡尾酒会'，这是海陶玮家里的一种保留项目"②。在自己家中，他接待过华裔学者杨联陞，日本学者吉川幸次郎，英国学者霍克思，德国学者傅吾康，美国学者费正清等一代学人，吉川幸次郎、傅吾康等好友来美，都是住在海陶玮家中，在成千上万册书籍的包围中，"知识分子的谈话一直持续到深夜，有时是在一瓶或两瓶马提尼酒的陪伴下进行的"③。

---

　　① 陈毓贤：《再谈柯立夫和方志彤藏书癖：汉学制度前的产物》，《东方早报》2013 年 6 月 3 日。

　　② James Robert Hightower Jr., "speech", in Eva S. Moseley, ed., *Speeches at a memorial gathering*, p. 10. Original text: "T'ao Ch'ien's wine translates into the cocktail hour that was a fixture in the Hightower household."

　　③ Tara Gully-Hightower, "speech", in Eva S. Moseley, ed., *Speeches at a memorial gathering*, p. 12. Original text: "where intellectual conversations were carried on into the night, sometimes with the help of a martini or two."

在此仅以杨联陞为例，来说明海陶玮把酒问学、交友互动的人际交往。

杨联陞（1914—1990）是一位杰出的历史学家和著名的汉学家[①]，被誉为"中国文化的海外媒介"[②]（余英时），但大陆学界对杨联陞的关注比较晚。近年来，部分中外学者和杨联陞的同代学人、学生、后代等对杨联陞的生平和学术有所评述，对他在哈佛大学任教期间的中西学人交流也有提及[③]。笔者在前人对杨联陞研究基础上，有幸批阅了哈佛大学燕京学社馆藏《杨联陞日记》（1944—1989）全部影印手稿，结合海陶玮的生平阅历，系统梳理了两人的学术关系。

杨联陞和海陶玮是哈佛大学多年的同事和好友，交往时间从 20 世纪四十年代到八十年代，将近半个世纪，学术交流非常紧密，呈现出"携手共进、中西互鉴"的交往状貌。1946 年，两人同以中国古籍译注（海陶玮《韩诗外传》；杨联陞《晋书·食货志译注》（*Notes on the Economic History of the Chin Dynasty*）获得哈佛大学博士；1948 年，两人同时出任《哈佛亚洲学报》编委；1950 年，两人同年出版系列英文学术著作 *Topics in Chinese Literature*（《中国文学论题》）[④] 和 *Topics in Chinese History*（《中国历史论题》）[⑤]。汉学家卜德（Derk Bodde，1909—2003）

[①]　杨联陞（1914—1990），字莲生，1933 年至 1937 年就读于清华大学经济系，1940 年赴美就读于哈佛大学，获得硕士和博士学位之后留任哈佛大学任教，直到退休。主要英文著述有《简明汉语口语词典》（*Concise Dictionary of Spoken Chinese*，1947）、《中国历史论题》（*Topics in Chinese History*，1950）、《中国货币与信贷简史》（*Money and Credit in China*，1952）、《中国制度史研究》（*Studies in Chinese Institutional History*，1961）、《汉学散策》（*Excursion in Sinology*，1969）等；主要中文著述有《国史探微》《中国语文札记——杨联陞论文集》《哈佛遗墨》等，还有在《清华学报》《食货》《哈佛亚洲学报》等刊物上发表的中英论文、书评等。

[②]　余英时：《中国文化的海外媒介》，载《钱穆与中国文化》，上海远东出版社 1994 年版，第 162、187 页。

[③]　如李若虹对杨联陞与柯立夫的论述，见李若虹《汉学和中国学岂能分立山头：柯立夫与杨联陞》（上、下），《文汇学人：学林》2017 年第 319 期。

[④]　James Robert Hightower, *Topics in Chinese Literature*：*Outlines and Bibliographies*, Cambridge Massachusetts：Harvard University Press, 1950.

[⑤]　Lien-Sheng Yang, *Topics in Chinese History*, Cambridge Massachusetts：Harvard University Press, 1950.

把这两本著作放在一起撰写了书评，发表在《美国东方学会杂志》上，认为这两本书"对中国文明研究都非常有益，希望这种研究被后来者多加效仿"①。1958 年，两人同年荣任哈佛大学东亚系教授，并从 20 世纪40 年代开始携手，长期共同承担哈佛大学汉学人才的培养任务；1980年至 1981 年，两人相继从哈佛大学退休。在 30 多年的交往历程中，两人经常一起谈学、执教、议事、研讨等，《杨联陞日记》中保留了大量两人交往交流的记录，可以看出两人频繁的学术交流和亲密的私人友谊。

杨联陞主要从事中国经济史研究，海陶玮主要从事中国文学研究，文史相连，通融一体。海陶玮尽管经过多年系统的汉学方面的学术训练，但是中国古代文学的研究，尤其是传统汉学的研究模式，往往要求研究者具备扎实的文言知识、阅读理解古代典籍的能力和一定的史学背景，况且外国学者由于文化隔膜等原因，很难对博大精深的中国文史有非常精准的把握。杨联陞具有中国传统学术功底和西方现代学术训练，是华人在哈佛大学第一位取得文史方面永久教职的教授，号称中国学者"真正打入国际汉学界的第一人"，致力于汉学研究的海陶玮，当然不会放过向身边这位史学大家求教的机会，他的陶渊明研究伴随着杨联陞的指导，两人经常在一起谈学论道。

《杨联陞日记》记载，1955 年 1 月 26 日，杨联陞"与海陶玮谈王瑶，中古文人思想等三书"。② 王瑶是中国中古文学研究的开拓者，代表作是《中古文学史论集》，1950 年上海棠棣出版社出版了他的三部中古文学研究著作《中古文学思想》《中古文人生活》和《中古文学风

---

① Derk Bodde, "Reviews on *Topics in Chinese Literature* and *Topics in Chinese History*", *Journal of the American Oriental society*, Vol. 71, No. 1, Jan. – Mar., 1951, p. 92. Original text: "These two volumes——both of them handsomely printed from varitype——are, like their predecessors in the same series, valuable aids for the study of Chinese civilization. It is to be hoped that they will be followed by others."

② ［美］杨联陞:《杨联陞日记》手稿影印版，1955 年 1 月 26 日星期三，哈佛大学哈佛燕京学社图书馆藏。

貌》，两人谈论的应该是这三本书。同时王瑶也是校勘注释陶渊明文集
的权威大家，他的《陶渊明集》按照编年排列，注释精炼，与古直
《陶靖节诗笺定本》（《陶靖节诗笺》）、逯钦立校注《陶渊明集》等被
公认为是近人注释陶集中最有价值的版本。注释陶集时，海陶玮把王瑶
《陶渊明集》（作家出版社1956年版）作为重要参考书目，不少内容都
依据王瑶的观点和诗文进行阐释和翻译。值得注意的是，专治经济史的
杨联陞也有一篇陶学论文——《论东晋南朝县令俸禄的标准——陶潜不
为五斗米折腰新释质疑》（《东洋史研究》1962年第2期），这篇论文
显然是对其内兄缪钺《陶潜不为五斗米折腰新释——附论东晋南朝地方
官禄及当时士大夫食量诸问题》（《历史研究》1957年第1期）的回
应，也是他1962年应邀赴日本京都大学讲学筹备的论文。这篇论文是
1962年7月11日午后写的，主要是从经济史料细节入手来考证和阐释
陶渊明典故，但是笔者发现，这篇论文的发表时间距缪钺论文发表时间
已有5年之久，海陶玮在译注陶集过程中，杨联陞1967年还电话联系
过他，专门与他讨论这一问题，《杨联陞日记》记载，海陶玮"正好在
屋，十五分钟后即来，余谢前日邀请，赠以不为五斗米折腰短文……"①，
可见，在与海陶玮的陶学切磋中，杨联陞从经济角度对诸多陶学问题进
行了思考，也一直与他保持着研讨和交流。

　　杨联陞素有"西方汉学警察"的美誉，经常为当时东亚系的汉学学
者补充文献，指出纰漏，及时消除谬误和偏差，海陶玮也是受益者之一。
纠正海陶玮在古汉语方面的误解、误读是两人交往的常态，如1961年1
月11日，杨联陞"十时许到校，……为海陶玮改其书评（误以为道士为
僧人），旋海来问孟子'率……而……'，似仍以旧解为是"②。1965年3

_____

① ［美］杨联陞：《杨联陞日记》手稿影印版，1967年1月26日星期三，哈佛大学哈佛
燕京学社图书馆藏。
② ［美］杨联陞：《杨联陞日记》手稿影印版，1961年1月11日星期三，哈佛大学哈佛
燕京学社图书馆藏。

月 5 日，"海陶玮问草船借箭'困於'（困之於）"①。海陶玮的翻译工作涉及语言、文学、文献、历史等方面的考证，常常需要杨联陞颇费功夫去查证资料，以求正解。为了搞清楚《诗经》中的"岁取十千"所指具体数量，杨联陞与"海君一谈，查诗经注数种"②；为了给海陶玮查找《世说新语》，杨联陞把"世说新语校笺与 Hightower，查馆藏日本人著阅于此谈书"③。

法国汉学耆宿戴密微（Paul Demiéville，1894—1979）认为"杨联陞的学问继承了中国百科全书式学问的优良传统"，对于杨联陞的博学多闻，海陶玮也深为折服。1973 年 11 月 14 日，海陶玮在写给好友叶嘉莹的信中，提到"我还参加了杨联陞的禅宗研讨班，发现非常难"。④对于杨联陞一直以来的指导，海陶玮充满感激，1973 年 11 月 20 日海陶玮当面对杨联陞说"你真是 good teacher"，杨联陞能够深切感受到他完全是"心悦诚服之语"⑤。

从海陶玮与杨联陞的学术交往过程，我们可以印证杨联陞"中国文化的海外媒介"的作用。余英时认为杨联陞"通过各种方式——课堂讲授、著作、书评、学术会议、私人接触等——把中国现代史学传统中比较成熟而健康的成分引进汉学研究之中"⑥，这在他与海陶玮学术交

---

① ［美］杨联陞：《杨联陞日记》手稿影印版，1965 年 3 月 5 日星期五，哈佛大学哈佛燕京学社图书馆藏。

② ［美］杨联陞：《杨联陞日记》手稿影印版，1967 年 9 月 21 日星期四，哈佛大学哈佛燕京学社图书馆藏。

③ ［美］杨联陞：《杨联陞日记》手稿影印版，1971 年 1 月 13 日星期一，哈佛大学哈佛燕京学社图书馆藏。

④ 哈佛大学档案馆藏海陶玮档案：Acs. #15036，*Papers of James Robert Hightower*，Box 2 of 4，Folder title：葉 YEH 1. Original text："I also attend Yang Lien-sheng's seminar on Zen Buddhism. I find it very difficult."

⑤ ［美］杨联陞：《杨联陞日记》手稿影印版，1971 年 11 月 20 日星期二，哈佛大学哈佛燕京学社图书馆藏。

⑥ 余英时：《中国文化的海外媒介》，载《钱穆与中国文化》，上海远东出版社 1994 年版，第 173 页。

往过程中表现得非常充分；哈佛大学在讣告中称杨联陞"是几代学者所亲切怀念的好老师，是协力培育与造就美国汉学的先驱者之一"[1]，海陶玮的受教经历也是一个很好的例证。

《杨联陞日记》中有许多描写海陶玮家中宴请的日记，兹举两例：

　　近七时，Hightower 开车来（已有梅仪慈）接余夫妇，至其 Newton 寓所晚饭。先有 Cocktail（另有陈观胜夫妇及 Hightower 岳母 Mrs. Cole），后吃羊肉等（肉稍硬），其小女 Goyce 三岁，也出喝 Cocktail 两口，云甚喜杯中物云。与余谈话甚多，其长子 Jim 略出即上楼，次子 Sam 未出。[2]

1953 年 1 月 31 日，哈佛大学东亚系主任、导师叶理绥的寿辰聚会也是在海陶玮家中举办，乘着酒兴，叶理绥还一展舞姿，《杨联陞日记》是这样描写的：

　　饭后于（于震寰）开车到 Reischauer、Hightower 家，从地窖入，约八十半，为 Elisseff 唱歌祝寿，surprise 相当成功。有人献书、有人献花，分寿糕、咖啡。有人在 Hightower 处跳舞，大饮 bunch，Elisseff 表演日本扇舞。[3]

在聚餐时作为厨师的，通常是海陶玮自己。烹饪，特别是以自己亲手种植的蔬菜作为食材烹饪美食，是他除骑行、园艺之外的另一生活乐

---

　　① 周一良：《纪念杨联陞教授》，载《毕竟是书生》，北京十月文艺出版社 1998 年版，第 160 页。
　　② ［美］杨联陞：《杨联陞日记》手稿影印版，1953 年 1 月 31 日星期一，哈佛大学哈佛燕京学社图书馆藏。
　　③ ［美］杨联陞：《杨联陞日记》手稿影印版，1950 年 1 月 13 日星期一。

趣。他上大学时就在勤工助学过程中学会了烘焙，后来在日本集中营也主要是在厨房工作，所以厨艺甚佳。在美国家中，他的厨房功能齐全，面包、果酱、甜点等，都是自己加工的。海陶玮非常喜欢亲自做饭给家人吃，也经常宴请亲朋，很多同事、师生都对他的好客与厨艺赞不绝口。他晚年曾写信给朋友，谈起自己招待"满屋子客人"的情形：

> 在某一时刻……我不能给餐桌上的每个人都腾出地方。他们在几天内吃完了一只火腿和一只 16 磅的火鸡。我喜欢做饭，并为多达 100 人做过饭（战争期间我在集中营里的时候），但现在我发现每天为 8 个到 9 个人做一顿不同的晚餐都需要非常努力。①

有时候这些客人也尝试进入厨房协助烹饪，但"海陶玮喜欢自己掌控厨房"②，即使客人们强迫他离开厨房，他也会很快又回到这里。

第四节　陶渊明的美国"知音"

一部文学作品只有进入读者视域、经过读者的阅读和鉴赏，才真正具有生命和价值。关于读者对一部文学作品的解读方法和鉴赏策略，《孟子·万章下》提出"尚友说"，认为"颂其诗，读其书，不知其人，可乎？是以论其世也，是尚友也"③。刘勰《文心雕龙》提出"知音

---

① Eva S. Moseley, "speech", in Eva S. Moseley, ed., *Speeches at a memorial gathering*, p. 31. Original text："At one point…I couldn't make room for everyone at the dining table. They went through a ham and a 16 – pound turkey in a couple of days. I like to cook and have cooked for as many as 100 people (when I was in internment camp during the war), but I find it something of an effort nowadays to produce a new dinner for eight or nine people every day."

② Eva S. Moseley, "speech", in Eva S. Moseley, ed., *Speeches at a memorial gathering*, p. 32. Original text："But Robert liked to be in control of his kitchen."

③ 郭绍虞主编：《中国历代文论选》（第一册），上海古籍出版社 1979 年版，第 81 页。

说",认为"缀文者情动而辞发,观文者披文以入情,沿波讨源,虽幽必显;世远莫见其面,觇文辄见其心"[1],诗人(缀文者)和读者(观文者)可以通过"文"这一纽带达到超越时空的情感共鸣。然而,知音难觅,千载难寻,刘勰在《知音篇》开头就感慨"知音其难哉,音实难知,知实难逢,逢其知音,千载其一乎!"[2]

海陶玮因阅读庞德英译中国古代诗歌弃医从文,走上中国文学研习之路,投入多年心力对陶渊明全部诗文进行了深入的注译和研究,从不同于中国传统的异质文化角度解读了陶渊明,并深深为他本人着迷,崇尚并践行"陶渊明式"的生活。作为以中国文学为研究对象的西方学者,海陶玮具有中西文化背景,对英美、德法、日本文学和汉学等具有浓厚的兴趣和广泛的涉猎,从而拥有了"反操千曲而后晓声,观千剑而后识器"的"博观"[3],达到了对陶渊明本人及其作品的"圆照",堪称陶渊明的"千载之友""美国知音"。

一 初遇陶诗

作为一位本科学医科化学的理科生,海陶玮是通过什么渠道接触到了中国文学?又是什么原因促使他走上了陶渊明研究的道路?笔者将集中探究海陶玮接触中国文学、走上陶学道路的起源动因。

关于海陶玮的简介、悼文等公开资料都显示,海陶玮走上中国文学研究道路,是因为他大学期间阅读了庞德所译的中国诗歌,受到庞德所倡导的意象派诗歌运动的感召。如哈佛大学官网所写:"在科罗拉多大学攻读化学本科专业期间,海陶玮发现了庞德英译的中国诗歌,并且通过阅读

---

[1] 周振甫:《文心雕龙今译》,中华书局1986年版,第439页。
[2] 同上书,第435页。
[3] 同上书,第438页。

对中国诗歌产生了兴趣。"① 哈佛公报悼文说"在科罗拉多大学攻读化学学士学位期间,海陶玮读到了庞德的英译中国诗歌,于是开始学习中文"②。

埃兹拉·庞德(Ezra Pound,1885—1972),美国著名诗人和文学评论家,意象派诗歌运动的重要代表人物,1909 年至 1917 年间倡导发起并付诸实践的意象主义运动,提倡诗人以鲜明、准确、含蓄和高度凝练的意象生动形象地展现事物,并将诗人瞬间的思想感情融化在诗行中,在欧美学界的艺术创作和批评理论方面影响很大,是美国 20 世纪早期影响很大的文学流派。1915 年庞德出版了《神州集》(Cathay),其中翻译了 19 首中国古诗,风行一时。

这种文学氛围无疑影响到了年轻的海陶玮及其同时代的年轻人。海陶玮当时正在科罗拉多大学读医科化学专业,如果没有庞德及其英译中国诗歌,他毕业后可能会从事化学或医学有关的职业,但是,"这是埃兹拉·庞德的国家(美国),东临艾略特的国家(英国)。他的许多大学同学都感受到了这种文学氛围,这种氛围也曾发生在其他地方和其他时代。"③而且海陶玮虽为医科化学专业,但一直是文学爱好者,在校期间,"他一直期望能够写出自己的诗歌,于是在庞德作品中发现了中国诗歌"④。海陶玮 1936 年从科罗拉多大学化学专业毕业时,这位 21 岁的青年已经有

---

① http://ealc.fas.harvard.edu/james-robert-hightower. Original text: "Hightower became familiar with Chinese poetry through the translations of Ezra Pound, which he discovered while pursuing an undergraduate degree in chemistry at the University of Colorado."

② Eva S. Moseley, "James Robert Hightower Dies at 90", *Harvard University Gazette*, 2 March 2006. Original text: "While earning a bachelor's degree in chemistry from the University of Colorado, Hightower discovered Ezra Pound's translations of Chinese poetry and arranged to study Chinese."

③ E Bruce Brooks, "speech", in Eva S. Moseley, ed., *Speeches at a memorial gathering*, p. 16. Original text: "this is Ezra Pound country, bordered on the east by T. S. Eliot country. The sense of culture as something that happens somewhere else, or in a different age, was felt by many of his college classmates."

④ E Bruce Brooks, "speech", in Eva S. Moseley, ed., *peeches at a memorial gathering*, p. 16. Original text: "along with a wish to write poetry of his own, came the discovery of Chinese poetry in the work of Pound."

了自己浓厚的兴趣和强烈的主见，并做出了人生的一个重大选择——弃
医从文，开始研读中国诗歌和中国文学，这个从化学到文学的转变，就
是因为阅读了庞德英译中国古诗。

　　大学期间的海陶玮发现了庞德诗歌，他一定读过《神州集》，这是
庞德关于中国古诗的译本，出版之后立刻在当时的美国和西方世界引起
很大的轰动。《神州集》中便有一首陶诗——《停云》。

　　《停云》是陶渊明诗集首篇的一组四言诗，主要抒发"思亲友"之
情，庞德《神州集》节译了四节诗歌中的第一节，如下：

《停云》并序　　To – Em – Mei's "The Unmoving Cloud"

陶渊明

停云，思亲友也。

　　　　　　"Wet springtime," says To-Em-Mei,

樽湛新醪，园列初荣，

愿言不从，叹息弥襟。

　　　　　　"Wet spring in the garden."

其一　　　　　　I.

霭霭停云，　　The clouds have gathered, and gathered,

濛濛时雨。　　and the rain falls and falls,

八表同昏，　　The eight ply of the heavens

　　　　　　are all folded into one darkness,

平路伊阻。　　And the wide, flat road stretches out.

静寄东轩，　　I stop in my room toward the East, quiet, quiet,

春醪独抚。　　I pat my new cask of wine.

良朋悠邈，　　My friends are estranged, or far distant,

搔首延伫。　　I bow my head and stand still.

　　从海陶玮后来对陶诗的偏爱可以推测，庞德《神州集》19 首中国古诗中，对他影响最为深刻的应该就是这首简短的《停云》。之后海陶玮一生都对陶渊明及其诗文非常痴迷并长期研读，很有可能跟当初阅读庞德英译陶诗时那一瞬间的感动和喜爱有关。

　　多年之后翻译陶诗时，他自己也翻译了这首《停云》，在庞德英译基础上进行了思考和改进，如下：

Hovering Clouds

　　"Hovering Clouds" is a poem on thinking about a friend. My cup is filled with new wine and the trees in the garden are now in bloom. I have no way of getting what I yearn for, and sighs fill my breast.

I

Dense, dense the hovering clouds

Fine, fine the seasonable rain.

In the eight directions, the same dusk,

The level roads impassable.

Quietly I sit at the east window,

Spring wind——alone I take it.

The good friend is far away

I scratch my head and linger on.

　　从两者的译文来看，风格完全不同。庞德英译中国诗歌，是在日文手稿基础上的转译，显然是因手稿残缺或模糊，或因庞德有意坚持的"创意翻译"① 等原因，对题解的翻译较为凌乱，影响了整个诗文的完

---

① "创意翻译"说法源于台湾中山大学教授钟玲博士，见钟玲《美国诗与中国梦——美国现代诗里的中国文化模式》，广西师范大学出版社 2003 年版。

整和读者的理解，比如他把陶渊明译成"To-Em-Mei"，没有做任何说明，这会让一般读者感到迷惑不解。海陶玮则采用了权威版本作为底本，完整地译出了诗歌题解。诗歌正文翻译，两者也完全不同，"东轩"意为"东窗"，庞德直接省译为"East"，海陶玮则译为"east window"，意思更为完整。末句"搔首延伫"是点题之句，主要表现作者思亲不得、心情烦躁的动作情状，庞德译为"I bow my head and stand still"，海陶玮译为"I scratch my head and linger on"，后者更加准确形象地传达了原文"搔首延伫"的意思。由此可以看出，海陶玮在自己的诗歌翻译中，并没有采纳和遵循庞德的翻译风格，而是追求一种更加完整忠实的翻译。

虽然海陶玮在这首引起他极大兴趣的《停云》翻译中坚持了自己的思考，但他对庞德的翻译功底是非常认可和推崇的。在自己的汉学生涯中，当他提及和评价他人诗歌翻译时，总是不自觉地以"庞德翻译"作为范本来衡量，找寻庞德对其他译作的影响，如在评论张郢南、沃姆斯利《王维的诗》时不自觉地提及庞德及其翻译：

　　庞德对《诗经》的翻译，虽然在学术上表现出明显的不足，但却创造了大量诗作的奇迹——这是其他大多数译者通常做不到的。在我看来，庞德经常能够达到这个高度，沃姆斯利却很少达到这一点，但是他的努力已经使整个诗歌翻译比我们通常读到的中国诗歌翻译作品好很多了。①

---

① James Robert Hightower, "Review on *Poems by Wang Wei*", *Ars Orientalis*, Vol. 4, 1961, p. 445. Original text: "Ezra Pound's version of the *Shih Ching* poems, though demonstrable incompetent as a work of scholarship, achieve the miracle of making poetry of a good number of them——something at which most other translators dismally failed. It seems to me that Pound reaches such a point rather frequently, and Mr. Walmsley (who must take the credit and the blame for the English of these translations) seldom, but in any case the attempt has made for better reading on the whole than we are used to in translations from the Chinese."

在海陶玮看来，这点能够使诗歌翻译"好很多了"的技巧，似乎也是来自庞德等意象派作家的影响：

> 毫无疑问，沃姆斯利的译文在一些喜欢忠实于原著的读者看来是过于自由了，但无疑，他的这种做法，可以从弗洛伦思·艾思柯（Florence Ayscough，1878—1942）的"拆分"和庞德的丰富想象力所构建的表意和词源理论那里得到支持。①

在评论华裔学者刘若愚《中国诗艺》时，海陶玮把其中的译文分为有韵翻译和无韵翻译，认为有韵翻译不如无韵翻译质量高，因为有韵翻译比无韵翻译更难，如果做得不好就会显得非常牵强。在海陶玮心目中，庞德的有韵翻译是一个很高的标准，他说，"无论从哪个角度来说，据我所知，能够把有韵翻译有机融合到中国诗歌翻译中的译者只有一个，就是庞德。"② 这些评价显示出他对庞德翻译的赞赏，然而在自己的诗歌翻译中，海陶玮知难而退，并没有执着于这种难度更大的有韵翻译。

在哈佛大学教授中国文学和古典诗歌课时，海陶玮也总是把庞德译文作为重点加以推荐。在哈佛大学馆藏档案中，1964 年至 1965 年春季学期人文学课程资料中就有庞德的译文。如讲授《诗经》开篇《周南·关关雎鸠》时，他把庞德与其他几位汉学家如高本汉（Bernhard Karl-

---

① James Robert Hightower, "Review on *Poems by Wang Wei*", *Ars Orientalis*, Vol. 4, 1961, p. 445. Original text: "Mr. Walmsley has no doubt found support for what to more prosaic-minded readers of Chinese poetry seem to be liberties with his text in the ideographic or etymological theory of Chinese poetry, familiar from the 'split-ups' of Florence Ayscough and the fertile imagination of Ezra Pound."

② James Robert Hightower, "Review on *The Art of Chinese Poetry*", *The Journal of Asian Studies*, Vol. 23, No. 2, February 1964, p. 302. Original text: "The only translator of Chinese poetry who makes rhyme an organic part of his version is, so far as I know, Ezra Pound, from drawing any conclusion."

gren）、阿瑟·韦利（Arthur Waley）、卜弼德（Peter Alekseevich Bud-berg）的译文进行对比参照，用于授课。

以上可以说明，海陶玮是受庞德影响走上中国文学研究道路的，庞德是青年海陶玮认识中国、进入汉学的媒介。那么，海陶玮与自己青年时代偶像庞德是否有过真正的接触？根据笔者目前的了解，两人确实也建立过实际的联系，这种联系与另外一个人物——方志彤有关。

方志彤（Achilles Chih-tung Fang，1910—1995，又名方志浵），早年毕业于清华大学，后长期执教于哈佛大学，具有扎实的中国传统文化功底和中西跨文化背景，在中西文化交流和培养汉学人才方面贡献很大①，徐文堪先生称其为"百科全书式学人"②，梅维恒认为"其学识和语言能力旁人难以企及"③，但国内学界对方志彤的生平阅历知之甚少，对他的重要贡献认识不足。近年来，钱兆明、欧荣、高峰枫、徐文堪、应梅等学者对他开展了初步研究，他生前的师友、同事如赫芙、木令耆、陈毓贤等也有一些回忆书信等资料中可供钩稽。笔者在前人研究基础上，又查补了哈佛大学馆藏海陶玮档案和方志彤档案，梳理了两人的学术关系，发现海陶玮的学术兴趣、研究课题、治学方法、藏书爱好以及性格处世等方面，都受方志彤影响颇深。

方志彤因为研究庞德的缘故，与庞德有着密切的交往和良好的私人

---

① 方志彤（Achilles Chih-tung Fang，1910—1995，又名方志浵）生于日本统治下的朝鲜，从小在私塾中接受中国传统教育，后受美国传教士资助来到中国，17岁毕业于上海的美国浸礼会学院（American Baptist College）。1927年被清华和燕京两校录取，他去了清华大学，与同在清华读书的钱钟书成为挚交。1932年获哲学学士后，继续在清华攻读了两年研究生课程。毕业后在南宁广西医学院做教师，教授德语和拉丁语。1940年到1946年在北平辅仁大学出版的西文东方学刊物《华裔学志》（第5卷至第11卷）担任编辑秘书、助理编辑和编委等，同时还在《中德学志》兼职。1947年赴美在哈佛燕京学社工作和学习，1958年获得博士学位，是哈佛大学第一个比较文学博士。他在哈佛大学期间担任了教学工作，长期讲授古代汉语、中国文学理论和文艺批评等，培养了艾朗诺等汉学家。代表作品有博士学位论文《庞德〈诗章〉研究》，译注《资治通鉴》和英译陆机《文赋》等。

② 徐文堪：《不该被遗忘的方志彤先生》，《东方早报·上海书评》2011年1月9日。

③ 同上。

友谊，海陶玮则是方志彤与庞德交往的直接见证者和记录者。方志彤在哈佛大学攻读博士学位时，研究课题就是庞德的《比萨诗章》，为了自己的研究，他与庞德 1950 年到 1958 年多次晤面，频繁通信①，关于两人的初识，海陶玮在方志彤悼文中说，"方志彤在庞德被拘禁在华盛顿时就认识了（庞德）夫妻俩"②，这一点与学者钱兆明和欧荣根据两人来往信件所做的研究是一致的③。"百科全书式诗人"庞德与"百科全书式学人"方志彤彼此倾慕、影响至深，对于方志彤来讲，他在与庞德密切沟通基础上产生的学术成果——865 页之巨的学位论文《庞德〈诗章〉研究》，使他 1958 年顺利获得哈佛大学比较文学专业的博士学位，再加上发表的系列庞德研究论文④，使他逐步成为庞德研究方面的权威。除了学术影响之外，两人的私人友谊也颇为深厚。方志彤始终未公开出版自己的博士学位论文，一般人都认为是论文部头太大，但海陶玮说，主要原因是"因为方志彤不太愿意公开庞德用典的马虎，唯恐冒犯了诗人或他的妻子"⑤。这是海陶玮能够近距离接触和参与两人交往过程后的更切实际的看法。

海陶玮也通过方志彤这个媒介，对庞德这位年轻时代的诗人偶像有

---

① 根据钱兆明的研究，这些书信现存于美国耶鲁大学拜纳基图书馆和印第安纳大学礼莉图书馆，两人往来信件达 214 封，其中庞德致方氏 108 封，方氏致庞德 106 封。钱兆明编《庞德与中国友人通信录》(*Ezra Pounds's Chinese Friends*, Oxford University press, 2008.) 收录了其中将近 100 封信。

② Hightower James Robert, "Achilles Fang: In Memoriam", *Monumenta Serica*, Vol. 45, 1997, p. 402. Original text: "with both of whom he had become acquainted during the period of Pound's incarceration in Washington."

③ 钱兆明、欧荣：《方志彤——〈钻石机诗章〉背后的中国学者》，《英美文学研究论丛》2014 年第 21 辑。钱兆明和欧荣详细叙述了两人的交往细节和密切关系，认为方志彤与庞德的交往始于 1950 年，庞德在 1954 年 3 月的信中称方氏几乎是其晚年的"唯一安慰"。

④ 主要有："A Note on *Pound's 'Papyrus'*", *Modern language Notes*, March 1955, pp. 188 – 190; "Fenollosa and Pound", *Harvard journal of Asiatic Studies*, 1 – 2, 1957, pp. 213 – 238; "Review on *Noel Stock, The Life of Ezra Pound*", New York: Random House, 1970.

⑤ Hightower James Robert, "Achilles Fang: In Memoriam", *Monumenta Serica*, Vol. 45, 1997, p. 402. Original text: "It was never published, for Achilles was reluctant to document publicly Pound's slovenly way with sources, lest it offend the poet or his wife."

着持续的关注和近距离的了解，进而成为"庞德诗派"的追随者。根据钱兆明、欧荣的研究①，方志彤曾把海陶玮刚刚出版的《中国文学论题》邮寄给庞德，然后致信说，自己藏有这部著作中列出的多半参考书目。海陶玮甚至还因为方志彤的影响，成为庞德文学上的追随者。哈佛大学莫斯莱回忆，"他（海陶玮）守护着另一个文学英雄——庞德的门户，只是被庞德的反犹太主义吓坏了"②。另外根据海陶玮的学生回忆，方志彤去世后，海陶玮在与学生一起整理方志彤的遗稿过程中，还曾经非常期望发现一两首庞德未发表的诗歌手稿，以补充进《庞德文集》。

通过以上分析，我们可以理出这样一条线索：海陶玮对中国文学的兴趣，是在 20 世纪 30 年代浓厚的意象派文学氛围影响下，阅读了庞德的中国古诗译本引发的；后因华裔学者方志彤的缘故，与庞德建立了实际的联系。

在这种相互引发和影响中，有一个重要因素，就是东方对西方、东方文学对西方文学的影响，主要表现在以下几个方面：

第一，海陶玮把方志彤当作学术导师，主要是为他所具有的深厚的中国传统学养而折服。两人初次相识应在 1940 年到 1941 年期间的北京，当时海陶玮到北京留学，做博士论文《韩诗外传》的译注，期间经常请教方志彤，请他审阅修改了全部初稿，并在著作序言中专门予以感谢，"方先生审阅了全部书稿，几乎每一页都包含着根据他的建议所进行的修订"③。事实上，当时方志彤为海陶玮等哈佛在京的一大批留学生在学业上提供了长期指导，赖肖尔（Edwin O. Reischauer，1910—

---

① 钱兆明、欧荣：《方志彤——〈钻石机诗章〉背后的中国学者》，《英美文学研究论丛》2014 年第 21 辑，第 329—330 页。

② Eva S. Moseley, "James Robert Hightower Dies at 90", *Harvard Gazette Archives*, 2 March 2006. Original text: "he escorted another literary hero, Ezra Pound, about the Yard, only to be appalled by Pound's anti-Semitism."

③ James Robert Hightower, *Han Shih Wai Chuan: Han Ying's Illustrations of the Didactic Application of the Classic of Songs*, Cambridge Massachusetts: Harvard University Press, 1952, Preface. Original text: "Mr. Fang read the entire manuscript, and nearly every page incorporates corrections which he has suggested."

1990）评价方志彤"是一位杰出的中国年轻学者，而且作为教师和导师（as teacher and advisor），他对好几位在北平学习中国历史和文明的哈佛留学生给予了非同寻常的帮助"①。

北京时期两人亦师亦友、密切交往的状态给彼此都留下了美好的印象，这种师生友谊又在哈佛重续。方志彤从 1947 年应邀赴美进入哈佛到 1977 年从哈佛退休，前后大约 30 年，海陶玮从 1948 年从北京返回哈佛，到 1981 年从哈佛退休，前后大约也是 30 多年。这 30 多年，两人都是哈佛大学教员同事，又都从事中国文学方面的研究，经常在一起研讨学术，过从甚密。

译注《陶潜诗集》是海陶玮自 20 世纪 60 年代在台湾正式开始的，回到哈佛以后，他立即求教方志彤，方志彤再次以自己的学术功力打动了他，他在该书序言说，"当回到剑桥，我说服朋友方志彤审阅了翻译初稿，他的审阅专业细致，手稿遭受重创，纠正了我的不少荒谬言论。"②正是方志彤等人的审定和修正，使《陶潜诗集》经受了学术的考验，成为陶学译著史上的重要成果。除了直接的学术指导，方志彤还对海陶玮汉学研究方向起到了引导性的影响。两人在哈佛共事期间，海陶玮关注的不少研究课题，都是与方志彤同步的。主要体现在：修中城《文辞的艺术——公元 302 年陆机〈文赋〉的翻译比较研究》1951 年出版后，方志彤立刻发表了书评③，海陶玮也于次年发表了书评④，特别提及推

---

① 高峰枫：《"所有人他都教过"——方志彤与哈佛在京留学生》，《东方早报·上海书评》2012 年 8 月 19 日。

② James Robert Hightower, *The Poetry of T'ao Ch'ien*, Oxford：Clarendon Press, 1970, Preface. Original text："On returning to Cambridge, I persuaded my friend Achilles Fang to read my draft translation, which emerged from his scrutiny somewhat battered and with much of the nonsense knocked out of it."

③ Achilles Fang, "Review on *The Art of Letters*, Lu Chi's 'Wen Fu' A. D. 302, *A Translation and Comparative Study*", *Harvard Journal of Asiatic Studies*, Vol. 14, No. 3 - 4, 1951, pp. 615 - 636.

④ James Robert Hightower, "Review on *The Art of Letters*, Lu Chi's 'Wen Fu' A. D. 302, *A Translation and Comparative Study*", *Journal of the American Oriental Society*, Vol. 72, No. 4, Oct. - Dec. 1952, pp. 184 - 188.

荐了方志彤的《文赋》翻译；施友忠《文心雕龙》1959 年出版后①，两人当年 12 月同时发表了书评②；刘若愚《中国诗艺》1962 年出版后③，两人又先后发表了书评④。

华裔作家木令耆曾说，"他（方志彤）是海陶尔（海陶玮）教授的老师，也是美国和西方许多汉学家的宗师。"⑤ 这是对方志彤非常中肯的评价。方志彤去世之后，海陶玮在《华裔学志》上发表了一篇纪念文章⑥，这也是笔者所见他所写的唯一一篇悼念性文书。文中，海陶玮深情回顾了方志彤传奇不凡的人生，表达了对方志彤的感激、欣赏和怀念之情，并引诗称颂方志彤为"一位古代的中国圣人"（the old Chinese sage）。

第二，庞德与方志彤保持密切联系，也因为方志彤充当了东方向西方传达中国思想和文学的角色。对庞德来讲，他从与方志彤的密切交流中获得了与中国学者直接探讨的机会，从而加深了对中国思想和传统文化的认识，海陶玮在悼文中也认为，方志彤"扮演了庞德中国信息来源的提供者和儒学方面的导师"角色⑦，学者钱兆明、欧荣对这个问题进行了研究，方志彤和庞德有关儒学持续而热烈的讨论，对庞德后期儒家

① The Literary Mind and the Carving of Dragons by Liu Hsieh, A Study of Thought and Pattern in Chinese Literature, trans. Vincent Yu-chung Shih, New York: Columbia University Press, 1959.

② James Robert Hightower, "Review on The Literary Mind and the Carving of Dragons by Liu Hsieh, A Study of Thought and Pattern in Chinese Literature", Harvard Journal of Asiatic Studies, Vol. 22, December 1959, pp. 280 – 288; Achilles Chih-tung Fang, "Review on The Literary Mind and the Carving of Dragons bg V. Y. Shih", 1959.

③ James J. Y. Liu, The Art of Chinese Poetry, Chicago: The University of Chicago Press, 1962.

④ James Robert Hightower, "Review on The Art of Chinese Poetry", The Journal of Asian Studies, Vol. 23, No. 2, February 1964, pp. 301 – 302; Achilles Chih-tung Fang, "Review on The Art of Chinese Poetry", Poetry, 107/3 (Dec. 1965), pp. 196 – 199.

⑤ 木令耆（刘年玲）：《记方志彤教授（下）》，《二十一世纪》2005 年 4 月号。

⑥ James Robert Hightower, "Achilles Fang: In Memoriam", Monumenta Serica, Vol. 45, 1997, pp. 399 – 403.

⑦ Hightower James Robert, "Achilles Fang: In Memoriam", Monumenta Serica, Vol. 45, 1997, p. 402. Original text: "Achilles acting as Pound's Chinese informant and guru on matters Confucian."

思想及诗章创作产生了深刻的影响，《诗章》（*Cantos*）52 章到 61 章描绘了中华帝国儒家思想统治下的持久繁荣。庞德还曾译过《大学》《中庸》《论语》等中国古代经典著作，他的《诗经》英译本之序即为方志彤所作。

第三，如果把这个线索再向上溯源，庞德《神州集》的出版与其所倡导的"意象派诗歌运动"，也具有鲜明的东方因素。

庞德《神州集》是根据东方学家恩内斯特·费诺罗萨（Ernest Fenellosa，1853—1908）在日本学习汉诗的笔记遗稿而译成的中国古诗英译本。费诺罗萨是美国东亚研究专家，主要研究东方美术史，对中国文学也格外青睐，他曾在写给友人的信中说，"接触他们（中国）的文学，尤其是其中最浓墨重彩的部分，即诗歌，可能会大有收获。"① 1896 年至 1900 年间，他专门到日本，在贺永雄、森海南等汉学家门下研习汉诗，并做了大量的中日文学笔记。费诺罗萨 1908 年在伦敦去世之后，遗孀玛丽·麦克尼尔·费诺罗萨除了把他的《中日艺术史》出版外，还一直想寻找合适的译者来翻译费诺罗萨的诗歌笔记，1912 年经一位孟加拉诗人结识了正在伦敦的庞德，玛丽坚信庞德是唯一能够完成丈夫遗愿的最佳人选。于是，庞德开始真正接触中国古诗，他如获珍宝，不遗余力，立刻开始阅读和整理这些诗歌笔记，并展开了与中国思想和文化长达一生的缘分。为了创造和支撑自己的意象派理论体系，庞德从中国文学和中国文化中获得灵感和营养，在中国古典诗歌、日本俳句中生发出"诗歌意象"的理论，从而影响了英美文学的潮流。另一位美国现代诗人艾略特（T. S. Eliot）在《庞德诗选》（*Selected Poems of Ezra Pound*，1929）前言中称庞德"为我们的时代发明了中国诗歌"。

庞德从费诺罗萨文学笔记遗稿 150 多首汉诗中挑选了 19 首译成英

① 安妮·康诺弗·卡森（Anne Conover Carson）：《庞德、孔子与费诺罗萨手稿——"现代主义的真正原则"》，闫琳译，《英美文学论丛》（第 14 辑）2011 年春。

文，并把译作编成诗集，名为《神州集》——这就是影响了年轻学子海陶玮的诗集。

进入 20 世纪，随着中西方文化的交流，中美文学开始相识互见。中国古典诗歌影响了美国现代诗歌，庞德是其中最具代表性的典型人物。他在整理和翻译费诺罗萨汉诗手稿的时候，曾写信给妻子多萝西说："东方似乎正从四面八方向我涌来"①，对中国思想文化和中国文学的推崇使他发出感慨："中国在许多西方人的精神生活中已经取代了希腊。"② 现代诗人玛丽安·摩尔（Marianne Moore）这样评价美国诗歌受东亚诗歌、中国诗歌的影响，"所谓美国'新诗'其实就是日本诗——更准确地说，中国诗——的一个强化的形式"。③ 年轻时代的海陶玮因阅读含有一首陶诗的庞德《神州集》弃医从文，走上中国文学研究的道路，就是这种中西文学交流的一个缩影。海陶玮与中国文学的结识跟英美世界的文学潮流和氛围密不可分，但也有一定的偶然性，这种偶然性成就了西方陶学发展的重要一笔。从海陶玮接触中国诗歌的案例来看，中国文学能够走入西方世界，译介仍然是不可缺少的基础性工作，所译作品也未必是文学经典作品。但通过译本媒介，中国文学就有可能被西方读者关注、欣赏、喜爱和研究。

二 "知音"之旅

海陶玮 1915 年 5 月 7 日出生在美国中南部的俄克拉荷马州（Oklahoma）的萨尔弗（Sulphur）。当时的世界并不太平，第一次世界大战的爆发搅动了全球。1917 年，原本宣布中立的美国，为维护经济利益与

---

① 安妮·康诺弗·卡森（Anne Conover Carson）：《庞德、孔子与费诺罗萨手稿——"现代主义的真正原则"》，闫琳译，《英美文学论丛》（第 14 辑）2011 年春。

② 同上。

③ 转引自张剑《庞德、斯奈德与 20 世纪中美文学关系》，《光明日报》2015 年 8 月 8 日。

控制战局，以德国实行"无限制潜艇战"为由，对德宣战，正式加入世界大战。比起社会的不安，更有切身感受的是个人的不幸，海陶玮一岁时，母亲波特·凯迪（Berta Mckedy）去世，他失去了悉心的生活照料和温暖的母爱，由祖父母抚养，之后跟随父亲来到科罗拉多州的萨里达（Salida，Colorado），并在那里长大，度过了自己大部分的青春求学时光。父亲名叫劳瑞斯·丹泽尔·海陶玮（Loris Denzil Hightower），是当地的教育学监和学校教师，为海陶玮的教育提供了良好的环境。经过小学、初中的学习，海陶玮考取了科罗拉多大学医科化学专业，但是1936 年毕业时，这位深受文学氛围影响并阅读了庞德英译中国古诗的文学青年，毅然决定弃医从文，立志文学，并逐步由西方转向东方，专心研究中国文学，成长为美国较早专业研究中国文学的著名汉学家。在他 90 年的人生历程中，世界形势风云激荡，经历了两次世界大战；中美关系曲折动荡，从隔绝到建交……世界范围内的汉学格局发生着重大的变化，美国汉学在传承欧洲传统汉学的基础上，在"中国学"研究潮流中异军突起，领先世界。在波折动荡的人生历程中，对陶诗、对中国诗歌、对中国文学的终身挚爱，是海陶玮坚持不懈从事汉学研究的精神支撑和情感动力。

在 20 世纪的美国从事汉学研究，海陶玮经历了艰难坎坷的求学过程和严格系统的学术训练，完成了人生角色的多次转换，成为陶渊明的美国"知音"，最终在中国文学和古代诗人的东方世界中，找寻到了自己的精神依托和心灵归宿。

（一）欧美求学：从诗人到学者

学习汉语是阅读中国文学的前提，大学时代对中国诗歌产生浓厚兴趣的海陶玮尝试先从学习中文开始，但这在当时的美国并不是一件容易的事情。在科罗拉多大学的最后一年，海陶玮主动向当时任教于科罗拉多大学的史麟书求教。史麟书（Earl Swisher，1902—1975）是美国专业汉学的一代先驱[①]，1935 年秋季在科罗拉多大学开展亚洲研究项目，主要教授中文和亚洲历史[②]，他影响了数代亚洲研究专家，激发了美国学者对中国和亚洲的研究，也是海陶玮汉学研究的启蒙老师。1975 年 6 月 5 日史麟书去世后，哈佛大学费正清和科罗拉多大学乔伊斯为他撰写悼文，称赞他"是一位积极而有公德精神的老师，将被学生们、朋友们和同事们永远怀念。"[③]

跟随史麟书学习一年之后，海陶玮从科罗拉多大学毕业，考虑到当时美国开设汉语课程的大学并不多，他打算到汉学相对发达的欧洲去游学，学习诗歌和小说等文学创作，同时兼修中文。他先与科罗拉多大学同学、美国著名女小说家吉恩·斯塔福德（Jean Stafford）[④] 等一起获得德国海德堡大学奖学金，赴海德堡大学（Heidelberg University）学习，后到法国巴黎大学游学，主要向詹姆斯·乔伊斯（James Joyce，1882—

[①] 史麟书（Earl Swisher，1902—1975）1924 年从科罗拉多大学毕业后，在校园避雨时偶遇岭南大学纽约董事会招聘教员，1924 年到 1928 年到中国广州的岭南大学就读并担任短期教员，作为美国记者采访过孙中山（Dr. Sun Yat-sen）先生，也认识蒋介石（Chiang K'ai-shek）和毛泽东（Mao Tse-tung），后在北平和台湾的"中央研究院"学习多年，同时也在岭南大学教书，还在台湾的亚洲基金会工作过两年，"二战"中在太平洋海军服役。1933 年从哈佛大学博士毕业，论文《中国对美洲蛮夷的管理》（China's management of the American Barbarians）。在第一届《远东季刊》（The Far Eastern Quarterly）编辑顾问委员会工作，著有教材《今日世界聚焦——中国》（Today's World in Focus—— China for use in junior high schools），退休之后被授予科罗拉多大学博尔德分校荣誉退休教授。

[②] E. Bruce Brooks，"speech"，in Eva S. Moseley，ed.，Speeches at a memorial gathering，p. 16. Original text："In his last year，he took up the study of Chinese with Earl Swisher，who had gotten his Ph. D. from Harvard in 1933 and had come to Colorado in the fall of 1935，teaching Chinese language as well as Asian history. "

[③] John K. Fairbank，Joyce C. Lebra，"Earl Swisher（1902—1975）"，Journal of Asian Studies，Vol. 35，No. 3，May 1976，p. 461. 上述生平简历参考了该悼文。

[④] 海陶玮与吉恩·斯塔福德（Jean Stafford）一直保持着忠诚的友谊。两人的交往可以参考以下两个资料，一是斯塔福德自传，David Roberts，Jean Stafford：A Biography，Boston：Little Brown & Company，1988；二是两人的通信档案，现存于科罗拉多大学"吉恩·斯塔福德藏书"，是两人之间 40 多年共计 455 封通信的副本，海陶玮在吉恩·斯塔福德去世后把这些信件副本捐赠给了科罗拉多大学。

1941）学习，这位爱尔兰作家和诗人当时定居巴黎，靠教授写作和英语谋生。

其实，文学青年海陶玮最初的梦想是效仿海明威、庞德等美国作家，主要从事诗歌创作，后来为了更系统、更专业地对中国诗歌进行学习和研究，他在游学欧洲一年之后的 1937 年回到美国，作为哈佛大学远东语言和比较文学专业研究生，开始系统学习中国文学。

（二）中国留学：从战俘到博士

在哈佛大学求学期间，为了完成自己的博士论文，海陶玮两次来到中国，前后共达 5 年时间。

第一次到中国，是 1940 年到 1943 年，前后约 3 年的时间，主要是在哈佛大学燕京学社奖学金的资助下前往中国搜集资料和写作论文。不幸的是，此时第二次世界大战已经波及东亚地区，1937 年始中国爆发了抗日战争，1941 年北京沦为日寇占领区，使得在北京的美国留学生们受到了战争的直接冲击。海陶玮和美国来华的其他留学生，统统被日军拘捕，随后被关押在日本集中营，成了日军的战俘[1]。直到 1943 年美日交换战俘，才和其他留学生一起得以释放，并被遣返回到美国[2]。然而，回国后的海陶玮并不能马上回到哈佛校园继续从事自己的学业，因为战争尚未结束，美国当时了解东亚、懂日文与中文的人才奇缺，他被美国政府征集到国防部五角大楼的陆军军事情报部门工作，为国效力。直到第二次世界大战结束，海陶玮才以美国上尉军衔退伍，回到自己的

---

① 关于海陶玮被关押的地点，一说是美国战俘最为集中的青岛西北方、山东东部潍县的一个战俘营；一说是印度尼西亚一带的日本战俘营（见木令著《海陶儿与欧美中国古典文学研究》，《二十一世纪双月刊》2008 年 4 月号总第 106 期。）

② Eva S. Moseley, "James Robert Hightower Dies at 90", *Harvard University Gazette*, 2 March 2006；［德］傅吾康：《为中国着迷，一位汉学家的自传》，欧阳甦译，李雪涛、苏伟妮校，［德］傅复生审定，社会科学文献出版社 2013 年版，第 128 页，上部第五章"中国岁月：1937—1950 年"。

母校哈佛大学。经历了战争创伤和漫长的 6 年时光之后，海陶玮 1946
年凭借译注《韩诗外传》① 的其中两章申请获得了哈佛大学博士学位。
这两章译注手稿，是他在日军集中营偷偷藏在牢房墙壁中的一个大暖瓶
里，遣返时又通过贿赂看守从集中营辗转偷拿出来的。

第二次到中国，是 1946 年到 1948 年，前后约 2 年的时间。比起第
一次到中国的遭遇，战后的世界环境趋于稳定。但值得注意的是，此时
海陶玮选择到中国仍然需要很大的勇气。一是他其实刚刚经历了第二次
世界大战重创后回到哈佛校园不到一年的时间，战争的痛苦还没有完全
淡化和消除；二是当时他已于 1946 年获得哈佛大学博士学位并如愿留
校担任讲师，有了自己的工作和事业，不再有完成论文的学业压力；三
是已过而立之年的他刚刚和妻子团聚，并且有了两个年幼的儿子，完全
可以选择平静的家庭生活；四是与第一次获得哈佛燕京学社资助有所不
同，这次他并没有受到任何基金资助。但为了自己所喜爱的中国文学研
究，他再次携妻儿到北京从事汉学研究，直到共产党赢得内战、新中国
成立之前的 1948 年才返回美国。

两次亲历中国的经历，使海陶玮对中国有了近距离的接触和体认，
受教于国内一批很有影响力的学界大家，建立了密切的学术交往，受益
于民国时期中国学术的熏陶，为他的学术研究奠定了扎实的功底，在此
期间，海陶玮逐步由一名从事汉学的学生成长为汉学研究领域内的专业
学者。同事白牧之（E. Bruce Brooks）回忆说，"当他（海陶玮）在北
平和我们初见时，他几乎一无所知，也什么都不会做，但是，他学会
了，是的，他学得非常好！"② 同时，此时期他也开始关注世界范围内

---

① Patrick Hanan, et al., "Memorial Minute——James Robert Hightower (1915—2006)",
Minutes of Meeting of the Faculty of Arts and Sciences, Harvard University, 1 May 2007.

② E Bruce Brooks, "speech", in Eva S. Moseley, ed., *Speeches at a memorial gathering*,
p. 18. Original text: "When he came to us in Peking he knew nothing, could do nothing! BUT he
learned! Yes, he learned well."

的汉学研究,在《哈佛亚洲学报》等汉学期刊上发表书评文章,阐述自己的学术观点,还相继担任了燕京大学中印研究所主任、美国亚洲学会主任和哈佛大学燕京学社副主任等学术职务。

海陶玮两次到中国的经历,遭遇了战争,也亲历了新中国成立之前的北京,从美国留学生到日军战俘,从日军战俘到美国军官,从美国军官到哈佛博士,身份的戏剧性转换也深刻反映出青年海陶玮在求学道路上的艰难与坚持。

(三)哈佛人生:从学生到老师

今天哈佛大学官网海陶玮简介是这样开头的:"著名的中国古典文学翻译家和学者——海陶玮教授,花了60年的大好年华在哈佛大学东亚语言文明系,开始是作为学生,后来是作为教授。"①

海陶玮的一生确实与哈佛大学紧密相连。从1937年接到哈佛大学录取通知书成为一名学生,到1946年博士留校担任哈佛大学讲师,然后到2001年离开美国移居德国,整整64年。作为美国汉学创始院校之一,也作为第二次世界大战后美国汉学的重镇和世界汉学的中心,哈佛大学良好的学术氛围使海陶玮获得了严格的学术训练。

作为哈佛大学的学生,海陶玮1937年至1946年花了近10年的时间攻读了硕士和博士。在这10年的哈佛学生生活中,他在汉学方面进行了全面、系统和专业的学习和学术训练,同时也面临着来自学业、经济和社会环境的诸多艰难挑战和考验。在硕士求学阶段,海陶玮靠勤工俭学或奖学金获得经济来源,在博士求学阶段遭受了战争的巨大重创。

---

① http://ealc.fas.harvard.edu/james-robert-hightower. Original text:"A noted translator and scholar of classical Chinese literature, James Robert Hightower spent the better part of sixty years, first as a student, then as a professor, in the Department of East Asian Languages and Civilizations."

作为哈佛大学的教师，从 1946 年博士留校担任哈佛大学讲师，经 1981 年从哈佛大学退休，到 2001 年正式离开哈佛大学，前后历经 50 多年的时间。海陶玮在哈佛大学获得了成长和发展的良好环境，也获得开展汉学研究的学术平台。期间，他在中国古典文学领域执着探索，辛勤耕耘，完成了大批具有一定学术影响的著述成果，获得了影响深远的学术声誉。海陶玮 1946 年被任命为讲师，1948 年被任命为助理教授，1952 年升为副教授，1958 年升为教授。同时还承担了一系列学术职务和社会职务，1960 年到 1964 年担任哈佛大学东亚研究委员会主席，1961 年到 1965 年担任哈佛大学远东语言文明系（后为东亚语言文明系）主任。同时于 1946 年出任哈佛大学燕京学社副主任，1948 年起担任《哈佛亚洲学报》编委等等。

在哈佛任教期间，海陶玮的汉学研究，同样受到来自外界环境的影响和制约，因为中美关系引起的学术隔离与对峙使他面临着资源和信息的匮乏。在海陶玮 1946 年留校之后的 20 多年时间里，中美尚未建交，他无法便利地再次前往中国，到中国本土查找丰富的研究资料，并与中国学界继续保持联系，这成为制约他汉学研究的一个瓶颈。为了缓解这个问题，他以 20 世纪 40 年代两次到北京购置的书籍为主体，逐步积累了自己的汉学私人收藏，形成自己汉学研究的文献基础，也通过会议等各种渠道与欧美学界一直保持着密切的学术联系。20 世纪 60 年代之后，海陶玮开始着手翻译陶集，当时中国大陆时局飘摇，中美尚未建交，台湾成了西方学界与中国大陆进行交流的一个通道，为了寻求学术资源，他又申请了富布莱特——海斯研究奖学金，携全家到台湾南港区"中央研究院"从事陶渊明研究①，并拜访名流，扩大学术交流。

---

① 中国社会科学院情报研究所：《美国中国学手册》，中国社会科学出版社 1981 年版，第 184 页。

（四）德国去世：从开拓到传承

海陶玮在 1981 年妻子去世后辞去一切社会职务，从哈佛大学退休，过起了"陶渊明式"的生活，健康不佳之后，他移居德国，度过了人生最后时光，2006 年 1 月 8 日，90 岁的海陶玮在德国黑尔沙伊德（Herscheid）去世。

海陶玮去世后，哈佛大学立即筹备了他的追悼会并在哈佛大学公报发表了哈佛大学新闻办公室伊娃·莫斯莱名为《海陶玮去世，享年 90 岁》的纪念文章①，2006 年 10 月 14 日再次举办悼念会。海陶玮去世一年后的 5 月 1 日，哈佛大学文理学院又一次举办悼念会②。

作为美国本土培养的最早的中国语言文学教授，海陶玮长期担任中国语言、中国文学方面的课程，培养了不少中国文学研究领域的汉学人才，如康达维、艾朗诺、梅维恒③等，这些学者都深受恩师严谨治学的影响，他们继续在海陶玮开拓的中国古典文学研究道路上术业专攻，深耕细化，并各擅胜场，颇有建树，成长为美国中国文学研究的著名汉学家。

可以说，海陶玮是美国中国文学研究的奠基者和开拓者，他开拓了"美国"的中国文学研究，同时也是中国文学研究的一位传承者，这集中体现在他 1981 年退休时把自己积累和珍藏 40 多年的 1.1 万册汉学藏书以 5 万美元的价格全部卖给了加拿大的阿尔伯塔大学（University of Alberta）。海陶玮当时对买主唯一的选择条件，就是"想要卖给一所大

---

① Eva S. Moseley, "James Robert Hightower Dies at 90", *Harvard University Gazette*, 2 March 2006.

② Patrick Hanan, et al., "Memorial Minute-James Robert Hightower (1915—2006)", *Minutes of Meeting of the Faculty of Arts and Sciences*, Harvard University, 1 May 2007.

③ 梅维恒（Victor H. Mair, 1943— ）1972 年至 1976 年在哈佛大学跟随海陶玮学习中国语言和文学，1976 年获得哈佛大学博士学位并留校任教，1979 年起转任宾夕法尼亚大学，现为宾大亚洲及中东研究系教授、考古及人类学博物馆顾问，代表作品主要有：《唐代变文：佛教对中国白话小说及戏曲产生的贡献之研究》《绘画与表演：中国的看图讲故事和它的印度起源》《敦煌通俗叙事文学作品》等。

学，这所大学必须有充满活力和发展潜力的中文系"①。一番沟通联系之后，这批藏书正式落户阿尔伯塔大学东亚系，"正是得到海陶玮的这批藏书，我们（阿尔伯塔大学）现在才有了第一流藏书的基础"。②

三　美国知音

北美比较文学创始人之一查尔斯·米尔斯·盖利（Charles Mills Gayley）曾经说过这样一段话：

> 文学是思想之清晰、完整的媒介，是人性之普遍、惯常的表达。可以肯定，文学因各自的社会状况、种族、历史、文化和语言的影响，以及机遇和条件的限制，而各有不同。但是，文学因人类——无论年龄或外貌如何——的共同需要和向往而促发，因人类共同的心理和生理机能而生长，并遵从着物质与模式、个人人性和共同法则。③

这种文学共通性使海陶玮在陶诗中找到了心灵的沟通和慰藉。刘勰《文心雕龙·知音篇》说"夫唯深识鉴奥，必欢然内怿，譬春台之熙众人，乐饵之止过客。盖闻兰为国香，服媚弥芳；书亦国华，玩绎方美；知音君子，其意垂焉"④，与普通读者不同的是，海陶玮在陶学方面达到了相当的高度，思想哲学和日常生活所受陶渊明影响也达到了一般读

---

① University of Alberta, *FOLIO*, 23 January, 1986. Original text："（Hightower）was only willing to sell them to a university with a dynamic and expanding Chinese department."

② University of Alberta, *FOLIO*, 23 January, 1986. Original text："And with this acquisition we now have the basis of a first rate collection."

③ Charles Mills Gayley, "What is Comparative Literature?" *Atlantic Monthly*, Vol. 92, 1903, pp. 56 – 68. 转引自［英］苏珊·巴斯纳特《比较文学批评导论》，查明建译，北京大学出版社 2015 年版，第 4 页。

④ 周振甫：《文心雕龙今译》，中华书局 1986 年版，第 439 页。

者难以企及的程度，他通过“深识”“鉴奥”和“意惬”，达到了“欢然内怿”的境界，完全可以称为陶渊明在西方的“知音”。

这种境界，让海陶玮崇尚的“陶式哲学”和从事的“陶渊明研究”互为促进，相得益彰。对他了解甚深、并把海陶玮部分著作捐赠北京大学图书馆的汉学家侯思孟这样评价：

> 在我看来非常明显的是，海陶玮在其陶学著作和评论中表现出对诗人劳作的喜爱，不仅是把他作为一位诗人，同时也把他作为一个人。当你了解海陶玮或者看到他在自己的花园中——实际上是在忙着种植韭菜——我不禁想到，他正在模仿陶潜的生活，并且接受了陶潜的大部分哲学作为自己的哲学。①

海陶玮自身深受研究对象——陶渊明的影响，又通过自己的学术著作，“使西方读者能够接近一位中国知识分子所获得的愉悦”②。当家人和朋友为失去海陶玮而悲痛时，他们也开始思考，身边的这位“陶渊明式”的人究竟给他们带来了什么切身影响和精神财富。孙女塔拉说，“他（海陶玮）在很多时刻都帮助了朋友和家庭，在岁月艰难的时刻，我认为他总是那个可以依靠的人”③，“我感谢他为我们树立了一个榜样，树立了做人的榜样，他的诚实和谦逊让他在世界变幻中仍然对周围的世界充满

---

① Donald Holzman, "speech", in Eva S. Moseley, ed., *Speeches at a memorial gathering*, p. 39. Original text: "It seems obvious to me that Hightower's book and articles on this poet are labors of love and that admired him not only as a poet, but also as a man, and knowing Hightower and seeing him in his garden—actually working with plant leeks—I cann't help thinking that he modeled his life on Tao Qian's and accepted much of Tao Qian's philosophy as his own. "

② John L. Bishop, *Books Abroad*, Vol. 45, No. 2, Spring 1971, p. 361. Original text: "enables the Western reader to approximate the informed pleasure of an educated Chinese. "

③ Tara Gully-Hightower, "speech", in Eva S. Moseley, ed., *Speeches at a memorial gathering*, p. 12. Original text: "he helped friends and family on numerous occasions. I remember him as someone you felt you could always count on when times were rough. "

了兴趣。他的逝世似乎标志着他的时代和生活方式的消逝。"① 所以，"像我祖父这样的一个人，在某种意义上，将会一直存在下去。"②

海陶玮的妻子弗洛伦萨·海陶玮不仅是他的终身伴侣，也是一位很有名的儿童读物作家③，曾入选《二十世纪儿童作家》④。夫妇二人在两处房产度过的接近自然的日常生活，成为弗洛伦萨主要的写作素材和灵感来源，比如《沃平太太的秘密》（*Mrs. Wappinger's Secret*）讲述了 10 岁的查理·帕克（Charlie Parker）和一个古怪的老妇人（Wappinger）在缅因州海岸的鱼鹰岛挖掘埋藏宝藏的故事，缅因州就是他们度假房产所在地。著名美国儿童文学评论家泽娜萨瑟兰（Zena Sutherland，1915—2002）这样评价弗洛伦萨，"很有可能是因为她的大部分作品都反映了她自己的孩子在缅因岛的活动，在那里，他们经常去度假。弗洛伦萨·海陶玮的故事有着非常生动的人物形象和令人信服的场景。"⑤

孙女塔拉深情地回忆了与祖父生活的时光，她说："我的祖父似乎以一种奇怪的方式渗透到了我的思想……对我来说，他是一个坚强有力

---

① Tara Gully-Hightower, "speech", in Eva S. Moseley, ed., *Speeches at a memorial gathering*, p. 14. Original text: "I thank him for setting an example of how to live with principles, his honesty and humility that kept him engaged and interested in the world even as the world changed around him. His death seems to mark the passing of his era and of his way of living."

② Tara Gully-Hightower, "speech", in Eva S. Moseley, ed., *Speeches at a memorial gathering*, p. 14. Original text: "in that way a person, like my grandfather, will in a sense live on."

③ 海陶玮·弗洛伦萨（Hightower Florence）主要作品有：Hightower Florence, *Mrs. Wappinger's secret*, Boston: Houghton Mifflin, 1956; Hightower Florence, *The ghost of Follonsbee's folly*, Boston: Houghton Mifflin, 1958; Hightower Florence, *Dark Horse of Woodfield*, Boston: Houghton Mifflin, 1962; Hightower Florence, *Fayerweather Forecast*, Boston: Houghton Mifflin, 1967; Hightower Florence, *The Secret of the Crazy quilt*, Boston: Houthton Mifflin, 1972; Hightower Florence, *Dreamwold Castle*, Boston: Houghton Mifflin, 1978.

④ D. L. Kirkpatrick ed., *Twentieth-century Children's Writers*, St. James Press, 1989, pp. 447 – 448.

⑤ D. L. Kirkpatrick ed., *Twentieth-century Children's Writers*, St. James Press, 1989, p. 448. Original text: "Perhaps it is because much of her writing reflected the activities of her own children and of the Maine island where they spent their vacations that Florence Hightower's stories have such lively and believable characters and such convincing settings."

的家长和人生导师。"① "我很幸运认识他。我重新理解了时间的无常，以及一个人所选择的生活方式细节是如何影响他人的"②。孙女经常聆听晚年海陶玮回忆自己的人生传奇故事，"他对我非常诚实和坦率，让我无意中学到了很多东西。当我在反思他的生活，以及在自己生活中不断前行时，一直在持续发觉他人生故事的意义。"③

学生梅维恒在悼念会上特别提到海陶玮家人设计的"陶式"讣告给自己带来的冲击，"我读到这个（'纵浪大化中，不喜亦不惧。应尽便须尽，无复独多虑'）诗句真是颇为震惊"④，因为这四句诗也曾经极大地鼓励过他患病的妻子。海陶玮去世前两年，梅维恒的妻子李静（Li-ching，音译）曾被诊断出患有严重疾病，海陶玮翻译的这四行陶诗，曾经极大地抚慰过病中妻子的心灵，让她看透了生命的无常而不再忧惧。

---

① Tara Gully-Hightower, "speech", in Eva S. Moseley, ed., *Speeches at a memorial gathering*, p. 12. Original text: "my grandfather seems to have permeated the fabric of my mind in some strange way…as for me he was a strong patriarchal figure and mentor."

② Tara Gully-Hightower, "speech", in Eva S. Moseley, ed., *Speeches at a memorial gathering*, p. 14. Original text: "I have a renewed understanding of the impermanence of time and of how the details of the way one chooses to live will touch others".

③ Tara Gully-Hightower, "speech", in Eva S. Moseley, ed., *Speeches at a memorial gathering*, p. 13. Original text: "Because of his willingness to be honest and candid with me, without my realizing it I learned a great deal. I continue to discover what his stories mean as I reflect upon his life and as my own life moves on."

④ Victor H. Mair, "speech", in Eva S. Moseley, ed., *Speeches at a memorial gathering*, p. 27. Original text: "I was stunned to read that it carried at the top the following elegant translation of the Same four lines."

结　　论

一　海陶玮对陶渊明作品的翻译和研究，奠定了西方学界专业陶学的基础，为世界陶学发展贡献了西方智慧，传播了中国文学的不朽成就和价值

　　陶渊明是中国最伟大的诗人之一，"也许有比陶渊明更'伟大'的中国诗人，但没有一个比他更受欢迎的诗人，也没有一个比他在中国或西方得到更深入研究的诗人"①。西方世界对这位伟大诗人的研究成为世界陶学的重要组成部分，也贡献了崭新的视角、方法和智慧。

　　海陶玮这位由于偶然机缘接触到陶诗的美国人，克服重重困难学习汉语，积累收藏汉学书籍，阅读中国古典文学作品，求教各方文学大家，把陶学和中国古典文学作为自己的毕生兴趣和事业，终于在1970年完成了饱含毕生心血的《陶潜诗集》，在这部译著中，海陶玮对陶渊明全部诗文作品做了注释翻译，同时吸收世界范围内的陶学成果对陶诗进行了笺注和评论，这是英语世界首部注译本，也是最权威的译

---

① Donald Holzman, "Review on *The Poetry of T'ao Ch'ien*", *T'ong Pao*, Second Series, Vol. 57, livr. 1/4, 1971, p. 178. Original text: "There are probably 'greater' Chinese poets than T'ao Yuan-ming (T'ao Ch'ien), but there are none more popular and none who have been studied more intensively in China or in the West."

本，对英语世界陶渊明思想和文化的传播做出了重要贡献，让西方读者深刻领略到中国诗人和中国诗文的独特魅力，"这是一部令人印象深刻的杰出作品，它将使我们满怀信心和愉快地审视中国一流诗人的成就。"①

海陶玮在《陶潜诗集》中始终坚持以"严谨的学术翻译"为主要目标，呈现的译著面貌是"译—注—评"的模式，既翻译全部诗文，又详细注释和评论，在译文方面体现出"笺注翻译、忠实达意"的特色，在注释方面体现出"语文分析、修辞阐释、互文比照"的特色，在评论方面体现出"中西比较、独特评析、谨慎存疑"的特色，这些都使得这部译著成为一部翻译精准、注释详尽、考证严密、严谨规范的学术典范。同时，海陶玮的译注体现了中西兼容的理念，强调充分学习和借鉴世界范围内的陶学成果，展现出一种宽广的学术视野和兼容并蓄的研究路径。他既遵循以训诂考据为主要方法诠释古典文献的中国学术传统，又继承重典籍、文字学的欧洲汉学传统，还强调运用西方文论和研究方法来研究中国文学。在强调情感共融、深刻研读作品内涵基础上，运用中国古籍和文学所秉持的"知人论世"研究方法来把握诗文时代背景，同时坚持文本阐释路径，揭示出陶渊明"以诗立传、流芳百世"的诗文创作意图。作为较早接触和研究中国文学的美国早期汉学家，海陶玮所展现出的广阔的学术视野、扎实的文献功夫、毕生的情感投入、细致的文本研读、研究式的注释翻译，对今天从事汉学的西方学者仍然是有借鉴意义的。

同时，在翻译陶集过程中，海陶玮通过发表研究论文，即1954年《陶潜的赋》、1968年《陶潜的饮酒诗》和1971年《陶潜诗歌中的典

---

① Ronald C. Miao, "Review on *The Poetry of T'ao Ch'ien*", *The Journal of Asian Studies*, Vol. 30, No. 3, May 1971, p. 633. Original text: "It is an outstandingly impressive work, one that will enable us to examine with confidence and pleasure the achievements of China's first immortal poet."

故》，对陶渊明的辞赋、饮酒诗和诗文典故等进行了专题研究。

　　论文《陶潜的赋》考察了陶渊明三赋的地位和影响，通过对三篇辞赋进行总结和比较研究，进而发掘了《归去来兮辞》的独创性，认为《闲情赋》和《感士不遇赋》乃陶渊明因袭模仿前人作品的练习之作，《归去来兮辞》开创了个人表达传统，这个结论似乎有失偏颇，但海陶玮主张从诗人写作意图和写作目的来探究作品创作动因，并把陶赋序言的提示和辞赋语词结构或主题的仿照作为推测诗人对传统作品的因袭，这种思路是合理的。《陶潜的赋》是海陶玮在陶学方面发表的第一篇论文，开启了英语学界的中文辞赋研究和陶渊明研究。在辞赋研究方面，这篇论文第一次以学术标准确立并实践了辞赋英译规范，也是汉赋研究方面具有开创性、根本性意义的早期论文（德国汉学家柯马丁）；在陶渊明研究方面，这篇论文"是英语世界的第一篇重要的陶学论文"①，开启了英语世界的陶渊明研究，以翔实的资料、细致的分析、独创的观点和高水平的研究，奠定了西方陶学一个较高的起点。

　　论文《陶潜的饮酒诗》对《饮酒》诗二十首进行了逐首翻译和专题研究。海陶玮在还原解读这组诗歌的"寄酒为迹"之"迹"时，站在一位西方学者的视角与立场，采取了与中国传统学者完全不同的视角和路径。他从诗歌具体文本细节出发，认为这组诗歌透露出诗人丰富复杂的内心世界和强烈的塑造自我形象的主观创作意识，从而提出了一个内心更加复杂丰富、双重甚至分裂的陶渊明形象。这种分析解释了陶渊明在这组饮酒诗中反映出的辞官归田后面对贫苦艰难生活的复杂心理，关注到了诗人面临社会进行自我心理调适而具有的微妙变化的过程，剥离了诗句表面呈现的诗人有意创造的艺术形象，挖掘了诗人在和谐安宁

---

① 　吴伏生：《英语世界的陶渊明研究》，学苑出版社 2013 年版，第 75 页。

下隐藏的内心挣扎和矛盾，对中国传统意义上的陶渊明认知提出了质疑，这种质疑所体现的解陶思路对西方学者具有很强的启发意义，为西方陶学奠定了基调，使西方陶学从一开始就具有与中国传统陶学完全不同的面貌，之后，西方学者多用西方文学理论如后结构主义等研究方法来阐释和解构陶渊明的诗歌和形象，使得陶渊明形象发生了"他乡的流变"，与传统陶学形成一种质疑、挑战和碰撞之势，形成了不可忽视的西方陶学力量。

论文《陶潜诗歌中的典故》以陶诗典故为研究对象，专门讨论陶诗艺术技巧和修辞效果，是海陶玮常年在陶诗翻译过程中顺利克服典故翻译难点的成果。海陶玮以一位西方读者和专业译者的"他者"身份，建构了一套不以"作者用典"而从"读者解典"出发的典故分类体系，把典故分为七种类型，就典故在陶诗中的功用进行了具体详细的考察。海陶玮对陶诗典故的分类与中国学者研究典故相比，明显增加了读者因素，研究角度是从读者认知和接受而不是作者用典动机和策略，这样更加贴近文学创作的现实，显示了西方文学批评视角下的学术探究精神，开拓了对典故的认识和研究。同时，海陶玮用这种西方读者认知为视角的典故分类方法来指导自己的典故翻译实践，在陶诗典故翻译中形成了一套行之有效的策略和方法，这种翻译策略与他始终坚持的原则和标准是一致的，即典故在整首诗歌中的作用大小和读者识别典故对解读诗歌含义的作用大小。对于理解诗意非常重要的典故，海陶玮在注释中详加阐释，对理解诗意作用不大的典故，他在注释中加以省略，而对理解诗意有干扰甚至反作用的典故，他在注释中加以辨析纠正。海陶玮《陶潜诗歌中的典故》和戴维斯《陶渊明的用典》是较早专门探讨陶诗典故的学术论文，奠定了西方学者对中国诗歌典故这种修辞手法和艺术技巧的认识，在英语世界中国文学典故研究中具有创始性的地位和启发性的影响。海陶玮从接受和认知角度所开辟的中国诗歌典故研究，让我们看到了西方文学批评理论与中国传统注释融会贯通的前景，值得中外学者继续探讨和深入研究。

　　从英语世界陶学史看，海陶玮的陶学著译开启了英语世界陶学从翻译到研究的历史，奠定了西方学界专业陶学的基础，推动了美国的中国文学研究，在英语世界传播了中国文学和文化。从翻译角度看，《陶潜诗集》是英语世界第二部陶集全译本，也以严谨专业的注释，成为第一部严格意义上的注译本，这标志着陶诗英译由文学普及性的诗歌翻译发展到学术研究性的注释翻译，把英语世界的陶学从翻译转向研究阶段，也提升了英语世界陶学的深度、层次和水平。从研究角度看，《陶潜诗集》译著中的注释评论部分集中体现了海陶玮长期研究陶渊明的学术成果，使海陶玮的翻译实际上带有“研究”的性质。他在翻译陶集过程中产出的系列陶学论文，标志着英语世界专业研究陶渊明的开始，在英语世界陶渊明诗文研究史上具有开创意义。《陶潜的赋》“是英语世界的第一篇重要的陶学论文”①，三篇论文内容涉及辞赋文章、饮酒诗主题和艺术修辞，提出了富有价值和启发意义的观点，开启了英语学界的中文辞赋研究和陶渊明研究，呈现了另类解陶的思路和观点，奠定了西方陶学的基调，启发了英语世界的典故研究，对后世陶渊明研究影响深远。从译者角度看，海陶玮所具有的扎实学养使他成为第一位西方陶渊明研究专家。他在世界范围内对中国文学进行思考和定位，形成确立了自己的文学观、汉学观；通过广泛大量地搜集、整理和阅读世界范围内的汉学著作成果和译本，对中国文学、历史和思想文化有了整体的把握；通过前期的汉学训练和教学实践，确立了自己扎实严谨的学术研究风格，为陶渊明研究打下了扎实的学术基础，也让他在学术视野、汉学基础和学术训练等方面完全超越了他之前的学者，呈现出“学者型、学

---

　　①　吴伏生：《英语世界的陶渊明研究》，学苑出版社 2013 年版，第 75 页。

术型"译诗的面貌，海陶玮成为"第一位可以称得上陶渊明研究专家的西方学者"。

二 海陶玮的陶学是生命之学、精神之学，显示了中国文学与文化在世界范围内强大的吸引力、感染力和影响力

海陶玮本人长期阅读翻译陶诗并从事陶渊明研究，陶渊明的思想哲学影响到了他的思想和生活。通过海陶玮亲友、师生的纪念和回忆，我们可以清晰地看到海陶玮对陶渊明思想和生活方式的接受。他晚年崇尚并践行"陶渊明式"生活，归隐田园，生活简朴，天性本真，书酒会友，这些都受到他的研究对象——陶渊明的深刻影响。可以说，东晋诗人陶渊明的哲学理念、生活方式对这位哈佛大学教授乃至周围师生朋友的人生态度产生了重要影响，海陶玮成为陶渊明跨越时空、跨越语言、跨越民族的"美国知音"，这也从一个侧面有力地证明了中国文学、中国文化具有强大的吸引力、感染力和恒久的影响力。

20世纪早期，随着中西文学和文化的不断交流和发展，中国文学在北美大陆逐渐褪去了遥远、神秘的面纱。诗歌这一中国文学最悠久最灿烂的表现形式，给正在苦苦构筑自己意象派理论的庞德带来了巨大的灵感和支撑，正是庞德的英译诗歌，点燃了年轻海陶玮从事文学梦想的火花，他毅然抛弃了自己学了多年的医科化学专业，从此沉醉于文学，义无反顾地走上了文学和汉学的道路。

海陶玮的汉学研究不仅是一种职业，他的学问已经内化为一种人生，他弃医从文的汉学道路不是短暂的冲动，而是一生的追求。能够支撑海陶玮秉持初衷、历经坎坷而成就非凡汉学人生的全部动力，就是他对中国文学，特别是对陶渊明人格诗文发自内心的热爱。他的好友、汉学家侯思孟曾经评价，海陶玮之所以能够成为中国文学研究的

一流学者，主要是因为"他对中国文学毕生的热爱……对于他来说，中国文学并不是一张简单的饭票，而是他的一大爱好，一直到他生命的尽头。"①

通观世界范围内国外汉学家对中国研究的动力和起源，有传教的使命，有商业的驱动，有外交的考量，也有像海陶玮这样对中国某一知识和问题的纯粹热爱。这种热爱也延续在今天仍然关注中国、热爱中国的当代汉学家身上，这其中，有投身汉字王国和古琴世界的瑞典汉学家林西莉（塞西丽娅·林德奎斯特，1932—　），只因她七八岁时从母亲那里得到了一个来自中国的珍贵礼物——一把印有奇妙中国文字的粉红色中国伞；有毅然中断哥伦比亚大学人类学博士学业前往中国，亲身探访隐居在终南山等地的现代隐士、追寻中国禅的前世今生的美国汉学家比尔·波特，只因他在读博期间接触到中国佛道经典的微言大义；有创办了"汉字与词源"网站，并用了20年时间整理甲骨文、金文、小篆等字形并放到网上分享给全世界，感动无数网友的"汉字叔叔"美国人理查德·西尔斯（Richard Sears，1950），只因他想在有生之年弄明白汉字的字源……他们是中国传统文化的仰慕者、追随者和受益者，他们的研究掀起了一股股学习中国传统文化的热潮，他们的研究都源自一种最朴素、最原始的动力——热爱。

如前所述，与英美世界其他陶学学者不同的是，海陶玮一生的精力和兴趣几乎都与陶渊明有关：他因阅读庞德的英译陶诗产生共鸣，弃医从文，对中国文学的热爱是他长期从事陶渊明研究的情感动因，并在大量阅读基础上产生了英译陶诗的冲动和愿望，这是符合自身兴趣爱好和审美情绪的主观选择；他曾游学欧洲学习中文，两次留学北京，以谦恭

---

① Donald Holzman, "speech", in Eva S. Moseley, ed., *Speeches at a memorial gathering*, p. 37. Original text: "he had a life-long passion for literature in general…it shows that for him Chinese literature was not a simple meal ticket, and that literature itself was one of his great passions and remained so right down to the end of his life."

的态度研习中国汉语和文学，对中国历史文化和社会逐渐具有了悉心体察和深刻体认，为陶诗翻译打下了深厚的根基；为了翻译陶诗，他在20世纪60年代中美对峙时期来到台湾，与中国台湾学者王叔岷、韩国学者车柱环等共同研习陶诗，在长期的研读中凝神体味，熏陶浸染，身历目到，心物交融，对陶渊明诗歌文本内外的深刻内涵和精神意义都有了较为深入的把握，对陶渊明内心世界情感有了较深入的开掘，从而形成自己的认知和理解，然后又以自己的认知和理解来翻译和阐释陶渊明诗文；海陶玮深受陶渊明精神和生活的影响，他钦佩仰慕陶渊明面对人生选择时能够坚守真实自我的品性，晚年模仿体验了"陶渊明式"的生活模式，有意营造了一种"陶渊明式"的清贫生活，又让精神从清贫生活中超脱出来，尽情享受与自然合一的心灵安适，悠然从容地遨游于天地之间，成为"西方世界的东方隐士"。陶诗与海陶玮的汉学起源相关，也是他学术研究的高峰，同时也是他精神生活的归宿。陶学及汉学是海陶玮的生命之学，精神之学，毕生的学习探索与悉心研究使他在陶学世界乃至中国思想文化中找到了精神依托，成为陶渊明跨越时空、跨越语言、跨越文化的美国"知音"。

陶渊明是一位具有世界影响的中国诗人，陶学就是在这种中西文化、中西文学交汇碰撞中，不断突破中国古代文学和传统诗学的界域，成为一门世界性的学问。与海陶玮慕陶、研陶和效陶具有异曲同工之处的，还有中国现代陶学专家古直，他辞官归隐，在庐山自建的"葛陶斋"隐居生活。东亚文化圈的日本、朝韩等对陶渊明的研究由来已久，也已蔚然成风。日本陶学专家大矢根文次郎曾经总结道：

> 由于陶渊明具有东方诗人的特征，所以他的作品具有强大的生命力，从而为我国各个时期的诗人提供如此丰富的营养，这在日本学史上应该说是罕见的，因此，对于我国今后的文学来说，他们将

是取之不尽、用之不竭的源泉。①

西方文化圈对陶渊明也是情有独钟，陶渊明的精神财富在跨越国界、跨越时空、跨越民族、跨越语言的历史长河中被世界范围内的人们所关注、受益和继承。法国作家罗曼·罗兰（Romain Rolland，1866—1944）、保尔·瓦雷里（Paul Valery，1871—1945）、米修（Henri Michaux，1899—1984）等都对陶诗表现出浓厚的兴趣②，罗曼·罗兰在写给中国学者梁宗岱的回信中说：

> 我发觉中国的心灵和法国两派心灵中有许多酷肖之点。这简直使我不能不相信那种人类学上的元素神秘的血统关系。——亚洲没有一个别的民族和我们民族显出这样的姻戚关系的。③

陶渊明在英语世界也受到了特殊的青睐和喜爱，美国意象派诗人庞德，"新超现实主义诗派"代表作家罗伯特·勃莱等都从中国古代诗歌中寻找灵感，非常崇拜陶渊明及其诗文，陶渊明还被写进了美国的教科书中④。这些都一再证明陶渊明诗文和中国文学的永恒魅力和不朽价值。

人同此心，心同此理。一篇具有世界意义的文学作品，必将是经得起历史考验、对不同国家不同民族的读者都具有强烈吸引力，才能具有恒久的价值。陶渊明诗文作为中国古代文学的精华，蕴含着人生

---

①　转引自顾伟列《20世纪中国古代文学国外传播与研究》，华东师范大学出版社2011年版，第39页。
②　参见鲁枢元《陶渊明的幽灵》，上海文艺出版社2012年版，第102—112页，"陶渊明的海外'自然盟友'"。
③　转引自钟书林《陶渊明研究学术档案·前言》，武汉大学出版社2014年版，第1—2页。
④　参见李毅《美国教科书中的中国》，广东教育出版社2006年版，第293—294页。

的无限奥妙和永久的艺术魅力，"是少数几位艺术突破文化和语言障碍的诗人之一，他的诗歌既简单又深刻，是人类经验的基础。"① 不但吸引了中国历代文人墨客对他伟大人格的敬仰和对其诗文源源不断的品鉴，也辐射影响了美国哈佛大学教授海陶玮的学术研究和生活方式。陶渊明的人格精神和艺术生命通过千年之后一位西方学者的参与而发扬光大，海陶玮的汉学人生对于我们今天探索中国文学走向世界的路径提供了难得的案例。

事实上，不仅是中国陶学和文学，来自五千年历史积淀的中国思想文化也同样越来越多地受到西方世界的瞩目。西方汉学（中国学）逐渐成为一门显学，中国智慧、中国思想、中国文化、中国风格等正在为全世界所分享、所研究。

三 美国汉学的发展是在中美学者合作、复杂互动的历史环境中产生的，中国文学的对外传播呈现复杂多变的状态

如果把海陶玮的陶渊明研究放在全球视野和中西文化与学术交流背景下考察会发现，美国汉学虽然起步较晚，但却是在以中日为基础的传统汉学和法德为中心的欧洲汉学基础上，从一开始就获得了较高的起点，学习和借鉴了世界范围内的汉学成果。

海陶玮的汉学研究是在中美关系变化和中西学者交流互鉴中进行的。中西学者合作是西方汉学家特别是早期汉学家从事汉学研究采取的主要形式，也是海陶玮从事汉学研究的基本面貌。海陶玮曾经游学法德，两次留学北京，并到台湾专门进行陶渊明研究，多次参加各国

---

① Lois M. Fusek, "Review on *The Poetry of T'ao Ch'ien*", *Journal of the American Oriental Society*, Vol. 93, No. 1, Jan. – Mar. 1971, p. 82. Original text: "（T'ao Ch'ien）is one of those rare poets whose artistry surmounts the obstacles of cultural and linguistic barriers. His verses are at once plain and profound, appealing to the fundamental inhuman experience."

学术会议，结识了大批学者同行，学术交游所涉范围和人数众多，既有美国学界叶理绥、费正清、恒慕义、傅汉思、毕晓普、韩南、魏鲁南、顾立雅、赖肖尔、康达维、梅维恒、艾朗诺、木令耆等，也有欧洲学界霍克思①、傅吾康、侯思孟等，既有日本及东亚学界吉川幸次郎、车柱环等，也有大陆学界包括港澳台地区的陈垣、顾颉刚、郭绍虞、冯友兰、许地山、张星烺、许维遹、王利器、王书岷、郑振铎等，可以说，海陶玮的汉学研究始终伴随着国际汉学界的学人支持和互动，其中具有中国传统治学背景并进入西方汉学界的华裔学者，最受海陶玮所倚重。叶嘉莹以及具有中国传统学术根基并在哈佛大学任教的方志彤、杨联陞等人，对海陶玮的汉学研究帮助最大。海陶玮与叶嘉莹交往合作的 20 世纪六七十年代，正是中国社会文化动荡和大陆与西方世界隔绝的状态，两人的学术合作搭建了中美对峙时期学术交流的桥梁。

正如德国汉学家柯马丁指出的那样②，从 19 世纪后期以来，西方汉学家一直和中国本土学者或者建立密切的合作交流关系（远如理雅各和王韬，近如海陶玮和叶嘉莹），或者对本土学者的成果抱有尊重的态度并加以引用和吸收，这在海陶玮的学术道路上体现得非常充分。华裔汉学家叶嘉莹、方志彤和杨联陞都是海陶玮从事陶学的指导者、协助者和支持者。除此之外，海陶玮两次到京进修期间，文学史研究专家郑振铎都是海陶玮的老师之一③，对他《中国文学论题》写作产生了一定的影

---

① 福建师范大学王丽耘博士学位论文《中英文学交流语境中的汉学家大卫·霍克思研究》提及了海陶玮和英国汉学家霍克思（David Hawkes，1923—2009）的学术交往，主要有：霍克思对海陶玮《韩诗外传》做了书评，提出了翻译方面的批评；海陶玮为霍克思《楚辞》译本（1962）写了序言，肯定了霍译《楚辞》的翻译价值；1958 年 9 月至次年 6 月，霍克思任美国哈佛大学远东系客座讲师，与同期去牛津大学作客座教授的海陶玮互换房舍。

② ［德］柯马丁：《学术领域的界定——北美中国早期文学（先秦两汉）研究概况》，何剑叶译，载张海惠编《北美中国学——研究概述与文献资源》，中华书局 2010 年版，第 605 页。

③ 康达维：《欧美赋学研究概观》，《文史哲》2014 年第 6 期（总第 345 期）。

响；在海陶玮译注《韩诗外传》过程中，清华大学许维遹和北京大学王利器①给他讲了很多《韩诗外传》及其相关文本的知识，许维遹甚至还把自己尚未出版的《韩诗外传集释》文稿送给海陶玮参考，正如汉学家侯思孟所说，"海陶玮，正如他在著作的序言和脚注中反复提到的那样，从他研究之始到职业生涯的结束，都请教了中国学者。"②

与中国学者合作也是海陶玮从事汉学研究的重要学术理念，他认为③，中国文学具有自身特有的趣味和文学价值……作为对中国语言文学天然有"隔"的西方学者，从"他者"角度对中国文学展开研究时，由于语言文化背景的隔阂，不可避免地会遇到障碍与隔膜，对中国诗歌的精深蕴涵理解肯定难以通透，这种透彻的中文研究只能由那些彻底精通中文的人来做，所以"他不仅自己沉浸在中国文学中，而且还主动寻求中国学者的帮助"④。

海陶玮于 20 世纪四五十年代正式展开的传统汉学研究，也受到了美国学术发展格局的影响。1946 年，被美国政府征召到情报部门工作的海陶玮回到哈佛大学担任讲师，同样于这一年完成美国政府情报工作回到哈佛大学任教的，还有费正清——这位改变了美国汉学历史的人物。在费正清的倡导下，美国汉学发生重大转变，迅速扭转了以欧洲传统汉学为圭臬的趋势，创立了以地区研究为标志、以关注现实中国为特

---

① 王利器（1912—1998 年），北大教授，著述宏大，号称"两千万富翁"。治学受乾嘉学派影响，长于校勘之学，著有《王利器自传》等 30 余种，主要著作有《新语校注》《文镜秘府论校注》等。

② Donald Holzman, "speech", in Eva S. Moseley, ed., *Speeches at a memorial gathering*, p. 36. Original text: "Hightower, as he mentions over and over again in his prefaces to his books and in his footnotes, consulted Chinese scholars from the beginning of his studies right to the end of his career."

③ James Robert Hightower, "Chinese Literature in the Context of World Literature", *Comparative Literature*, Vol. 5, No. 2, Spring 1953, pp. 117 – 124.

④ Donald Holzman, "speech", in Eva S. Moseley, ed., *Speeches at a memorial gathering*, p. 37. Original text: "For Hightower not only immersed himself in Chinese literature and sought the aid of Chinese scholars."

征的现代"中国学"，这种"中国学"不同于偏重语言学、考证学的传统欧洲汉学，强调运用多种档案、多种语言、多种社会科学方法研究现代中国，费正清及其领导的"中国学"逐渐成为美国汉学的主流，使得美国汉学后来居上，世界汉学研究范式从传统转向现代、研究中心从欧洲转向美国。海陶玮是在 20 世纪四五十年代之后展开自己的学术研究的，主要致力于用传统汉学方法来研究中国古典文学，所以无论是汉学资料的储备，还是汉学导师的指导、汉学发展的环境，都面临着一些局限，这种传统汉学与新兴"中国学"是当时共存于美国汉学领域的两种基本形态。"中国学"兴起和传统汉学并存的历史过程并非和风细雨，而是摩擦不断、充满矛盾的，这种矛盾，在哈佛大学集中体现在坚持传统汉学研究的海陶玮、杨联陞等学者与费正清、赖肖尔等学者的摩擦和冲突。海陶玮与杨联陞所秉持的传统汉学与美国"中国学"研究潮流产生了一定的碰撞，并共同为继承传统汉学做了最大的努力，《杨联陞日记》中有大量双方摩擦冲突的片段记录，这种冲突表面上是教学内容、发展计划和教员聘用等方面的矛盾，实际上反映了以费正清、赖肖尔为代表的逐步兴盛的"中国学"，不可避免地对海陶玮、杨联陞等代表的传统汉学研究空间的挤占和冲击，以及后者对前者劲锐发展的敏感、警觉和反抗。海陶玮、杨联陞在战后美国"中国学"兴起过程中与费正清等人在学术方面的严重分歧和激烈纷争，也是兼具以训诂考据为主要方法诠释古典文献的中国学术传统和重典籍、文字学的欧洲汉学传统，与费正清等人代表的新兴美国"中国学"的发展方向和需求产生的冲突。直到今天，我们仍然可以看到哈佛大学东亚研究中心、燕京学社与东亚系三足鼎立、各放异彩的情景，这一切，都离不开 20 世纪五六十年代，海陶玮和杨联陞等一代学人为使传统汉学得以保留和传承所做的努力。

　　海陶玮的藏书不仅为他的汉学研究提供了文献支撑，还成为加拿大阿尔伯塔大学中文藏书的基础。1981 年阿尔伯塔大学东亚系建立，同年海陶玮从哈佛大学退休，他决定卖掉自己积累 40 年之久的珍爱藏书，对于买主唯一的条件，就是"想要卖给一所大学，这所大学必须有充满活力和发展潜力的中文系。"① 恰好阿尔伯塔大学东亚系"当时有一个东亚地区研究项目"，② 于是，经过一番联系沟通，海陶玮把自己积累和珍藏的 11 384 册、4500 英镑重、92 箱汉学藏书以 5 万美元（含材料和包装共 50 100 美元）的价格全部卖给了阿尔伯塔大学图书馆，这批藏书在阿尔伯塔大学的汉学研究方面发挥了很大作用，到了 20 世纪 90 年代，阿尔伯塔大学东亚系已经发展成为加拿大非常重要的汉学研究中心，这一切都离不开 20 世纪 80 年代海陶玮藏书的创始之功，"正是得到海陶玮的这批藏书，我们（阿尔伯塔大学）现在才有了第一流藏书的基础"，③ 海陶玮为之毕生奋斗的汉学事业，又通过跨国卖书这一途径，在另外一个国度——加拿大开花结果。21 世纪的今天，通过阿尔伯塔大学图书馆的搜索功能，我们仍然可以查询和分享海陶玮这批藏书的内容。

从海陶玮的整个汉学研究历程，我们可以清晰地看到中国文学从中国到日本，从日本到美国，从美国到加拿大的传播过程，体会到中国文学对外传播复杂多变的历史动态和"中学西传"复杂的历史过程和影响状况。

---

① University of Alberta, *FOLIO*, 23 January 1986. Original text："（Hightower）was only willing to sell them to an university with a dynamic and expanding Chinese department."

② *The letter from Olin B. Murray to Mr. Eugene W. Wu*, May 2, 1985. Original text："As we have only in recent years begun a program of study in this area at this university."

③ University of Alberta, *FOLIO*, 23 January 1986. Original text："And with this acquisition we now have the basis of a first rate collection."

参考文献

一　原始档案

哈佛大学档案馆藏海陶玮原始档案

Papers of James R. Hightower，1940—2003

哈佛大学档案馆藏海陶玮照片档案

Harvard Photos Collection，*Collections of the Harvard University Archives*，Faculty Archives.

哈佛大学档案馆藏海陶玮博士学位论文

James Robert Hightower，*The Han Shih Wai Chuan*，Harvard University，1946.

哈佛大学燕京学社藏海陶玮悼文纪念册

Eva S. Moseley ed. ，*James Robert Hightower*，7 *May* 1915 – 8 *January* 2006，*Victor S. Thomas Professor of Chinese Literature*，*Emeritus Harvard University*：*speeches at a memorial gathering at* 2 *Divinity Avenue*，*Cambridge*，*Massachusetts*，*Saturday*，14 *October* 2006，February 2009.

哈佛大学档案馆藏费正清、方志彤等相关人物档案（与海陶玮相关部分）

Papers of John K. Fairbank，1933—1991

Papers of Achilles Fang，1910—1995

哈佛燕京学社图书馆特藏《杨联陞日记》（44 本）手稿影印版

哈佛大学图书馆藏伊丽莎白·赫芙口述史《教师、东亚图书馆创馆馆长，从厄巴纳经北京到伯克利》

Rosemary Levenson and Elizabeth Huff，*Teacher and Founding Curator of the East Asian Library from Urbana to Berkeley by Way of Peking*，Harvard University Library，1980. Copy by the Regents of University of California.

加拿大阿尔伯塔大学所藏有关海陶玮私人藏书档案

二　海陶玮著述

（1）海陶玮全部作品（见附录《海陶玮作品分类年表》）

（2）海陶玮著作中译本

萧孟萍译：《海陶玮：中国文学中的个人主义》，《大学生活》卷 148，1963 年。

宋淇译：《中国文学在世界文学中的地位》，香港中文大学出版社 1973 年版。

赖瑞和译：《中国文学在世界文学中的意义》，《中外文学》1977 年第 5 卷第 9 期。

周发祥译：《屈原研究》，载马茂元《楚辞研究集成·楚辞资料海外编》，湖北人民出版社 1986 年版。

张宏生译：《陶潜诗歌中的典故》，《九江师专学报》（哲学社会科学版）1990 年第 2 期。

史慕鸿译，周发祥校：《海陶玮〈文选〉与文体理论》，载俞绍初、许逸民《中外学者文选学论著集》，中华书局 1998 年版。

三　中文参考文献

（一）著作

安平秋、[美] 安乐哲：《北美汉学家辞典》，人民文学出版社 2001 年版。

[美] 爱德华·W. 萨义德：《东方学》，王宇根译，生活·读书·新知三联书店 2007 年版。

北京大学、北京师范大学编：《陶渊明研究资料汇编》（上、下），中华书局 2004 年版。

蔡华：《巴赫金比较视野中的陶渊明诗歌英译——复调的翻译现实》，苏州大学出版社 2008 年版。

陈平原：《在东西方文化碰撞中》，浙江文艺出版社 1987 年版。

陈友冰主编：《新时期中国古典文学研究述论》，商务印书馆 2008 年版。

程千帆、莫砺锋、张宏生：《被开拓的诗世界》，上海古籍出版社 1990 年版。

杜景华：《陶渊明传》，百花文艺出版社 2005 年版。

[美] 丁韪良：《汉学菁华》，沈弘译，世界图书出版公司 2008 年版。

范子烨：《春蚕与止酒——互文性视域下的陶渊明诗》，社会科学文献出版社 2012 年版。

方重：《陶渊明诗词选译》，上海外语教育出版社 1984 年版。

[德] 傅吾康：《为中国着迷，一位汉学家的自传》，欧阳甦译，李雪涛、苏伟妮校，[德] 傅复生审定，社会科学文献出版社 2013 年版。

[美] 费正清：《费正清对华回忆录》，陆惠勤等译，上海知识出版社 1991 年版。

[美] 费正清：《费正清自传》，天津人民出版社 1993 年版。

高旭东：《跨文化的文学对话：中西比较文学与诗学新论》，中华书局
　　2006 年版。

戈宝权：《中外文学因缘——戈宝权比较文学论文集》，北京出版社 1992
　　年版。

龚斌：《陶渊明校笺》，上海古籍出版社 1996 年版。

龚斌：《陶渊明传论》，华东师范大学出版社 2001 年版。

龚斌：《陶渊明年谱考辨》，江西人民出版社 2018 年版。

辜正坤：《中西诗比较鉴赏与翻译理论》，清华大学出版社 2003 年版。

［德］顾彬、刁承俊：《中国诗歌史》，华东师范大学出版社 2013 年版。

顾钧：《卫三畏与美国早期汉学》，外语教学与研究出版社 2009 年版。

顾钧：《美国第一批留学生在北京》，大象出版社 2015 年版。

顾伟列：《20 世纪中国古代文学国外传播与研究》，华东师范大学出版
　　社 2011 年版。

何炳棣：《读史阅世六十年》，广西师范大学出版社 2005 年版。

贺昌盛：《想象的"互塑"——中美叙事文学因缘》，南京大学出版社 2009
　　年版。

侯且岸：《当代美国的"显学"：美国现代中国学研究》，人民出版社 1995
　　年版。

黄鸣奋：《英语世界中国古典文学的传播》，上海学林出版社 1997 年版。

季进：《另一种声音——海外汉学访谈录》，复旦大学出版社 2011 年版。

［美］柯文：《在中国发现历史》，林同奇译，中华书局 2002 年版。

李华：《陶渊明新论》，北京师范大学出版社 1992 年版。

李剑锋：《元前陶渊明接受史》，齐鲁书社 2002 年版。

李剑锋：《陶渊明及其诗文渊源研究》，山东大学出版社 2005 年版。

李欧梵：《哈佛岁月》，人民文学出版社 2010 年版。

李岫、秦林芳主编：《二十世纪中外文学交流史》（上、下），河北教育

出版社 2001 年版。

李学勤:《国际汉学著作提要》,江西出版社 1995 年版。

刘洪涛、黄承元编著:《新世纪国外中国文学译介与研究:文情报告
    (北美卷 2001—2003)》,中国社会科学出版社 2012 年版。

刘岩:《中国文化对美国文学的影响》,河北人民出版社 1999 年版。

鲁枢元:《陶渊明的幽灵》,上海文艺出版社 2012 年版。

逯钦立校注:《陶渊明集》,中华书局 1979 年版。

吕叔湘:《中诗英译比录》,中华书局 2002 年版。

马积高:《赋史》,上海古籍出版社 1978 年版。

马祖毅、任荣珍:《汉籍外译史》,湖北教育出版社 1997 年版。

莫东寅:《汉学发达史》,北平文化出版社 1949 年版。

莫砺锋编:《神女之探寻——英美学者论中国古典诗歌》,上海古籍出
    版社 1994 年版。

[美] 迈克尔·谢勒:《二十世纪的美国与中国》,徐泽荣译,生活·读
    书·新知三联书店 1985 年版。

钱林森:《中外文学因缘》,南京大学出版社 1989 年版。

钱林森主编:《外国作家与中国文化》(英、美卷),宁夏人民出版社
    2002 年版。

桑兵:《国学与汉学:近代中外学界交往录》,浙江人民出版社 1999
    年版。

施建业:《中国文学在世界的传播与影响》,黄河出版社 1993 年版。

宋柏年:《中国古典文学在国外》,北京语言学院出版社 1994 年版。

田晓菲:《尘几录:陶渊明与手抄本文化研究》,中华书局 2007 年版。

涂慧:《如何译介、怎样研究:中国古典词在英语世界》,中国社会科
    学出版社 2014 年版。

汪榕培:《陶渊明诗歌英译比较研究》,外语教学与研究出版社 2000

年版。

王宏志：《翻译与文学之间》，南京大学出版社 2011 年版。

王景伦：《走进东方的梦——美国的中国观》，时事出版社 1994 年版。

王守元、黄清源编：《海外学者评中国古典文学》，济南出版社 1991
　　年版。

王叔岷：《陶渊明诗笺证稿》，中华书局 2007 年版。

王晓路主编，刘岩副主编：《北美汉学界的中国文学思想研究》，巴蜀
　　书社 2008 年版。

王佐良：《论诗的翻译》，江西教育出版社 1992 年版。

魏崇新：《比较视阈中的中国古典文学》，外语教学与研究出版社 2009
　　年版。

吴伏生：《汉诗英译研究：理雅各、翟理斯、韦利、庞德》，学苑出版
　　社 2012 年版。

吴伏生：《英语世界的陶渊明研究》，学苑出版社 2013 年版。

吴结评：《英语世界里的〈诗经〉研究》，四川大学出版社 2008 年版。

吴其尧：《庞德与中国文化》，上海外语教育出版社 2006 年版。

吴永安：《来自东方的他者——中国古诗在 20 世纪美国诗学建构中的作
　　用》，北京师范大学出版社 2015 年版。

吴原元：《隔绝对峙时期的美国中国学》，上海辞书出版社 2008 年版。

吴云：《陶渊明论稿》，陕西人民出版社 1981 年版。

吴云：《骨鲠处世：吴云讲陶渊明》，天津古籍出版社 2009 年版。

《文学遗产》编辑部：《陶渊明讨论集》，中华书局 1961 年版。

夏康达、王晓平：《二十世纪国外中国文学研究》，天津人民出版社 2000
　　年版。

萧公权：《问学谏往录——萧公权治学漫忆》，学林出版社 1997 年版。

熊文华：《美国汉学史》，学苑出版社 2015 年版。

熊烨编：《千春犹待发华滋——叶嘉莹传》，江苏人民出版社 2014 年版。

徐志啸：《比较文学与中国古典文学》，学林出版社 1995 年版。

徐志啸：《古典与比较》，上海古籍出版社 2003 年版。

徐志啸：《华裔汉学家叶嘉莹与中西诗学》，学苑出版社 2009 年版。

徐志啸：《北美学者中国古代诗学研究》，上海古籍出版社 2011 年版。

许渊冲：《文学与翻译》，北京大学出版社 2003 年版。

［美］薛龙：《哈佛大学费正清中心 50 年史（1955—2005）》，［美］欧立德审，路克利译，陈松校，新星出版社 2012 年版。

乐黛云、陈钰选编：《北美中国古典文学研究名家十年文选（1985—1995）》，江苏人民出版社 1995 年版。

杨联陞著，蒋力编：《哈佛遗墨（修订本）》，商务印书馆 2013 年版。

杨联陞著，蒋力编：《汉学书评》，商务印书馆 2016 年版。

叶嘉莹：《古典诗词讲演集》，河北教育出版社 1997 年版。

叶嘉莹：《好诗共欣赏——陶渊明、杜甫、李商隐三家诗讲录》，台北三民书局 1998 年版。

叶嘉莹：《我的诗词道路》，河北教育出版社 2002 年版。

叶嘉莹：《迦陵诗词稿（增订版）》，中华书局 2008 年版。

叶嘉莹口述，张候萍撰写：《红蕖留梦——叶嘉莹谈诗忆往》，生活·读书·新知三联书店 2013 年版。

叶嘉莹：《叶嘉莹说陶渊明饮酒及拟古诗》，中华书局 2015 年版。

叶维廉：《寻求跨中西文化的共同文学规律》，北京大学出版社 1987 年版。

袁行霈：《陶渊明研究》，北京大学出版社 1997 年版。

袁行霈：《陶渊明集笺注》，中华书局 2011 年版。

［美］宇文所安：《中国传统诗歌与诗学》，陈小亮译，中国社会科学出版社 2013 年版。

［美］宇文所安：《追忆——中国古典文学中的往事再现》，郑学勤译，
　　生活·读书·新知三联书店 2014 年版。

余英时：《余英时回忆录》，台北允晨文化 2018 年版。

张海惠编：《北美中国学——研究概述与文献资源》，中华书局 2010
　　年版。

张隆溪：《走出文化的封闭》，生活·读书·新知三联书店 2004 年版。

张西平编：《西方汉学十六讲》，外语教学与研究出版社 2011 年版。

张西平：《问学于中西之间》，外语教学与研究出版社 2013 年版。

［美］张凤：《哈佛心影录》，上海文艺出版社 2000 年版。

［美］张凤：《哈佛问学录》，重庆出版社 2015 年版。

赵毅衡：《对岸的诱惑——中西文化交流人物》，知识出版社 2003 年版。

赵毅衡：《诗神远游——中国如何改变了美国现代诗》，上海译文出版
　　社 2003 年版。

郑树森：《中美文学因缘》，台湾东大图书公司 1985 年版。

中国社会科学院情报研究所编：《美国中国学手册》，中国社会科学出
　　版社 1981 年版。

钟玲：《美国诗与中国梦》，广西师范大学出版社 2003 年版。

钟优民：《陶渊明论集》，湖南人民出版社 1981 年版。

钟优民：《陶学发展史》，吉林教育出版社 2000 年版。

钟书林：《陶渊明研究学术档案》，武汉大学出版社 2014 年版。

周发祥：《西方文论与中国文学》，江苏教育出版社 1997 年版。

周发祥、李岫主编：《中外文学交流史》，湖南教育出版社 1999 年版。

周发祥、魏崇新编：《碰撞与融合：比较文学与中国古典文学》，外语
　　教学与研究出版社 2005 年版。

周振甫：《文心雕龙今译》，中华书局 1986 年版。

朱光潜：《诗论》，北京出版社 2014 年版。

朱徽：《中国诗歌在英语世界——英美译家汉诗翻译研究》，上海外语教育出版社 2009 年版。

朱徽：《中美诗源》，四川人民出版社 2001 年版。

朱徽：《中英诗艺比较研究》，四川大学出版社 2010 年版。

朱政惠：《美国中国学史研究》，上海古籍出版社 2004 年版。

朱政惠：《美国中国学发展史：以历史学为中心》，中西书局 2014 年版。

朱振武：《汉学家的中国文学英译历程》，华东理工大学出版社 2017 年版。

（二）期刊论文

A. R. 戴维斯：《陶渊明赋辞评注》，包涵译，刘禹宪校，《九江师专学报》（哲学社会科学版）1987 年第 1、2 期合刊。

［美］艾朗诺：《北美学者眼中的唐宋文学》，《社会科学报》2010 年 12 月 23 日第 5 版。

蔡华：《陶渊明饮酒诗英译比读》，《外语与外语教学》2008 年第 2 期（总第 227 期）。

陈才智：《西方〈昭明文选〉研究概述》，载阎纯德主编《汉学研究》第九集，中华书局 2006 年版。

陈思和：《对中西文学关系的思考》，《中国比较文学》2011 年第 2 期。

陈毓贤：《再谈柯立夫和方志彤藏书癖：汉学制度前的产物》，《东方早报》2013 年 6 月 3 日。

戴建业：《个体存在的本体论——论陶渊明饮酒》，《华中师范大学学报》（哲学社会科学版）1994 年第 4 期。

杜景华：《陶渊明诗歌作品中的"酒道"》，《学习与探索》1990 年第 5 期（总第 70 期）。

［美］方志彤：《翻译困境之反思》，王晓丹译，《国际汉学》2016 年第 2 期。

高峰枫：《"所有人他都教过"——方志彤与哈佛在京留学生》，《东方
　　早报·上海书评》2012 年 8 月 19 日。

葛兆光：《论典故——中国古典诗歌中的一种特殊意象的分析》，《文学
　　评论》1989 年第 5 期。

顾钧：《美国汉学的历史分期与研究现状》，《国外社会科学》2011 年第
　　2 期。

顾农：《前期陶渊明的双重人格》，《社会科学辑刊》1996 年第 3 期。

胡静：《用生命感悟古典诗词——叶嘉莹教授访谈录》，《社会科学家》
　　2007 年第 4 期。

黄鸣奋：《哈佛大学的中国古典文学研究》，《文学遗产》1995 年第 3 期。

季进：《面向西方的中国文学研究——艾朗诺访谈录》，《上海文化》2010
　　年第 5 期。

蒋文燕：《研穷省细微，精神入画图——汉学家康达维访谈录》，《国际
　　汉学》2010 年第 2 期。

蒋文燕：《美国汉学家海陶玮赋学研究述评》，《中匈学术交流活动——
　　第二届汉语与中国文学文化国际论坛论文会议手册》，北京外国语
　　大学，2016 年。

［美］康达维：《二十世纪的欧美"文选学"研究》，《郑州大学学报》
　　（哲学社会科学版）1994 年第 1 期。

［美］康达维：《欧美赋学研究概观》，《文史哲》2014 年第 6 期。

李华：《近二十年陶渊明研究综述》，《九江师专学报》（哲学社会科学
　　版）1997 年第 3 期。

李若虹：《汉学和中国学岂能分立山头：柯立夫与杨联陞》（上、下），
　　《文汇学人：学林》2017 年第 319 期。

（台）林文月：《简评海涛著〈中国文学讲论〉》，载《读中文系的人》，
　　文化艺术出版社 2011 年版。

（台）林文月：《怕羞的学者——James Robert Hightower 印象记》，载《交谈》，台北九歌出版社中华民国七十七年（1988 年）版。

木令耆：《方志彤与"他们仨"》，《二十一世纪双月刊》2005 年 4 月号第 88 期。

木令耆：《海陶儿与欧美中国古典文学研究》，《二十一世纪双月刊》2008 年 4 月号（总第 106 期）。

钱兆明、欧荣：《方志彤——〈钻石机诗章〉背后的中国学者》，《英美文学研究论丛》2014 年第 21 辑。

钱兆明、欧荣：《缘起缘落：方志彤与庞德后期儒家经典翻译考》，《浙江大学学报》（人文社会科学版）2015 年第 45 卷第 3 期。

孙康宜：《揭开陶渊明的面具：经典化与读者反馈》，《中国学术》2001 年第 7 辑。

汪榕培：《一语天然万古新》（上），《外语与外语教学》（大连外国语学院学报）1998 年第 10 期。

汪榕培：《让陶渊明走向世界——第二届中日陶渊明学术研讨会文集》，《九江师专学报》2001 年增刊。

吴伏生：《信任与怀疑：中西对陶渊明诗歌的不同阐释》，《中国比较文学》2016 年第 1 期（总第 102 期）。

吴云：《陶渊明〈饮酒〉诗初探》，《山东师范大学学报》（人文社会科学版）1978 年第 6 期。

吴云：《陶渊明〈闲情赋〉散论》，《山东师范大学学报》（人文社会科学版）1980 年第 3 期。

熊文华：《哈佛大学见证美国汉学的发展》，《汉学研究》2010 年第 13 集。

徐文堪：《不该被遗忘的方志彤先生》，《东方早报·上海书评》2011 年 1 月 9 日。

徐志啸：《海外汉学对国学研究的启示——以日本、美国汉学研究个案为例》，《中国文化研究》2012 年第 12 期。

（台）许东海：《系谱·地图·谏书——陶渊明辞赋的归田论述及其文化构图》，《湖北大学学报》（哲学社会科学版）2013 年第 40 卷第 2 期。

叶嘉莹：《中英参照本〈迦陵诗词论稿〉序言——谈成书之经过及当年哈佛大学海陶玮教授与我合作研译中国诗词之理念》，《文学与文化》2012 年第 4 期。

余英时：《中国文化的海外媒介》，载余英时《钱穆与中国文化》，上海远东出版社 1994 年版。

袁行霈：《陶渊明的〈闲情赋〉与辞赋中的爱情闲情主题》，《北京大学学报》（哲学社会科学版）1992 年第 5 期。

［美］杨联陞：《论东晋南朝县令俸禄的标准——陶潜不为五斗米折腰新释质疑》，《东洋史研究》1962 年第 2 期。

张中：《陶渊明在国外》，《南京师大学报》（社会科学版）1982 年第 3 期。

朱徽：《互涉文本：美国现代诗中的中国诗》，《中国比较文学》1995 年第 1 期。

朱徽：《美国后现代诗歌与中国古诗》，《外国文学》2003 年第 5 期。

（三）学位论文

段漫：《他乡的流变——陶渊明诗歌英译及陶渊明形象变迁研究》，硕士学位论文，上海外国语大学，2014 年。

靳成诚：《陶渊明作品英译研究》，硕士学位论文，北京大学，2011 年。

刘秀俊：《"中国文化的海外媒介"——杨联陞学术交往探要》，博士学位论文，山东大学，2010 年。

田晋芳：《中外现代陶渊明接受之研究》，博士学位论文，复旦大学，

2010 年。

应梅：《"汉学西渐的使者" ——跨文化人方志彤研究》，硕士学位论

文，杭州师范大学，2014 年。

四　外文参考文献

（一）英文著作

Acker, William, *T' ao the Hermit*, *Sixty Poems by T'ao Ch'ien* （365 –
427）, London：Thames and Hudson, 1952.

Birch, Cyril and Keene, Donald, *Anthology of Chinese literature*：*From
Early Times to the Fourteenth Century*, New York：Grove Press, 1965.

Birch, Cyril, ed. , *Anthology of Chinese Literature*, （Volume Ⅱ）, New
York：Grove Press, 1972.

Bishop, John L. , *Studies in Chinese literature*, Cambridge Massachusetts：
Harvard University Press, 1965.

Ch' en, Shouyi, *Chinese Literature*：*A historical Introduction*, New York：
The Ronald Press Company, 1961.

The Poems of T'ao Ch'ien, trans. Chang, Lily Pao-hu and Sinclair, Marjo-
rie, Honolulu：University of Hawaii Press, 1953.

Chen, Eoyang Eugene, *The Transparent Eye*：*Reflections on Translation*,
Chinese Literature and Comparative Poetics, University of Hawaii Press,
1993.

Chow Tse-tsung, ed. , *Wen-lin*：*Studies in the Chinese Humanities*, Madi-
son：University of Wisconsin Press, 1968.

Cohen, Paul A. , *Discovering History in China*：*American Historical Writing
on the Recent Chinese Past*, New York：Columbia University Press,

1984.

David, Damrosch, *The Longman Anthology of World Literature*, New York: Longman, 2004.

Fairbank, John King, *The United States and China*, Cambridge: Harvard University Press, 1983.

Feng, Yuanchun, *A short History of Classical Chinese Literature*, Peking: Foreign Language Press, 1958.

Giles, Herbert Allen, *A history of Chinese Literature with a supplement on the Modern Period by Liu wu-chi*, New York: Frederick Unger Publishing Co. , 1967.

Giles, Herbert Allen, *Gems of Chinese Literature*, Shanghai: Kelly and Walsh, 1883.

Giles, Herbert Allen, *Chinese Poetry in English Verse*, London: Bernard Quaritch, 1898.

Hinton, David, *The Selected Poems of T'ao Ch'ien*, Copper Canyon Press, 1993.

Hinton, David, *Classical Chinese Poetry*, New York: Farrar, Straus and Gioux, 2008.

Kwong, Charles Yim-tze, *Tao Qian and the Chinese Poetic Tradition: The Quest for Cultural Identity*, Ann Arbor: The University of Michigan, 1994.

Lai, M. , *A History of Chinese Literature*, New York: The John Day Company Inc, 1964.

Lindbeck, John M. H. , *Understanding China: An Assessment of American Scholarly Resources*, New York: Praeger Publishers, 1971.

Liu, James J. Y. , *Chinese Theories of Literature*, Chicago: University of

Chicago Press, 1975.

Liu, James J. Y. , *The Art of Chinese Poetry*, Chicago: University of Chicago Press, 1962.

Liu, Wuchi, *An introduction to Chinese Literature*, Bloomington: Indiana University Press, 1966.

Lyman, Bishop John, *Studies in Chinese Literature*, Cambridge: Harvard University Press, 1965.

Mair, Victor H. , *The Columbia Anthology of Traditional Chinese Literature*, New York: Columbia University Press, 1994.

Maynard, Mack, *The Norton Anthology of World Masterpieces*, New York: Norton, 1992.

Minford, John and Lau, Joseph S. M. eds. , *Anthology of translations of Classical Chinese Literature* (Volume One), Hong Kong: Columbia University Press and The Chinese University Press, 2000.

Owen, Stephen, *Reading in Chinese Literary Thought*, Cambridge: Harvard University Press, 1992.

Owen, Stephen, *An Anthology of Chinese Literature*, New York: Norton, 1996.

Pound, Ezra, *Lustra of Ezra Pound with Early Poems*, New York: A. A. Knopf New, 1917.

Richard, Davis Albert, *Tao Yuan-ming (AD. 365 – 427) his works and their meaning*, Hong Kong: Hong Kong University Press, 1983.

Robert, Payne, ed. , *The white pony: an anthology of Chinese poetry from the earliest times to the present day*, New York: The John Day Company, 1947.

Roberts, David, *Jean Stafford: A Biography*, London: Chatto and Windus,

1988.

Sun，Kang-I Chang，*Six Dynasties Poetry*，Princeton：Princeton University Press，1986.

Swartz，Wendy，*Reading Tao Yuanming*：*Shifting Paradigms of Historical Reception*（427—1900），Cambridge Mass：Harvard University Press，2008.

Waley，Arthur，*One Hundred & Seventy Chinese Poems*，London：Constable and Company Ltd.，1918.

Watson，Burton，*The Columbia book of Chinese poetry*：*early times to the thirteenth century*，New York：Columbia University Press，1984.

Watson，Burton trans.，*The Columbia Book of Chinese Poetry*：*From Early Times to the Thirteenth Century*，New York：Columbia University Press，1986.

Yang，Lien-Sheng，*Topics in Chinese History*，Cambridge：Harvard University Press，1950.

Zhang，Longxi，*The Tao and Logos*：*Literacy Hermeneutics*，*East and West*，Durham：Duke University Press，1992.

（二） 期刊论文

Baxter，Glen William，"Metrical Origins of the Tz'u"，*Harvard Journal of Asiatic Studies*，Vol. 16，No. 1/2，June 1953.

Bear，Peter M.，"Review on *The Poetry of T'ao Ch'ien*"，*Bulletin of the School of Oriental and African Studies*，Vol. 34，1971.

Bodde，Derk，"Review on *Topics in Chinese Literature* by James Hightower and *Topics in Chinese History* by Lien-sheng Yang"，*Journal of the American Oriental Society*，Vol. 71，No. 1，Jan. –Mar. 1951.

Chou，Shan，"Allusion and Periphrasis as Modes of Poetry in Tu Fu's 'Eight

Laments'", *Harvard Journal of Asiatic Studies*, Vol. 45, No. 1, June 1985.

Crump, "Review on *Han Shih Wai Chuan*", *The Far Eastern Quarterly*, Vol. 12, No. 2, February 1953.

David Hawkes, "Review on *Han Shih Wai Chuan*", *The Journal of the Royal Asiatic Society of Great Britain and Ireland*, No. 3/4, October 1953.

Davis, A. R., "Allusion in T'ao Yüan-ming", *Asia major*, N. S. 5., 1956.

Frankel, Hans H., "Review on *The Poetry of T'ao Ch'ien*", *Harvard Journal of Asiatic Studies*, Vol. 31, 1971.

Fusek, Lois M., "Review on *The Poetry of T'ao Ch'ien*", *Journal of the American Oriental Society*, Vol. 93, No. 1, Jan. – Mar. 1971.

George A. Kennedy, "Review on *Han Shih Wai Chuan*", *Journal of the American Oriental Society*, Vol. 74, No. 4, Oct. – Dec. 1954.

Hanan, Patrick, et. al., "Memorial Minute-James Robert Hightower (1915—2006)", *Minutes of Meeting of the Faculty of Arts and Sciences*, Harvard University, 1 May 2007.

Holzman, Donald, "Review on *The Poetry of T'ao Ch'ien*", *T'ong Pao*, Second Series, Vol. 57, livr. 1/4, 1971.

Hummel, Arthur W., "Review on *Topics in Chinese Literature*", *The Far Eastern Quarterly*, Vol. 10, No. 2, February 1951.

Kao, Yu-kung and Mei, Tsu-lin, "Meaning, Metaphor and Allusion in T'ang Poetry", *Harvard Journal of Asiatic Studies*, Vol. 38, 1978.

Lattimore, David, "Allusion and T'ang Poetry", in Arthur F. Wright and Denis Twitchett eds., *Perspectives on the T'ang*, New Haven: Yale University Press, 1973.

Miao, Ronald C., "Review on *The Poetry of T'ao Ch'ien*", *The Journal of*

Asian Studies, Vol. 30, No. 3, May 1971.

Moseley, Eva S., "James Robert Hightower Dies at 90", *Harvard University Gazette*, 2, March 2006.

Owen, Stephen, "The Self's Perfect Mirror: Poetry as Autobiography", in Lin, Shuen-fu and Owen, Stephen eds., *The Vitality of Lyric Voice: Shi Poetry from the Late Han to the* T'ang, Princeton: Princeton University Press, 1986.

P. W. K., "Review on *Studies in Chinese Poetry*", *Journal of the American Oriental Society*, Vol. 120, No. 1, Jan. – Mar. 2000.

Sarton, George and Siegel, Frances, "Seventy-Sixth Critical Bibliography of the History and Philosophy of Science and of the History of Civilization", *Isis*, Vol. 41, No. 3/4, December 1950.

Schafer, Edward H., "Review on *Perspectives on the T'ang*", *Journal of the American Oriental Society*, Vol. 95, No. 3, Jul. – Sep. 1975.

Sun, Kang-I Chang, "Symbolic and Allegorical Meanings in the Yüeh-fu pu-t'i Poem Series", *Harvard Journal of Asiatic Studies*, Vol. 46, No. 2, December 1986.

Sun, Kang-I Chang, "The Unmasking of Tao Qian and the Indeterminacy of Interpretation", in Cai, Zong-qi, ed., *Chinese Aesthetics: The Ordering of Literature, Arts, And the Universe in the Six Dynasties*, Honolulu: University of Hawaii press, 2004.

Wang, C. H., "Review on *Studies in Chinese literary genres*", *Comparative Literature*, Vol. 29, No. 4, Autumn 1977.

附　录

一　海陶玮年谱

（1915. 5. 7—2006. 1. 8）

1915 年，0 岁

詹姆斯·罗伯特·海陶玮，又名罗伯特（Robert）或鲍勃（Bob），出生在美国俄克拉荷马州（Oklahoma）的萨尔弗（Sulphur）。①

父亲名叫劳瑞斯·丹泽尔·海陶玮（Loris Denzil Hightower），母亲名叫波特·莫凯迪（Berta Mckedy），因出生后母亲一直生病，被送往印第安纳州（Indiana）外祖父母家里生活。②

---

① Eva S. Moseley, "James Robert Hightower Dies at 90", *Harvard Gazette Archives*, 2 March 2006；关于萨尔弗（Sulphur）当时的社会背景状况，可见 E. Bruce Brooks, "speech", in Eva S. Moseley, ed., *James Robert Hightower, 7 May 1915 – 8 January 2006, Victor S. Thomas Professor of Chinese Literature, Emeritus Harvard University：Speeches at a memorial gathering at 2 Divinity Avenue, Cambridge Massachusetts, Saturday 14 October*, 2006, February 2009.（以下简称"*Speeches at a memorial gathering*, February 2009"），p. 15.

② E. Bruce Brooks, "speech", in Eva S. Moseley, ed., *Speeches at a memorial gathering*, p. 15.

1916 年，1 岁

母亲波特·莫凯迪去世。①

1917 年，2 岁

父亲再婚，海陶玮重回家庭生活。②

跟随父亲在科罗拉多州萨里达（Salida）长大。③ 父亲是当地的教育学监（superintendent）和学校教师。④

1936 年，21 岁

由于阅读庞德（Ezra Pound，1885—1972）的英译诗歌，对中国文学产生浓厚的兴趣。

在科罗拉多大学博尔德分校跟随史麟书（Earl Swisher）开始学习中文。⑤

从科罗拉多大学博尔德分校医科化学专业毕业⑥，获得学士学位⑦。

申请获批德国海德堡大学奖学金，赴海德堡大学学习语言学，同时兼修中文。

曾到巴黎大学（索邦大学，La Sorbonne）学习诗歌和小说，同时兼

---

① Eva S. Moseley，"James Robert Hightower Dies at 90"，*Harvard Gazette Archives*，2 March 2006.

② E. Bruce Brooks，"speech"，in Eva S. Moseley，ed.，*Speeches at a memorial gathering*，p. 15.

③ Eva S. Moseley，"James Robert Hightower Dies at 90"，*Harvard Gazette Archives*，2 March 2006.

④ Ibid.

⑤ E. Bruce Brooks，"speech"，in Eva S. Moseley ed.，*Speeches at a memorial gathering*，p. 16. 史麟书（Earl Swisher，1902—1975），1933 年从哈佛获得博士学位，1935 年秋到科罗拉多大学任教，教授中文和亚洲历史。

⑥ 科罗拉多大学博尔德分校（University of Colorado at Boulder，简称 U-Boulder 或 U. C. B.）成立于 1876 年，是科罗拉多大学主校区，位于洛叽山麓的博尔德市。

⑦ Eva S. Moseley，"James Robert Hightower Dies at 90"，*Harvard Gazette Archives*，2 March 2006.

修中文。

1937 年，22 岁

被美国哈佛大学录取为远东语言和比较文学专业硕士研究生，开始学习汉语和中国文学。①

1940 年，25 岁

获得哈佛大学文学硕士学位。②

与弗洛伦萨·科尔（Florence Cole，1916—1981）相爱并结婚，昵称为"Bunny"③。弗洛伦萨是儿童读物畅销书作家。④ 两人育有 3 个儿子 1 个女儿共 4 个孩子。⑤

申请攻读哈佛大学博士学位，导师是叶理绥（Serge Elisséeff）。⑥

获得哈佛燕京学社奖学金，与新婚妻子来到北京（时称北平）留学，撰写博士论文，并继续学习汉语和中国文学。⑦ 担任燕京大学中印研究所主任。⑧

---

① Patrick Hanan, et al., "Memorial Minute-James Robert Hightower (1915–2006)", *Minutes of Meeting of the Faculty of Arts and Sciences*, Harvard University, 1 May 2007.

② http://ealc. fas. harvard. edu/james-robert-hightower. 海陶玮的硕士论文，笔者在哈佛大学档案馆、图书馆等都未查到原文。

③ Eva S. Moseley, "James Robert Hightower Dies at 90", *Harvard Gazette Archives*, 2 March 2006.

④ 弗洛伦萨·海陶玮（Florence Hightower），美国人，1916 年 6 月 9 日出生在马萨诸塞州波士顿，1937 年美国纽约州波启浦夕市瓦萨学院毕业，1940 年与海陶玮结婚，1981 年 3 月 6 日去世，是儿童读物作家，入选《二十世纪儿童作家》，生平简历、主要著作和评价见 D. L. Kirkpatrick ed., *Twentieth-century Children's Writers*, St. James Press, 1989, pp. 447–448。

⑤ 叶嘉莹口述，张候萍撰写：《红蕖留梦——叶嘉莹谈诗忆往》，生活·读书·新知三联书店 2013 年版，第 176 页。

⑥ 维基百科，https://en. wikipedia. org/wiki/James_ Robert_ Hightower。

⑦ Eva S. Moseley, "James Robert Hightower Dies at 90", *Harvard Gazette Archives*, 2 March, 2006.

⑧ Ibid.

经赫芙介绍，与方志彤（Achilles Fang）相识并求教。①

1941 年，26 岁

珍珠港事件爆发，美日宣战。海陶玮和众多英美人在中国的日军占
领区被拘捕监禁。

1943 年，28 岁

和中国北方的英美人被关押在青岛西北方、山东东部潍县的一个战
俘集中营。② 工作、生活等实行严格管制，海陶玮被分配到集中营的厨
房做清洁员。③

日美交换战俘，海陶玮得以释放并遣返。④ 通过贿赂看守，他从集
中营中偷偷带出了《韩诗外传》译注稿。⑤

被征召到美国国防部华盛顿五角大楼的陆军军事情报部门工作，主
要负责破译日军电码。⑥

1946 年，31 岁

以上尉军衔退伍，⑦ 回到波士顿剑桥的哈佛大学。

---

① 高峰枫：《"所有人他都教过"——方志彤与哈佛在京留学生》，《东方早报·上海书
评》2012 年 8 月 19 日。

② Eva S. Moseley, "James Robert Hightower Dies at 90", *Harvard Gazette Archives*, 2 March
2006.

③ E. Bruce Brooks, "speech", in Eva S. Moseley, ed., *Speeches at a memorial gathering*, p. 18.

④ Eva S. Moseley, "James Robert Hightower Dies at 90", *Harvard Gazette Archives*, 2 March
2006；［德］傅吾康：《为中国着迷，一位汉学家的自传》，欧阳甦译，李雪涛、苏伟妮校，
［德］傅复生审定，社会科学文献出版社 2013 年版，第 128 页，上部第五章"中国岁月：
1937—1950 年"。

⑤ *The Han Shih Wai Chuan*, trans. James Robert Hightower, Preface, Ph. D. dissertation Har-
vard University, 1946. （Harvard University Archives HU 90. 4976.）

⑥ Eva S. Moseley, "James Robert Hightower Dies at 90", *Harvard Gazette Archives*, 2 March
2006.

⑦ Ibid.

以《韩诗外传》（前两章）提交到哈佛大学远东语言系，获得哈佛大学比较文学专业哲学博士学位。①

任哈佛大学远东系讲师。②

揩妻子和两个儿子（Jemey and Sam）再度来到北京，继续研究中国文学。③

任美国亚洲学会主任。

任哈佛大学燕京学社副主任。

1947 年，32 岁

给方树梅《滇南碑传集》写的书评发表在《哈佛亚洲学报》。④

给 Shau Wing Chan《罗马注音简明英汉词典》写的书评发表在《哈佛亚洲学报》。⑤

给法国 Joseph Schyns 神父《可阅读的小说与禁毁的小说》写的书评发表在《哈佛亚洲学报》。⑥

1948 年，33 岁

携眷从中国北京回到哈佛大学，教授《初级汉语》《中级汉语》和《中国文学史》等课程。

---

① http：//ealc. fas. harvard. edu/james-robert-hightower.

② Eva S. Moseley，"James Robert Hightower Dies at 90"，*Harvard Gazette Archives*，2 March 2006.

③ Eva S. Moseley，"James Robert Hightower Dies at 90"，*Harvard Gazette Archives*，2 March 2006.

④ James Robert Hightower，"Review on *Tien-nan pei -chuan* chi by Fang Shu-mei"，*Harvard Journal of Asiatic Studies*，Vol. 9，No. 3/4，February 1947，pp. 380 - 381.

⑤ James Robert Hightower，"Review on *A Concise English-Chinese Dictionary with Romanized Standard Pronunciation*"，*Harvard Journal of Asiatic Studies*，Vol. 9，No. 3/4，February 1947，pp. 376 - 378.

⑥ James Robert Hightower，"Review on *Romans à lire et romans à proscrire by Father Joseph Schyns*"，*Harvard Journal of Asiatic Studies*，Vol. 9，No. 3/4，February 1947，pp. 378 - 379.

被任命为助理教授。

与杨联陞同时出任《哈佛亚洲学报》编委。

论文《韩诗外传和三家诗》（The Han-shih Wai-chuan and the San chia shih）发表在《哈佛亚洲学报》。

1950 年，35 岁

《中国文学论题》（*Topics in Chinese Literature*）由哈佛大学出版社出版。①

为日本学者吉川幸次郎、入矢义高、田中谦二《杨氏女杀狗劝夫杂剧》、吉川幸次郎《元杂剧研究》、吉川幸次郎《唐代诗与散文》写书评，发表在《远东季刊》。②

1951 年，36 岁

美国学者卜德为海陶玮《中国文学论题》（*Topics in Chinese Litera-ture*）和杨联陞《中国历史研究》（*Topics in Chinese History*）合并撰写书评，发表在《美国东方学会杂志》。③

为佐久節《汉诗大观》写书评，发表在《远东季刊》。④

英国汉学家阿瑟·韦利为海陶玮《中国文学论题》撰写书目推介，

---

① James Robert Hightower, *Topics in Chinese Literature: Outlines and Bibliographies*, Cambridge Massachusetts: Harvard University Press, 1950.

② James Robert Hightower, "Review on *The tsa-chü play, A lady of the Yang family kills a dog to reform her husband* by YOSHIKAWA KŌJIRŌ, IRIYA YOSHITAKA and TANAKA KENJI; *Studies in the Yüandrama* by YOSHIKAWA KŌJIRŌ; *T'ang dynasty poetry and prose* by YOSHIKAWA KŌJIRŌ", *The Far Eastern Quarterly*, Vol. 9, No. 2, February 1950, pp. 208 – 214.

③ Derk Bodde, "Reviews on *Topics in Chinese Literature* and *Topics in Chinese History*", *Journal of the American Oriental society*, Vol. 71, No. 1, Jan. – Mar. 1951, p. 92.

④ James Robert Hightower, "Review on *A panorama of Chinese Poetry* by SAKU SETSU", *The Far Eastern Quarterly*, Vol. 11, No. 1, November 1951, pp. 85 – 89.

发表在《皇家亚洲学会学报》。①

1952 年，37 岁

在博士论文基础上修订形成译著《韩诗外传：韩婴对〈诗经〉教化作用的诠释》（*Han Shih Wai Chuan：Han Ying's Illustrations of the Didactic Application of the Classic of Songs*），并由哈佛大学出版社出版。

任副教授。②

为奥地利汉学家赞克（Erwin von Zach）《杜甫诗集》（*Tu Fu's Gedichte*）所写序言并随书发表。③

为奥地利汉学家赞克（Erwin von Zach）《韩愈诗集》（*Han Yü's poetische Werke*）所写序言并随书发表。④

为英国汉学家修中城《文辞的艺术——公元 302 年陆机〈文赋〉的翻译比较研究》撰写书评，发表在《美国东方学会杂志》。⑤

1953 年，38 岁

著作《中国文学论题》（*Topics in Chinese Literature*）再版。

论文《世界文学中的中国文学》（Chinese Literature in the Context of World Literature）发表在《比较文学》（*Comparative Literature*）。⑥

---

①　A. Waley, *The Journal of the Royal Asiatic Society of Great Britain and Ireland*, No. 1/2, April 1951, p. 114.

②　Patrick Hanan, et al., "Memorial Minute-James Robert Hightower（1915—2006）", *Minutes of Meeting of the Faculty of Arts and Sciences*, Harvard University, 1 May 2007.

③　Erwin von Zach, *Tu Fu's Gedichte*, Cambridge：Harvard University Press, 1952.

④　Erwin von Zach, *Han Yü's poetische Werke*, Cambridge：Harvard University Press, 1952.

⑤　James Robert Hightower, "Review on *The Art of Letters*, *Lu Chi's 'Wen Fu'*, A. D. 302, A Translation and Comparative Study", *Journal of the American Oriental Society*, Vol. 72, No. 4, Oct. – Dec. 1952, pp. 184 – 188.

⑥　James Robert Hightower, "Chinese Literature in the Context of World Literature", *Comparative Literature*, Vol. 5, No. 2, Spring 1953, pp. 117 – 124.

为威廉·艾克（William Acker）《隐士陶，陶潜的 60 首诗（365—427）》撰写书评，发表在《哈佛亚洲学报》。①

为日本京都大学中国语言文学院《王维诗索引》撰写书评，发表在《哈佛亚洲学报》。②

英国汉学家霍克思（David Hawkes）为海陶玮《韩诗外传》译著撰写书评，发表在《皇家亚洲学会学报》。③

美国语言学家、汉学家金守拙（George A. Kennedy）为海陶玮《韩诗外传》译著撰写书评，发表在《美国东方学会杂志》。④

为德国汉学家威廉·贡德特《东方诗歌》撰写书评，发表在《远东季刊》。⑤

为美国汉学家顾立雅（Herrlee Glessner Creel）《启发式文学汉语学习》撰写书评，发表在《亚洲艺术》。⑥

1954 年，39 岁

论文《陶潜的赋》（The Fu of T'ao Ch'ien）发表在《哈佛亚洲学报》。⑦

参加英国剑桥召开的国际东方学者大会第 23 届大会，见到傅吾康、

---

① James Robert Hightower, "Review on *T'ao the Hermit, Six Poems by T'ao Ch'ien* (365 – 427)", *Harvard Journal of Asiatic Studies*, Vol. 16, No. 1/2, June 1953, pp. 265 – 270.

② James Robert Hightower, "Review on *Wang Wei shih so-yin*" 王維詩索引（*An Index to Wang Wei's Poetical Works*）, *Harvard Journal of Asiatic Studies*, Vol. 16, No. 1/2, June 1953, pp. 270 – 271。

③ David Hawkes, "Review on *Han Shih Wai Chuan*", *The Journal of the Royal Asiatic Society of Great Britain and Ireland*, No. 3/4, October 1953, p. 165.

④ George A. Kennedy, "Review on *Han Shih Wai Chuan*", *Journal of the American Oriental Society*, Vol. 74, No. 4, Oct. – Dec. 1954, pp. 279 – 280.

⑤ James Robert Hightower, "Review on *Lyrik des Ostens*", *The Far Eastern Quarterly*, Vol. 13, No. 1, November 1953, pp. 65 – 66.

⑥ James Robert Hightower, "Review on *Chang Tsung-c'ien, Richard C. Rudolf: Literary Chinese by the Inductive Method*", *Artibus Asiae*, Vol. 16, No. 3, 1953, pp. 244 – 245.

⑦ James Robert Hightower, "The Fu of T'ao Ch'ien", *Harvard Journal of Asiatic Studies*, Vol. 17, No. 1/2, June 1954, pp. 169 – 230.

卜爱玲、福华德、白乐日、何四维、李约瑟等人。①

论文《屈原研究》被收录在日本《京都大学创立二十五年纪念文集》。②

1955 年，40 岁

为美国汉学家顾立雅《从孔夫子到毛泽东的中国思想》撰写书评，发表在《亚洲艺术》。③

开设《人文学》（Humanities 112）和《中日文学》（Chinese and Japanese literature）等课程。④

1956 年，41 岁

《哈佛亚洲学报》对《中国文学论题》进行书目推介。⑤

论文《文选与文类理论》发表在《哈佛亚洲学报》。⑥

为卫德明《文人的无奈：一种赋的笔记》撰写书评。⑦

1958 年，43 岁

任哈佛大学中国文学教授。⑧

---

① ［德］傅吾康：《为中国着迷，一位汉学家的自传》，欧阳甦译，李雪涛、苏伟妮校，［德］傅复生审定，社会科学文献出版社 2013 年版，第 291 页，下部第七章"学术会议与大会"。

② James Robert Hightower, "Ch'u Yuan Studies", *in Silver Jubilee Volume of the Zinbun Kagaku Kenkyusho*, Kyoto University, Kyoto：Nissha, 1954.

③ James Robert Hightower, "Review on *Chinese Thought from Confucius to Miao Tse-tung*", *Artibus Asiae*, Vol. 18, No. 3/4, 1955, pp. 321 – 322.

④ Eva S. Moseley, "speech", in Eva S. Moseley, ed., *Speeches at a memorial gathering*, p. 29.

⑤ "Back Matter", *Harvard Journal of Asiatic Studies*, Vol. 19, No. 1/2, June 1956.

⑥ James Robert Hightower, "The *Wen Hsüan* and Genre Theory", *Harvard Journal of Asiatic Studies*, Vol. 20, 1957, pp. 512 – 533.

⑦ James Robert Hightower, "Review on *The scholar's frustration：Notes on a type of fu*", *Revue Bibliographique de Sinologie*, Vol. 3, 1957, pp. 256 – 257.

⑧ Patrick Hanan, et al., "Memorial Minute-James Robert Hightower（1915—2006）", *Minutes of Meeting of the Faculty of Arts and Sciences*, Harvard University, 1 May 2007.

　　为法国汉学家布鲁诺·波尔佩《唐代文学选集》写的书评发表在
《哈佛亚洲学报》。①

　　为日本汉学家武部利男《李白》、日本汉学家黑川洋一《杜甫》撰
写书评，发表在《哈佛亚洲学报》。②

　　为法国汉学家帕特里亚·吉耶尔马《中国诗选》撰写书评，发表
在《哈佛亚洲学报》。③

1959 年，44 岁

　　任德国汉堡大学客座教授。④

　　论文《骈文指要》发表在《汉学研究》。⑤

　　论文《贾谊的鵩鸟赋》发表在《亚洲专刊》。⑥

　　为施友忠《文心雕龙》写的书评发表在《哈佛亚洲学报》。⑦

　　为日本汉学家吉川幸次郎、小川环树编《中国诗人选集》写的书
评发表在《哈佛亚洲学报》。⑧

---

　　① James Robert Hightower, "Review on *T' ang kien wen tse* by Bruno Belpaire", *Harvard Journal of Asiatic Studies*, Vol. 21, December 1958, pp. 187 – 190.

　　② James Robert Hightower, "Review on *Rihaky* by Takabe Toshio and *Toho* by kurokawa Yoichi", *Harvard Journal of Asiatic Studies*, Vol. 21, Dec. 1958, pp. 192 – 193.

　　③ James Robert Hightower, "Review on *La Poésie Chinoise* par Patricia Guillermaz", *Harvard Journal of Asiatic Studies*, Vol. 21, Dec. 1958, pp. 190 – 192.

　　④ 中国社会科学院情报研究所编：《美国中国学手册》，中国社会科学出版社 1981 年版，第 184 页。

　　⑤ James Robert Hightower, "Some Characteristics of Parallel Prose", *Studia Serica Bernard Karlgren Dedicata*, 1959, pp. 60 – 91.

　　⑥ James Robert Hightower, "Chia I's Owl *Fu*", *Asia Major*, Vol. 7, 1959, pp. 125 – 130.

　　⑦ James Robert Hightower, "Review on *The Literary Mind and the Carving of Dragons by Liu Hsieh, A Study of Thought and Pattern in Chinese Literature*", *Harvard Journal of Asiatic Studies*, Vol. 22, December 1959, pp. 280 – 288.

　　⑧ James Robert Hightower, "Review on *Chūgoku shijin senshū* by Yoshikawa kōjirō and Ogawa Tamaki", *Harvard Journal of Asiatic Studies*, Vol. 22, December 1959, pp. 288 – 289.

到德国汉堡大学，代理德国汉学家傅吾康的工作。①

1960 年，45 岁

任哈佛东亚研究委员会主席。②

为陈受颐《中国文学史纲》写的书评发表在《哈佛亚洲学报》。③

参加在剑桥大学彼得豪斯学院召开的"世界社会思想史会议"，提交论文《中国文学中的个人主义》（Individualism in Chinese Literature）。

1961 年，46 岁

任哈佛远东语言系（后东亚语言文明系）主任。④

为张郢南、沃姆斯利《王维的诗》写的书评发表在《亚洲艺术》⑤。

为德国汉学家弗朗茨·库恩《肉蒲团》（德译本）写的书评发表在《远东学报》（Oriens Extremus）。⑥

论文《中国文学中的个人主义》发表在《思想史研究学刊》（Journal of the History of Ideas）。⑦

---

① ［德］傅吾康：《为中国着迷，一位汉学家的自传》，欧阳甦译，李雪涛、苏伟妮校，［德］傅复生审定，社会科学文献出版社 2013 年版，第 267 页，下部第六章"汉堡：1958—1962"。

② Eva S. Moseley, "James Robert Hightower Dies at 90", *Harvard Gazette Archives*, 2 March 2006.

③ James Robert Hightower, "Review on *Literature, A Historical Introduction* by Ch'en Shou-Yi", *Harvard Journal of Asiatic Studies*, Vol. 23, 1960-1961, pp. 157-167.

④ Eva S. Moseley, "James Robert Hightower Dies at 90", *Harvard Gazette Archives*, 2 March 2006.

⑤ James Robert Hightower, "Review on *Poems by Wang Wei*", *Ars Orientalis*, Vol. 4, 1961, pp. 444-446.

⑥ James Robert Hightower, "Review on *Franz Kuhn and His Translation of Jou P'u-t'uan*", *Oriens Extremus*, Vol. 8, No. 2, 1961, p. 2.

⑦ James Robert Hightower, "Individualism in Chinese Literature", *Journal of the History of Ideas*, Vol. 22, No. 2, Apr.-Jun. 1961, pp. 159-168.

1962 年，47 岁

为英国汉学家霍克思《北方的诗歌——楚辞》撰写序言，并对霍克思本人和著作做出高度评价。①

1963 年，48 岁

《国际百科全书》（*Encyclopedia International*）出版，其中有海陶玮撰写的《中国文学》辞条，介绍中国的诗歌、戏剧和散文等。②

1964 年，49 岁

从哈佛东亚研究委员会主席一职卸任。③

为刘若愚《中国诗艺》写的书评发表在《亚洲研究学刊》。④

1965 年，50 岁

从远东语言系（后东亚语言文明系）主任一职卸任。⑤

《陶潜的赋》《文选与文类理论》《骈文指要》全文收录在毕晓普《中国文学研究》并由哈佛大学出版社出版。⑥

获富布莱特—海斯研究奖金，在台湾从事研究。⑦

----

① James Robert Hightower intro. , *The Songs of the South*, *Ch'u Tz'u*, *an ancient Chinese Anthology* by David Hawkes, Boston Press, 1962, vi.

② James Robert Hightower, "Chinese Literature", in *The ENCYCLOPEDIA INTERNATIONAL* (Vol. 4), New York: American Book-Stratford Press, 1970, pp. 376 – 378. 该书首版印刷为 1963 年。

③ Eva S. Moseley, "James Robert Hightower Dies at 90", *Harvard Gazette Archives*, 2 March 2006.

④ James Robert Hightower, Review on *The Art of Chinese Poetry*, *The Journal of Asian Studies*, Vol. 23, No. 2, February 1964, pp. 301 – 302.

⑤ Eva S. Moseley, "James Robert Hightower Dies at 90", *Harvard Gazette Archives*, 2 March 2006.

⑥ Bishop John Lyman, *Studies in Chinese Literature*, Cambridge: Harvard University Press, 1965.

⑦ 中国社会科学院情报研究所编：《美国中国学手册》，中国社会科学出版社 1981 年版，第 184 页。

在台湾南港区"中央研究院"翻译《陶潜诗集》。①

1966 年，51 岁

《中国文学论题》（*Topics in Chinese Literature*）由哈佛大学出版社再版。②

到日本京都拜访了汉学家吉川幸次郎。

作为美国富布莱特委员会的考官面试交换项目候选人，与叶嘉莹初次相识并开始了长达多年的合作。③

邀请叶嘉莹到哈佛大学进行两个月的暑期合作研究。在这次合作中，海陶玮主要进行陶渊明诗文的翻译和研究，并把叶嘉莹论文《论吴文英词：基于现代视角》（*Wu Wen-Ying's Tz' u：A Modern View*）译成英文。④

1967 年，52 岁

参加美国学术团体理事会的中国文明研究委员会在北大西洋的百慕大岛（Bermuda Island）举办的"中国文类研究"（Studies in Chinese Literary Genres）为主题的学术会议，学术会议的成果为《中国文学体裁研究》（*Studies in Chinese Literary Genres*）⑤。海陶玮提交的论文为《论陶渊明的饮酒诗》（T'ao Ch'ien's "DrinkingWine" Poems）。

邀请叶嘉莹以访问教授名义再赴哈佛大学进行合作研究，这次合作研

---

①　James Robert Hightower, *The Poetry of T'ao Ch'ien*, Preface, Oxford：Clarendon Press, 1970.

②　Patrick Hanan, et al. ，"Memorial Minute-James Robert Hightower（1915 – 2006）", *Minutes of Meeting of the Faculty of Arts and Sciences*, Harvard University, 1 May 2007.

③　叶嘉莹口述，张候萍撰写：《红蕖留梦——叶嘉莹谈诗忆往》，生活·读书·新知三联书店 2013 年版，"第五章漂泊北美"。

④　同上书，第 162 页。

⑤　王晓路主编：《北美汉学界的中国文学思想研究》，巴蜀书社 2008 年版，第 30 页。

究中，海陶玮主要进行陶渊明诗文的翻译和研究，并把叶嘉莹论文《论常州词派的词论》（The Chang-chou School of Tz'u Criticism）译成英文。①

1968 年，53 岁

论文《陶潜的饮酒诗》收录在周策纵编《文林：中国人文科学研究》。②

1969 年，54 岁

再次邀请叶嘉莹到哈佛大学合作，但叶嘉莹因签证原因无法前往。海陶玮介绍帮助叶嘉莹到加拿大温哥华大不列颠哥伦比亚大学任教。③

暑期与叶嘉莹继续合作研究。叶嘉莹完成了有关王国维及其文学批评的研究，海陶玮因为与叶嘉莹合作的缘故，开始转向宋词研究。④

1970 年，55 岁

和叶嘉莹应邀共赴加勒比海的维尔吉群岛（Virgin Islands）参加由美国学术团体理事会中国文明研究委员会关于中国文学评赏途径（Chinese Approaches to Literature）的国际会议，论文集为《中国的文学批评方法：从孔子到梁启超》，（*Chinese Approaches to Literature from Confucius to Liang Ch'i-chao*）。⑤

著作《陶潜诗集》（*The Poetry of T'ao Ch'ien*）出版。

---

① 叶嘉莹口述，张候萍撰写：《红蕖留梦——叶嘉莹谈诗忆往》，生活·读书·新知三联书店 2013 年版，第 171 页。

② James Robert Hightower, "*T'ao Ch'ien's 'Drinking Wine' poems*", in chow Tse-tsung, ed.,*Wen-lin：Studies in the Chinese Humanities*, Madison：University of Wisconsin Press, 1968, pp. 3 – 44.

③ 叶嘉莹口述，张候萍撰写：《红蕖留梦——叶嘉莹谈诗忆往》，生活·读书·新知三联书店 2013 年版，第 175 页 。

④ 同上书，第 172—175 页。

⑤ 王晓路主编：《北美汉学界的中国文学思想研究》，巴蜀书社 2008 年版，第 30 页。

《中国季刊》对《陶潜诗集》进行了书目推介。①

1971 年，56 岁

论文《陶潜诗歌中的典故》（Allusion in the Poetry of T'ao Ch'ien）发表在《哈佛亚洲学报》。②

《美国现代语言学会会刊》（*Publication of the Modern Language of America*）对《陶潜诗集》进行了书目推介。③

美国学者毕晓普（John L. Bishop）为海陶玮译著《陶潜诗集》撰写书评，发表在 *Books Abroad*。④

德国学者侯思孟（Donald Holzman）为海陶玮译著《陶潜诗集》撰写书评，发表在《通报》。⑤

美国学者傅汉思（Hans H. Frankel）为海陶玮译著《陶潜诗集》撰写书评，发表在《亚洲研究杂志》。⑥

学者熊彼得（Peter M. Bear）为海陶玮译著《陶潜诗集》撰写书评，发表在《亚非学院院刊》。⑦

学者罗伊斯·福瑟克（Lois M. Fusek）为海陶玮译著《陶潜诗集》

---

① Front Matter, *The China Quarterly*, No. 42, Apr. – Jun. 1970, pp. i – iv.

② James Robert Hightower, "Allusion in the Poetry of T'ao Ch'ien", *Harvard Journal of Asiatic Studies*, Vol. 31, 1971, pp. 5 – 27.

③ Back Matter, *Publication of the Modern Language of America*, Vol. 86, No. 1, January 1971, pp. 141 – 176.

④ John L. Bishop, "Review on *The Poetry of T'ao Ch'ien*", *Books Abroad*, Vol. 45, No. 2, Spring 1971, p. 361.

⑤ Donald Holzman, "Review on *The Poetry of T'ao Ch'ien*", *T'oung Pao*, Second Series, Vol. 57, livr. 1/4, 1971, pp. 178 – 182.

⑥ Hans H. Frankel, "Review on *The Poetry of T'ao Ch'ien*", *Harvard Journal of Asiatic Studies*, Vol. 31, 1971, pp. 313 – 319.

⑦ Peter M. Bear, "Review on *The Poetry of T'ao Ch'ien*", *Bulletin of the School of Oriental and African Studies*, Vol. 34, 1971, pp. 635 – 637.

撰写书评，发表在《美国东方学会会刊》。①

学者缪文杰（Ronald C. Miao）为海陶玮译著《陶潜诗集》撰写书评，发表在《亚洲研究杂志》。②

艾朗诺考入哈佛大学研究生，受教于海陶玮。③

1972 年，57 岁

译作《马中锡〈中山狼〉》收入白芝《中国文学选集》发表。④

1973 年，58 岁

论文《元稹与〈莺莺传〉》发表在《哈佛亚洲学报》。⑤

1974 年，59 岁

《陶潜诗歌中的典故》收录在白芝《中国文学体裁类型的研究》并在加利福尼亚大学出版社出版。⑥

1976 年，61 岁

任加拿大大不列颠哥伦比亚大学高级研究员。⑦

---

① Lois M. Fusek, "Review on *The Poetry of T'ao Ch'ien*", *Journal of the American Oriental Society*, Vol. 93, No. 1, Jan. – Mar. 1971, p. 82.

② Ronald C. Miao, "Review on *The Poetry of T'ao Ch'ien*", *The Journal of Asian Studies*, Vol. 30, No. 3, May 1971, pp. 627 – 633.

③ Ronald C. Egan, "speech", in Eva S. Moseley, ed., *Speeches at a memorial gathering*, p. 23.

④ *Ma Chung-Hsi*, *The Wolf of Chung-Shan* [*Chung-shan Lang*], trans. James R. Hightower, in Cyril Birch, *Anthology of Chinese Literature* (Volume 2), New York: Grove Press, 1972, pp. 46 – 52.

⑤ James Robert Hightower, "Yuan Chen and 'The Story of Ying-ying'", *Harvard Journal of Asiatic Studies*, Vol. 33, 1973, pp. 90 – 123.

⑥ James Robert Hightower, "Allusion in the Poetry of T'ao Ch'ien", in Birch Cyril, *Studies in Chinese literary genres*, Berkeley: University of California Press, 1974, pp. 108 – 132.

⑦ 中国社会科学院情报研究所编：《美国中国学手册》，中国社会科学出版社 1981 年版，第 184 页。

1977 年，62 岁

论文《周邦彦的词》发表在《哈佛亚洲学报》。①

1978 年，63 岁

译作《杜子春》和《莺莺传》收录在《传统中国故事，主题和变异》（*Traditional Chinese Stories，Themes and Variations*）。②

1979 年，64 岁

在基拉姆高级研究奖学金资助下，到加拿大温哥华大不列颠哥伦比亚大学与叶嘉莹继续合作。

英译叶嘉莹论文《大晏词的欣赏》发表在香港《译丛》杂志。③

1981 年，66 岁

妻子弗洛伦萨（Florence）去世。④ 妻子去世后，依靠 4 个孩子生活，4 个孩子分别名叫詹姆斯（James）、山姆（Samuel）、乔西（Josephine Steiner-Neukirch）和托马斯（Thomas）。海陶玮有 12 个孙辈，3 个曾孙辈。⑤

论文《词人柳永：第一部》发表在《哈佛亚洲学报》⑥。

---

① James Robert Hightower, "The Songs of Chou Pang-yen", *Harvard Journal of Asiatic Studies*, Vol. 37, 1977, pp. 233 – 272.

② Y. W. MA and Joseph S. M. Lau, "*The Story of Ying-ying*" and "*Tu Tzu-ch'un*" in *Traditional Chinese Stories，Themes and Variations*, trans. James Robert Hightower, New York：Columbia University Press, 1978, pp. 416 – 419；pp. 139 – 145.

③ Chia-ying Yeh Chao, *An Appreciation of the Ci of Yen Shu*, trans. James Robert Hightower, *Renditions*, No. 11 & 12, 1979, pp. 83 – 99.

④ Eva S. Moseley, "James Robert Hightower Dies at 90", *Harvard Gazette Archives*, 2 March 2006. 妻子佛洛伦萨生卒年为 1916—1981 年。

⑤ Ibid.

⑥ James Robert Hightower, "The Songwriter Liu Yung：Part I. ", *Harvard Journal of Asiatic Studies*, Vol. 41, 1981, pp. 323 – 376.

辞去学术职务，从哈佛大学退休。①

1982 年，67 岁

论文《词人柳永：第二部》发表在《哈佛亚洲学报》②。

任哈佛大学维多利亚—托马斯中国文学荣誉退休教授（Victor S. Thomas Professor）。③

1983 年，68 岁

论文《庾信的〈哀江南赋〉》（与葛兰合著）发表在《哈佛亚洲学报》。④

1984 年，69 岁

英译叶嘉莹论文《李商隐燕台四首》，发表在香港《译丛》杂志。⑤

论文《幽默作家韩愈》发表在《哈佛亚洲学报》。⑥

1985 年，70 岁

与加拿大阿尔伯塔大学商议卖书事宜。

1986 年，71 岁

加拿大阿尔伯塔大学 *FOLIO* 刊登《获得中国珍藏书籍》（Rare Col-

---

① http://ealc.fas.harvard.edu/james-robert-hightower.

② James Robert Hightower, "The Songwriter Liu Yung: Part II. ", *Harvard Journal of Asiatic Studies*, Vol. 42, 1982, pp. 5 - 66.

③ 中国社会科学院情报研究所编:《美国中国学手册》，中国社会科学出版社 1981 年版，第 184 页。

④ William T. Graham, Jr. and James R. Hightower, "Yü Hsin's 'Songs of Sorrow'", *Harvard Journal of Asiatic Studies*, Vol. 43, No. 1, June 1983, pp. 5 - 55.

⑤ Ye Jiaying, "*Li Shangyin's 'Four Yen-t'ai Poems'*", trans. James Robert Hightower, *Renditions*, 1984, No. 21 & 22, pp. 41 - 92.

⑥ James Robert Hightower, "Han Yü as Humorist", *Harvard Journal of Asiatic Studies*, Vol. 44, No. 1, June 1984, pp. 5 - 27.

lection of Chinese Books Acquired）文章，记载了海陶玮 1.1 万册藏书以 7 万加元的价格卖给加拿大阿尔伯塔大学图书馆的历史。①

1990 年，75 岁

参加在美国缅因州举办的词学主题会议。

1993 年，78 岁

为《韩诗外传》撰写的概述简介收录在英国鲁惟一主编的《早期的中国文本：书目指南》中。②

1994 年，79 岁

英译论文《陶潜：与子俨等疏》，发表在香港《译丛》杂志。③

英译 25 篇中国文学作品收录在梅维恒《哥伦比亚中国文学选集》④。

1995 年，80 岁

为哈佛大学博士生周杉（Chou E. Shan）的《再思杜甫：文学成就和文化语境》著作题序并随书发表。⑤

---

①　"Rare Collection of Chinese Books Acquired", *FOLIO*, University of Alberta, January 23, 1986.

②　James R. Hightower, "Han Shih Wai Chuan", in Michael Loewe ed., *Early Chinese Texts: A Bibliographical Guide*, Berkeley: University of California, 1993, pp. 125 – 128.

③　Tao Qian, "Letter to His Sons by Tao Qian", trans. James Robert Hightower, *Renditions*, No. 41 & 42, 1994, pp. 15 – 17.

④　Victor H. Mair, *The Columbia Anthology of Traditional Chinese Literature*, New York: Columbia University Press, 1994.

⑤　Chou Eva Shan, *Reconsidering Tu Fu: literary greatness and cultural context*, Cambridge: Cambridge University Press, 1995.

1997 年，82 岁

为方志彤写的讣告发表在《华裔学志》。①

1998 年，83 岁

与叶嘉莹合著《中国诗词研究》由哈佛大学出版社出版。②

2001 年，86 岁

与他的孙女塔拉（全名 Tara Gully-Hightower）在马萨诸塞州康桥镇（Charlestown，Massachusetts）居住，视力已经极弱。③

接待到美国哥伦比亚大学客座讲学而专程赶来的叶嘉莹，与赵如兰、卞学鐄夫妇等聚会。④

2004 年，89 岁

因年龄原因健康不佳，被说服卖掉奥本戴尔房产，搬到俄亥俄州的格列斯尔（Garrettsville，Ohio），与大儿子（Jamey）生活 7 个月。⑤

2005 年，90 岁

移居德国，与女儿乔西（Josie）生活在一起。⑥

---

① James Robert Hightower, "Achilles Fang: in memoriam", *Monumenta Serica*, Vol. XLV, 1997, pp. 399 – 403.

② James Robert Hightower and Florence Chia-ying Yeh, *Studies in Chinese Poetry*, Cambridge Massachusetts and London: Harvard University Press, 1998.

③ 叶嘉莹口述，张候萍撰写：《红蕖留梦——叶嘉莹谈诗忆往》，生活·读书·新知三联书店 2013 年版，第 176 页。

④ 同上。

⑤ James Robert Hightower Jr., "speech", in Eva S. Moseley, ed., *Speeches at a memorial gathering*, p. 8.

⑥ Eva S. Moseley, "James Robert Hightower Dies at 90", *Harvard Gazette Archives*, 2 March 2006.

2006 年，91 岁

1 月 8 日，在德国黑尔沙伊德（Herscheid）女儿乔西（Josie）家里去世。①

3 月 2 日，哈佛大学公报发表了《海陶玮去世，享年 90 岁》的纪念文章。②

10 月 14 日，哈佛燕京学社举办了悼念活动，生前亲友回忆了海陶玮的生平阅历和对他的怀念之情。③

2007 年，去世一年后

哈佛大学文理学院举办了悼念会，悼文论述了海陶玮的生平履历、主要著作、学术成就和重要贡献。④

2008 年，去世两年后

美国华人作家，哈佛大学亚洲研究中心研究员木令著《海陶儿与欧美中国古典文学研究》发表。⑤

2009 年，去世三年后

由莫斯莱作序，编辑印制了 2006 年 10 月 14 日举办的悼念活动纪念册。⑥

---

① Eva S. Moseley, "James Robert Hightower Dies at 90", *Harvard Gazette Archives*, 2 March 2006.

② Ibid.

③ Eva S. Moseley ed., *Speeches at a memorial gathering*, February 2009.

④ Patrick Hanan, et al., "Memorial Minute-James Robert Hightower（1915—2006）", *Minutes of Meeting of theFaculty of Arts and Sciences*, Harvard University, 1 May 2007.

⑤ 木令著：《海陶儿与欧美中国古典文学研究》，《二十一世纪双月刊》2008 年 4 月号（总第 106 期）。

⑥ Eva S. Moseley ed., *Speeches at a memorial gathering*, February 2009.

二 海陶玮作品分类年表

（一）著作类

1.《中国文学论题：大纲和书目》

James Robert Hightower, *Topics in Chinese Literature*: *Outlines and Bibliographies*, Cambridge Massachusetts: Harvard University Press, 1950. (1953, 1966)

2.《韩诗外传：韩婴对〈诗经〉教化作用的诠释》

James Robert Hightower, trans., *Han Shih Wai Chuan*: *Han Ying's Illustrations of the Didactic Application of the Classic of Songs*, Cambridge Massachusetts: Harvard University Press, 1952.

3.《陶潜诗集》

The Poetry of T'ao Ch'ien, trans. James Robert Hightower, Oxford: Clarendon Press, 1970.

4.《中国诗词研究》（与叶嘉莹合著）

James Robert Hightower and Florence Chia-ying Yeh, *Studies in Chinese Poetry*, Cambridge Massachusetts and London: Harvard University Press, 1998.

（二）论文类

1.《韩诗外传和三家诗》

James Robert Hightower, "The Han-shih Wai-chuan and the San chia shih", *Harvard Journal of Asiatic Studies*, Vol. 11, No. 3/4, December 1948, pp. 241–310.

2.《世界文学中的中国文学》

James Robert Hightower, "Chinese Literature in the Context of World Litera-

ture", *Comparative Literature*, Vol. 5, No. 2, Spring 1953, pp. 117 –
124.

James R. Hightower：《中国文学在世界文学中的地位》，宋淇译，载《英
美学人论中国古典文学》，香港中文大学出版社 1973 年版，第
253—265 页。

James R. Hightower：《中国文学在世界文学中的意义》，赖瑞和译，《中
外文学》1977 年第 5 卷第 9 期。

3. 《陶潜的赋》

James Robert Hightower, "The Fu of T'ao Ch'ien", *Harvard Journal of Asi-*
atic Studies, Vol. 17, No. 1/2, June 1954, pp. 169 – 230.

Bishop John Lyman, *Studies in Chinese Literature*, Cambridge：Harvard
University Press, 1965, pp. 45 – 106.

4. 《屈原研究》①

James Robert Hightower, "Ch'ü Yuan Studies", *Silver Jubilee Volume of the*
Zinbun Kagaku Kenkyusho, Kyoto University, Kyoto：Nissha, 1954.

海陶玮：《屈原研究》，周发祥译，载马茂元《楚辞研究集成·楚辞资
料海外编》，湖北人民出版社 1986 年版，第 97—108 页。

5. 《文选与文类理论》

James Robert Hightower, "The *Wen Hsüan* and Genre Theory", *Harvard*
Journal of Asiatic Studies, Vol. 20, 1957, pp. 512 – 533.

James Robert Hightower, "The *Wen Hsüan* and Genre Theory", in Bishop
John Lyman, ed. , *Studies in Chinese Literature*, Cambridge：Harvard
University Press, 1965, pp. 142 – 163.

海陶玮：《海陶玮〈文选〉与文体理论》，史慕鸿译，周发祥校，载俞

---

①　英文版论文收录在崔富章《楚辞书目五种续编》，上海古籍出版社 1993 年版，第 303 页。

绍初、许逸民《中外学者文选学论著集》，中华书局 1998 年版，第
1117—1130 页。

6. 《骈文指要》

James Robert Hightower, "Some Characteristics of Parallel Prose", *Studia Serica Bernard Karlgren Dedicata*, 1959, pp. 60 – 91.

James Robert Hightower, "Some Characteristics of Parallel Prose", in Bishop John Lyman, ed., *Studies in Chinese Literature*, Cambridge： Harvard University Press, 1965, pp. 108 – 139.

7. 《中国文学中的个人主义》

James Robert Hightower, "Individualism in Chinese Literature", *Journal of the History of Ideas*, Vol. 22, No. 2, Apr. – Jun. 1961, pp. 159 – 168.

海陶玮：《海陶玮：中国文学中的个人主义》，萧孟萍译，《大学生活》
1963 年第 148 卷，第 26—31 页。

8. 《陶潜的饮酒诗》

James Robert Hightower, "T'ao Ch'ien's 'Drinking Wine' poems", in Chow Tse-tsung, ed., *Wen-lin*： *Studies in the Chinese Humanities*, Madison： University of Wisconsin Press, 1968, pp. 3 – 44. ①

James Robert Hightower, "T'ao Ch'ien's 'Drinking Wine' poems", in James Robert Hightower and Florence Chia-ying Yeh, eds., *Studies in Chinese Poetry*, Cambridge Massachusetts and London： Harvard University Press, 1998, pp. 3 – 36.

9. 《陶潜诗歌中的典故》

James Robert Hightower, "Allusion in the Poetry of T'ao Ch'ien", *Harvard Journal of Asiatic Studies*, Vol. 31, 1971, pp. 5 – 27.

---

① James Robert Hightower and Florence Chia-ying Yeh, *Studies in Chinese Poetry*, Cambridge Massachusetts and London： Harvard University Press, 1998, Sources.

James Robert Hightower, "Allusion in the Poetry of T'ao Ch'ien", in Birch Cyril, ed. , *Studies in Chinese literary genres*, Berkeley: University of California Press, 1974, pp. 108 – 132.

海陶玮：《陶潜诗歌中的典故》，张宏生译，《九江师专学报》（哲学社会科学版）1990 年第 2 期 "陶渊明研究" 专栏。

海陶玮：《陶潜诗歌中的典故》，张宏生译，载莫砺锋编《神女之探寻——英美学者论中国古典诗歌》，上海古籍出版社 1994 年版，第 53—74 页。

James Robert Hightower, "Allusion in the Poetry of T'ao Ch'ien", in James Robert Hightower and Florence Chia-ying Yeh, *Studies in Chinese Poetry*, Cambridge Massachusetts and London: Harvard University Press, 1998, pp. 37 – 55.

10. 《元稹与〈莺莺传〉》

James Robert Hightower, "Yuan Chen and 'The Story of Ying-ying'", *Harvard Journal of Asiatic Studies*, Vol. 33, 1973, pp. 90 – 123.

Hightower James Robert, "Yuan Chen and 'The Story of Ying-ying'", Cambridge Mass: Harvard-Yenching Institute, 1973. Offprint from *Harvard Journal of Asiatic Studies*, Vol. 33, 1973, pp. 90 – 123.

11. 《周邦彦的词》

James Robert Hightower, "The Songs of Chou Pang-yen", *Harvard Journal of Asiatic Studies*, Vol. 37, 1977, pp. 233 – 272.

James Robert Hightower, "The Songs of Chou Pang-yen", in James Robert Hightower and Florence Chia-ying Yeh, *Studies in Chinese Poetry*, Cambridge Massachusetts and London: Harvard University Press, 1998, pp. 292 – 322.

12.《词人柳永：第一部》

James Robert Hightower，"The Songwriter Liu Yung：Part I. "，*Harvard Journal of Asiatic Studies*，Vol. 41，1981，pp. 323 – 376.

James Robert Hightower，"The Songwriter Liu Yung：Part I. "，in James Robert Hightower and Florence Chia-ying Yeh，*Studies in Chinese Poetry*，Cambridge Massachusetts and London：Harvard University Press，1998，pp. 168 – 214.

13.《词人柳永：第二部》

James Robert Hightower，"The Songwriter Liu Yung：Part II. "，*Harvard Journal of Asiatic Studies*，Vol. 42，1982，pp. 5 – 66.

James Robert Hightower，"The Songwriter Liu Yung：Part II. "，in James Robert Hightower and Florence Chia-ying Yeh，*Studies in Chinese Poetry*，Cambridge Massachusetts and London：Harvard University Press，1998，pp. 215 – 268.

14.《庾信的〈拟咏怀〉》（与葛蓝，William T. Graham，Jr. 合著）

William T. Graham，Jr. and James R. Hightower，"Yü Hsin's 'Songs of Sorrow'"，*Harvard Journal of Asiatic Studies*，Vol. 43，No. 1，June 1983，pp. 5 – 55.

15.《幽默作家韩愈》

James Robert Hightower，"Han Yü as Humorist"，*Harvard Journal of Asiatic Studies*，Vol. 44，No. 1，June 1984，pp. 5 – 27.

（三）译著类

1. 张衡《定情赋》

James Robert Hightower，trans. ，"Stabilizing the Passions by Chang Heng"，in James Robert Hightower，*"The Fu of T'ao Ch'ien"*，*Harvard Journal of Asiatic Studies*，Vol. 17，No. 1/2，June 1954，pp. 170 – 171.

2. 蔡邕《敬情赋》（《检逸赋》）

James Robert Hightower, trans. , "Curing Excess by Ts'ai Yung", in James
　　Robert Hightower, "The Fu of T'ao Ch'ien", *Harvard Journal of Asiatic
　　Studies*, Vol. 17, No. 1/2, June 1954, p. 172.

3. 阮瑀《止欲赋》

James Robert Hightower, trans. , "Putting a Stop to Desires by Juan Yü",
　　in James Robert Hightower, "The Fu of T'ao Ch'ien", *Harvard Journal
　　of Asiatic Studies*, Vol. 17, No. 1/2, June 1954, pp. 172 – 174.

4. 王粲《闲邪赋》

James Robert Hightower, trans. , "Stilling Evil Passion by Wang Ts'an", in
　　James Robert Hightower, "The Fu of T'ao Ch'ien", *Harvard Journal of
　　Asiatic Studies*, Vol. 17, No. 1/2, June 1954, pp. 174 – 175.

5. 应瑒《正情赋》

James Robert Hightower, trans. , "Rectify the Passions by Ying Yang", in
　　James Robert Hightower, "The Fu of T'ao Ch'ien", *Harvard Journal of
　　Asiatic Studies*, Vol. 17, No. 1/2, June 1954, pp. 175 – 177.

6. 陈琳《止欲赋》

James Robert Hightower, trans. , "Putting a Stop to Desires by Chen Lin",
　　in James Robert Hightower, "The Fu of T'ao Ch'ien", *Harvard Journal
　　of Asiatic Studies*, Vol. 17, No. 1/2, June 1954, pp. 178 – 179.

7. 曹植《静思赋》

James Robert Hightower, trans. , "Stilling Thought of Love by Ts'ao Chih",
　　in James Robert Hightower, "The Fu of T'ao Ch'ien", *Harvard Journal
　　of Asiatic Studies*, Vol. 17, No. 1/2, June 1954, pp. 179 – 180.

8. 陶潜《闲情赋》

James Robert Hightower, trans. , "Stilling the Passions by T'ao Ch'ien", in

James Robert Hightower, "The Fu of Tʻao Chʻien", *Harvard Journal of Asiatic Studies*, Vol. 17, No. 1/2, June 1954, pp. 181 – 188.

9. 司马迁《悲士不遇赋》

James Robert Hightower, trans. , "Lament for Unemployed Gentlemen by Ssu-Ma Chʻien", in James Robert Hightower, "The Fu of Tʻao Chʻien", *Harvard Journal of Asiatic Studies*, Vol. 17, No. 1/2, June 1954, pp. 197 – 200.

10. 董仲舒《士不遇赋》

James Robert Hightower, trans. , "Neglected Men of Worth by Tung Chung-shu", in James Robert Hightower, "The Fu of Tʻao Chʻien", *Harvard Journal of Asiatic Studies*, Vol. 17, No. 1/2, June 1954, pp. 200 – 203.

11. 陶潜《感士不遇赋》

James Robert Hightower, trans. , "Lament for Gentlemen Born out of their Time by Tʻao Chʻien", in James Robert Hightower, "The Fu of Tʻao Chʻien", *Harvard Journal of Asiatic Studies*, Vol. 17, No. 1/2, June 1954, pp. 204 – 209.

12. 陶潜《归去来兮辞》并序

James Robert Hightower, trans. , "The Return by Tʻao Chʻien", in James Robert Hightower, "The Fu of Tʻao Chʻien", *Harvard Journal of Asiatic Studies*, Vol. 17, No. 1/2, June 1954, pp. 213, 220 – 224.

James Robert Hightower, trans. , "The Return by Tʻao Chʻien", in Victor H. Mair, *The Columbia Anthology of Traditional Chinese Literature*, New York: Columbia University Press, 1994, pp. 435 – 437.

13. 张衡《归田赋》

James Robert Hightower, trans. , "Returning to the Fields by Chang Heng", in James Robert Hightower, "The Fu of T'ao Ch'ien", *Harvard Journal of Asiatic Studies*, Vol. 17, No. 1/2, June 1954, pp. 214 – 216.

14. 仲长统《乐志论》

James Robert Hightower, trans. , "Chung—chang Tung", in James Robert Hightower, "The Fu of T'ao Ch'ien", *Harvard Journal of Asiatic Studies*, Vol. 17, No. 1/2, June 1954, pp. 217 – 218.

15. 张华《归田赋》

James Robert Hightower, trans. , "Returning to the Field by Chang Hua", in James Robert Hightower, "The Fu of T'ao Ch'ien", *Harvard Journal of Asiatic Studies*, Vol. 17, No. 1/2, June 1954, pp. 218 – 219.

16. 萧统《文选序》

James Robert Hightower, trans. , "Preface to the *Wen Hsüan* by Hsiao T'ung", in James Robert Hightower, "The *Wen Hsüan* and Genre Theory", *Harvard Journal of Asiatic Studies*, Vol. 20, 1957, pp. 518 – 530.

James Robert Hightower, trans. , "Preface to Literary Selections by Hsiao T'ung", in Victor H. Mair, *The Columbia Anthology of Traditional Chinese Literature*, New York: Columbia University Press, 1994, pp. 133 – 138.

17. 孔稚珪《北山移文》

James Robert Hightower, trans. , "Proclamation on North Mountain (Pei shan yi wen) by Kong Zhi-gui", *Studia Serica Bernhard Karlgren Dedicata*, Copenhagen: Ejnar Munksgaard, 1959, pp. 70 – 76. [①]

James Robert Hightower, trans. , "Proclamation on North Mountain by Kong Zhi-gui", in James Robert Hightower, "Some Characteristics of Parallel

---

① 转引自陈才智《西方〈昭明文选〉研究概述》，载阎纯德《汉学研究》第九集，中华书局 2006 年版，第 425—432 页，注释 19。

Prose", in Bishop John Lyman, *Studies in Chinese Literature*, Cambridge：Harvard University Press, 1965, pp. 118 – 122.

James Robert Hightower, trans., "Proclamation on North Mountain by Kong Zhi-gui", in Cyril Birch and Donald Keene, *Anthology of Chinese literature：From Early Times to the Fourteenth Century*, New York：Grove Press, 1965, pp. 165 – 173.

18. 司马迁《报任安（少卿）书》

James Robert Hightower, trans., "Letter to Jen An（Pao Jen Shao-ching shu）", in Cyril Birch and Donald Keene, *Anthology of Chinese literature：From Early Times to the Fourteenth Century*, New York：Grove Press, 1965, pp. 95 – 102.

19. 徐陵《玉台新咏序》

James Robert Hightower, trans., "Preface to 'New Songs from the Tower of Jade by Hsü Ling'", in James Robert Hightower, "Some Characteristics of Parallel Prose", in Bishop John Lyman, *Studies in Chinese Literature*, Cambridge：Harvard University Press, 1965, pp. 125 – 135.

20. 嵇康《与山巨源绝交书》

James Robert Hightower, trans., "Letter to Shan T'ao（Yü Shan Chü-yüan chueh chiao shu）by His K'ang", in Cyril Birch and Donald Keene, *Anthology of Chinese literature：From Early Times to the Fourteenth Century*, New York：Grove Press, 1965, pp. 162 – 166.

21. 李白《与韩荆州书》

James Robert Hightower, trans., "Letter to Han Ching-chou（Yü Han Ching-chou shu）by Li po", in Cyril Birch and Donald Keene, *Anthology of Chinese literature：From Early Times to the Fourteenth Century*, New York：Grove Press, 1965, pp. 233 – 234.

22. 元稹作品 9 篇

元稹《莺莺传》

James Robert Hightower, trans., "Yuan Chen and 'The Story of Ying-ying'", in Cyril Birch and Donald Keene, *Anthology of Chinese literature: From Early Times to the Fourteenth Century*, New York: Grove Press, 1965, pp. 290 – 299.

James Robert Hightower, trans., "Yuan Chen and 'The Story of Ying-ying'", *Harvard Journal of Asiatic Studies*, Vol. 33, 1973, pp. 93 – 103.

James Robert Hightower, trans., "The Story of Ying-ying", in Y. W. MA and Joseph S. M. Lau, ed., *Traditional Chinese Stories, Themes and Variations*, New York: Columbia University Press, 1978, pp. 139 – 145.

元稹《古艳诗》二首

James Robert Hightower trans., "Yuan Chen and 'The Story of Ying-ying'", *Harvard Journal of Asiatic Studies*, Vol. 33, 1973, p. 107.

元稹《春晓》

James Robert Hightower trans., "Yuan Chen and 'The Story of Ying-ying'", *Harvard Journal of Asiatic Studies*, Vol. 33, 1973, p. 107.

元稹《莺莺诗》

James Robert Hightower trans., "Yuan Chen and 'The Story of Ying-ying'", *Harvard Journal of Asiatic Studies*, Vol. 33, 1973, p. 108.

元稹《古决绝词》三首

James Robert Hightower trans., "Yuan Chen and 'The Story of Ying-ying'", *Harvard Journal of Asiatic Studies*, Vol. 33, 1973, pp. 109 – 111.

元稹《梦游春》七十韵

James Robert Hightower trans., "Yuan Chen and 'The Story of Ying-

ying'", *Harvard Journal of Asiatic Studies*, Vol. 33, 1973, pp. 112 – 117.

23. 司马迁《史记·伯夷列传》（部分）

James Robert Hightower, trans., "Shib Chi, Po-I", in James Robert Hightower, "T'ao Ch'ien's 'Drinking Wine' poems", in chow Tse-tsung, ed., *Wen-lin: Studies in the Chinese Humanities*, Madison: University of Wisconsin Press, 1968, pp. 3 – 44. ①

James Robert Hightower, trans., "Shib Chi, Po-I", in James Robert Hightower, "*T'ao Ch'ien's 'Drinking Wine' poems*", in James Robert Hightower and Florence Chia-ying Yeh, *Studies in Chinese Poetry*, Cambridge Massachusetts and London: Harvard University Press, 1998, pp. 33 – 34.

24.《汉书·杨恽传》（四句：天彼南山，芜秽不治。种一顷豆，落而为萁）

James Robert Hightower, *The Poetry of T'ao Ch'ien*, Oxford: Clarendon Press, 1970, pp. 52 – 53.

25.《古诗十九首》（之十五两句：昼短苦夜长，何不秉烛游）

James Robert Hightower, *The Poetry of T'ao Ch'ien*, Oxford: Clarendon Press, 1970, pp. 56, 144.

《古诗十九首》之十二后半段（燕赵有佳人）

James Robert Hightower, *The Poetry of T'ao Ch'ien*, Oxford: Clarendon Press, 1970, pp. 180 – 181.

《古诗十九首》之四两句（人生寄一世，奄忽若飙尘）

James Robert Hightower, *The Poetry of T'ao Ch'ien*, Oxford: Clarendon Press, 1970, p. 186.

---

① James Robert Hightower and Florence Chia-ying Yeh, *Studies in Chinese Poetry*, Cambridge Massachusetts and London: Harvard University Press, 1998, Sources.

26.《商山四皓歌》（莫莫高山）

James Robert Hightower, *The Poetry of T'ao Ch'ien*, Oxford：Clarendon Press，1970，p. 88.

27.《论语·微子》（长沮、桀溺耦而耕）

James Robert Hightower, *The Poetry of T'ao Ch'ien*, Oxford：Clarendon Press，1970，p. 110.

28.《诗经》

《诗经·齐风·东方未明》（第一节）

James Robert Hightower, *The Poetry of T'ao Ch'ien*, Oxford：Clarendon Press，1970，p. 138.

《诗经·秦风·黄鸟》

James Robert Hightower, *The Poetry of T'ao Ch'ien*, Oxford：Clarendon Press，1970，pp. 220 – 221.

29. 杜甫《遣兴》（陶潜避俗翁）

James Robert Hightower, *The Poetry of T'ao Ch'ien*, Oxford：Clarendon Press，1970，p. 163.

30.《礼记·檀弓下》（嗟来之食）

James Robert Hightower, *The Poetry of T'ao Ch'ien*, Oxford：Clarendon Press，1970，p. 166.

31. 曹植《杂诗》（仆夫早严驾）

James Robert Hightower, *The Poetry of T'ao Ch'ien*, Oxford：Clarendon Press，1970，pp. 172 – 173.

32. 李白《月下独酌》（举杯邀明月，对影成三人）

James Robert Hightower, *The Poetry of T'ao Ch'ien*, Oxford：Clarendon Press，1970，p. 188.

33. 阮瑀《咏史诗》两首

阮瑀《咏史诗·其一》（误哉秦穆公）

James Robert Hightower, *The Poetry of T'ao Ch'ien*, Oxford：Clarendon
　　Press, 1970, pp. 221 – 222.

阮瑀《咏史诗·其二》（燕丹善勇士）

James Robert Hightower, *The Poetry of T'ao Ch'ien*, Oxford：Clarendon
　　Press, 1970, p. 227.

34.《文选》

《文选·苏武诗》四首其一四句（骨肉缘枝叶）

James Robert Hightower, *The Poetry of T'ao Ch'ien*, Oxford：Clarendon
　　Press, 1970, p. 186.

《文选·曹植〈三良诗〉》

James Robert Hightower, *The Poetry of T'ao Ch'ien*, Oxford：Clarendon
　　Press, 1970, p. 222.

《文选·王粲〈咏史〉》

James Robert Hightower, *The Poetry of T'ao Ch'ien*, Oxford：Clarendon
　　Press, 1970, pp. 222 – 223.

《文选·左思〈咏史〉》八首之六

James Robert Hightower, *The Poetry of T'ao Ch'ien*, Oxford：Clarendon
　　Press, 1970, p. 227.

35.《穆天子传》卷三（白云在天……将复而野）

James Robert Hightower, *The Poetry of T'ao Ch'ien*, Oxford：Clarendon
　　Press, 1970, p. 232.

36. 李延年挽歌两首

李延年《薤露》

James Robert Hightower, *The Poetry of T'ao Ch'ien*, Oxford：Clarendon

Press，1970，p. 250.

李延年《蒿里》

James Robert Hightower，*The Poetry of T'ao Ch'ien*，Oxford：Clarendon
Press，1970，p. 250.

37. 缪袭《挽歌诗》（生时游国都）

James Robert Hightower，*The Poetry of T'ao Ch'ien*，Oxford：Clarendon
Press，1970，p. 250.

38. 陆机《挽歌诗》其二（重阜何崔嵬，省译四句）

James Robert Hightower，*The Poetry of T'ao Ch'ien*，Oxford：Clarendon
Press，1970，p. 251.

39. 白居易《和梦游春诗一百韵》序言

James Robert Hightower，trans.，　"Yuan Chen and 'The Story of Ying-
ying'"，*Harvard Journal of Asiatic Studies*，Vol. 33，1977，pp. 117 –
118.

40. 刘禹锡诗歌 3 首

刘禹锡《再游玄都观》

James Robert Hightower，trans.，"Revisit the Mysterious City Liu Yü-hsi"，
in James Robert Hightower，"The Songs of Chou Pang-yen"，*Harvard
Journal of Asiatic Studies*，Vol. 33，1977，p. 244.

James Robert Hightower，trans.，"Revisit the Mysterious City Liu Yü-hsi"，
in James Robert Hightower，"The Songs of Chou Pang-yen"，in James
Robert Hightower and Florence Chia-ying Yeh，*Studies in Chinese Poet-
ry*，Cambridge Massachusetts and London：Harvard University Press，
1998，p. 300.

刘禹锡《金陵五题·石头城》

James Robert Hightower，trans.，"One of five on Chin-ling. Hills surround the old capital, a standing rampart by Liu Yü-hi", in James Robert Hightower, "The Songs of Chou Pang-yen", *Harvard Journal of Asiatic Studies*, Vol. 33, 1977, p. 253.

James Robert Hightower, trans., "One of five on Chin-ling. Hills surround the old capital, a standing rampart by Liu Yü-hi", in James Robert Hightower, "The Songs of Chou Pang-yen", in James Robert Hightower and Florence Chia-ying Yeh, *Studies in Chinese Poetry*, Cambridge Massachusetts and London: Harvard University Press, 1998, p. 307.

刘禹锡《金陵五题·乌衣巷》

James Robert Hightower, trans., "One of five on Chin-ling, Black Robe Lane by Liu Yü-hi", in James Robert Hightower, "The Songs of Chou Pang-yen", *Harvard Journal of Asiatic Studies*, Vol. 37, 1977, p. 253.

James Robert Hightower, trans., "One of five on Chin-ling, Black Robe Lane by Liu Yü-hi", in James Robert Hightower, "The Songs of Chou Pang-yen", in James Robert Hightower and Florence Chia-ying Yeh, *Studies in Chinese Poetry*, Cambridge Massachusetts and London: Harvard University Press, 1998, p. 308.

41. 李商隐《夜雨寄北》

James Robert Hightower, trans., "The Songs of Chou Pang-yen", *Harvard Journal of Asiatic Studies*, Vol. 37, 1977, p. 249.

James Robert Hightower, trans., "The Songs of Chou Pang-yen", in James Robert Hightower and Florence Chia-ying Yeh, *Studies in Chinese Poetry*, Cambridge Massachusetts and London: Harvard University Press, 1998, p. 312.

42. 冯延巳《更漏子·风带寒（第四节）》

James Robert Hightower, trans., "The Songs of Chou Pang-yen", *Harvard*

Journal of Asiatic Studies，Vol. 37，1977，p. 259. Note. 36.

James Robert Hightower, trans. ，"The Songs of Chou Pang-yen"，in James Robert Hightower and Florence Chia-ying Yeh，*Studies in Chinese Poetry*，Cambridge Massachusetts and London：Harvard University Press，1998，p. 551. Note. 36.

43. 叶嘉莹论文英译

叶嘉莹《常州词派的词论》

James Robert Hightower, trans. ，"The Ch'ang-chou School of Tz'u Criticism by Chia-ying Yeh Chao"，*Harvard Journal of Asiatic Studies*，Vol. 35，1975，pp. 101 – 132.

James Robert Hightower, trans. ，"The Ch'ang-chou School of Tz'u Criticism by Chia-ying Yeh Chao"，in Austin Rickett ed. ，*Chinese Approaches to Literature from Confucius to Liang Ch'i-Ch'ao*，Princeton University Press，1978.

叶嘉莹《大晏词的欣赏》①

James Robert Hightower, trans. ，"An Appreciation of the Ci of Yen Shu by Chia-ying Yeh Chao"，*Renditions*，No. 11 & 12，1979，pp. 83 – 99.

叶嘉莹《王孙沂和他的咏物词》

James Robert Hightower, trans. ，"Wang I-sun and His Yung-wu Tz'u by Chia-Ying Yeh Chao"，*Harvard Journal of Asiatic Studies*，Vol. 40，No. 1，Jun. 1980，pp. 55 – 91.

叶嘉莹《论文吴文英的词：基于现代视角》

James Robert Hightower, trans. ，"Wu Wen-ying's Tz'u by Chia-Ying Yeh

---

① 收入宋淇（Stephen C. Soong）编：《无乐之歌——中国词研究》（Song without Music：Chinese Tz'u Poetry，1987 年），转引自涂慧《如何译介、怎样研究：中国古典词在英语世界》，中国社会科学出版社 2014 年版，第 37 页。

Chao, A Modern View", *Harvard Journal of Asiatic Studies*, Vol. 40, No. 1, Jun. , 1980, pp. 55 – 91.

叶嘉莹《李商隐燕台四首》①

James Robert Hightower, trans. , "Li Shangyin's 'Four Yen-t'ai Poems' by Yeh Chia-ying", *Renditions*, No. 21 & 22, 1984, pp. 41 – 92.

44. 韩愈有关诗文 4 篇

张籍《上韩昌黎第一书》（部分）

James Robert Hightower, trans. , "First Letter to Han Yü by Chang Chi", in James Robert Hightower, "Han Yü as Humorist", *Harvard Journal of Asiatic Studies*, Vol. 44, No. 1, June 1984, pp. 6 – 7.

韩愈《答张籍书》（部分）

James Robert Hightower, trans. , "Reply to Chang Chi by Han Yü", in James Robert Hightower, "Han Yü as Humorist", *Harvard Journal of Asiatic Studies*, Vol. 44, No. 1, June 1984, pp. 8 – 9.

韩愈《毛颖传》

James Robert Hightower, trans. , "Biography of Mao Ying by Han Yü", in James Robert Hightower, "Han Yü as Humorist", *Harvard Journal of Asiatic Studies*, Vol. 44, No. 1, June 1984, pp. 10 – 14.

韩愈《柳州罗池庙碑》

James Robert Hightower, trans. , "Inscription for the Temple at Lo-Ch'ih in Liu-chou by Han Yü", in James Robert Hightower, "Han Yü as Humorist", *Harvard Journal of Asiatic Studies*, Vol. 44, No. 1, June 1984, pp. 24 – 26.

---

① 收入宋淇《知音集》, 1985 年。

45. 裴度《寄李翱书》

James Robert Hightower, trans., "Letter to Li Ao by P' ei Tu", in James Robert Hightower, "Han Yü as Humorist", *Harvard Journal of Asiatic Studies*, Vol. 44, No. 1, June 1984, p. 14.

46. 柳宗元《读韩愈所著〈毛颖传〉后题》

James Robert Hightower, trans., "After Reading Han Yü's Biography of Maoying by Liu Tsung-yuan", in James Robert Hightower, "Han Yü as Humorist", *Harvard Journal of Asiatic Studies*, Vol. 44, No. 1, June 1984, pp. 14 – 16.

47. 刘禹锡《天说》

James Robert Hightower, trans., "A Concept of Heaven by Liu Yü-hsi", in James Robert Hightower, "Han Yü as Humorist", *Harvard Journal of Asiatic Studies*, Vol. 44, No. 1, June 1984, pp. 22 – 23.

48. 陶潜《与子俨等疏》

James Robert Hightower, trans., "Letter to His Sons by Tao Qian", *Renditions*, No. 41&42, 1994, pp. 15 – 17.

49. 马中锡《中山狼》

James Robert Hightower, trans., "The Wolf of Chung-Shan〔Chung-shan Lang〕by Ma Chung-hsi", in Cyril Birch, *Anthology of Chinese Literature* (Volume 2), New York: Grove Press, 1972, pp. 46 – 52.

50. 范仲淹词 2 首

范仲淹《苏幕遮》（词）

James Robert Hightower, trans., "Tune: Sumuche Dancers by Fan Chung-yen", in Victor H. Mair, *The Columbia Anthology of Traditional Chinese Literature*, New York: Columbia University Press, 1994, p. 316.

范仲淹《剔银灯》（词）

James Robert Hightower, trans., "Tune：Trimming the Silber Lamp by Fan Chung-yen", in Victor H. Mair, *The Columbia Anthology of Traditional Chinese Literature*, New York：Columbia University Press, 1994, pp. 316 – 317.

51. 晏殊《玉堂春》（词）

James Robert Hightower, trans., "Tune：Spring in the Jade House by Yen Shu", in Victor H. Mair, *The Columbia Anthology of Traditional Chinese Literature*, New York：Columbia University Press, 1994, p. 317.

52. 欧阳修词 3 首

欧阳修《采桑子（画船载酒西湖好）》（词）

James Robert Hightower, trans., "Tune：Gathering Mulberry Leaves by Ou-yang Hsiu", in Victor H. Mair, *The Columbia Anthology of Traditional Chinese Literature*, New York：Columbia University Press, 1994, p. 319.

欧阳修《木兰花（留春不住）》（词）

James Robert Hightower, trans., "Tune：Magnolia Flower（short version）by Ou-yang Hsiu", in Victor H. Mair, *The Columbia Anthology of Traditional Chinese Literature*, New York：Columbia University Press, 1994, p. 319.

欧阳修《醉蓬莱（见羞容敛翠）》（词）

James Robert Hightower, trans., "Tune：Drunk in Fairyland by Ou-yang Hsiu", in Victor H. Mair, *The Columbia Anthology of Traditional Chinese Literature*, New York：Columbia University Press, 1994, pp. 319 – 320.

53. 苏轼词 5 首

苏轼《水调歌头》（词）

James Robert Hightower, trans., "Tune：Water Mode Song by Su Shih", in

Victor H. Mair, *The Columbia Anthology of Traditional Chinese Literature*, New York: Columbia University Press, 1994, p. 323.

苏轼《江城子》（词）

James Robert Hightower, trans., "Tune: River Town by Su Shih", in Victor H. Mair, *The Columbia Anthology of Traditional Chinese Literature*, New York: Columbia University Press, 1994, p. 324.

苏轼《满庭芳》（词）

James Robert Hightower, trans., "Tune: Fragrance Fills the Courtyard by Su Shih", in Victor H. Mair, *The Columbia Anthology of Traditional Chinese Literature*, New York: Columbia University Press, 1994, pp. 324 – 325.

苏轼《临江仙》（词）

James Robert Hightower, trans., "Tune: Immortal by the River by Su Shih", in Victor H. Mair, *The Columbia Anthology of Traditional Chinese Literature*, New York: Columbia University Press, 1994, pp. 324 – 325.

苏轼《永遇乐》（词）

James Robert Hightower, trans., "Tune: Always Having Fun by Su Shih", in Victor H. Mair, *The Columbia Anthology of Traditional Chinese Literature*, New York: Columbia University Press, 1994, pp. 325 – 326.

54. 黄庭坚词 4 首

黄庭坚《满庭芳》（词）

James Robert Hightower, trans., "Tune: The Courtyard Full of Fragrance by Huang T'ing-chien", in Victor H. Mair, *The Columbia Anthology of Traditional Chinese Literature*, New York: Columbia University Press, 1994, pp. 326 – 327.

黄庭坚《归田乐·暮雨濛阶砌》（词）

James Robert Hightower, trans., "Tune: Joy of Returning to the Fields by
Huang T'ing-chien", in Victor H. Mair, *The Columbia Anthology of
Traditional Chinese Literature*, New York: Columbia University Press,
1994, pp. 327 – 328.

黄庭坚《归田乐·对景还消瘦》（词）

James Robert Hightower, trans., "Tune: Joy of Returning to the Fields by
Huang T' ing-chien", in Victor H. Mair, *The Columbia Anthology of
Traditional Chinese Literature*, New York: Columbia University Press,
1994, p. 328.

黄庭坚《千秋岁》（词）

James Robert Hightower, trans., "Tune: A Thousand Autumns by Huang
T' ing-chien", in Victor H. Mair, *The Columbia Anthology of Tradition-
al Chinese Literature*, New York: Columbia University Press, 1994,
pp. 328 – 329.

55. 朱敦儒《念奴娇·老来可喜》（词）

James Robert Hightower, trans., "Tune: Nien-nu Is Charming by Chu Tun-
ju", in Victor H. Mair, *The Columbia Anthology of Traditional Chinese
Literature*, New York: Columbia University Press, 1994, p. 333.

56. 辛弃疾《沁园春（杯汝来前）》（词）

James Robert Hightower, trans., "Tune: Spring in the Ch' in Garden by
Hsin Ch' I-chi" (About to swear off drinking, he wants the Wine cup to
go away), in Victor H. Mair, *The Columbia Anthology of Traditional
Chinese Literature*, New York: Columbia University Press, 1994, pp.
342 – 343.

57. 贾谊《鵩鸟赋》

James Robert Hightower, trans., "Owl Fu by Chia I", *Asia Major*, Vol. 7, 1959, pp. 125 – 130.

James Robert Hightower, trans., "Chia Yi, The Owl", in Cyril Birch and Donald Keene, *Anthology of Chinese literature*: *From Early Times to the Fourteenth Century*, New York: Grove Press, 1965, pp. 138 – 140.

James Robert Hightower, trans., "Owl Fu by Chia I", in Victor H. Mair, *The Columbia Anthology of Traditional Chinese Literature*, New York: Columbia University Press, 1994, pp. 389 – 392.

58. 陶潜《桃花源记》

James Robert Hightower, trans., "T'ao Ch'ien, The Peach Bloom Spring", in Victor H. Mair, *The Columbia Anthology of Traditional Chinese Literature*, New York: Columbia University Press, 1994, pp. 578 – 580.

59. 佚名《杜子春》

James Robert Hightower, trans., "Tu Tzu-ch'un", in Y. W. MA and Joseph S. M. Lau, ed., *Traditional Chinese Stories*, *Themes and Variation*, New York: Columbia University Press, 1978, pp. 416 – 419.

James Robert Hightower, trans., "Anonymous, Tu Tzu-ch'un", in Victor H. Mair, *The Columbia Anthology of Traditional Chinese Literature*, New York: Columbia University Press, 1994, pp. 830 – 835.

（四）书评类

1. 方树梅《滇南碑传集》

Tien-nan pei-chuan chi 滇南碑传集, 32 chs., 6, ts'ê, by Fang Shu mei 方树梅 (T. Ch'u-hsien 瞿仙), a compilation published by k'ai Ming Shu-tien 开明书店 under the auspices of the Peiping National Library and subsidized by a grant from the Harvard-Yenching Institute.

Review by James Robert Hightower, *Harvard Journal of Asiatic Studies*, Vol. 9, No. 3/4, February 1947, pp. 380 – 381.

2. ［美］陈受荣《罗马注音简明英汉词典》

Shau Wing Chan (Shou-Jung Chen), *A Concise English-Chinese Dictionary with Romanized Standard Pronunciation*, Stanford University Press, 1946.

Review by James Robert Hightower, *Harvard Journal of Asiatic Studies*, Vol. 9, No. 3/4, February 1947, pp. 376 – 378.

3. ［法］《可阅读的小说与禁毁的小说》

Romangs à lire et romans à proscrire, by Father Joseps Schyns, C. I. C. M., et al., volume 1 of Scheut Editions, Series I: Critical and Literary Studies, Chihli Press, Tientsin, 1946.

Review by James Robert Hightower, *Harvard Journal of Asiatic Studies*, Vol. 9, No. 3/4, February 1947, pp. 378 – 379.

4. ［日］吉川幸次郎、入矢义高、田中谦二《杨氏女杀狗劝夫杂剧》、吉川幸次郎《元杂剧研究》、吉川幸次郎《唐代诗与散文》

Yang-shih-nü sha-kou ch'üan-fu tsa-chü 杨氏女杀狗劝夫杂剧 (The tsa-chü play, "A lady of the Yang family kills a dog to reform her husband"), 43 folios, mimeographed, n. d. Annotations by Yoshikawa KōJIRō 吉川幸次郎, IRIYA YOSHITAKA 入矢义高, and TANAKA KENJI 田中谦二.

Gen zatsugeki kenkyū 元杂剧研究 (Studies in the Yüan drama). By YOSHIKAWA KōJIRō. Tōkyō: Iwanami Shoten, 1948, 514, p. 280 yen.

Tōdai no shi to sambun 唐代の诗と散文 (T'ang dynasty poetry and prose) (Kyoyō bunko, vol. 150). By YOSHIKAWA KōJIRō. Kyōto: Kōbundō, 1948, 125, p. 30 yen.

Review by James Robert Hightower, "The Tsa-Chu Play, A Lady of the Yang Family kills a Dog to Reform his Husband", *The Far Eastern Quarterly*, Vol. 9, No. 2, February 1950, pp. 208 – 214.

5. 〔日〕青木正儿《支那文学思想史》

Shina bungaku shisō-shiᵃ (A history of Chinses literary thought). By AOKI MASARU. ᵇ Tokyo: Iwanami Shoten, 1943.

Review by James Robert Hightower, *The Far Eastern Quarterly*, Vol. 10, No. 3, May 1951, pp. 313 – 320.

6. 〔日〕左久节《汉诗大观》

Kansbi taikan 汉诗大观 (A panorama of Chinese Poetry) by SAKU SETSU 佐久节 Tōkyō: Ita Shoten, 井田书店 1943, 8 vols.

Review by James Robert Hightower, "A Panorama of Chinese Poetry", *The Far Eastern Quarterly*, Vol. 11, No. 1, November 1951, pp. 85 – 89.

7. 修中城《文辞的艺术——公元 302 年陆机的〈文赋〉的翻译比较研究》

E. R. Hughes, *The Art of Letters*, *Lu Chi's "Wen Fu" A. D. 302*, *A Translation and Comparative Study*, New York: Pantheon Books, 1951.

Review by James Robert Hightower, *Journal of the American Oriental Society*, Vol. 72, No. 4, Oct. – Dec. 1952, pp. 184 – 188.

8. 〔德〕威廉·贡德特《东方诗歌》

Lyrik des Ostens. HERAUSGEGEBEN VON WILHELM GUNDERT, ANNAMARIE SCHIMMEL, und WALTHER SCHUBRING. München: Carl Hanser Verlag, 1952, 610, p. 16. 80 DM.

Review by James Robert Hightower, *The Far Eastern Quarterly*, Vol. 13, No. 1, November 1953, pp. 65 – 66.

9. 威廉·艾克《隐士陶,陶潜的 60 首诗 (365—427)》

William Acker, *T'ao the Hermit*, *Sixty Poems by T'ao Ch'ien* (365 – 427),

London: Thames and Hudson, 1952.

Review by James Robert Hightower, *Harvard Journal of Asiatic Studies*, Vol. 16, No. 1/2, June 1953, pp. 265 – 270.

10. 日本京都大学中国语言文学院《王维诗索引》

Faculty of Chinese Language and Literature, *Wang Wei shih so-yin* 王維詩索引 (An Index to Wang Wei's Poetical Works), Kyōto University, 1952.

Review by James Robert Hightower, *Harvard Journal of Asiatic Studies*, Vol. 16, No. 1/2, June 1953, pp. 270 – 271.

11. 顾立雅《启发式文学汉语学习》

Herrlee Glessner Creel, *Chang Tsung-ch'ien*, *Richard C. Rudolf*: *Literary Chinese by the Inductive Method* (Volume III), Chicago: The University of Chicago Press, 1952.

Review by James Robert Hightower, *Artibus Asiae*, Vol. 16, No. 3, 1953, pp. 244 – 245.

12. 顾立雅《从孔夫子到毛泽东的中国思想》

Herrlee Glessner Creel, *Chinese Thought from Confucius to Mao Tsê-tung*, Chicago: The University of Chicago Press, 1953.

Review by James Robert Hightower, *Artibus Asiae*, Vol. 18, No. 3/4, 1955, pp. 321 – 322.

13. 卫德明《文人的无奈：一种赋的笔记》

Hellmut Wilhelm, "The scholar's frustration: Notes on a type of *fu*", in *Chinese thought and institutions*, Chicago: The University of Chicago Press, 1957, pp. 310 – 319.

Review by James Robert Hightower, *Revue Bibliographique de Sinologie*, Vol. 3, 1957, pp. 256 – 257.

14. ［法］布鲁诺·波尔佩《唐代文学选集》

T' ang kien wen tse，Florilège de littérature des T' ang par Bruno Belpaire，
　　Paris：Editions Universitaires，1957.

Review by James Robert Hightower，*Harvard Journal of Asiatic Studies*，
　　Vol. 21，December 1958，pp. 187 – 190.

15. ［日］武部利男《李白》、［日］黑川洋一《杜甫》

Rihaku 李白，Volume I，Annotated by Takabe Toshio 武部利男 . Tokyo：
　　Iwanami Shoten，1957.

Toho 杜甫，Volume I，Annotated by Kurokawa Yōichi 黑川洋一 . Tokyo：
　　Iwanami Shoten，1957.

Review by James Robert Hightower，*Harvard Journal of Asiatic Studies*，
　　Vol. 21，December 1958，pp. 192 – 193.

16. ［法］帕特里亚·吉耶尔马《中国诗选》

La poésie chinoise par Patricia Guillermaz. Paris：Editions Seghers，1957.

Review by James Robert Hightower，*Harvard Journal of Asiatic Studies*，
　　Vol. 21，December 1958，pp. 190 – 192.

17. ［日］吉川幸次郎、小川环树编《中国诗人选集》

Chūgoku shijin senshū 中国诗人选集，edited by Yoshikawa Kōjirō 吉川幸
　　次郎 and Ogawa Tamaki 小川环树 . Tokyo：Iwanami Shoten，1958.

Review by James Robert Hightower，*Harvard Journal of Asiatic Studies*，
　　Vol. 22，December 1959，pp. 288 – 289.

18. ［美］施友忠《刘勰〈文心雕龙〉》

Vincent Yu-chung Shih，trans. ，*The Literary Mind and the Carving of Drag-
　　ons by Liu Hsieh*，*A Study of Thought and Pattern in Chinese Literature*，
　　New York：Columbia University Press，1959.

Review by James Robert Hightower，*Harvard Journal of Asiatic Studies*，

Vol. 22, December 1959, pp. 280 – 288.

19. ［美］陈受颐《中国文学史纲》

Ch' en Shou-Yi, *Literature*, *A Historical Introduction*, New York：The Ron-
ald Press, 1961.

Review by James Robert Hightower, *Harvard Journal of Asiatic Studies*,
Vol. 23, 1960—1961, pp. 157 – 167.

20. 张郢南、沃姆斯利《王维的诗》

Chang Yin-nan and Lewis C. Walmsley trans. , *Poems by Wang Wei*, Tokyo：
Charles E. Tuttle Company, 1958.

Review by James Robert Hightower, *Ars Orientalis*, Vol. 4, 1961, pp.
444 – 446.

21. 弗朗茨·库恩《肉蒲团》德译本

James Robert Hightower, "Review on *Franz Kuhn and His Translation of Jou
P' u-t' uan*", *Oriens Extremus*, Vol. 8 （2）, 1961.

22. 刘若愚《中国诗艺》

James J. Y. Liu, *The Art of Chinese Poetry*, Chicago：The University of Chi-
cago Press, 1962.

Review by James Robert Hightower, *The Journal of Asian Studies*, Vol. 23,
No. 2, February 1964, pp. 301 – 302.

（五）序跋类

1. ［奥地利］艾尔文·冯·赞克《杜甫诗集》①

James Robert Hightower, ed. and introd. , übers Zach Erwin von, *Tu Fu's
Gedichte*, Cambridge：Harvard University Press, 1952.

---

① 赞克（übersetzt Erwin von Zach, 1872—1942），奥地利汉学家，将杜甫、韩愈等诗歌译
成德文。作为哈佛燕京丛书系列之一，哈佛大学出版社出版了他的三本集子，分别为《杜甫诗
集》《韩愈诗集》和《中国文选：〈文选〉（德文）译本》，由海陶玮和方马丁博士（Dr. Ilse
Martin Fang）编辑，海陶玮为这三篇集子分别作序。

2.［奥地利］艾尔文·冯·赞克《韩愈诗集》

James Robert Hightower, ed. and introd. , übers Zach Erwin von, *Han Yü's Poetische Werke*, Cambridge：Harvard University Press, 1952.

3.［奥地利］艾尔文·冯·赞克《中国文选:〈文选〉(德文)译本》①②

James Robert Hightower introd. , Zach Erwin Von, *Die chinesische Anthologies: übersetzungen aus dem Wen Hsüan*, Cambridge：Harvard University Press, 1958.

4.［英］霍克思《北方的诗歌——楚辞》

James Robert Hightower introd. , David Hawkes, *The Songs of the South, Ch'u Tz'u, an ancient Chinese Anthology*, Boston Press, 1962, p. vi.

5.［美］伊娃·周杉《再思杜甫:文学成就和文化语境》

James Robert Hightower introd. , Chou Eva Shan, *Reconsidering Tu Fu: literary greatness and cultural context*, Cambridge studies in Chinese history literature and institutions, 1995.

6.［英］闵福德、(中)刘绍铭《中国古典文学译文集》(第一卷)③

James R. Hightower, introd. , "Legends and Prose of the Tang Dynasty", in John Minford and Liu Shaoming, *An Anthology of Chinese Literature* (Vol. 1), Columbia University Press and the Chinese university of Hong

---

① 转引自陈才智《西方〈昭明文选〉研究概述》,载阎纯德主编《汉学研究》第九集,中华书局 2006 年版,第 425 页。

② 1997 年,英国伦敦大学亚非学院中文系前主任傅熊(Bernhard Fuehrer)评论宇文所安(Stephen Owen)编译的(*An Anthology of Chinese Literature: Beginnings to 1911*)时提到该书时说,赞克的这本书不是由海陶玮而是由 Ilse Martin Fang 编辑的,海陶玮做了该书的序言。Original text, "There are a few typographical and more serious errors in the bibliography. For example, Erwin von Zach's Die chinesische Anthologie was not edited by James Robert Hightower (p. 1156) but by with an Introduction by James Robert Hightower", Review by Bernhard Fuehrer, *An Anthology of Chinese Literature: Beginnings to 1911*, *Edited and translated by STEPHEN OWEN*, *The China Quarterly*, No. 150, Special Issue: Reappraising Republic China, June 1997, pp. 470 – 471.

③ 引自朱徽《博大 精深 典雅 精美——海外版〈中国古典文学译文集〉(第一卷)简评》,《中国比较文学》2004 年第 3 期(总第 56 期)。

Kong press, 2000, 2002.

（六）文书类

1. 方志彤悼文

James Robert Hightower, "*Achilles Fang: in memoriam*", *Monumenta Serica-Journal of Oriental Studies*, Vol. XLV, 1997, pp. 399 – 413.

2.《国际百科全书》"中国文学"的辞条

James Robert Hightower, "Chinese Literature", in *The ENCYCLOPEDIA INTERNATIONAL*, New York: Stanford Press, 1970, Vol. 4, pp. 376 – 378.

3.〔英〕鲁惟一主编:《早期的中国文本:书目指南》中《韩诗外传》条目

James R. Hightower, "Han Shih Wai Chuan", in Michael Loeve ed. , *Early Chinese texts: a bibliographical guide*, Berkeley California: University of California, 1993, pp. 125 – 128.

〔英〕鲁惟一主编:《中国古代典籍导读》,李学勤等译,辽宁教育出版社 1997 年版,第 131—135、546 页。

续一

海陶玮英译周邦彦词 17 首

1. 周邦彦《少年游》（并刀如水）

James Robert Hightower, trans. ,"Chou Pang-yen, Youthful Diversion, A Ping-chou knife like water", in James Robert Hightower,"The Songs of Chou Pang-yen", *Harvard Journal of Asiatic Studies*, Vol. 37, 1977, pp. 237 – 238.

James Robert Hightower, trans. ,"Chou Pang-yen, Youthful Diversion, A Ping-chou knife like water", in James Robert Hightower,"The Songs of Chou Pang-yen", in James Robert Hightower and Florence Chia-ying Yeh, *Studies in Chinese Poetry*, Cambridge Massachusetts and London: Harvard University Press, 1998, p. 294.

（以下按照上述格式简略标注）

2. 周邦彦《兰陵王》（柳阴直）

James Robert Hightower, trans. ,"Chou Pang-yen, Prince of Lanling, A line of reflected willows", Ibid. , pp. 239 – 240; Ibid. , pp. 296 – 297.

3. 周邦彦《瑞龙吟》（章台路）

James Robert Hightower, trans. ,"Chou Pang-yen, The Auspicious Dragon Sings, By the Chang-t'ai Road", Ibid. , pp. 242 – 243; Ibid. , pp. 298 – 299.

4. 周邦彦《渡江云》（晴岚低楚甸）

James Robert Hightower, trans. ,"Chou Pang-yen, Clouds Across the River, Low in the clear sky misty mountains across the Ch'u plains", Ibid. , p. 247; Ibid. , p. 302.

5. 周邦彦《满江红》（昼日移阴）

James Robert Hightower, trans., "Chou Pang-yen, The Whole River is Red, The noonday sun has moved", Ibid., pp. 248 – 249; Ibid., pp. 303 – 304.

6. 周邦彦《西河》（佳丽地）

James Robert Hightower, trans., "Chou Pang-yen, West River, A place of beauties", Ibid., pp. 252 – 253; Ibid., pp. 306 – 307.

7. 周邦彦《忆旧游》（记愁横浅黛）

James Robert Hightower, trans., "Chou Pang-yen, Recall Old Excursions, I remember the time sorrow furrowed penciled brows", Ibid., pp. 255 – 256; Ibid., p. 309.

8. 周邦彦《锁窗寒》（暗柳啼鸦）

James Robert Hightower, trans., "Chou Pang-yen, The Lattice Window is Cold, Hidden in the willow a crow caws", Ibid., p. 258; Ibid., p. 311.

9. 周邦彦《解连环》（怨怀无托）

James Robert Hightower, trans., "Chou Pang-yen, A Chain Undone, No Way to share the grief", Ibid., pp. 260 – 261; Ibid., p. 313.

10. 周邦彦《浪淘沙》（昼阴重）

James Robert Hightower, trans., "Chou Pang-yen, Waves Scour the Sand, Morning clouds were thick", Ibid., pp. 262 – 263; Ibid., pp. 314 – 315.

11. 周邦彦《过秦楼》（水浴清蟾）

James Robert Hightower, trans., "Chou Pang-yen, A Visit to the House of Ch'in, The water bathes the clear moon", Ibid., p. 265; Ibid., pp. 316 – 317.

12. 周邦彦《玉楼春》（桃溪不作从容住）

James Robert Hightower, trans., "Chou Pang-yen, Spring in the House of

Jade, I didn't get to say at Peach Brook undisturbed", Ibid., pp. 266 –
267; Ibid., p. 318.

13. 周邦彦《伤情怨》（枝头风势渐小）

James Robert Hightower, trans., "Chou Pang-yen, The Grievance, In the
tree tops the wind gradually dies", Ibid., p. 267; Ibid., p. 318.

14. 周邦彦《望江南》（游妓散）

James Robert Hightower, trans., "Chou Pang-yen, Longing for the Southland,
The strolling girl are gone", Ibid., p. 268; Ibid., p. 319.

15. 周邦彦《醉桃源》（菖蒲叶老水平沙）

James Robert Hightower, trans., "Chou Pang-yen, Drunk in Utopia, The
wild flag is aging and the river rises over the sandbar", Ibid., p. 269;
Ibid., p. 320.

16. 周邦彦《蝶恋花》（月皎惊乌栖不定）

James Robert Hightower, trans., "Chou Pang-yen, The Butterfly Loves Flow-
ers, The crows roost uneasy, disturbed by the bright moon", Ibid.,
p. 270; Ibid., pp. 320 – 321.

17. 周邦彦《凤来朝》（逗晓看娇面）

James Robert Hightower, trans., "Chou Pang-yen, The Phoenix Comes to
Court, In the dawn light I watch her charming face", Ibid., p. 271;
Ibid., pp. 321 – 322.

续二

海陶玮英译柳永诗词 130 首

（一）诗歌 1 首

柳永《煮海歌·悯亭户也》

James Robert Hightower, trans., "Liu Yung, Song of Boiling Sea-water (Written as an official of the Hsiao-feng Salt Monopoly)", in James Robert Hightower, "The Songwriter Liu Yung: Part I", *Harvard Journal of Asiatic Studies*, Vol. 41, No. 2, Dec. 1981, pp. 335 – 336.

James Robert Hightower, trans., "Liu Yung, Song of Boiling Sea-water (Written as an official of the Hsiao-feng Salt Monopoly)", in James Robert Hightower, "The Songwriter Liu Yung", in James Robert Hightower and Florence Chia-ying Yeh, *Studies in Chinese Poetry*, Cambridge Massachusetts and London: Harvard University Press, 1998, pp. 177 – 178.

（以下按照上述格式简略标注）

（二）词 129 首

1. 柳永《柳腰轻》（英英妙舞腰肢软）

James Robert Hightower, trans., "Liu Yung, Light Willow Waist (liu yao ch'ing)", Ibid., pp. 341 – 342; Ibid., p. 182.

2. 柳永《惜春郎》（玉肌琼艳新妆饰）

James Robert Hightower, trans., "Liu Yung, Young Man in Love with Spring (Hsi ch'un lang)", Ibid., pp. 342 – 343; Ibid., p. 183.

3. 柳永《少年游》（铃斋无讼宴游频）

James Robert Hightower, trans., "Liu Yung, Youthful Diversions (Shao nien yu)", Ibid., p. 343; Ibid., p. 183.

4. 柳永《少年游》（世间尤物意中人）

James Robert Hightower, trans., "Liu Yung, Youthful Diversions (Shao nien yu)", Ibid., p. 344; Ibid., p. 184.

5. 柳永《木兰花令》（有个人人真攀羡）

James Robert Hightower, trans., "Liu Yung, Magnolia Flowers (Mu lan hua ling)", Ibid., pp. 344 – 345; Ibid., p. 185.

6. 柳永《玉蝴蝶》（误入平康小巷）

James Robert Hightower, trans., "Liu Yung, Jade Butterfly (Yü Hu Tieh)", Ibid., pp. 345 – 346; pp. 185 – 186.

7. 柳永《河传》（翠深红浅）

James Robert Hightower, trans., "Liu Yung, River Tale (Ho chuan)", Ibid., p. 346; Ibid., p. 186.

8. 柳永《昼夜乐》（秀香家住桃花径）

James Robert Hightower, trans., "Liu Yung, Happy Day and Night (Chou yeh lo)", Ibid., pp. 346 – 347; Ibid., pp. 186 – 187.

9. 柳永《洞仙歌》（佳景留心惯）

James Robert Hightower, trans., "Liu Yung, Song of the Fairy in the Grotto (Tung hsien ko)", Ibid., pp. 347 – 348; Ibid., pp. 187 – 188.

10. 柳永《促拍满路花》（香靥融春雪）

James Robert Hightower, trans., "Liu Yung, Flowers Cover the Road (quick tempo)", Ibid., p. 348; Ibid., p. 188.

11. 柳永《击梧桐》（香靥深深）

James Robert Hightower, trans., "Liu Yung, Strike the Phoenix Tree (Chi wu-t'ung)", Ibid., p. 349; Ibid., p. 189.

12. 柳永《殢人娇》（当日相逢）

James Robert Hightower, trans., "Liu Yung, The Charming Flirt (T'I jen chiao）", Ibid. , pp. 349 – 350；Ibid. , p. 190.

13. 柳永《小镇西》（意中有个人）

James Robert Hightower, trans. , "Liu Yung, West of the Little Market
（Hsiao chen hsi）", Ibid. , pp. 350 – 351；Ibid. , pp. 190 – 191.

14. 柳永《浪淘沙》（梦觉透窗风一线）

James Robert Hightower, trans. , "Liu Yung, Waves Scour the Sand （long
version） （Lang t'ao sha）", Ibid. , pp. 351 – 352；Ibid. , pp. 191 –
192.

15. 柳永《昼夜乐》（洞房记得初相遇）

James Robert Hightower, trans. , "Liu Yung, Happy Day and Night （chou
yeh lo）", Ibid. , p. 352；Ibid. , p. 192.

16. 柳永《锦堂春》（坠髻慵梳）

James Robert Hightower, trans. , "Liu Yung, Spring in Brocade Hall
（Chin T'ang ch'un）", Ibid. , p. 353；Ibid. , p. 193.

17. 柳永《迷仙引》（才过笄年）

James Robert Hightower, trans. , "Liu Yung, The Goddess Who Lost Her
Way （Mi hsien yin）", Ibid. , pp. 353 – 354；Ibid. , pp. 193 – 194.

18. 柳永《两同心》（嫩脸修蛾）

James Robert Hightower, trans. , "Liu Yung, Two Hearts United （Liang
T'ung Hsin）", Ibid. , pp. 354 – 355；Ibid. , p. 194.

19. 柳永《归去来》（一夜狂风雨）

James Robert Hightower, trans. , "Liu Yung, Let's Go Home （kuei ch'ü
lai）", Ibid. , p. 355；Ibid. , p. 195.

20. 柳永《驻马听》（凤枕鸾帷）

James Robert Hightower, trans. , "Liu Yung, Stop Your Horse and Listen
（Chu ma t'ing）", Ibid. , pp. 355 – 356；Ibid. , p. 195.

21. 柳永《满江红》（万恨千愁）

James Robert Hightower, trans. , "Liu Yung, The Whole River is Red （Man chiang hung）", Ibid. , p. 356；Ibid. , p. 196.

22. 柳永《迎春乐》（近来憔悴人惊怪）

James Robert Hightower, trans. , "Liu Yung, Music for Spring （Ying ch'un Yüeh）", Ibid. , p. 357；Ibid. , pp. 196 – 197.

23. 柳永《愁蕊香引》（留不得）

James Robert Hightower, trans. , "Liu Yung, Fragrance of Autumn Flowers （Ch'iu jui hsiang yin）", Ibid. , p. 357；Ibid. , p. 197.

24. 柳永《塞孤》（一声鸡）

James Robert Hightower, trans. , "Liu Yung, Along on the Frontier （Sai ku）", Ibid. , p. 358；Ibid. , pp. 197 – 198.

25. 柳永《竹马子》（登孤垒荒凉）

James Robert Hightower, trans. , "Liu Yung, Hobbyhorse （Chu ma tzu）", Ibid. , p. 359；Ibid. , pp. 198 – 199.

26. 柳永《迷神引》（一叶扁舟轻帆卷）

James Robert Hightower, trans. , "Liu Yung, The Lost Soul （Mi shen yin）", Ibid. , pp. 359 – 360；Ibid. , pp. 199 – 120.

27. 柳永《内家娇》（煦景朝升）

James Robert Hightower, trans. , "Liu Yung, Lovely Palace Lady （Nei chia chiao）", Ibid. , pp. 360 – 361；Ibid. , p. 200.

28. 柳永《倾杯》（水乡天气）

James Robert Hightower, trans. , "Liu Yung, Empty the Cup （Ch'ing pei）", Ibid. , pp. 361 – 362；Ibid. , pp. 200 – 201.

29. 柳永《戚氏》（晚秋天）

James Robert Hightower, trans. , "Liu Yung, Miss Ch'I （Ch'i shib）",

Ibid. , pp. 362 – 363；Ibid. , pp. 201 – 202.

30. 柳永《宣清》（残月朦胧）

James Robert Hightower, trans. , "Liu Yung, Hsüan-ch'ing", Ibid. ,
　　pp. 363 – 364；Ibid. , pp. 202 – 203.

31. 柳永《凤归云》（恋帝里）

James Robert Hightower, trans. , "Liu Yung, The Phoenix Returns to the
　　Clouds（Feng kuei yün）", Ibid. , pp. 364 – 365；Ibid. , pp. 203 –
　　204.

32. 柳永《应天长》（残蝉渐绝）

James Robert Hightower, trans. , "Liu Yung, Eternal as Heaven（Ying T'ien
　　Ch'ang）", Ibid. , p. 365；Ibid. , p. 204.

33. 柳永《尾犯》（晴烟幂幂）

James Robert Hightower, trans. , "Liu Yung, Wei fan", Ibid. , p. 366；
　　Ibid. , p. 205.

34. 柳永《凤归云》（向深秋）

James Robert Hightower, trans. , "Liu Yung, The Phoenix Return to the
　　Clouds（Feng kuei yün）", Ibid. , pp. 366 – 367；Ibid. , pp. 205 –
　　206.

35. 柳永《如鱼水》（帝里疏散）

James Robert Hightower, trans. , "Liu Yung, Like Fish in the Water（Ju
　　Yü shui）", Ibid. , pp. 367 – 368；Ibid. , pp. 206 – 207.

36. 柳永《巫山一段云》（清旦朝金母）

James Robert Hightower, trans. , "Liu Yung, Clouds on Witches' Mountain
　　（Wu-shan i tuan yün）", Ibid. , p. 368；Ibid. , p. 207.

37. 柳永《巫山一段云》（阆苑年华永）

James Robert Hightower, trans. , "Liu Yung, Clouds on Witches' Mountain

（Wu-shan i tuan yün）"，Ibid. ，p. 369；Ibid. ，p. 208.

38. 柳永《西施》（苎萝妖艳世难偕）

James Robert Hightower, trans. ，"Liu Yung, His-shih"，Ibid. ，p. 370；

Ibid. ，pp. 208 – 209.

39. 柳永《木兰花慢》（拆桐花烂漫）

James Robert Hightower, trans. ，"Liu Yung, Magnolia Flowers （long ver-

sion） （Mu lan hua man）"，Ibid. ，pp. 370 – 371；Ibid. ，pp. 209 –

210.

40. 柳永《瑞鹧鸪》（吴会风流）

James Robert Hightower, trans. ，"Liu Yung, Auspicious Partridge （Jui che

ku）"，Ibid. ，p. 372；Ibid. ，pp. 210 – 211.

41. 柳永《木兰花》（虫娘举措皆温润）

James Robert Hightower, trans. ，"Liu Yung, Magnolia Flowers （Mu lan

hua）"，Ibid. ，p. 373；Ibid. ，pp. 211 – 212.

42. 柳永《集贤宾》（小楼深巷狂游遍）

James Robert Hightower, trans. ，"Liu Yung, Assembly of Worthy Guests （Chi

hsien pin）"，Ibid. ，pp. 373 – 374；Ibid. ，p. 212.

43. 柳永《征部乐》（雅欢幽会）

James Robert Hightower, trans. ，"Liu Yung, Soldiers' Music （Cheng pu

Yüeh）"，Ibid. ，p. 374；Ibid. ，p. 213.

44. 柳永《隔帘听》（咫尺凤衾鸳帐）

James Robert Hightower, trans. ，"Liu Yung, Listening Outside the Curtain （Ko

lien t' ing）"，Ibid. ，p. 375；Ibid. ，pp. 213 – 214.

45. 柳永《玉楼春》（阆风歧路连银阙）

James Robert Hightower, trans. ，"Liu Yung, Spring in the House of Jade

（Yü lou ch' un）"，Ibid. ，p. 376；Ibid. ，p. 214.

46. 柳永《黄莺儿》(园林晴昼春谁主)

James Robert Hightower, trans., "Liu Yung, Orioles (Huang ying erh)", in James Robert Hightower, "The Songwriter Liu Yung: Part Ⅱ", *Harvard Journal of Asiatic Studies*, Vol. 42, No. 1, Jun. 1982, p. 6.

James Robert Hightower, trans., "Liu Yung, Orioles (Huang ying erh)", in James Robert Hightower, "The Songwriter Liu Yung", in James Robert Hightower and Florence Chia-ying Yeh, *Studies in Chinese Poetry*, Cambridge Massachusetts and London: Harvard University Press, 1998, pp. 215 – 216.

(以下按照上述格式只标注页码)

47. 柳永《玉女摇仙佩》(飞琼伴侣)

James Robert Hightower, trans., "Liu Yung, An Immortal's Pendant Trembles on Jade Girl's Belt (Yü nü yao hsien p' ei)", Ibid., p. 7; Ibid., pp. 216 – 217.

48. 柳永《尾犯》(夜雨滴空阶)

James Robert Hightower, trans., "Liu Yung, Wei fan", Ibid., pp. 7 – 8; Ibid., p. 217.

49. 柳永《早梅芳》(海霞红)

James Robert Hightower, trans., "Liu Yung, The Early Plum Is Fragrant (Tsao mei fang)", Ibid., pp. 8 – 9; Ibid., pp. 217 – 218.

50. 柳永《斗百花》(煦色韶光明媚)

James Robert Hightower, trans., "Liu Yung, Flower Contest (Tou pai hua)", Ibid., p. 9; Ibid., p. 218.

51. 柳永《斗百花》(满搦宫腰纤细)

James Robert Hightower, trans., "Liu Yung, Flower Contest (Tou pai hua)", Ibid., p. 10; Ibid., p. 219.

52. 柳永《甘草子》（秋暮）

James Robert Hightower, trans., "Liu Yung, Sweet Grass Song (Kan ts' ao tzu)", Ibid., p. 10; Ibid., p. 219.

53. 柳永《西江月》（凤额绣帘高卷）

James Robert Hightower, trans., "Liu Yung, West River Moon (His chiang yüeh)", Ibid., pp. 10 – 11; Ibid., pp. 219 – 220.

54. 柳永《笛家弄》（花发西园）

James Robert Hightower, trans., "Liu Yung, Flute Player's Song (Ti chia nung)", Ibid., p. 11; Ibid., p. 220.

55. 柳永《倾杯乐》（皓月初圆）

James Robert Hightower, trans., "Liu Yung, It's Fun to Empty the Cup (Ch' ing pei lo)", Ibid., p. 12; Ibid., p. 221.

56. 柳永《梦还京》（夜来匆匆饮散）

James Robert Hightower, trans., "Liu Yung, Back to the Capital in a Dream (Meng huan ching)", Ibid., pp. 12 – 13; Ibid., pp. 221 – 222.

57. 柳永《凤衔杯》（有美瑶卿能染翰）

James Robert Hightower, trans., "Liu Yung, The Phoenix Holds a Cup (Feng hsien pei)", Ibid., p. 13; Ibid., p. 222.

58. 柳永《凤衔杯》（追悔当初孤深愿）

James Robert Hightower, trans., "Liu Yung, The Phoenix Holds a Cup (Feng hsien pei)", Ibid., pp. 13 – 14; Ibid., pp. 222 – 223.

59. 柳永《受恩深》（雅致装庭宇）

James Robert Hightower, trans., "Liu Yung, Favored Most of All (Shou en shen)", Ibid., p. 14; Ibid., p. 223.

60. 柳永《看花回》（屈指劳生百岁期）

James Robert Hightower, trans., "Liu Yung, Back from Flower-viewing

（K' an hua hui）", Ibid., p. 15；Ibid., p. 224.

61. 柳永《柳初新》（东郊向晓星杓亚）

James Robert Hightower, trans., "Liu Yung, The Willows Are New Again
（Liu Ch' u hsin）", Ibid., pp. 15 – 16；Ibid., pp. 224 – 225.

62. 柳永《慢卷绸》（闲窗烛暗）

James Robert Hightower, trans., "Liu Yung, Slowly Roll up Your Sleeves
（Man chuan hsiu）", Ibid., pp. 16 – 17；Ibid., p. 225.

63. 柳永《归朝欢》（别岸扁舟三两只）

James Robert Hightower, trans., "Liu Yung, Joy of Returning to Court
（Kuei ch' ao huan）", Ibid., p. 17；Ibid., pp. 225 – 226.

64. 柳永《采莲令》（月华收）

James Robert Hightower, trans., "Liu Yung, Lotus Gathering Song（Ts' ai lien
ling）", Ibid., pp. 17 – 18；Ibid., pp. 226 – 227.

65. 柳永《秋夜月》（当初聚散）

James Robert Hightower, trans., "Liu Yung, Autumn Evening Moon
（Ch' iu yeh yüeh）", Ibid., p. 18；Ibid., p. 227.

66. 柳永《婆罗门令》（昨宵里恁和衣睡）

James Robert Hightower, trans., "Liu Yung, Brahman Song（P' o-lo-men
ling）", Ibid., pp. 18 – 19；Ibid., pp. 227 – 228.

67. 柳永《凤栖悟》（伫倚危楼风细细）

James Robert Hightower, trans., "Liu Yung, Phoenix in the Phoenix Tree
（Feng ch' i wu）", Ibid., p. 19；Ibid., p. 228.

68. 柳永《凤栖悟》（蜀锦地衣丝步障）

James Robert Hightower, trans., "Liu Yung, Phoenix in the Phoenix Tree"
（Feng ch' i wu）", Ibid., pp. 19 – 20；Ibid., p. 228.

69. 柳永《法曲第二》（青翼传情）

James Robert Hightower, trans. , "Liu Yung, Dharma Song Number Two
（Fa ch'ü ti erb）", Ibid. , p. 20；Ibid. , p. 229.

70. 柳永《一寸金》（井络天开）

James Robert Hightower, trans. , "Liu Yung, An Inch of Gold（I ts'un
chin）", Ibid. , p. 21；Ibid. , pp. 229 – 230.

71. 柳永《永遇乐》（薰风解愠）

James Robert Hightower, trans. , "Liu Yung, Always Having Fun（Yung Yü
lo）", Ibid. , p. 22；Ibid. , pp. 230 – 231.

72. 柳永《永遇乐》（天阁英游）

James Robert Hightower, trans. , "Liu Yung, Always Having Fun（Yung Yü
lo）", Ibid. , p. 23；Ibid. , pp. 231 – 232.

73. 柳永《卜算子》（江枫渐老）

James Robert Hightower, trans. , "Liu Yung, The Fortune Teller（Pu suan
tzu）", Ibid. , pp. 23 – 24；Ibid. , p. 232.

74. 柳永《鹊桥仙》（届征途）

James Robert Hightower, trans. , "Liu Yung, Magpie Bridge Immortal
（Chüeh ch'iao hsien）", Ibid. , p. 24；Ibid. , p. 233.

75. 柳永《夏云峰》（宴堂深）

James Robert Hightower, trans. , "Liu Yung, Summer Clouds above the
Peaks（Hsia yün feng）", Ibid. , p. 25；Ibid. , pp. 233 – 234.

76. 柳永《浪淘沙令》（有个人人）

James Robert Hightower, trans. , "Liu Yung, Waves Scour the Sand（short
version）（Lang T'ao sha ling）", Ibid. , pp. 25 – 26；Ibid. , p. 234.

77. 柳永《荔枝香》（甚处寻芳赏翠）

James Robert Hightower, trans. , "Liu Yung, Sweet Lychee（Li-chih hsiang)", Ibid., p. 26; Ibid., pp. 234 – 235.

78. 柳永《倾杯》（离宴殷勤）

James Robert Hightower, trans., "Liu Yung, Empty the Cup (Ch'ing pei)", Ibid., pp. 26 – 27; Ibid., p. 235.

79. 柳永《双声子》（晚天萧索）

James Robert Hightower, trans., "Liu Yung, Double Note (Shuang sheng tzu)", Ibid., p. 27; Ibid., pp. 235 – 236.

80. 柳永《阳台路》（楚天晚）

James Robert Hightower, trans., "Liu Yung, Yang-t'ai Road (Yang-t'ai lu)", Ibid., p. 28; Ibid., pp. 236 – 237.

81. 柳永《二郎神》（炎光谢）

James Robert Hightower, trans., "Liu Yung, Spirit of Erh-lang (Erh-lang shen)", Ibid., pp. 28 – 29; Ibid., p. 237.

82. 柳永《定风波》（自春来）

James Robert Hightower, trans., "Liu Yung, Stilling Wing and Waves (Ting feng po)", Ibid., pp. 29 – 30; Ibid., p. 238.

83. 柳永《诉衷情近》（雨晴气爽）

James Robert Hightower, trans., "Liu Yung, Revealing Inmost Feelings (Su chung ch'ing chin)", Ibid., p. 30; Ibid., pp. 238 – 239.

84. 柳永《抛球乐》（晓来天气浓淡）

James Robert Hightower, trans., "Liu Yung, It's Fun Playing Ball (P'ao ch'iu lo)", Ibid., p. 31; Ibid., pp. 239 – 240.

85. 柳永《思归乐》（天幕清和堪宴聚）

James Robert Hightower, trans., "Liu Yung, Yearning for the Joys of Home (Ssu kuai lo)", Ibid., p. 32; Ibid., p. 240.

86. 柳永《合欢带》（身材儿）

James Robert Hightower, trans. , "Liu Yung, A Lover's Knot in Her Belt (Ho huan tai)", Ibid. , pp. 32 – 33; Ibid. , p. 241.

87. 柳永《少年游》（淡黄衫子郁金裙）

James Robert Hightower, trans. , "Liu Yung, Youthful Diversions (Shao nien yu)", Ibid. , p. 33; Ibid. , pp. 241 – 242.

88. 柳永《少年游》（帘垂深院冷萧萧）

James Robert Hightower, trans. , "Liu Yung, Youthful Diversions (Shao nien yu)", Ibid. , pp. 33 – 34; Ibid. , p. 242.

89. 柳永《少年游》（一生赢得是凄凉）

James Robert Hightower, trans. , "Liu Yung, Youthful Diversions (Shao nien yu)", Ibid. , p. 34; Ibid. , pp. 242 – 243.

90. 柳永《长相思》（画鼓喧街）

James Robert Hightower, trans. , "Liu Yung, Always Thinking of You (Ch'ang hsiang ssu)", Ibid. , pp. 34 – 35; Ibid. , p. 243.

91. 柳永《木兰花》（酥娘一搦腰肢袅）

James Robert Hightower, trans. , "Liu Yung, Magnolia Flowers (Mu lan hua)", Ibid. , pp. 35 – 36; Ibid. , p. 244.

92. 柳永《轮台子》（一枕清宵好梦）

James Robert Hightower, trans. , "Liu Yung, Lun t'ai Song (Lun t'ai tzu)", Ibid. , p. 36; Ibid. , pp. 244 – 245.

93. 柳永《过涧歇近》（淮楚）

James Robert Hightower, trans. , "Liu Yung, Cross the Stream and Rest (Kuo chien hsieh chin)", Ibid. , pp. 36 – 37; Ibid. , p. 245.

94. 柳永《过涧歇近》（酒醒）

James Robert Hightower, trans. , "Liu Yung, Cross the Stream and Rest (Kuo chien hsieh chin）", Ibid. , pp. 37 – 38；Ibid. , pp. 245 – 246.

95. 柳永《望汉月》（明月明月明月）

James Robert Hightower, trans. , "Liu Yung, Moon over the Han（Wang han yüeh）", Ibid. , p. 38；Ibid. , p. 246.

96. 柳永《归去来》（初过元宵三五）

James Robert Hightower, trans. , "Liu Yung, let's Go Home（Kuei ch'ü lai）", Ibid. , p. 38；Ibid. , pp. 246 – 247.

97. 柳永《长寿乐》（尤红殢翠）

James Robert Hightower, trans. , "Liu Yung, Joys of Longevity（Ch'ang shou lo）", Ibid. , pp. 38 – 39；Ibid. , p. 247.

98. 柳永《望海潮》（东南形胜）

James Robert Hightower, trans. , "Liu Yung, Viewing the Tide（Wang hai ch'ao）", Ibid. , pp. 39 – 40；Ibid. , p. 248.

99. 柳永《如鱼水》（轻霭浮空）

James Robert Hightower, trans. , "Liu Yung, Like Fish in the Water（Ju yü shui）", Ibid. , p. 41；Ibid. , pp. 249 – 250.

100. 柳永《玉蝴蝶》（望处雨收云断）

James Robert Hightower, trans. , "Liu Yung, Jade Butterfly（Yü hu tieh）", Ibid. , pp. 41 – 42；Ibid. , p. 250.

101. 柳永《玉蝴蝶》（是处小街斜巷）

James Robert Hightower, trans. , "Liu Yung, Jade Butterfly（Yü hu tieh）", Ibid. , pp. 42 – 43；Ibid. , pp. 250 – 251.

102. 柳永《满江红》（匹马驱驱）

James Robert Hightower, trans. , "Liu Yung, The Whole Riber Is Red"（Man chiang hung）", Ibid. , pp. 43 – 44；Ibid. , pp. 251 – 252.

103. 柳永《引驾行》（红尘紫陌）

James Robert Hightower, trans., "Liu Yung, Pull the Carriage (Yin chia hsing)", Ibid., p. 44; Ibid., p. 252.

104. 柳永《望远行》（长空降瑞）

James Robert Hightower, trans., "Liu Yung, Gazing into the Distance (Wang yüan hsing)", Ibid., p. 45; Ibid., pp. 252 – 253.

105. 柳永《临江仙》（梦觉小庭院）

James Robert Hightower, trans., "Liu Yung, Immortal by the River (Lin chiang hsien)", Ibid., p. 46; Ibid., pp. 253 – 254.

106. 柳永《六么令》（淡烟残照）

James Robert Hightower, trans., "Liu Yung, Six Beats (Liu yao ling)", Ibid., pp. 46 – 47; Ibid., p. 254.

107. 柳永《剔银灯》（何事春工用意）

James Robert Hightower, trans., "Liu Yung, Trim the Silver Lamp (T'i yin teng)", Ibid., p. 47; Ibid., pp. 254 – 255.

108. 柳永《红窗听》（如削肌肤红玉莹）

James Robert Hightower, trans., "Liu Yung, Listening at the Red Window (Hung ch'uang t'ing)", Ibid., pp. 47 – 48; Ibid., p. 255.

109. 柳永《女冠子》（淡烟飘薄）

James Robert Hightower, trans., "Liu Yung, The Taoist Nun (Nü kuan tzu)", Ibid., p. 48; Ibid., pp. 255 – 256.

110. 柳永《西施》（自从回步百花桥）

James Robert Hightower, trans., "Liu Yung, Hsi-shih", Ibid., pp. 48 – 49; Ibid., pp. 256 – 257.

111. 柳永《郭郎儿近拍》（帝里闲居小曲深坊）

James Robert Hightower, trans., "Liu Yung, The Young Mr. Kuo (Kuo lang erh chin p'ai)", Ibid., p. 49; Ibid., p. 257.

112. 柳永《临江仙引》（渡口向晚）

James Robert Hightower, trans., "Liu Yung, Immortal by the River (Lin chiang hsien yin)", Ibid., pp. 49 – 50; Ibid., pp. 257 – 258.

113. 柳永《瑞鹧鸪》（宝髻瑶簪）

James Robert Hightower, trans., "Liu Yung, Auspicious Partridge (Jui che ku)", Ibid., p. 50; Ibid., p. 258.

114. 柳永《瑞鹧鸪》（天将奇艳与寒梅）

James Robert Hightower, trans., "Liu Yung, Auspicious Partridge (Jui che ku)", Ibid., p. 51; Ibid., pp. 258 – 259.

115. 柳永《洞仙歌》（嘉景）

James Robert Hightower, trans., "Liu Yung, Song of the Fairy in the Grotto (Tung hsien ko)", Ibid., pp. 51 – 52; Ibid., pp. 259 – 260.

116. 柳永《安公子》（远岸收残雨）

James Robert Hightower, trans., "Liu Yung, Young Man An (An kung-tzu)", Ibid., p. 52; Ibid., p. 260.

117. 柳永《安公子》（梦觉清宵半）

James Robert Hightower, trans., "Liu Yung, Young Man An (An kung-tzu)", Ibid., p. 53; Ibid., pp. 260 – 261.

118. 柳永《长寿乐》（繁红嫩翠）

James Robert Hightower, trans., "Liu Yung, Joys of Longevity (ch'ang shou lo)", Ibid., pp. 53 – 54; Ibid., pp. 261 – 262.

119. 柳永《倾杯》（鹜落霜洲）

James Robert Hightower, trans., "Liu Yung, Empty the Cup (Ch'ing pei)", Ibid., pp. 54 – 55; Ibid., p. 262.

120. 柳永《鹤冲天》（黄金榜上）

James Robert Hightower, trans. , "Liu Yung, Crane in the Sky (Ho
　　ch'ung t'ien)", Ibid. , p. 55; Ibid. , pp. 262 – 263.

121. 柳永《木兰花》（翦裁用尽春工意）

James Robert Hightower, trans. , "Liu Yung, Magnolia Flowers (Mu lan
　　hua)", Ibid. , pp. 55 – 56; Ibid. , p. 263.

122. 柳永《木兰花》（东风催露千娇面）

James Robert Hightower, trans. , "Liu Yung, Magnolia Flowers (Mu lan
　　hua)", Ibid. , p. 56; Ibid. , pp. 263 – 264.

123. 柳永《倾杯乐》（楼锁轻烟）

James Robert Hightower, trans. , "Liu Yung, It's Fun to Empty the Cup
　　(Ch'ing pei lo)", Ibid. , pp. 56 – 57; Ibid. , p. 264.

124. 柳永《燕归梁》（轻蹑罗鞋掩绛绡）

James Robert Hightower, trans. , "Liu Yung, Swallows Home to the Rafters
　　(Yen kuei liang)", Ibid. , p. 57; Ibid. , p. 265.

125. 柳永《迷神引》（红板桥头秋光暮）

James Robert Hightower, trans. , "Liu Yung, The Lost Soul (Mi shen yin)",
　　Ibid. , pp. 57 – 58; Ibid. , pp. 265 – 266.

126. 柳永《瓜茉莉》（每到秋来）

James Robert Hightower, trans. , "Liu Yung, Spiked Jasmine (Chao mo
　　li)", Ibid. , p. 58; Ibid. , p. 266.

127. 柳永《女冠子》（火云初布）

James Robert Hightower, trans. , "Liu Yung, The Taoist nun (Nü kuan
　　tzu)", Ibid. , p. 59; Ibid. , pp. 266 – 267.

128. 柳永《十二时》（晚晴初）

James Robert Hightower, trans. , "Liu Yung, Twelve Hours (Shih-erh shih)", Ibid. , pp. 59 – 60; Ibid. , pp. 267 – 268.

129. 柳永《西江月》(师师生得艳冶)

James Robert Hightower, trans. , "Liu Yung, West River Moon (His chiang yüeh)", Ibid. , pp. 60 – 61; Ibid. , p. 268.

三 哈佛大学档案馆藏海陶玮档案目录和图影

Accession Number：15036

Papers of James R. Hightower，1940 – 2003

2. 75 cubic feet（3 record cartons，1 document box）

Arrangement：This accession consists of four series：correspondence，teaching materials，writings，and biographical.

Series：Correspondence

Arrangement：The correspondence series consists of two alphabetically arranged groups of material in boxes 1 and 2.

Baxter，Glen		1
Bischoff，F. A.		1
Boyce，Dan		1
Boyce，Conal D.		1
Bread and Puppet Theatre		1
Brooks，Bruce	2 folders	1
Brooks，E. B.		1
Chang，Kang-I Sun		1
Cheang，A.		1
Ch'en，Diana		1
Chen，Yu-shih		1
Ch'en，Li-Li	2 folders	1
Chou，Eva Shan		1
Chow，Tse-tsung		1
Cleaves，Francis		1
Craig，Albert		1
Crump，James		1
Egan，Ron		1

Eide，Elling		1
Fairbank，John		1
Fong，Grace		1
Franke，Wolfgang von		1
Frankel，Hans		1
Gibbs，Donald		1
Hanan，Patrick		1
Graham，Angus		1
Hawkes，David		1
Hibbett，Howard		1
Holzman，Donald	2 folders	1
Ichikawa，Momoko		1
Ingalls，Daniel，Jeremy，Rachel		1
Kao，Yu Kung		1
Knechtges，David R.		1
Kopetsky，Elma E.		1
Lagerway，John		1
Levy，Dore J.		1
Liang，Min-Yi		1
Mair，Victor H.		1
Mei，Tsu-lin	2 folders	1
Mei，Yi-tsi		1
Mills，Harriet C.		1
Mote，F. W.		1
Nivison，David		1
Baxter，Glen		2
Brooks，Bruce & Taeko		2
Chen，Susan		2
Chen，Diana	2 folders	2
Chou，Eva		2
Curfman，George H.		2
Dollet，Mauricette		2

Elling Eide		2
Chao, Chia-ying Yeh		2
Franke, Wolfgang	2 folders	2
Granoff, Phyllis		2
Hawkes, David		2
Holzman, Donald		2
Ingalls, Rachel		2
Molè, H.		2
Poort, Coert		2
Silva, Maria		2
Tragne, Mary Jean		2
Wixted, John Timothy		2
Yee, Angelina		2
Chao-Yeh, Florence		2
Chiaying, Yeh	Note: same person as Florence Chao-Yeh.	2
Ziegler, Jasmin		2
Family Correspondence		2
Miscellaneous folder		2

Series: Teaching Materials (Box 3)

Scope and Content: Teaching materials consist of vocabulary lists, glossaries, and tests for classes Chinese 221, Chinese D, Chinese 222, and Chinese 106. The material is written in both English and Chinese.

Series: Writings

Catalog: Final Copy		4
Anthology: Li Po		4
Studies in Chinese Poetry		4
Victor Mair Anthology		4

续表

Memorial minutes written by Hightower		4

Series：Biographical （Box 4）

Scope and Content：This series consists of a single folder containing Hightower's gardening log from 1977 to 1988.

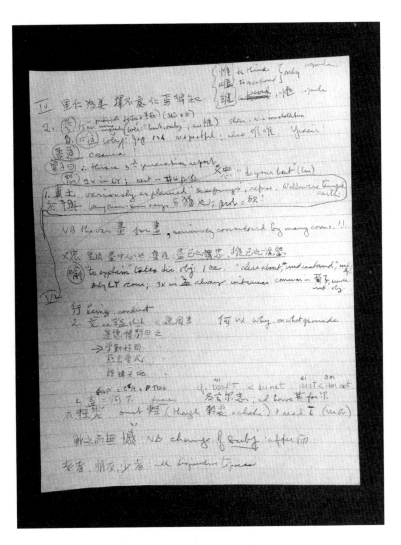

（哈佛大学档案馆藏海陶玮研读《论语》手稿）

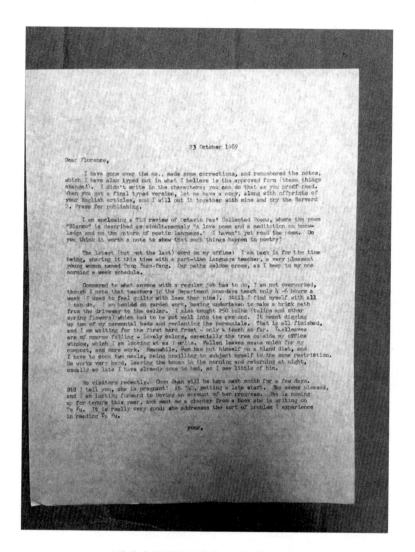

（哈佛大学档案馆藏海陶玮通信档案）

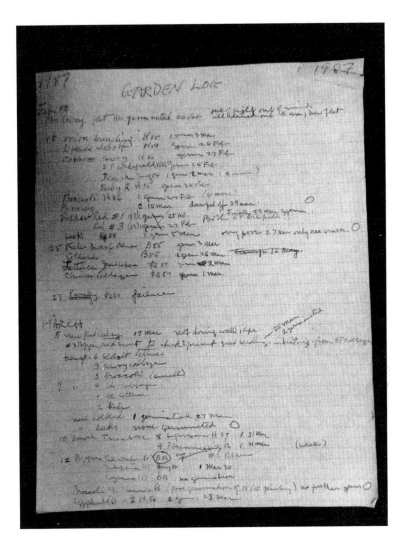

哈佛大学档案馆藏海陶玮《花园日志（Gargen Log）》手稿

（哈佛大学档案馆藏海陶玮赠卖图书目录原稿图影）

四　加拿大阿尔伯塔大学馆藏海陶玮原始
书信和报刊文献影印件

University of Alberta
Edmonton

Canada T6G 2B4

SEP 11 1985
UNIVERSITY OF
ALBERTA

Department of
East Asian Languages and Literatures

11039 Saskatchewan Drive, Telephone (403) 432-2836

home phone
(617) 244-9870

Mondays mornings

September 10, 1985

Professor James R. Hightower (617) 495-3327 -2754
Harvard University
Department of East Asian Languages
    and Civilizations
2 Divinity Avenue
Cambridge, Massachusetts 02138
U.S.A.

Dear Professor Hightower:

　　　　While it has taken some time to arrange, it is my happy privilege to be able to inform you that I have been authorized by our President and by our Central Library to offer you the sum of $50,000 U.S. for your most interesting collection.

　　　　We have no idea, of course, whether the collection is still available, but if it is, we would certainly like to possess it. Our Asian program is growing rapidly, and in just a few short years we have become, we believe, a very strong undergraduate program. It is hoped that by acquiring your collection, the genesis of a graduate program will be possible as well. In this way your collection will live for decades to come.

　　　　I shall look forward to your response.

　　　　　　　　　　Yours most sincerely,

　　　　　　　　　　S.R. Munro
　　　　　　　　　　Professor and Chairman

SRM:ng

cc:　Dr. M. Horowitz, President
　　　Mr. P. Freeman, Chief Librarian
　　　Mr. O. Murray, Acting Area Coordinator, HSS
　　　Dr. B. Evans, Assoc. Vice President (International Affairs)
　　　Dr. J.S. Lin, EALL Library

FOLIO

h'4

University of Alberta   23 January 1986

Rare Collection of Chinese Books Acquired

An 11,000-volume collection of Chinese books has been acquired by our University, from James Hightower, a retired Harvard professor. Professor Hightower, who had amassed the books in the 1930s when a student in Peking, was only willing to sell them to a university with a dynamic and expanding Chinese department.

"We are overjoyed at the receipt of the collection," says Stan Munro, Chairman of East Asian Languages and Literatures. "It is something that the department has been working towards for some time."

"And with this acquisition we now have the basis of a first rate collection," adds Jack Lin, professor and library representative for the department for the last three years.

The purchase price of $70,000 was raised by consolidating a gift of $10,000 from the *Edmonton Journal* with a number of other gifts, all of which were matched by grants from the Province.

"The books cover fiction, history, classics, religion to some extent, and political science as well, so this is a very good, comprehensive collection of Sinology," says Professor Lin. "Some of the books date back to the 8th century, others are several hundred years old and there are rare and precious volumes in the collection. The important thing about the acquisition is that we now have books that are unavailable even in major libraries in China because of the tragic destruction of old books in the Cultural Revolution. There's an early edition of a commentary on Tu Fu, the greatest poet in China, with an 18th-century preface. We also have some colored and multi-colored editions printed with wood blocks, a unique method perfected in the 18th century and used only in the printing of fine editions—and we have three of the 18th-century editions."

Professor Lin is particularly pleased with a copy, in good condition, of a bibliography of fiction, published in the early 1900s and no longer available. It is only found in the major libraries of the world now, he says, and is a very important work for researchers in fiction.

Although the books are generally in good shape, some of them are in need of restoration. "What we would like to see," says Professor Lin, "is a special area set aside to house the collection. Some of the books date back to the 8th century, others are one or two hundred years old. They are rare and precious and some of them are really valuable—and they are fragile. We would like to see them housed under controlled temperature conditions, as in Special Collections. We'd like to make them available for research to students and professors, but that should be in a reading room under special conditions, so that they can be preserved for our children and our children's children."

The department hopes soon to have completed the process of hiring a librarian to look after its growing collection.

Faculty Invited to Meet With Yonsei University Official

Faculty members interested in teaching in Korea or in participating in joint research projects with Korean colleagues are invited to a meeting in Tory 10-4 at 3:30 p.m. on Tuesday, 28 January.

Professor Yang-Soo Rhee of Yonsei University, Seoul, will discuss his university's Canadian Studies program. Faculty from all disciplines are welcome; priority will be given to Canadianists in the social sciences, humanities, management and related disciplines.

For more information, contact G. Dacks, Chairman, Canadian Studies, at 432-5086. ☐

Faculty of Education Producing Videotape on Exemplars

The Instruction Technology Centre of the Faculty of Education is making a videotape of exemplars (other people may know them as role models or even as heroes) that's intended to help social studies teachers tackle the ideas of choice and virtue: the choice a person has to do good or not to do good, and the idea of virtue in person and in action.

The exemplar chosen as the subject of this tape is Raoul Wallenberg, the Swede whose heroic actions in Budapest in 1944 helped save thousands of Jews from Hitler's concentration camps.

The tape will begin with the story of Wallenberg's life and then continue with a panel interview and discussion with Per Anger who, as attaché to the Swedish Legation in Budapest, worked closely with Wallenberg in his rescue mission. Ambassador Anger (right), in

celebrate Raoul Wallenberg Day on 17 January, is pictured here with panelists (left to right) Nancy Leavitt, representative of the Education Students' Association; Jackie Hobal, Supervisor of Curriculum, Edmonton Public School Board, Marilyn Shortt, Supervisor of Social Studies, Edmonton Separate School Board;

production as that of "party whip".

In the final segment of the tape, the use of exemplars in the social studies curriculum in Alberta will be discussed. When completed, the videotape will be available from the Faculty of Education free of charge to any school in Alberta on receipt of a blank videocassette. Schools outside Alberta (and throughout the

Contents

后　记

　　这本书是我在北京外国语大学比较文学与跨文化研究专业博士学位论文的基础上修订完成的。

　　首先感谢博士生导师顾钧教授的一路指引和悉心指导，拜读在顾老师门下是我的幸运。顾老师的父亲顾农先生是魏晋南北朝文学及陶渊明研究的专家，论文也有幸得到顾老中肯的指导，感恩之情难以尽言。我将以这本书作为今后继续从事汉学领域学习和研究的起点，不辜负前辈和导师对我的培养和期望。

　　感谢美国犹他大学吴伏生教授在我赴美访学期间给予的精心指导。吴老师家学深厚，父亲吴云先生是国内陶学专家，他本人也是陶渊明研究和海外诗歌研究的专家。吴教授非常强调学术上的文本细读和独立创见，给我很多有价值的意见。

　　感谢曾给我提出宝贵意见的各位老师，他们是中国人民大学郭英剑教授，北京鲁迅博物馆黄乔生研究员，北京语言大学陈戎女教授、周阅教授，北京外国语大学梁燕教授、李雪涛教授、魏崇新教授、石云涛教授、黄丽娟教授，还有苏州职业大学刘中文教授等陶学研究会的各位前辈专家学者，《陶渊明的幽灵》作者鲁枢元教授，我的硕士生导师李之亮教授等等。

感谢国家留学基金委、河南省教育厅和华北水利水电大学的资助，让我有机会赴美访学。感谢哈佛大学、犹他大学一流的学术环境和强大的学术服务支撑系统，让我静心地在那里查资料、写文章，度过了一段最单纯、最充实的时光。在美期间，我还参观了哈佛大学东亚系和哈佛燕京学社等海陶玮生前学习工作的地方，参访了海陶玮奥本戴尔（Auburndale）故居，受到房主 Gregg、Melissa Nelson 和 Porter 一家的热情接待，研究对象在我心中逐步呈现一种感性和真实的存在。

感谢阿尔伯塔大学图书馆 David Sulz 给我提供海陶玮藏书的历史档案。

感谢葛文峰、程熙旭、陶欣尤、雷强、高莎、蒋雯燕、胡婷婷、张秀峰、管宇、韩中华、王弋璇、贾海燕、龙宇飞、安帅、郭昕、王芳、魏泓、郭磊、王强、刘文霞、周冠琼、刘晗等师友的帮助和支持。

感谢张西平先生，他在课堂上常常激励我们，要站在"西学东渐"和"中学西传"的中西文化交流互动中思考自己的学问，在"三千年未有之大变局"的伟大历史转折中找寻"世界之中国"，"把中国介绍给世界"！心怀崇高的使命，我尚在汉学研究方面摸索学习，疏漏、错误之处在所难免，期盼专家学者和读者朋友的批评和指正，我将继续在汉学研究道路上不断前行！

感谢中国社会科学出版社责任编辑陈肖静和责任校对刘娟的辛勤工作，谨致诚挚谢意。

刘丽丽

2019 年 12 月 1 日